“一带一路”建设与中国边境贸易发展研究

孟庆雷　著

科学出版社
北京

内 容 简 介

本书对中国边境贸易的概念、研究对象、起源及历史演变等问题进行理论分析；通过实地调研，对我国辽宁省、吉林省、黑龙江省、内蒙古自治区、甘肃省、新疆维吾尔自治区、西藏自治区、云南省、广西壮族自治区等9个边境省（自治区）的口岸体系建设、对外贸易和边境贸易发展的基本情况、存在的问题及对策建议进行定性分析；对“一带一路”沿线国家对边境地区进出口贸易的经济增长效应和边境地区进出口贸易的经济增长效应进行实证分析；最后，结合边境各省（自治区）发展实际，提出中国边境贸易未来的发展思路。

本书可为从事与边境贸易研究相关的科研人员、相关专业师生及相关政府职能部门工作人员提供参考。

图书在版编目(CIP)数据

“一带一路”建设与中国边境贸易发展研究 / 孟庆雷著. —北京：科学出版社，2019. 11

ISBN 978-7-03-062211-2

Ⅰ. ①一…　Ⅱ. ①孟…　Ⅲ. ①边境贸易-研究-中国　Ⅳ. ①F752. 8

中国版本图书馆 CIP 数据核字（2019）第 189829 号

责任编辑：林　剑 / 责任校对：樊雅琼

责任印制：吴兆东 / 封面设计：无极书装

科 学 出 版 社 出版

北京东黄城根北街 16 号

邮政编码：100717

http://www.sciencep.com

北京厚诚则铭印刷科技有限公司 印刷

科学出版社发行　各地新华书店经销

*

2019 年 11 月第　一　版　开本：787×1092　1/16

2023 年 2 月第二次印刷　印张：20

字数：453 000

定价：198. 00 元

（如有印装质量问题，我社负责调换）

前　言

边境地区是中国与沿线国家联通的重要媒介，“一带一路”倡议的提出，扩大了边境地区对外开放的广度与深度，助推边境地区转变为中国的开放前沿，使得边境贸易的内涵与意义得以扩展，给边境贸易的发展带来了新的发展机遇。

本书涉及经济学、民族学和社会学等多学科的交叉研究，通过跨学科的交叉分析，把握相关学科的最新研究动态。首先，基于“一带一路”倡议的提出和实施，以习近平新时代中国特色社会主义思想为理论指导，按照习近平总书记关于人类命运共同体、区域协调发展战略和全面开放新格局的重要指示，对中国边境贸易的概念、研究对象、起源及历史演变等问题进行理论分析，丰富和发展了“一带一路”建设与中国边境贸易发展的相关理论。其次，组织了9支调研队伍，对我国辽宁省、吉林省、黑龙江省、内蒙古自治区、甘肃省、新疆维吾尔自治区、西藏自治区、云南省、广西壮族自治区等9个边境省（自治区）的口岸体系建设、对外贸易和边境贸易发展的基本情况、存在的问题等进行了实地调研，获得了大量较新的第一手资料，并对其进行了定性分析。最后，通过定量分析，对“一带一路”沿线国家对边境地区进出口贸易的经济增长效应和边境地区进出口贸易的经济增长效应进行实证分析，并对中国边境贸易未来的发展思路提出科学的对策建议，丰富了研究成果的科学性、多样性和时代性。

本书是中南民族大学中央高校基本科研业务费专项资金项目“西北地区边境贸易产业升级的内外联动效用研究”（项目编号：CSD17030）的最终成果，也受到了中南民族大学少数民族经济学博士点建设经费、中南民族大学经济学院国际经济与贸易专业建设经费和科研发展基金的资助和支持。本书的研究工作得到了中南民族大学校领导、科学研究发展院、经济学院的大力支持和帮助，为此专门组织召开校内外专家座谈会，从开题到确定研究提纲，再到初稿的形成，提出了许多宝贵的编写和修改意见。感谢杨清震教授和李俊杰教授对本书提出的编写和修改建议，感谢我的同事湛柏明、段世德、徐莉萍、刘家悦、张娟、李建国、陈小丽、汪瑾、揭子平给本书提供的许多宝贵数据和文献资料，也感谢我的硕士研究生阮毅雪和谭闺臣在本书编写中付出的辛勤劳动。

本书在写作过程中，参考并利用了一些学科和领域的最新研究成果、文献和资料，作者力图理论与实践紧密结合，使本书具有较强的实践性和应用性。但因作者能力有限，书中难免存在疏漏之处，恳请各位读者批评指正。

孟庆雷

2019 年 7 月 12 日于武汉

目　录

前言

1　导论 …… 1

1.1　中国边境贸易的概念 …… 1

1.2　中国边境贸易的研究对象 …… 6

1.3　“一带一路”建设与中国边境贸易发展的意义 …… 8

2　边境贸易的理论依据 …… 12

2.1　边境贸易的基本理论 …… 12

2.2　习近平新时代中国特色社会主义思想的理论指导 …… 21

3　中国边境贸易的起源及历史演变 …… 25

3.1　边境贸易的产生 …… 25

3.2　古代中国的边境贸易 …… 25

3.3　近代中国的边境贸易 …… 28

3.4　中华人民共和国成立后的边境贸易 …… 30

4　“一带一路”建设与辽宁省边境贸易发展问题研究 …… 35

4.1　辽宁省口岸体系 …… 35

4.2　“一带一路”建设与辽宁省对外贸易发展问题研究 …… 38

4.3　“一带一路”建设与辽宁省边境贸易发展问题研究 …… 45

5　“一带一路”建设与吉林省边境贸易发展问题研究 …… 53

5.1　吉林省口岸体系 …… 54

5.2　“一带一路”建设与吉林省对外贸易发展问题研究 …… 61

5.3　“一带一路”建设与吉林省边境贸易发展问题研究 …… 74

6　“一带一路”建设与黑龙江省边境贸易区发展问题研究 …… 83

6.1　黑龙江省口岸体系 …… 83

6.2　“一带一路”建设与黑龙江省对外贸易发展问题研究 …… 94

6.3　“一带一路”建设与黑龙江省边境贸易发展问题研究 …… 104

7　“一带一路”建设与内蒙古自治区边境贸易区发展问题研究…… 118
7.1　内蒙古自治区口岸体系 …… 118
7.2　“一带一路”建设与内蒙古自治区对外贸易发展问题研究 …… 125
7.3　“一带一路”建设与内蒙古自治区对外贸易的发展…… 129
7.4　“一带一路”建设与内蒙古自治区边境贸易发展问题研究 …… 140
8　“一带一路”建设与甘肃省边境贸易区发展问题研究…… 147
8.1　甘肃省口岸体系 …… 147
8.2　“一带一路”建设与甘肃省对外贸易发展问题研究…… 147
8.3　“一带一路”建设与甘肃省边境贸易发展问题研究…… 151
9　“一带一路”建设与新疆维吾尔自治区边境贸易区发展问题研究 …… 154
9.1　新疆维吾尔自治区口岸体系 …… 154
9.2　“一带一路”建设与新疆维吾尔自治区对外贸易发展问题研究 … 165
9.3　“一带一路”建设与新疆维吾尔自治区边境贸易发展问题研究 … 173
10　“一带一路”建设与西藏自治区边境贸易区发展问题研究…… 180
10.1　西藏自治区口岸体系…… 180
10.2　“一带一路”建设与西藏自治区对外贸易发展问题研究…… 182
10.3　“一带一路”建设与西藏自治区边境贸易发展问题研究…… 187
11　“一带一路”建设与云南省边境贸易区发展问题研究…… 207
11.1　云南省口岸体系…… 207
11.2　“一带一路”建设与云南省对外贸易发展问题研究…… 215
11.3　“一带一路”建设与云南省边境贸易发展问题研究…… 223
12　“一带一路”建设与广西壮族自治区边境贸易区发展问题研究 …… 238
12.1　广西壮族自治区口岸体系…… 238
12.2　“一带一路”建设与广西壮族自治区对外贸易发展问题研究 …… 246
12.3　“一带一路”建设与广西壮族自治区边境贸易发展问题研究 …… 250
13　“一带一路”建设中边境贸易发展的经济效应 …… 263
13.1　边境贸易的经济效益…… 263
13.2　“一带一路”沿线国家对边境地区进出口贸易的经济增长效应 … 268
13.3　边境地区进出口贸易的经济增长效应分析 …… 283
14　中国边境贸易未来的发展思路…… 302
14.1　积极融入“一带一路”建设，增强新时代边境贸易发展意识…… 302

14.2 加快制定发展边境贸易的国家战略规划 …… 303
14.3 推动形成全面开放新格局，加快中国边境自由贸易区的建设步伐 …… 303
14.4 加大边境地区基础设施建设投入力度，提高互联互通水平 …… 304
14.5 转变边境经贸增长方式，大力发展边境服务贸易和边境旅游贸易 …… 305
14.6 不断优化边境贸易结构，提高商品质量和竞争力 …… 307
14.7 加快边境贸易企业经营管理体制改革步伐 …… 308
14.8 加大政策支持，加快培养边境经贸高层次管理人才 …… 308
参考文献 …… 310

1 导　　论

1.1　中国边境贸易的概念

1.1.1　中国边境贸易的概念

迄今为止，边境贸易在促进边境地区经济稳步发展的同时，已成为我国对外贸易的重要组成部分。那么，什么是边境贸易？对此中国边境贸易尚未形成统一的定义，主要有以下几种不同的表述。

第一种表述是《辞海》（辞海编辑委员会，2009）经济分册中的定义，即边境贸易是“通过协议，两国在边境毗连地区（一般离边境线各15千米范围内）所进行的小额贸易。初始目的是维护传统市场，满足当地居民生活品的需要。通常给予关税减免及简化海关手续等优惠。但两国进而通过协议开展边境贸易时，双方相互给予的优惠，不能适用于两国边境区域以外的贸易；而且其他国家对该两国的这种特殊贸易关系亦不能援例要求享受同样优惠。”这与《对外经济贸易实用大全》（上海对外贸易协会，1989）中对边境贸易的定义相似，即“边境贸易是毗邻国家之间在两国接壤地区（一般为边境两侧各15千米），居民可以相互来往，在指定的集市上，在规定的金额、品种范围内，进行生活必需品和生产资料的小额贸易。对于这种边境小额贸易，一般都会给予减免关税待遇，并不列入国家对外贸易统计之中。这是由于历史传统习惯形成的一种贸易方式。”

第二种表述来自于《经济大辞典·商业经济卷》（郭今吾，1986），认为边境贸易是“两国在边境地带进行的一种贸易。有两种形式：第一，边境小额贸易，俗称‘边民互市’，是指毗邻国家在其接壤地区的一定范围内（一般离国境线两边各15千米），为照顾双方边境居民经济生活上的方便和传统贸易习惯所采取的一种贸易方式。两国边境居民需在国家规定的开放地点和指定的集市上，以不超过规定的金额买卖准许交流的商品。进行边境小额贸易的双方，一般都互相给予减免关税和简化海关手续等优惠待遇。在中国边境地区开放小额贸易，须报经国务院批准，应贯彻互通有无、调剂余缺的原则。在规定区域以外的居民和单位，不准参加这种贸易。第二，边境地方贸易。它是指接壤国家之间，经两国政府授权批准，由边境地区的贸易机构或指定的地方企业，利用本地区生产的部分货物与邻国接壤地区进行商品交换，以我之长，易我之短。开展边境地方贸易，是国家给边境地区的特殊权利，边境省区买卖的商品必须是本省区生产或本省区急需的商品，不允许到外省区组织出口货源，或将进口商品销往本省区以外的地区。”

第三种表述认为边境贸易是指按照自找货源、自行谈判、自找销路、自负盈亏、自行平衡的原则，在边境城镇之间进行的小额贸易，以及在一定限额范围内进行的边民之间的互市贸易。1984 年 12 月 15 日国务院批准对外经济贸易部颁布的《边境小额贸易暂行管理办法》指出：“本办法所称边境小额贸易，是指我国边境城镇中，经省、自治区人民政府指定的部门、企业同对方边境城镇之间的小额贸易，以及两国边民之间的互市贸易。”“边境城镇之间的小额贸易，按照自找货源、自找销路、自行谈判、自行平衡、自负盈亏的原则进行”，“边境城镇之间的小额贸易，应照章征收关税、产品税或增值税”。“边民互市贸易应当在一定的限额内进行”，“边民互市的商品，在限额以内的免征关税、产品税和增值税”。由于对于小额贸易品种、限额等方面限制的逐步取消，边境贸易逐渐按照“五自原则”进行开展，同时边境以外的企业还可通过“挂靠”边境贸易企业的形式开展边境贸易，边境贸易的主客体都得到了很大的延伸，成为边境贸易发展历程中的重大突破。

第四种表述来自《国务院关于边境贸易的有关问题的通知》，将边境贸易的内涵界定为：边民互市、边境小额贸易和边境地区对外经济技术合作。其中，“边民互市贸易是指边境地区边民在边境线 20 千米以内、经政府批准的开放点或指定的集市上，在不超过规定的金额或数量范围内进行的商品交换活动。”《关于进一步发展边境贸易的补充规定的通知》中进一步对边境贸易的限额作出了规定，“边民通过互市贸易进口的商品（仅限生活用品），每人每日价值在人民币 3000 元以下的，免征关税和进口环节增值税；超过人民币 3000 元的，对超出部分按法定税率征税。”2003 年《边境贸易有关政策法规汇编》进一步对边境贸易有关概念作出了详细界定，“边境小额贸易，系指沿陆地边境线经国家标准对外开放的边境县（旗）、边境城市辖区内（以下简称边境地区）经批准有边境小额贸易经营权的企业，通过国家指定的陆地边境口岸，与毗邻国家边境地区的企业或其他贸易机构之间进行的贸易活动。”“边境小额贸易企业通过指定的边境口岸进口原产于毗邻国家的商品，除烟、酒、化妆品以及国家规定必须照章征税的其他商品外，在2000年底①前，继续实行进口关税和进口环节增值税按法定税率减半征收的政策。”“边境地区对外经济技术合作系指我国边境地区经外经贸部批准有对经济技术合作经营权的企业（以下简称边境地区外经企业），与我国毗邻国家边境地区开展的承包工程和劳务合作项目”，其“带出设备、材料和劳务人员自用生活用品、除涉及实行配额招标的出口商品、军民通用化学品、易制毒化学品及我国在国际多、双边协议中承诺限量出口的商品外，以合理范围内，不受经营分工和出口配额的限制，并免领出口许可证”（《关于印发〈边境小额贸易和边境地区对外经济合作管理办法〉的通知》）。“边境地区外经企业与毗邻国家边境地区开展承包工程和劳务合作项下换回的原产于毗邻国家的物资，执行边境小额贸易的进口税收政策”（《边境贸易有关政策法规汇编》）。

通过以上描述可以看出，边境贸易的内涵随着经济社会的发展、人民认识的不断改变以及政府政策的变化而变化，不同时期的界定都带有不同的时代烙印。总的来说，边境贸易是指边境地区毗邻国家企业及人民在边境线两侧指定地点或开放区域上开展的商品交换与经贸活动。随着经济的发展，边境贸易的范围、对象等都在不断地发生改变，根据对边境贸易范围的不同界定还可分为狭义与广义的边境贸易。其中狭义的边境贸易是指边境地区与毗邻国家在指定范围内，在国家批准的开放点或集市所进行的边境小额贸易、边民互市贸易及边境经济技术合作等活动；而广义的边境贸易是指我国边境地区进行的全部的对外经济贸易联系。相比于中国对边境贸易定义的界定，世界各国对边境贸易的界定存在较大的差异。以世界贸易组织（WTO）例外条款为基准，第二十四条第3款规定：“本协议的各项规定，不得阻止任何缔约国为便利边境贸易对毗邻国家给予某种利益。”说明其承认世界各国为促进边境贸易所作出的特殊贸易优惠政策。世界贸易组织认为边境贸易是指毗邻国家的企业和居民在边境线两边15千米以内所作出的贸易活动，以促进两地居民互通有无，但并未有明确的定义，说明对边境贸易的定义世界各国差别较大（《WTO最惠国待遇的例外条款》）。

综合以上几种对边境贸易的解释，边境贸易的概念主要包含以下几方面的含义：第一，边境贸易是毗邻国家人民或企业在特定开放区域进行的商品交换活动以及经济合作活动，具有一定的区域性；第二，边境贸易商品交换的主体是自然人或者企业，且经营方式较为灵活，自然人或企业在交换过程中自负盈亏、自寻平衡；第三，边境贸易是对国际贸易的补充，是不同毗邻国家之间商品交换与资源流通的媒介，在对外贸易中扮演着不可替代的角色。近年来，边境贸易的商品

① 2000年12月28日对外贸易经济合作部紧急通知：鉴于现行边境贸易政策中的税收优惠政策将于2000年年底到期，为保持政策的连续性，在新边境贸易政策出台前，仍执行原边境贸易政策。

贸易范围越来越广、贸易额越来越大、贸易主体不断增多，逐步呈现欣欣向荣之势。现代边境贸易的内涵也逐渐变得更为丰富，所以，原有的边境贸易概念已经不能完整准确地概述现代边境贸易现象。

1.1.2 传统边境贸易与现代边境贸易

中国边境贸易含义的变化，显示出了传统边境贸易向现代边境贸易的逐渐演变过程。目前，我国学者对于传统边境贸易与现代边境贸易没有明确的时间界定，多认为20世纪80年代中期开始进入传统边境贸易向现代边境贸易的过渡阶段。

中国传统边境贸易是传统历史习惯发展的产物，其主要特点为其传统性。首先，传统边境贸易的交易方式大多与边境地区人民生活习惯、历史习俗、宗教信仰相适应。原始的交易方式，从第一次社会大分工氏族公社[①]偶然交换开始，逐渐演变成了以物易物、以有易物的交换方式，具有交换时期短、交易方便的优点。在边境小额贸易与边民互市贸易中，多以这种交易方式为主。

其次，传统边境贸易的交易范围较为固定。传统边境贸易的交易范围多限定在边境线15千米范围内，这符合边境地区山高水长、交通不便的实际情况，因而传统的边境贸易多在这一范围内展开。同时，由于边境线两边区域差别较大，人民消费习惯、生活习惯、经济技术发展水平等各个方面均存在一定的差异性，因为边境贸易满足了边境线两端人民的基本生活需要，起到互通有无、调剂余缺的重要作用。

最后，传统边境贸易的交易目的以及发挥的作用较为传统。边境线两边人民在生活习惯、宗教信仰等方面存在相似性，许多少数民族与国外边境地区居民之间还存在姻亲关系；同时在消费习惯、资源分布、商品结构等方面又存在一定的差异性。因而，传统边境贸易是边境居民满足日常基本生活需要的重要媒介，是边境地区对外交流沟通的重要桥梁。

随着经济全球化的发展以及中国改革开放的深入开展，中国边境贸易逐渐进入了新的发展时期。从20世纪80年代中期以来，传统边境贸易的内容、形式等都发生了较大的变化。与传统边境贸易相比，现代边境贸易已经有了质的变化，它是指边境地区自然人或法人之间发生的经济贸易活动，它不仅仅包括传统边境贸易中的边境小额贸易、边民互市贸易，还包括边境地区之间的经济技术合作，如工程承包等（于国政，2005）。与传统边境贸易相比，现代边境贸易具有以下

---

① “氏族公社”是指原始社会在一定发展阶段上以血缘关系为纽带形成的社会组织和经济组织的基本单位，产生于旧石器时代晚期，新石器时代达到鼎盛，在青铜时代趋于瓦解。参见（黄凤琳，2014）。

几个方面特点。

1）从范围上看，现代边境贸易地理范围扩大。现代边境贸易多以行政地理区划作为划分边境贸易地理范围的基础，远远超出了传统边境贸易15千米的范围，边境贸易的地理范围更为广泛，惠及的居民与企业数目更多，有利于更好地解决边境地区物资紧缺的问题，促进边境地区经济的更好发展，加快兴边富民①、迈向小康的步伐。

2）从规模上看，现代边境贸易交易者层次增多，产品种类日渐丰富。边境贸易规模的扩大，一方面表现为边境贸易的实施者与参与者层次增多。目前，边境贸易的交易者不再局限于边境居民以及边境地方国有贸易机构或指定的企业，还包括经批准的国有企业、集体企业、合资企业与贸易机构等，其他地区的企业也可通过“挂靠”边境地区企业的方式来参与边境贸易，边境贸易的交易者的主体范围大大拓宽。另一方面表现为边境贸易口岸的逐渐增多。中国已逐步建成铁路、公路、水运的全方位口岸体系，截至2016年底，全国共有口岸300个。其中，水运口岸136个、空运口岸73个、铁路口岸20个、公路口岸71个（中国口岸协会，2017），加上传统的边境贸易市场，多层次的边境贸易通道已逐步建成。现代边境贸易交易产品种类日渐丰富。传统边境贸易交易以日用百货等产品为主，主要用来满足边民的日常生活需要，20世纪80年代后，边境贸易产品种类逐渐增多，以广西与越南的边境贸易为例，贸易产品从以前的十几种逐渐增长为1500多种，产品种类主要为日用百货、加工食品、轻工机械、农业机械、建筑材料等。

3）从形式上来看，边境贸易的交易方式更加灵活。现代边境贸易的交易方式越来越趋向于多样化，已逐渐脱离传统单一的易货贸易方式，已演变成为多形式、多方面的贸易方式，如劳务合作、来料加工、补偿贸易、期货型边境贸易等。例如，按照交易时间长短与地点的不同可分为现货型边境贸易与期货型边境贸易；按照货物流向的不同可以分为出口型边境贸易与进口行边境贸易；依照商品形式的不同可以分为有形边境贸易与无形边境贸易；等等。

4）从作用上来看，现代边境贸易的作用明显增大。与传统边境贸易相比，现代边境贸易作为对外贸易的重要组成部分，已被统计进对外贸易额之中，其对对外贸易与地区经济的促进作用也越来越明显。不同于传统的满足边境地区居民生活需求的目的，现代边境贸易已成为带动我国边境地区经济发展，发展与毗邻

① “兴边富民”是指是有计划、有组织进行的系统工程。开展兴边富民行动，就是要加大对边境地区的投入，加大帮扶力度，使之尽快地发展起来，逐步跟上全国发展的步伐，促进边疆与内地的协调发展。《兴边富民行动规划》由国务院办公厅2011年发布。

国家睦邻友好关系，促进边境地区脱贫致富、兴边富民的重要手段。

1.1.3 狭义边境贸易与广义边境贸易

我国边境贸易有狭义和广义之分。狭义边境贸易是指我国边境地区与毗邻国家边境地区之间为了解决边境地区经济和社会发展而开展的边境互市贸易、边境小额贸易和边境经济技术合作。狭义边境贸易所涉及的范围，是指可以开展边民互市的距边境线20千米以内、经政府批准的开放点或指定的集市；可以开展边境小额贸易和边境地区对外经济技术合作项目，与毗邻国家接壤的136个边境县(旗)、市（市辖区)① 和边境开放城市。超出这个范围的经贸联系不属于狭义的边境贸易研讨的范围。狭义边境贸易的研究对象，是在上述范围内开展的边民互市、边境小额贸易和边境地区对外经济技术合作项目产生和发展的经济关系和规律以及进一步加快其健康发展，获取更大经济社会效益的途径和办法。

狭义边境贸易的研究任务，一是探讨以边民互市、边境小额贸易和边境地区对外经济技术合作为内容的边境贸易产生和发展的规律；二是分析制约边境贸易发展的条件、环境等因素；三是研究加快发展边境贸易，提高边境贸易经济社会效益的途径、政策与措施；四是探索如何通过发展边境贸易加快我国边境地区兴边富民、全面建设小康社会步伐，实现社会主义现代化。

广义边境贸易是指我国在边境地区进行的全部对外经济贸易联系。其内容除包括狭义边境贸易所涵盖的内容之外，还包括靠近边境的城市、边境省（区）和国家在边境地区开展的与毗邻国家和邻近国家的对外经济贸易与周边区域集团及其有关国家开展的对外经济贸易，通过周边国家与周边以外的其他国家开展的对外经济贸易。此外，广义边境贸易还包括海南省与越南开展的经济贸易活动等。

1.2 中国边境贸易的研究对象

从中国边境贸易的定义可以看出，边境贸易是边境居民或企业同边境毗邻国家居民和企业进行的贸易活动。因而可将中国边境贸易的对象划分为贸易的国别对象与客户对象两大部分。

中国边境线漫长，毗邻国家众多，有朝鲜、俄罗斯、蒙古国、哈萨克斯坦、吉尔吉斯斯坦、塔吉克斯坦、阿富汗、巴基斯坦、印度、尼泊尔、不丹、缅甸、

① 中国陆地边境县（旗）、市（市辖区）一览表，截止时间为2006年12月31日. http://www.gov.cn/test/2006-07/14/content_335831.htm。

老挝、越南。这些毗邻国家为我国边境贸易的贸易对象国（杨清震，2005）。

朝鲜、俄罗斯及蒙古国为我国北方边境贸易对象国。朝鲜位于朝鲜半岛北部，与我国辽宁省、吉林省接壤，接壤边境线达 1505 千米。朝鲜人口多为朝鲜族，通用语言为朝鲜语，与我国东北延边地区习俗相近，民众之间沟通交流较为方便，且交通较为便利，开展边境贸易的条件较为充足。俄罗斯国土面积辽阔，与我国接壤边境线长达 4300 多千米，同黑龙江省、吉林省、内蒙古自治区及新疆维吾尔自治区等多个省（自治区）相毗邻，毗邻区内我国对外口岸众多，加之亚欧大陆桥①等主要交通干线贯穿各地，边境贸易条件较为完善。蒙古国与我国内蒙古自治区、甘肃省相毗邻，与我国哈密地区、阿勒泰地区等地接壤。蒙古国内多为游牧民族，在边境贸易中多向我国出口农产品与矿产品，而从我国进口电子产品、基本生活用品等。

哈萨克斯坦、吉尔吉斯斯坦、塔吉克斯坦、阿富汗及巴基斯坦为我国西北地区主要边境贸易对象国。这 5 个国家均与我国新疆维吾尔自治区相接壤，五国总接壤边界线长度超过 4000 千米。哈萨克斯坦国内聚居 130 多个民族，其中以哈萨克族、俄罗斯族、乌克兰族等为主；吉尔吉斯斯坦国内混居 80 多个民族，以吉尔吉斯族为主；其余 3 国也是多民族聚居国家。这与我国多民族聚居的新疆维吾尔自治区情况相类似，边境线两侧人民之间风俗相近，村寨之间互相通婚，人民之间和谐共处，为边境贸易的开展提供了有利条件。

我国西南地区边境贸易的主要对象国为印度、尼泊尔、不丹、缅甸、老挝及越南。其中印度、尼泊尔及不丹多与我国西藏自治区接壤，依喜马拉雅山脉与我国相毗邻。由于自然条件的限制，与我国开展边境贸易的过程中，交通为主要限制因素，公路运输为主要交通运输方式。缅甸、老挝及越南均属于东南亚国家，水陆交通较为便利，资源丰富，与我国广西壮族自治区、云南省相接壤。随着中国-东盟自贸区②的建立，与我国西南边境地区贸易发展迅速，是我国对外贸易额的统计中的重要组成部分。

边境贸易不同于普通的国际贸易，它是毗邻国家边境线两端人民、企业及政府等的经济贸易联系。因而边境贸易的客户对象主要是指边境地区地方政府、企业以及居民。

第一类客户对象为边境地区周边国家边境地方政府、基层行政当局及所属的工商企业。处于各方面的需要，毗邻国家有关政府或企业会与我国签署有关经济

① “亚欧大陆桥”是指欧洲与亚洲两侧海上运输线联结起来的便捷运输铁路线。

② “中国-东盟自贸区”是指中国与东盟十国组建的自由贸易区。中国和东盟对话始于 1991 年，中国 1996 年成为东盟的全面对话伙伴国。http://www.cafta.org.cn/show.php?contentid=34170。

贸易的相关协议，以达到促进贸易双方经济共同发展的目的。例如，俄罗斯与我国接壤的相关的地方政府与我国相对应的地方政府及有关机构签订建立贸易关系的合同；越南的与我国接壤的边境地方政府与我国对应的相关地方政府及工商企业签订合同等。这些活动均具有官方性质，而这些地方政府、基层行政当局及其所属的工商企业是我国边境贸易的客户对象。

第二类客户对象为周边国家边境民间工商企业和私营、个体工商业者。近年来，我国已逐渐放宽对参与边境贸易的主体限制，逐步允许私营企业、个体工商业主等参与边境贸易。毗邻国家致力于从事边境贸易的民间工商企业与私营、个体工商业者也是我国边境贸易客户对象的重要组成部分之一。边境民间工商企业和私营、个体工商业者在进行边境贸易时既具有一定的自主性与灵活性，又具有组织性，主要从事边境小额贸易、易货贸易，以及少量的现汇贸易和经济技术合作。此外，边境地区合资企业、合作生产项目组织者等均是边境贸易的间接客户对象。

第三类客户对象为周边国家边境地区居民。无论是传统的边境贸易还是现代边境贸易，边境小额贸易与边民互市贸易都是其重要组成部分，而边境地区常住人口，即边民，是这两类贸易活动的主要实施者。由于历史传统及现实条件等多方面因素，边境居民在边境线两侧限定的开放区域或开放点内进行限额以内的贸易活动，享受减免关税的优惠。同时，边境地区由于自然条件、经济发展水平等各方面的限制，人民生活水平与生产力普遍不高，边民在进行边境贸易时也多具有分散性、自发性等特点。此外，旅游的游客等也是边民互市贸易的客户对象。

1.3 “一带一路”建设与中国边境贸易发展的意义

边境地区作为与沿线国家联通的重要媒介，“一带一路”倡议[①]的提出，扩大了边境地区对外开放的广度与深度，助推边境地区转变为我国的开放前沿，使边境贸易的内涵与意义得以扩展，为边境贸易的发展带来了新的发展机遇。具体来说，“一带一路”建设与中国边境贸易发展的意义表现为以下六个方面。

---

① “一带一路”是“丝绸之路经济带”和“21 世纪海上丝绸之路”的简称，旨在借用古代丝绸之路的历史符号，高举和平发展的旗帜，积极发展与沿线国家的经济合作伙伴关系，共同打造政治互信、经济融合、文化包容的利益共同体、命运共同体和责任共同体。参见（陈积敏 . 2018-02-26. 正确认识“一带一路”. http://theory. people. com. cn/n1/2018/0226/c40531-29834263. html）。

1.3.1 促进边境地区经济社会发展，加快边境地区全面建成小康社会进程

我国边境地区一般多为民族地区，同时也多为贫困地区，经济发展水平相对较为落后，人民生活水平相对较低。由于自然条件、基础设施等的限制，边境地区经济发展不平衡、就业率低等现象较为严重，严重阻碍了边境地区经济的协调有序发展。边境贸易的发展可以有效地改善边境地区闭塞、落后的局面，逐渐将边境地区从我国经济发展边缘地带的现实中脱离出来。随着“一带一路”建设的稳步推进，边境地区逐渐从我国对外开放的末梢变为开放前沿，以边境贸易为突破，以流通为导向，借助于“一带一路”建设所带来的基础设施改善、资金融通、投资注入等优势，逐渐加大边境地区对周边沿线国家的出口，从而带动边境地区就业规模扩大，经济增长结构更为合理。由于“乘数效应”① 的存在，出口的增加，带来的是出口部门收入的增加，从而消费也得到增加，带动其他的产业发展，扩展了就业渠道，增加了就业人数，人民收入增加，如此循环，经济得到了成倍增长。

由此可见，边境贸易的发展有利于促进边境地区就业发展，推动边境地区经济结构的转型与发展，提高边境地区人民的生活水平，从而助推边境地区全面建成小康社会的步伐。

1.3.2 确保边境巩固与安全，为我国现代化建设创造良好环境

目前，我国正处于转变发展方式、优化经济结构、转换增长动力的攻关期，现代化建设的关键期，而经济建设需要良好的政治环境做后盾。其中稳定是建设良好政治环境的主要因素。而要实现政治环境的稳定，必须发展经济，使得人民在经济上达到平等。发展边境贸易，可以促进边境地区经济更快更好发展，边境地区人民生活水平提高。而“一带一路”倡议的逐步深入推进，将会加快边境贸易的发展步伐，推动边境贸易向更健康稳定的方向发展，更好地保证了边境地区政府、企业与人民的经济来源，使边境人民感受到中国特色社会主义制度的优越性，更好地团结各族人民，齐心协力发展边境经济，最终达到加快边疆发展、确保边境巩固、边境安全的目的。

1.3.3 促进边疆地区与东北老工业基地发展，加快建成区域协调发展新机制

十九大报告指出，要“加大力度支持革命老区、民族地区、边疆地区、贫

① “乘数效应”是一种宏观的经济效应，也是一种宏观经济控制手段，是指经济活动中某一变量的增减所引起的经济总量变化的连锁反应程度。参见（陈共，2017）。

困地区加快发展，强化举措推进西部大开发形成新格局，深化改革加快东北等老工业基地振兴，发挥优势推动中部地区崛起，创新引领率先实现东部地区优先发展，建立更加有效的区域协调发展机制。”“一带一路”倡议的提出与边境贸易的发展，将会推动东、中部地区相关产业逐渐向西部地区转移，同时给黑龙江省、辽宁省、吉林省等东北老工业区经济的发展带来新的发展契机，促进边境地区经济结构的转型，促使传统产业优化升级，显著增强边境地区经济质量优势，推动边境地区建设现代化经济体系，缩小东中西部经济发展差距，加快东北等老工业基地的振兴，推动区域协调发展，加快建成区域协调发展新机制。

1.3.4 加强创新能力开放合作，加快形成对内对外开放新格局

历史的经验与教训说明，开放带来进步，封闭必然导致落后。而中国开放的大门不会关闭，只会越开越大。“一带一路”建设是我国对外开放重要举措，而边境贸易一直以来都是我国对外开放进程中的重要组成部分。“一带一路”建设的深入推进，使边境贸易的产品范围、发展模式等各方面也得到了长足发展。边境贸易产品不再局限于日用品、资源产品等，也逐渐向经济技术合作等方面拓展。边境贸易不仅仅意味着商品的交换，还意味着技术、创新理念等的交流，而利用外资，引进技术、设备等也使技术落后的边境地区可以获得成熟适用的科技成果与最新的创新理念，推动边境线两端国家创新能力的开放合作。“丝绸之路经济带”以及“21 世纪海上丝绸之路”分别从陆地与海洋出发，将陆海贯通，使东西互通有无，逐步形成陆海内外联动、东西双向互济的内外开放格局，而边境贸易则是这一格局中的重要一环。

1.3.5 实现“五通”，打造国际合作新平台

“五通”是指政策沟通、设施联通、贸易畅通、资金融通、民心相通，其既是“一带一路”建设的核心内容，也是“一带一路”建设最终目标之一。政策沟通即要形成稳定的发展环境，设施联通指铺设合作的桥梁，贸易畅通即打造高效资源配置平台，资金融通即提供强有力的资金融通，而民心相通指沿线坚实的民心基础。边境地区人民生活习俗、宗教信仰等各方面均具有相似性，边境贸易的开展进一步加深了边民之间的联系；国家边境地区口岸体系的完善为边境线两端的合作铺设一座座桥梁；边境政府之间的经济贸易合作则进一步增强巩固了边

境线两边国家与人民之间的稳定关系；亚洲基础设施投资银行[①]、丝路基金[②]等的建立为边境贸易提供了资金支持。由此可见，边境贸易与“一带一路”建设有利于形成政策沟通、设施联通、贸易畅通、资金融通、民心相通的开放环境，形成一个“各国政府都倾力支持，各国政府都认真办事，各国民众都参与拥护”的全方位合作氛围，从而打造国际合作新平台。

1.3.6 积极发展全球伙伴关系，构建总体稳定、均衡发展的大国关系框架

一直以来，中国都致力于积极发展全球伙伴关系，扩大同各国的利益交汇点，推动大国协调和合作，从而构建总体稳定、均衡发展的大国关系框架。“一带一路”建设的推进与边境贸易的开展，使我国在与毗邻国家开展商品贸易、进行经济技术合作的同时，也宣扬了我国亲诚惠容的理念以及与邻为善、与邻为伴的周边外交方针，深化了我国与周边国家的关系。在开展边境贸易与推进“一带一路”建设的过程中，相关政府、工商业者、边境居民以及相关从业人员以身作则，坚持公正、诚信、互利与善意，是对我国正确义利观的最好宣传，也有助于我国加强同发展中国家，特别是同周边邻近国家的团结合作，从而构建总体稳定、均衡发展的大国关系框架。

① “亚洲基础设施投资银行”是一个政府间性质的亚洲区域多边开发机构。重点支持基础设施建设，成立宗旨是为了促进亚洲区域的建设互联互通化和经济一体化的进程，并且加强中国及其他亚洲国家和地区的合作，是首个由中国倡议设立的多边金融机构。参见（王丽颖 . 2014-11-24. 亚投行路线图猜想 . http://paper. people. com. cn/gjjrb/html/2014-11/24/content_1501990. htm）。

② “丝路基金”由中国外汇储备、中国投资有限责任公司、中国进出口银行、国家开发银行共同出资，依照《中华人民共和国公司法》，按照市场化、国际化、专业化原则设立的中长期开发投资基金，重点是在“一带一路”发展进程中寻找投资机会并提供相应的投融资服务。参见（丝路基金的“五个 W 和一个 H”. http://www. scio. gov. cn/ztk/wh/slxy/31213/Document/1426164/1426164. htm）。

2　边境贸易的理论依据

2.1　边境贸易的基本理论

边境贸易是毗邻国家之间特有的经济贸易形式，它既是一种初始形式的国际贸易，又与毗邻两国及边境地带的政治经济等要素紧密相连。近年来，经济全球化趋势加快，许多国家之间的边境贸易也得到了快速发展。国际贸易理论和地缘经济理论等相关学说为边境贸易开展提供了充分的理论依据。

2.1.1　技术差异论

技术差异论指各国在生产同一产品时劳动生产率不同所造成的国际分工。技术差异论分为绝对技术差异和相对技术差异两种类型。

2.1.1.1　绝对技术差异论

各国在生产同样产品时，劳动生产率的绝对差异导致了各国之间生产优势的不同。劳动生产率是单位时间生产的产品量或单位产品所消耗的劳动量。绝对技术差异论假定，各国只投入一种生产要素——劳动力，各国在生产同一产品时，劳动生产率是不同的；还假定，全世界只有两个国家，它们都能生产两种产品，其中一国在一种产品的生产上劳动生产率较高，而另一国在生产第二种产品上劳动生产率较高。在此假定下，两国劳动生产率的差异就决定了两国单位时间内生产产品的优劣，各国专门生产本国劳动生产率较高的产品。

最早提出绝对技术差异论的是亚当·斯密，他在其所著的《国民财富的性质和原因的研究》中就指出，既然劳动分工能够提高一国企业的生产率，按照各国劳动生产率的优势差异进行国际分工，一定能够提高各国、乃至全世界的劳动生产率。

“有时，在某些特定产品的生产上，某一国占有那么大的自然优势，以致全世界都认为，跟这种优势做斗争是枉然的。通过嵌玻璃、设温床、建温壁，苏格兰也能栽种极好的葡萄，并酿造最好的葡萄酒。单单为了要奖励苏格兰酿造波多尔和布冈迪红葡萄酒，便以法律禁止一切外国葡萄酒输入，这难道是合理的吗？

即使不是多三十倍，而仅多三十分之一，也同样是不合理的。”“只要甲国有此优势，乙国无此优势，乙国向甲国购买，总是比自己制造有利。”所以，“如果外国能比我们自己制造还便宜的商品供应我们，我们最好就用我们有利地使用自己的产业生产出来的物品的一部分向他们购买。国家的总劳动既然总是同维持它的产业的资本成比例，就决不会因此减少，……。要是把劳动用来生产那些购买比自己制造还要便宜的商品，那一定不是用得最为有利。”由此，演绎出斯密主张以商品生产成本绝对技术差异形成国际分工的学说（斯密，1985）。

绝对技术差异论将劳动生产率的因素引进来，解释国际贸易的原因，从而将国际贸易的原因从自然要素领域引申到生产领域。这说明了国际分工不仅是建立在天然禀赋的基础上，还需要用各国生产同一产品的劳动生产率这一劳动力后天差异加以解释。因为各国生产同一产品的劳动生产率的差异可能是劳动力的熟练程度造成的，可能是知识的积累造成的，也可能是企业内部劳动分工的细化造成的，这些“后天的优势”是解释某些产品国际贸易产生原因的重要理论。

然而各国劳动力在生产同一产品时的绝对技术差异，只能说明各国分别在某一种或某几种产品的生产上，劳动生产率高于其他国家，分工得以形成。但是如果一国在所有产品的生产上，劳动生产率都高于另一国，而另一国劳动生产率均低于前者，那么国际分工是否还会形成呢？显然，劳动力的绝对技术差异论不能解释这一问题。

2.1.1.2 相对技术差异论

相对技术差异论是用国与国之间生产同一产品的相对劳动生产率优势解释国际贸易原因的理论。这一理论最早是由英国经济学家大卫·李嘉图于1817年在他的主要著作《政治经济学及其税赋原理》中提出的。理论认为，即使一个国家在生产成本上没有绝对优势，但只要比较其他国家在生产成本上具有相对优势，就可以通过生产其相对成本较低的商品去交换别国生产的相对成本比较低的商品，并因此获得比较利益。

李嘉图（1962）以英国和葡萄牙各生产酒和毛呢的比较优势形成的分工，来说明国际分工的利益。他指出：“英国的情形可能是生产毛呢需要100个人一年的劳动；而如果要酿制葡萄酒则需要120个人劳动同样长的时间。因此，英国发现对自己有利的办法是输出毛呢以输入葡萄酒。葡萄牙生产葡萄酒可能只需要80个人劳动一年，而生产毛呢却需要90个人劳动一年。因此，对葡萄牙来说，输出葡萄酒以交换毛呢是有利的。即使葡萄牙进口的商品在该国制造时所需要的劳动少于英国，这种交换仍然会发生。虽然葡萄牙能够以90个人的劳动生产毛呢，但它宁可从一个需要100个人劳动生产毛呢的国家输入，因为对葡萄牙来说，与其挪用种葡萄的一部分资本去制造毛呢，还不如用资本来生产葡萄酒，因为由此可以从英国换得更多的毛呢。”

根据李嘉图的表述，葡萄牙生产酒和毛呢，所需劳动人数均少于英国，从而英国在这两种产品的生产上都处于不利地位。根据斯密的绝对优势理论，英国需放弃两种产品的生产，均从葡萄牙进口，在两种产品上不会进行相互分工。而李嘉图认为，葡萄牙生产酒所需劳动人数比英国少 40 个人，生产毛呢只少 10 个人，即分别少 1/3 和 1/10；显然，葡萄牙在酒的生产上优势更大一些，虽然它在毛呢生产上也具有优势；英国在两种产品生产上都处于劣势。但在毛呢生产上劣势小一些。英国和葡萄牙应以“两利取重，两害取轻”的原则进行分工。即英国虽都处于绝对不利地位，但应取其不利较小的毛呢生产，葡萄牙虽都处于绝对有利地位，但应取有利更大的酒生产。按这种原则进行国际分工，两国产量都会增加，再通过贸易进行交换，两国都会得利。

2.1.2 生产要素禀赋论

生产要素是指生产过程得以正常进行所必需的各种物质条件和非物质条件。各种生产要素结合，在商品生产过程中发挥重要作用并影响到劳动生产率和生产成本。

2.1.2.1 生产要素的构成

现代西方经济学认为生产要素包括土地、劳动力、资本三种，随着科技的发展和知识产权制度的建立，技术、信息和组织（企业家才能）也作为相对独立的要素投入生产。

1）土地，又称自然资源，它包括土地、森林、矿藏和河流等一切自然资源。狭义的土地则是指土地本身。

2）劳动力，它是指人类拥有的体力和脑力劳动的总和。

3）资本，亦称资本货物（或资本品），它是指人类所生产出来的且用于生产其他产品所需的一切工具、机器设备、厂房等的总称。

4）技术，是指过去对研究与发展进行投资的结果，是一种知识形态，必须凝结在劳动力和生产资料中，才能体现出其使用价值。

5）信息，是指与产品生产、销售和消费直接相关联的情报、消息、资料和知识等。

6）人力资本，是体现在劳动者身上的以劳动者的数量和质量表示的资本，是资本与劳动力结合而成的一种新的生产要素。通过对劳动者进行教育和培训使其素质得以改善以提高劳动生产率。

2.1.2.2 生产要素在边境地区移动的原因

造成生产要素在邻国边境地区移动的主要原因，在于邻国间生产要素禀赋的差异性和生产要素在邻国移动的效益性。

生产要素禀赋的差异既体现在自然资源也体现在国家社会经济资源中。各种产品的生产是生产要素的有机结合，各国生产要素的丰裕程度是不同的，一国充分使用本国的丰裕生产要素，就形成了各国专门生产某种产品的倾向性。生产要素在毗邻国家边境地区流动和配置最主要的目的和最基本的原因是力图获取更大的经济效益。毗邻国家之间生产要素禀赋的差异性可直接影响到生产要素价格和收益。一种禀赋丰富的要素，其价格较低，密集使用该种要素的收益也相对较低；相对短缺的要素，其价格较高，收益也较高。生产要素价格的形成同商品价格形成的机理基本相同，即生产要素一般总是从价格低的国家或地区流向价格较高的国家或地区，从收益较低的国家或地区流向收益较高的国家或地区。生产要素禀赋论对此观点做了系统的说明。

2.1.2.3 生产要素禀赋论

生产要素禀赋论最早是由瑞典经济学家赫克歇尔在1919年提出的，之后其学生伯特尔·俄林在1933年出版的《区际贸易与国际贸易》一书中比较系统第阐述了在要素禀赋论基础上的国际贸易。该理论认为（俄林，2008）：第一，贸易的直接原因根基于商品的价格差异；第二，货物价格的差别来源于国家间生产要素禀赋的差异；第三，生产要素的比例决定具体产业的设立。资本丰裕的国家倾向于生产资本密集型产品，劳动力丰裕的国家倾向于生产劳动密集型产品，建立了在要素丰裕程度不同基础上的国际分工。生产要素禀赋论的精要：

1）贸易的直接原因根基于商品的价格差异。“贸易的直接原因总是：货物从外面用钱买进比在家里生产便宜；反之亦然。”国家之间贸易也是如此，商品和生产商品要素价格在不同区域或国家间存在差异成为地区间或国际贸易存在的必要条件。

2）货物价格的差别来源于国家间生产要素禀赋的差异。俄林把生产要素分为三类：“自然资源（含土地）、资本和劳力。自然资源分为五小类：农业和林业用资源、渔业和狩猎业用资源、矿产资源、水力发电用资源和运输业用资源。资本分为两小类：短期资本和长期资本或安全资本和风险资本。劳力分为三小类：不熟练工、熟练工和技术工。由于自然、社会等原因，各地区或国家之间的上述生产要素禀赋存在差异，由于差异，都形成了本地区或国家的价格机制。这种价格机制，受到生产要素需求和供给因素的影响。”“在需求的背后有：①消费者的欲望；②生产要素所有权的情况，它影响到个人收入和需求，但货物的供应最终依赖于后两者；③生产要素的供给；④生产的物质条件”。“当这些因素之间的关系不同时，商品的相对价格也不同，于是出现了地区间的贸易。”

3）生产要素的比例决定具体产业的设立。“某一地区可能富产铁矿，但只有少量的小麦耕地，而另一地区麦地很多但缺少矿物资源的供应。显然，同后者相比，前者较适宜于生产铁矿，不太适于种植小麦，这是由某一地区的生产要素的比例来决定该地区适合于什么样的具体产业。”在各个地区生产要素不如上面绝对多和少，而是多少都有时，则应按比例多少来设置产业，即设置要素较多的产业。如“澳大利亚同英国相比拥有较多的耕地，较少的劳力、资本和矿藏，因而，澳大利亚更适合于生产那些需要大量耕地的产品；而英国在生产需要相当大量其他要素的产品方面具有优势。”

4）按要素丰缺和比例进行地区和国家之间的分工。“贸易的首要条件是某些商品在某一个地区生产要比在另一个地区便宜。在每一个地区，出口品中包含着该地区在其他地区拥有的较便宜的相对大量的生产要素，而进口别的地区能较便宜地生产的商品。简言之，进口那些含有较大比例生产要素昂贵的商品，而出口那些含有较大比例。”由此可知，每个地区和国家在生产某些产品上具有优势，来源于这些产品含有该地区和国家拥有丰裕而便宜的相当大量的生产要素。

2.1.3 当代国际贸易理论

2.1.3.1 “里昂惕夫之谜”对俄林要素禀赋理论的挑战

（1）“里昂惕夫之谜”的提出

美国经济学家里昂惕夫（Vassily W. Leontief），哈佛大学教授，由于其投入-产出分析法对经济学的杰出贡献，获得了1973年诺贝尔经济学奖。

里昂惕夫对赫-俄原理确信无疑。他利用投入-产出分析法对美国的对外贸易商品结构进行具体计算，以对赫-奥原理进行验证。他把生产要素分为资本和劳动力两种，对200种商品进行分析，里昂惕夫（1980）得出的结论是：“这些数字表明，当我们以平均价值100万美元的国内出口品置换相同数额的竞争性进口品的时候，出口品含有资本要少得多，而劳动则相对多一些。因此，美国参与国际分工是以劳动密集型高而不是以资本密集型高的生产专业化为基础的。”这个结论，使西方经济学界大为震惊，称它为“里昂惕夫之谜”（The Leontief Paradox），并掀起了一个验证、探讨并解释“里昂惕夫之谜”的热潮，引申出一些新的分析美国贸易结构的理论。

（2）对“里昂惕夫之谜”解释的理论

1）劳动熟练说（Skilled Labor Theory），又称人类技能说（Human Skill Theory）和劳动效率说。最先是由里昂惕夫提出，后来由美国经济学家基辛（D. B. Keesing）加以发展。他们用劳动效率和劳动熟练或技能的差异来解释“里昂惕夫之谜”。里昂惕夫认为，“谜”的产生可能是由美国工人的劳动效率比其他国家工人高所造成的。他认为美国工人的劳动生产率大约是其他国家工人的3倍。因此，在劳动以效率单位衡量的条件下，美国就成为劳动要素相对丰富、资本要素相对稀缺的国家。

2）人力资本说。人力资本说（Human Capital Theory）是美国经济学者凯南（P. B. Kenen）等提出的。他们以人力投资的差异来解释美国对外贸易商品结构，其结论符合赫-奥生产要素禀赋的理论。他们认为，劳动是不同质的，在劳动效率上存在差异，它主要是由劳动熟练程度所决定。而劳动熟练程度的高低，又取决于对劳动者进行培训、教育和其他有关的开支，即取决于对智力开支的投资。因此，高的熟练效率和熟练劳动，归根到底是一种投资的结果，是一种资本支出的产物（Kenen，1965）。凯南认为，国际贸易商品生产所需的资本应包括有形资本和无形资本，即人力资本。人力资本主要是指一国用于职业教育、技术培训等方面投入的资本。人力资本的投入，可提高劳动技能和专门知识水平，促进劳动生产率的提高。由于美国投入了较多的人力资本，而拥有更多的熟练技术劳动力，因此，美国出口产品含有较多的熟练技术劳动。如果把熟练技术劳动的收入高出简单劳动的部分算作资本并同有形资本相加，美国仍然是出口资本密集型产品。

3）技术差距说（Theory of Technological Gap），又称技术间隔说。技术差距说由美国经济学家波斯纳（M. U. Posner）提出，经过格鲁伯（W. Gruber）和弗农（R. Vernon）等的进一步论证。波斯纳认为，人力资本是过去对教育和培训进行投资的结果，因而可以将其作为一种资本或独立的生产要素；而技术是过去对研究与发展进行投资的结果，也可以作为一种资本或独立的生产要素。但是，由于各国对技术的投资和技术革新的进展不一致，因而存在着一定的技术差距（Posner，1961）。这样就使得技术资源相对丰裕的或者在技术发展中处于领先的国家，有可能享有生产和出口技术密集型产品的比较优势。

（3）俄林的应对

1966年，俄林把1933年出版的《地区间贸易和国际贸易》作了修订，并补充了一篇新的论文——《对当代国际贸易理论的看法》。在该论文中，俄林对“里昂惕夫之谜”作出回应，认为“里昂惕夫之谜”根源于要素模型的简化。对此，俄林（2008）指出：“必须牢记，在里昂惕夫的对生产要素比例模型的统计测验这一著名和重要的尝试中，他只考虑了两种生产要素。模型中所作的每一种简化都构成了同现实或多或少的甚至是重要的偏离，因而不能期望得到‘密切的吻合’。”

2.1.3.2 产业内贸易说

（1）提出背景

20 世纪 60 年代以后，国家之间产品交换从产业间发展到产业内部。出现了产业内贸易说（Indra-industry Trade Theory）。它是美国经济学家格鲁贝尔（H. G. Grubel）等提出的。他们在研究共同市场成员国之间贸易量的增长时，发现发达国家之间的贸易并不是按赫-奥生产要素禀赋理论进行的，即不是工业制成品和初级产品之间的贸易，而是产业内同类产品的相互交换。继而对产业内贸易进行研究，提出了产业内同类产品贸易增长原因的理论。

他们认为，当代国际贸易产品结构大致可分为产业间贸易和产业内贸易两大类。前者是指不同产业间的贸易，后者是指产业内部同类产品之间的贸易，即一个国家同时出口和进口同类产品，例如美国和日本之间相互输出汽车（Grubel and Lioyd，1975）。

（2）产业内贸易的主要特点

1）产业内贸易是同类产品的相互交换，而不是产业间非同类产品的交换。

2）产业内贸易产品流向具有双向性，即同一产业内的产品，可以在两国之间相互进出口。

3）产业内贸易的产品具有多样性。这些产品中既有资本密集型，也有劳动密集型；既有高技术产品，也有标准技术产品。

4）产业内贸易的商品必须具备两个条件：一是在消费上能够相互替代；二是在生产中需要相近或相似的生产要素投入。

（3）产业内贸易形成的原因

1）同类产品的异质性是产业内贸易的重要基础。从实物形态上，同类产品可以由于商标、牌号、款式、包装、规格等方面的差异而被视为异质产品，即使实物形态相同，也可以由于信贷条件、交货时间、售后服务和广告宣传等方面的差异而被视为异质产品。这种同类的异质性产品可以满足不同消费心理、消费欲望和消费层次的消费需要，从而导致不同国家之间产业内部的分工和产业内部贸易的发生与发展。

2）规模经济收益递增是产业内贸易的重要成因。生产要素比例相近或相似国家之间能够进行有效的国际分工并获得贸易利益，其主要原因是其企业规模经济的差别。一国的企业可通过大规模专业化生产，取得规模节约的经济效果，其成本随着产量的增长而递减，使生产成本具有比较优势，打破各生产企业之间原有的比较优势均衡状态，使自己的产品处于相对的竞争优势，在国际市场上具有更强的竞争力，扩大了该产品的出口。这样产业内部的分工和贸易也就形成了。例如，第二次世界大战结束后日本汽车、彩电进入美国和欧洲等地的市场，就是有力的见证。

3）经济发展水平是产业内贸易的重要制约因素。经济发展水平越高，产业部门内部异质性产品的生产规模也越大，产业部门内分工就越发达。当两国之间人均收入水平趋于相等时，其需求结构也趋于接近，产业内分工和贸易发展的趋向就越强。

2.1.3.3 重叠需求国际分工理论

瑞典经济学家林德提出了重叠需求国际分工理论，从各国需求的相似性解释国际分工原因的理论（Linder，1961）。

（1）收入水平与需求水平

一般而言，个人的收入水平决定其需求水平，收入水平越高，需求商品的档次也越高。然而，在一国范围内，由于每个人或家庭的收入水平不同，其需求水平也是分层次的，不同的消费者其消费的水平是不同的，而且形成一个阶梯。

（2）代表性需求和重叠需求

作为一个国家，从总体上有一个代表其一般或平均消费水平的需求水平。将这种反映一般收入水平的需求水平称为代表性需求。各国的需求水平是随着收入水平的变化而变化的，各国商品的生产又是循着代表性需求的变化而不断调整的。因为作为生产者，只有追寻代表性需求才能使生产规模最大化，实现规模经济效果，降低单位商品的成本。

每个国家的需求都是多层次的，同时，每个国家的生产者都算作本国的代表性需求。在此情况下，随之而来的问题是，各国的非代表性需求的部分或层次谁来满足？对此问题的回答也比较简单：国际贸易。

（3）重叠需求与国际分工

国际贸易能够给各国的非代表性需求的消费者提供价格较低的产品。因为每个国家的代表性需求并不相同，因而在不同的代表性需求产品的生产上能够形成规模经济，其他国家可以在其他产品的生产上形成规模经济，各国生产的规模经济可以使不同层次产品的生产实现高效率，从而达到相互满足非代表性需求的产品需要。各国之间这种相互满足需要所实现的高效率，形成了国际分工的新基础。需求水平越是重叠，相互间的需求越多，因而重叠需求成为各国间国际分工的基础。

重叠需求贸易理论表明了国际分工不仅由各国间的生产分工造成，也由需求决定。因而，需求也是国际分工产生的原因。

2.1.4 地域依赖理论

地域依赖理论在边疆地区有着特殊的内涵和表现形式，其主要意义在于：第一，邻国边境地区有着相似的自然地理和文化地理环境，两国边民有着相似或相同的语言、文化、生活习惯、传统、宗教信仰以及根深蒂固的血缘关系，尽管其居住国家的经济和社会发展政策不同，但是实际上由于他们长期的历史交往，在两国边民看来边境地区仍是一个完整的社会经济地域系统，这个特殊的地域系统一直按照特有的规律运转，你中有我，我中有你，相互依存，相互服务。第二，邻国边境地区之间经济和社会发展的差异性，又决定了各自发展模式的多样性，从而形成各自独特的社会经济地域系统（储东涛，2003）。而任何一国的边境地区，在经济资源、经济发展上总是存在优势、劣势并存、长短并存，彼此都有所求的现象，这是一种内在的经济动力，它推动着边境地区的相互依赖和相互补充。第三，商品经济的发展，必然要冲破内陆边境地区分散、封闭的自然经济格局，取而代之的是在广阔地域空间范围内的相互往来和相互依赖。而邻国边境地区空间距离的缩短，则更加方便了生产要素的流动，加深了相互依赖程度。占地域空间优势的内陆边境口岸当然要捷足先登，先一步发展商品物资、人员和生产要素的跨国界的移动、扩散，即产生和发展边境经济贸易合作。

2.1.5 沿边开放势差论

沿边开放势差论认为，物理学势能理论可以解释内陆边境地区发展边境贸易的能量源问题（阿木尔吉力根，2010）。势差表现在四个方面：

1）经济结构差。国内相邻地域的经济结构均具有连续性，但一般而言，邻国边境地区的经济结构呈现非连续性的特点，因此边境地区经济结构差所具有的潜在势能较大。

2）商品价格差。相邻国家边境地区，因受诸多因素（如自然、政治、经济）的影响，地域相对封闭造成很大的商品价格差。

3）科技工艺差。一般来说内陆沿边地区对外开放的对象多数是经济不很发达的国家和地区，故资金与科技工艺的互补性很强，从而形成科技工艺势差。

4）地理景观差。相邻两国因其自然、历史、社会等因素的地域差异而形成独具特色的自然景观和人文景观，地理景观差由此形成。

边境地区的经济发展差异有利于边境地区贸易结构和产业结构的转换，有利于区域间经济的平衡、协调发展。边境贸易在对内对外两个方面都将产生互补性。对外来说，相互交易的大都是对方市场供应不足或短缺或具有比较优势的商品，具有很大的互补效应。

就我国边境贸易的情况而言，所面对的一般都是欠发达的国家或地区，我们向其出口的大都是轻纺消费品、机电化工产品和农副加工产品。进口的主要是初级原材料产品和基础工业品。这种进出口结构有利于取得商品交换的比较利益和带来有效需求的增加，有利于提高贸易结构和产业结构的高级度，形成经济的良性运转。对内来说，为满足边境贸易日益扩大的商品交换，需要边境地区同国内其他地区形成越来越广泛和紧密的经济联系与协作，从而形成国内各区域间的经济交流与互补的内在机制，在这种机制的作用下，有利于国内各区域间经济的平衡、协调发展。就我国的情况看，北部、西部和西南部的内陆边疆地区是我国能源、原材料基地，但消费品工业和其他加工工业则相对落后；东部和南部沿海地区的消费品工业和加工工业十分发达，但能源、原材料则相对缺乏。沿边地区的边境贸易需要消费品工业和加工工业支撑；沿海地区的消费品工业、加工工业和外向型经济则需要能源和原材料保障。通过沿边沿海协调开放为纽带，将在国内形成一个北与南、西与东的资源、产业、产品的互补格局。从而推动区域间经济的稳定、协调发展。

2.1.6 边境效应论

连接效应论源于异质发生学，认为异质化是组织结构完善和发展进化的基础，系统间作用要素具有质的差异性。这一概念扩展到人类生存的地域空间格局中，在边境线这种自然—非自然屏障的作用下，邻国边境地区可以相对独立发展，从而国家间的异质性得以强化，产生了“边境效应”（border effect）（阿木尔吉力根，2010）。一切对人类生存发展有利的边境效应称之为“边境正效应”。反之，一切对人类生存发展不利的边境效应则称为“边境负效应”。若边境互不开放，商品生产要素在两国之间很少或没有发生转移，双方互为封闭状态，就会产生“边境负效应”。当边境地区由于开放而产生“边境正效应”时，开放程度越大，“边境正效应”表现越为突出，边境经济贸易规模也就越大。

2.2 习近平新时代中国特色社会主义思想的理论指导

2.2.1 人类命运共同体

2011 年《中国的和平发展》白皮书首次提出，要以“命运共同体”的新视角，寻求人类共同利益和共同价值的新内涵。习近平总书记在十九大报告中进一步丰富并且加深了该内涵，他指出：“我们呼吁，各国人民同心协力，构建人类命运共同体，建设持久和平、普遍安全、共同繁荣、开放包容、清洁美丽的世界。要相互尊重、平等协商，坚决摒弃冷战思维和强权政治，走对话而不对抗、结伴而不结盟的国与国交往新路。要坚持以对话解决争端、以协商化解分歧，统筹应对传统和非传统安全威胁，反对一切形式的恐怖主义。要同舟共济，促进贸易和投资自由化便利化，推动经济全球化朝着更加开放、包容、普惠、平衡、共赢的方向发展。要尊重世界文明多样性，以文明交流超越文明隔阂、文明互鉴超越文明冲突、文明共存超越文明优越。要坚持环境友好，合作应对气候变化，保护好人类赖以生存的地球家园。”为了进一步将“人类命运共同体”放到关键的发展位置，2018 年 3 月 11 日，第十三届全国人民代表大会第一次会议通过的宪法修正案，将宪法序言第十二自然段中“发展同各国的外交关系和经济、文化的交流”修改为“发展同各国的外交关系和经济、文化交流，推动构建人类命运共同体”。通过宪法的修改，正式将“人类命运共同体”概念加入到国家整体的发展中。2013 年 9 月和 10 月国家主席习近平先后提出建设“丝绸之路经济带”和“21 世纪海上丝绸之路”的合作倡议，得到国际社会高度关注。随着该倡议的逐渐成熟与发展，再次吹响了共同体意识的号角，并且重振了交流渠道和加深国家间交流，建立起经济和安全的共同体。在这样的背景下，“一带一路”将从根本上促进双边、地区甚至跨地区的人类命运共同体建设，同时“一带一路”将促进世界多极化建设和各层级多边外交及贸易系统的建立，为促进亚洲乃至整个人类命运共同体建设添砖加瓦。2013 年 10 月 30 日，中俄两国元首和两国总理达成重要合作共识，将致力于将两国的政治互信转化为经济互动，将国家层面的合作转化为毗邻区域的地方合作，从而为全世界大国间和谐共处树立典范。两国最主要的毗邻区域——中国东北地区和俄罗斯远东地区的合作，前景广阔且意义重大，进一步将中国和俄罗斯的经济发展和贸易结合起来，同时进一步深化“一带一路”倡议。2017 年 1 月 19 日，习近平出席“共商共筑人类命运共同体”高级别会议并发表主旨演讲，提出“构建人类命运共同体　实现共赢共享　建设一个持久和平、普遍安全、共同繁荣、开放包容、绿色低碳的世界”。2017 年 5 月 14 日，举世瞩目的“一带一路”国际合作高峰论坛在北京启幕，高峰论坛的主题是“加强国际合作，共建‘一带一路’，实现共赢发展”，其核心发展理念就是一个“共”字。习近平主席在会上的主旨演讲更是系统地阐述了“一带一路”发展倡议和路径，描绘了一幅全球经济一体化和人类命运共同体的宏伟蓝图和美丽愿景。

总之，依据习近平总书记提出的“人类命运共同体”概念，同时将其与“一带一路”倡议发展结合起来，能够利用国际市场更合理有效配置资源，发展少数民族地区的经济和边境贸易，是客观经济规律决定的，也是加快少数民族地区经济发展的必由之路。

2.2.2 区域协调发展战略

区域协调发展战略首次在中共十六届三中全会提出，区域协调发展战略作为“五个统筹”之一，具体内容为：积极推进西部大开发，振兴东北地区等老工业基地，促进中部地区崛起，鼓励东部地区率先发展，继续发挥各个地区的优势和积极性，通过健全市场机制、合作机制、互助机制、扶持机制，逐步扭转区域发展差距拉大的趋势，形成东中西相互促进、优势互补、共同发展的新格局。① 习近平总书记在十九大报告中，进一步丰富了区域协调发展战略的内容，报告指出，为了将各项任务落实到位，必须加大力度支持革命老区、民族地区、边疆地区、贫困地区加快发展，强化举措推进西部大开发形成新格局，深化改革加快东北等老工业基地振兴，发挥优势推动中部地区崛起，创新引领率先实现东部地区优化发展，建立更加有效的区域协调发展新机制。以城市群为主体构建大中小城市和小城镇协调发展的城镇格局，加快农业转移人口市民化。以疏解北京非首都功能为“牛鼻子”推动京津冀协同发展，高起点规划、高标准建设雄安新区。以共抓大保护、不搞大开发为导向推动长江经济带发展。支持资源型地区经济转型发展。加快边疆发展，确保边疆巩固、边境安全。坚持陆海统筹，加快建设海洋强国。② 作为我国对外开放的重大举措，“一带一路”建设在推动形成全面开放新格局的过程中发挥着重要作用。第一，“一带一路”建设为我国积极扩大对外投资合作，在全球价值链重构中实现开放型经济转型升级注入强大动力。第二，“一带一路”建设为沿海地区与中西部地区更为协调的区域发展提供重大机遇。第三，“一带一路”建设为我国扩展同发展中国家的经贸联系，形成更为多元化的全球伙伴关系，推动经济全球化向更为普惠平衡、公正共赢的方向发展，提供有力保障。区域协调发展作为我国全面发展的重要举措之一，更应该乘着“一带一路”倡议的东风，促进边境贸易的发展，进一步的完善区域协调发展。

随着“一带一路”倡议成员国的数目逐渐上升，倡议的发展逐渐成熟，将进一步地促进了国内经济和贸易的发展，特别是边境地区贸易的发展。“区域协调发展战略”的提出能够使得资源倾向于经济发展较为落后的边境地区，并

① 李克强出席第 12 届东亚峰会时强调 谱写东亚合作新篇章、开创东亚发展新愿景．http://www.gov.cn/guowuyuan/2017-11/15/content_5239754.htm。

② 范晓敏．深入实施区域协调发展战略．http://theory.people.com.cn/n1/2018/0219/c40531-29826155.html。

且能够进一步突出边境地区的生产优势，促进边境地区的经济社会进一步发展。

2.2.3 全面开放新格局

（1）对外开放是中国的基本国策

改革开放四十多年来的实践证明，开放带来进步、封闭必然落后。党的十九大报告指出，“推动形成全面开放新格局”，“中国开放的大门不会关闭，只会越开越大”。这意味着，中国对外开放进入了一个新的时代。中国开放的大门不会关闭，只会越开越大。要以“一带一路”建设为重点，坚持引进来和走出去并重，遵循共商共建共享原则，加强创新能力开放合作，形成陆海内外联动、东西双向互济的开放格局。拓展对外贸易，培育贸易新业态新模式，推进贸易强国建设。实行高水平的贸易和投资自由化便利化政策，全面实行准入前国民待遇加负面清单管理制度，大幅度放宽市场准入，扩大服务业对外开放，保护外商投资合法权益。凡是在我国境内注册的企业，都要一视同仁、平等对待。优化区域开放布局，加大西部开放力度。赋予自由贸易试验区更大改革自主权，探索建设自由贸易港。创新对外投资方式，促进国际产能合作，形成面向全球的贸易、投融资、生产、服务网络，加快培育国际经济合作和竞争新优势。这是中国政府适应经济全球化新趋势、准确判断国际形势新变化、深刻把握国内改革发展新要求做出的重大战略部署。

（2）扎实推进“一带一路”建设

“一带一路”建设是我国扩大对外开放的重大战略举措，也是今后一段时期对外开放的工作重点。在各方共同努力下，“一带一路”建设逐渐从理念转化为行动，从愿景转变为现实。党的十九大报告强调，遵循共商共建共享原则，积极促进“一带一路”国际合作，努力实现政策沟通、设施联通、贸易畅通、资金融通、民心相通，打造国际合作新平台，增添共同发展新动力。全面开放新格局，不仅仅是需要整个国家与世界上其他国家的经济等方面的开放，更重要的是要加强边境地区与各个边境国家的联系，从而更加细化的促进全面开放格局的形成。

总之，“全面开放新格局”战略的提出，不仅仅能够促进我国对外经济的全面发展，同时也能够优化我国边境地区的贸易和经济的发展，同时“一带一路”倡议的提出，也进一步促进了“全面开放新格局”的逐渐形成，因此边疆地区能够通过该战略，发挥自身的优势资源，调整自身的贸易结构，促进边境贸易的进一步发展。

3 中国边境贸易的起源及历史演变

3.1 边境贸易的产生

边境贸易是指在边境地区的一定范围内，边民或企业与邻国边境地区的边民或企业之间进行的货物贸易，它的产生和发展是人类社会历史发展到一定历史阶段的必然现象。

边境贸易的产生必须具备两个条件：一是生产力发展到一定程度，有剩余产品可以作为商品进行交换；二是各自为政的社会实体或国家的产生。当人类社会历史发展到同时具备这两个条件时，就必然会产生边境贸易。

人类社会的三次大分工促进了边境贸易的产生和发展：第一次是畜牧业和农业之间的分工，促进原始社会生产力的发展，产品开始有了剩余，出现了以物易物的剩余产品的交换，出现边境贸易的原始形态。正如马克思所说："实际上，商品交换过程最初不是在原始公社内部出现的，而是它的尽头，在它的边界上，在它和其他公社接触的少数地点出现的。"（中央编译局，1958）这就是边境贸易的原始形态。第二次是手工业从农业中分离出来，出现商品生产并出现货币，以货币为媒介的商品流通，从而出现了商人。商人和商品交换促进了第三次社会大分工，原始公社逐步瓦解，产生国家。由于商品的本性是开放的、没有国界的，商品不仅在部落的边界上交换，而且跨越了国家，于是出现了早期的边境贸易。

我国沿边地区与毗邻国家之间开展边境贸易具有悠久的历史。例如，在阿尔泰山地区的巴泽雷克发现的公元前5世纪的古墓，出土了大量中国丝绸。这说明我国西部边疆与邻国的边境贸易在公元前5世纪就已经产生了。

3.2 古代中国的边境贸易

中国古代的对外贸易，包括中央政府及内地人民与沿边各族统治者和人民的互市，以及同境外各国的贸易往来。边境贸易是边境地区经济贸易活动的重要形式，是国家对外贸易的重要组成部分，同时在中国古代民族交流方式中也占据了重要地位。边境贸易通过冲突战争、政治和亲、友好外交等形式逐渐发展进步，其中，以北方“皮毛路”、西北“丝绸之路”、西南“丝绸之路”的发展最为显著。

3.2.1 北方“皮毛路”

西汉初年，中国北方最强大的少数民族——匈奴活动在北部广大地区。公元前201年，匈奴的首领冒顿进攻山西。第二年，汉高祖刘邦率军防御出击。冒顿指挥三十多万精兵，把刘邦及其部队围困在平城白登山。围困了整整7天，刘邦派人向单于阏氏赠送厚重礼物，才得以解困。刘邦回到长安后，接受刘敬建议，对匈奴实行和亲政策，每年赠送大量礼物，并约为兄弟。匈奴人常用马匹、皮毛换取汉人生产的手工业品和农产品，其间匈奴的奴隶主仍然向中原地区侵略。随后，匈奴内部发生贵族之间的战争，呼韩邪单于与西汉和好，他在西汉朝廷支持下，统一了匈奴全境。在此后的半个多世纪里，匈奴同西汉一直保持着良好关系，相互之间的贸易关系也比较稳定。

汉元帝时期，匈奴前来请求和亲，于是皇帝封普通宫女王昭君为公主，嫁往匈奴出塞和亲。昭君出塞后，西汉和匈奴之间使节往来频繁、人民之间的联系更加紧密，出现了和平的景象。在边境上“通关市”，民间贸易获得了很大发展，汉朝廷还指定官员用黄金及丝织品与匈奴交换马、骡、驴、骆驼、兽皮、毛织物。以后这种边关贸易又发展成为穿越蒙古高原的西抵欧洲领过的边境贸易通道，人们把这一条边境贸易通道成为“皮毛路”。

唐朝中叶，对北方游牧民族的边境市场采取贸易与军事兼顾政策，用茶、盐、丝绸品、金属制品等换取马、骆驼、骡、牛、羊等牲畜，这就是“茶马互市”。

北宋时期，在边境的一些重要州、郡设置市场，称为榷市，有的还把这种市场叫博易场、折博务、买马司等，场内贸易由官吏管理，场外私人贸易也很发达。

元世祖忽必烈制定了边境地区贸易的优惠政策，对于到蒙古地区进行贸易的商人，特免税收，促进了北方边境贸易的发展。

在明朝时期，北方的边境贸易的途径主要是贡市、茶马互市。[①] 清朝对蒙古、西北和东北地区实行开禁政策，大批汉族商人深入到蒙古草原，从事商业活动，逐步形成了一些定期或流动的商业集市。16世纪后期到17世纪，沙俄越过

① 茶马互市是古代中原地区与西北少数民族地区商业贸易的主要形式，实际上是朝廷在西部游牧民族中尚不具备征税条件的地区实行的一种财政措施。参见（黄现璠，2004）。

乌拉尔山，侵占了广阔的西伯利亚地区，才开始成为我国的邻国。1689 年中俄双方签订《尼布楚条约》，中俄边境贸易自此打开后，双方实施了无税或低税的以物易物的交易形式。1727 年，中俄签订了《布连斯奇条约》，紧接着 1728 年又签订《恰克图条约》，恰克图成为了中国和俄国贸易的互市点。此后两个世纪的中俄边境贸易基本上集中在这里进行。

3.2.2　西北“丝绸之路”

西北“丝绸之路”是以长安（今西安）为起点，经甘肃、新疆，到中亚、西亚，并联结地中海各国的陆上通道。这条道路被称为“西北丝绸之路”① 以区别日后另外两条冠以“丝绸之路”名称的交通路线。

西汉前期，我国北方的匈奴西徙后，加强了对西域的控制并经常南下骚扰，掠夺人口和财物，勒索贡品，拦劫商队和使节，严重阻碍了中国和西域各国之间的交通。为了同匈奴争夺西域，联合西域各民族和各国共同抗击匈奴，汉武帝派张骞出使西域，途中被匈奴所俘，流放戈壁十多年。后来走脱回国，带回了有关西域各国的山川地理、人口物产、民情风俗等方面的信息。公元前 119 年，汉武帝再次派张骞携带大量财物出使西域。张骞到达乌孙后，立即分派副使前往大宛、康居、大月氏、大夏等国。汉与这些西域国家开始了正式的经贸交往。此后，汉武帝连年派使节前往当时的安息、身毒、奄蔡、条支、黎轩等国，而民间商贸更是不断来往，为欧亚两大洲贸易开辟了一条通道，我国享有盛誉的丝织品源源不断运往西方各国，因而这条边境贸易商道被称为“丝绸之路”。

随着西北“丝绸之路”的发展，南北朝时期形成了海上“丝绸之路”，与西北“丝绸之路”同时发展，并在明末时期发挥了重大作用。元末时期，南方“丝绸之路”取代西北“丝绸之路”，成为路上重要交流通道。

3.2.3　西南“丝绸之路”

西南“丝绸之路”② 是从盛产蜀锦的四川成都出发，经雅安、凉山和宜宾，入“石门道”，再到滇池后分两路：一路南下通达越南，另一路入“博南古道”，从云南驿经博南到永昌。在永昌以西又分南北两路。南路经过龙陵、畹町，到缅

---

① 西北丝绸之路，简称“丝路”。是指西汉（公元前 202 年 ~ 公元 8 年）期间，由张骞出使西域开辟的以长安（今西安）为起点，经甘肃、新疆，到中亚、西亚，并联结地中海各国的陆上通道（这条道路也被称为“西北丝绸之路”以区别日后另外两条冠以“丝绸之路”名称的交通路线）。（参见龚奇柱，2003）。

② 西南“丝绸之路”，形成于两千多年前的汉代，是一条深藏于高山密林间的全球化贸易、文化通衢，它是中印两个文明古国最早的联系纽带，对中外社会、经济、文化的交流作出了重要贡献。参见（路义旭，2003）。

甸的勃生，再往南就可与海上丝绸之路相连；北路经腾冲、盈江，通向缅甸的密支那，印度的华氏城、巴基斯坦的义始罗和阿富汗的喀布尔，进而通向土库曼的马里与西北“丝绸之路”汇合。

西南地区散居着众多少数民族，汉时称为西南夷。他们有的还处于氏族部落状态，有的进入奴隶社会，形成了一些小的国家，如夜郎、滇、邛都等。元封二年汉武帝最终统一西南地区，设置了益州郡等六个边郡。内地与西南少数民族地区的联系是通过道路崎岖难行的“石门道”进行着。

西南“丝绸之路”是古代中国与西南邻国之间开展边境贸易的一条重要通道，形成于两千多年前的汉代，是一条深藏于高山密林间的全球化贸易、文化通衢，它是中印两个文明古国最早的联系纽带，对中外社会、经济、文化的交流作出了重要贡献。

从隋唐至宋代再至元明，通过古西南“丝绸之路”，中国的丝绸、蜀布、筇竹杖、工艺品、铁器等源源不断地输出，而域外的琉璃、宝石、翡翠、光珠等也源源不断地输入中原。

宋明之后，由于海上丝绸之路的兴起，西南“丝绸之路”渐趋于沉寂。然而，古道上的商业贸易从未中断过，至今任在对外交往中发挥着作用。

3.3 近代中国的边境贸易

3.3.1 近代中国边境贸易的形成过程

中国近代边境贸易是指 1840～1949 年的边境贸易。鸦片战争爆发后，中国沦为了半殖民地、半封建社会。欧美资本主义国家纷纷用武力打开中国大门，逼迫清政府签订了一系列不平等条约，夺取经济贸易权，致使中国的边境贸易逐步形成受帝国主义国家控制的半殖民性质的边境贸易，成为帝国主义列强对中国进行经济侵略的重要工具。

1842 年 8 月 29 日，中英签订了《南京条约》，关税自主权从中国手里彻底丢失。资本主义国家的廉价商品大肆涌入内地，中国的各种资源被不停地畅通运往外国。其中很大一部分就是通过边境贸易的渠道通行的。

1858 年 5 月 28 日，中俄签订了《瑷珲条约》，使中国失去了北方约 60 万平方千米的领土，此后沙俄前前后后共侵占了我国东北的广达 103 万平方千米的领土。由于这片土地远离沙俄工业中心，物资奇缺，所以只好允许在黑龙江两岸边境自由贸易，以解决物资匮乏的困难。黑河这个仅有 40 来户的达汉尔村寨，迅速膨胀成一座边境贸易城。

1858 年的《中英通商章程善后条约》中，英国在“协定关税”的基础上提出邀请英国人帮办税务，英国人赫德充任中国海关税务司之职达 45 年之久，他制定和执行了一整套使中国海关成为完全独立于中国行政管理之外的、为资本主义经济侵略服务的机构。

1860 年 11 月 14 日，中俄签署了《中俄北京条约》，强行把我国东北部地区乌苏里江以东的约 40 万平方千米领土割让给俄国，并开放喀什作为商埠，答应了俄国人可以在中国边界内进行免税贸易活动。

1885 年 6 月 9 日，中法签署了《中法新约》，条约中提出将中越边界上划定两处作为通商的地点，降低税率，并且允许法国派驻领事。

1893 年 12 月 5 日，中英签署了《中英会议藏印条款》，开放亚东为商埠，英国政府可以派员驻扎，并且规定了五年内印藏之间的贸易互免关税。

1932 年 6 月，日本教唆伪满政权发布了“满洲国关税自主文”的公告，从而东北地区的边境贸易沦落成殖民地贸易，失去了贸易自主性，经济遭到严重破坏。

1946 年 11 月 4 日，中美签署了《中美商约》，美国可以畅通无阻进入中国市场，进行商品、船舶、原材料等各种贸易，以及享有各种优惠政策。

通过以上一系列不平等条约的签订，我国丧失了大片领土、边境贸易自主权、边境贸易进出口商品的管理权。帝国主义国家利用我国边境贸易的渠道，进行大肆倾销洋货、掠夺原料及贩卖鸦片，不断加强对中国的经济侵略，致使中国的边境贸易完全沦为半殖民地性质的边境贸易。

3.3.2　近代中国边境贸易的形式

近代中国的边境贸易完全沦为了半殖民地性质的贸易，从而具有了列强侵略、压迫倾销、丧失自主权等特点，列强对中国边境贸易的形式主要分为以下三点。

3.3.2.1　贩卖鸦片

英国等资本主义国家对中国的经济侵略受到中国自给自足自然经济和清政府奉行的闭关政策的顽强抵制后，就转而企图用鸦片来毒害中国人民，达到侵略中国的目的。由于鸦片的输入量不断增多，大量白银外流，影响了国计民生，危害了我国人民的身体健康。1796 年清政府严厉规定鸦片贸易为非法走私贸易。从 19 世纪初至 19 世纪 30 年代末，英美等国鸦片烟贩将约 43 万箱鸦片输入中国，从中掠走三四亿银元（王垂芳和吴绍中，1989）。1840 ~ 1860 年的 20 年间，输入中国的鸦片达 95 万箱。第二次鸦片战争，使鸦片成了“合法”进口商品，此后30年间英法等国输入中国的鸦片达275万箱，中国的边境贸易口岸都成了鸦片输入的通道。这段时期列强鸦片的输入，使我国沿边地区深受其毒害。在云南、广西等地，有的村一半以上的土地都在种植鸦片。这些地区的农业生产遭受到严重破坏，劳动力被削弱，村民生活更加贫困。

3.3.2.2 倾销洋货

鸦片战争以后，资本主义列强操纵它们在不平等条约中获得的各种特权，倾销洋货作为一重要的经济侵略形式，开始在中国发展开来。据英国官方公布的统计资料显示，英国向中国输入的商品总值，1837年为90多万英镑，1843年扩大到145.6万英镑，1945年达到239.4万英镑的高数值。美国等也有显著增加。外国输入中国的商品总值在1894年达到16 200万两白银。当时中国的边境贸易成为资本主义各国向中国输入商品、倾销洋货的重要渠道。各种外国商品的大量输入，占据了中国边境地区的市场，使得民族手工业被排挤到无法生存的地步（宁靖，1984）。

3.3.2.3 掠夺原料

中国沿边地区资源丰富，资本主义觊觎已久。它们利用鸦片战争签订的一系列不平等条约，通过边境贸易的渠道，强行掠夺沿边民族地区的各种原材料。他们与中国买办相勾结，通过操纵市场，压价收购等方法，疯狂掠夺沿边民族地区的茶叶、生丝、皮毛、猪鬃、珍贵药材、手工艺品等农牧产品和土特产品，以及各种矿产原料。中国不断沦为资本主义列强的原料产地，本土经济及沿边境贸易的发展受到严重的打击。

3.4 中华人民共和国成立后的边境贸易

中华人民共和国的成立宣告了近百年来半殖民地性质的边境贸易的彻底结束，标志着中国社会主义性质的边境贸易的开始。中国具有广阔的内陆边界线，并且与多个国家接壤相连，在此得天独厚条件下，开展边境贸易是沿边地区兴边富民的重要途径。我国与邻国之间相继签订了互市贸易的一些协定，全国的边境贸易逐渐开始发展。

3.4.1 20世纪50年代初至60年代初的稳步发展时期

中华人民共和国成立初期，经过战争创伤，我国工农业生产遭到严重破坏，国民经济濒临绝境。以美国为首的帝国主义对我国采取了敌视、孤立和封锁禁运，以阻挠我国恢复国民经济和开展社会主义经济建设。我国首先同社会主义国家开展了边境贸易，在有利于我国社会主义建设的条件下，也发展了同周边其他国家的边境贸易，边境贸易稳步发展。

3.4.2 20世纪60年代初至70年代末的停滞时期

20世纪60年代初至70年代末，我国与周边国家的边境贸易，基本上处于停滞时期。受国内外各种原因的影响，部分边境贸易发展中断，边境贸易发展缓慢，且面临种种困难。

但边境贸易并未完全停滞和中断，有的甚至还获得了一定发展，如我国与朝鲜、巴基斯坦等国的边境贸易都获得了一定发展。

3.4.3 改革开放以来的恢复和发展时期

3.4.3.1 恢复时期（1978～1984年）

1978年，党的十一届三中全会召开后，党把工作重心转移到社会主义现代化建设上来，实行对外开放、对内搞活经济的政策，国民经济得到了迅速的发展，边境贸易也进入了一个全面恢复和发展的新时期。

改革开放初期，边境贸易的主要形式上表现为边民互市贸易。中国边民互市活动规定在边境线20千米以内，经政府批准的开放点或指定集市上，在不超过规定的金额或数量范围内进行商品交换活动。在国家政策自上而下的实施、改革开放的思想解放及改善居民生活水平的内在推动下，边民互市贸易极大地满足了边境居民的生活需要，对当地经济具有一定的带动作用。

1982年初，国务院先后批准新疆、黑龙江、内蒙古开展对苏边境贸易。

1983年，我国首先在内蒙古的满洲里、黑龙江的绥芬河、新疆的霍尔果斯和吐尔尕特口岸恢复与苏联的地方易货贸易和边境贸易。

1983年底和1984年初，我国在广西防城、宁明、大新、靖西、那坡，以及云南富宁、麻栗坡、马关、金平安排了9个对越临时贸易点，开始恢复对越边境贸易。

3.4.3.2 成长发展期（1984～1995年）

1984年12月经国务院批准对外经济贸易部颁发《边境小额贸易暂行管理办法》之后，中国的边境贸易得到了迅速发展，逐步由传统边境贸易发展到了现代边境贸易，中国的边境贸易进入到一个全面发展的新时期。

1985年，国务院发布了《关于口岸开放的若干规定》，其中对口岸的定义、口岸的分类和管理进行了明确的规定，该文件的发布具有十分重要的历史作用。

1985年，云南省制定了《云南省关于边境贸易的暂行规定》，进一步放宽边境贸易政策。1985年2月，云南德宏傣族景颇族自治州决定将全州作为边境贸易区，带动了云南边境贸易的发展。从20世纪80年代中期到20世纪90年代初，中缅、中老边境地区的边境贸易全面展开。

1991年国务院办公厅转发经贸部等部门《关于积极发展边境贸易和经济合作促进边疆繁荣稳定的意见》。随着相关边境贸易政策的持续出台，边境口岸相继恢复通商，为沿边开放策略及政策实施奠定了良好的基础。1992年，沿边开放政策战略正式出台，将边境贸易的发展推向了高潮，国家陆续批准黑河、绥芬河、珲春、满洲里、二连浩特、伊宁、博乐、塔城、畹町、瑞丽、河口、凭祥、东兴、丹东等14个沿边开放城市，作为重要的边境口岸。

3.4.3.3 不稳定发展时期（1995~2000年）

随着政策的调整下，边境贸易的发展在此期间经历了动荡停滞起伏的状态，是边境贸易额下降最多的阶段。

1996~1997年云南边境贸易出口大幅下降，主要是由于原来的边境贸易优惠到期终止，原来对进口毗邻国家一些产品的免征进口税改为减半征税，政策大幅收紧，再加上东南亚金融危机，边境贸易企业出现全行业亏损。

由于市场经济机制的不健全，20世纪90年代中期边境贸易中出现了大量的假冒伪劣产品，严重影响了我国边境贸易参与者的信誉，扰乱了边境贸易的正常秩序。

1996年初，国务院根据经济形势的发展需要，颁布了《关于边境贸易有关问题的通知》，对边境贸易的开展进行了调整和规范。1998年对外贸易经济合作部、海关总署发布了《关于进一步发展边境贸易的补充规定的通知》，增加了边境贸易的免税额度，扩展了对小额贸易的优惠，实施边境贸易出口退税和四种主要进口商品新增税赋实行先征后返政策，进一步完善政策条规使得边境贸易出现了恢复性上升。

总而言之，整个“九五”期间是边境贸易发展极其不稳定的阶段，也是我国民族边境地区逐步建立规范的现代化经济制度的时期，是边境贸易参与主体不断适应政策和环境的过渡阶段，因此造成了边境贸易的不稳定发展状态。

3.4.3.4 开放发展时期（2000~2013年）

21世纪以来，我国的对外贸易在加入WTO后取得了迅速的发展，边境贸易额呈现出逐渐增长的趋势。

2008 年，国务院发布了《国务院关于促进边境地区经贸发展问题的批复》，提高了边境地区边民的互市贸易的进口免税额度，促进边境经济区的发展。

2009 年全球金融危机后，国务院办公厅发布了《关于应对国际金融危机保持西部地区经济平稳较快发展的意见》，要求进一步推动沿边地区开放合作，广泛参与大湄公河次区域经济合作和中亚区域经济合作，建立中亚投资经贸合作示范中心，加快霍尔果斯国际合作中心、凭祥综合保税区建设，还要求大力发展边境贸易，积极推动广西东兴、云南瑞丽、新疆伊宁、内蒙古满洲里进一步扩大开放，加强与周边国家和地区的资源能源开发利用合作。

我国的陆路边境线东起辽宁省丹东市的鸭绿江口，西到广西防城港市的北部湾，总长度约 2.2 万千米，和周边十几个国家和地区接壤。天然的因素使得我国的辽宁、吉林、黑龙江、内蒙古、新疆、西藏、云南和广西 8 个省（自治区）有条件和周边的国家（地区）开展边境贸易，并形成以黑龙江、新疆和广西为中心的边境贸易“三极多点”发展格局。2000～2011 年这 8 个省（自治区）的出口增长迅速，贸易的对象国较为稳定，各海关的边境贸易出口对外贸总额的占比较大。而进口增长缓慢，且在整个省市的进口中所占比例逐渐下降。

在出口方面，我国的纺织制造品，包括服装鞋袜等纺织产品在周边区域市场具有很强的竞争力和较高市场占有率。朝鲜对我国的食物需求比较大，越南对我国的蔬菜需求也比较大，而蒙古国对我国的水泥、石油（原油除外）需求较大。这也充分证明我国出口产品主要倾向于劳动密集型的产品。在进口方面，我国对于俄罗斯、哈萨克斯坦两国的石油、矿产，缅甸和越南的木材、橡胶，进口的需求量较大，即我国对初级产品的需求较大。这也是我国在面临国际能源价格不断上涨的情况下，更多地满足我国经济快速发展所需要的原材料等能源的需求，减少对传统外部如澳大利亚等国的能源依赖，并且提高我国的经济增长潜力的需要。

3.4.3.5 “一带一路”经济发展的新时期（2013 年至今）

2013 年 9 月和 10 月，习近平主席出访中亚和东南亚国家期间提出建设“丝绸之路经济带”和“21 世纪海上丝绸之路”的合作倡议，“一带一路”的国家级顶层合作倡议由此诞生。建设“一带一路”是顺应经济全球化、世界多极化的要求，顺应文化多样化和社会信息化的潮流，是我国秉持开放的区域合作精神，致力于维护全球自由贸易体系和开放型世界经济的中国方案。在新的时代背景下，建设“一带一路”促进了边境贸易产生持续发展的新动力，加强了与沿线各国互联互通的友好伙伴关系，极大地拉动了沿边地区的经济发展。

2012 年，在国家发展和改革委员会编制的《西部大开发“十二五”规划》中，将沿边开放区作为西部地区的重点发展区域之一，提出“十二五”期间将加快重点口岸、边境城市、边境（跨境）经济合作区和重点开发开放试验区建设，探索沿边开放新模式；培育和建设一批富有活力的边境重点口岸、边疆区域性中心城市，形成边境地区要素集聚高地，带动沿边地区整体发展。

2013年，国务院出台了《关于加快沿边地区开发开放的若干意见》，2014年，国家将培育沿边省区中心城市连接边境口岸、通往周边国家和地区的经济走廊，支持重点开发开放试验区加快建设作为促进区域协调发展的工作，建立边境经济合作区，推动沿边地区的经济开发。

2015年3月28日，国家发展和改革委员会、外交部、商务部联合发布了《推动共建丝绸之路经济带和21世纪海上丝绸之路的愿景与行动》，让古丝绸之路焕发新的生机活力，以新的形式使亚欧非各国联系更加紧密，互利合作迈向新的历史高度。

2017年5月14日到15日，“一带一路”国际合作高峰论坛在北京召开，有来自130多个国家的约1500名贵宾出席这次盛会，习近平主席发表了《携手推进“一带一路”建设》的主旨演讲。“一带一路”像一条神奇的纽带，让中国与周围各国的交往变得丰富多彩，为促进世界经济增长、深化地区合作打造更坚实的发展基础，创造更便利的联通条件，更好地造福各国和各国人民。

4 “一带一路”建设与辽宁省边境贸易发展问题研究

4.1 辽宁省口岸体系

4.1.1 口岸总体概况

截至2016年底，辽宁省有经国务院批准的对外开放口岸13个。其中，空运口岸2个，分别是沈阳空运口岸（沈阳桃仙国际机场）、大连空运口岸（大连周水子国际机场）；水运（海港）口岸9个，分别是大连水运口岸、庄河水运口岸、旅顺水运口岸、长兴岛水运口岸、营口水运口岸、丹东水运口岸、锦州水运口岸、葫芦岛水运口岸、盘锦水运口岸；陆路（铁路）口岸1个，为丹东铁路口岸；陆路（公路）口岸1个，为丹东公路口岸（表4-1）。目前，丹东共拥有港口口岸、铁路口岸、公路口岸、输油管道口岸和临时包机口岸（丹东至韩国首尔），这种集多种类型口岸于一城现象，不仅在中国，而且在整个世界也属罕见（中国口岸协会，2017）。

2016年，辽宁省口岸外贸进出口货运量达24 663.8万吨，同比增长2.3%。其中，外贸进口17 706.6万吨，同比增长3.2%；出口6957.2万吨，同比持平。出入境旅客达391.2万人次，同比增长13.6%。其中，水运口岸35.9万人次，同比增长32.5%；陆路口岸33.3万人次，同比增长30.5%；空港322万人次，同比增长10.3%。集装箱运输完成1879.6万标箱，同比增长2.3%。其中，外贸538.3万标箱，同比增长1.80%。口岸进出口货物总值为6939.81亿美元，同比减少3.1%。其中，进口3583.4亿元，同比减少2.7%；出口3356.4亿美元，同比减少3.5%。2016年，辽宁省进出口总值为865.3亿美元，同比下降9.80%。其中，出口430.7亿美元，同比下降15.1%；进口434.6亿美元，同比下降3.9%（中国口岸协会，2017）。

表 4-1 辽宁省口岸情况一览表

口岸名称	批准开放时间	开放状态	国外对应口岸
沈阳桃仙空运口岸	1989 年 4 月	国际常年	
大连周水子空运口岸	1985 年	国际常年	
大连水运口岸	1960 年	国际常年	
旅顺新港水运口岸	2010 年 1 月	国际常年	
庄河水运口岸	2010 年 1 月	国际常年	
长兴岛水运口岸	2011 年 7 月，国务院批准未验收	国际常年	
丹东铁路口岸	1954 年	双边常年	朝鲜新义州
丹东水运口岸	1988 年 8 月	国际常年	
丹东公路口岸	2015 年 1 月	国际常年	朝鲜新义州
锦州水运口岸	1990 年 12 月	国际常年	
营口水运口岸	1984 年	国际常年	
葫芦岛水运口岸	2000 年 4 月	国际常年	
盘锦水运口岸	2015 年 6 月	国际常年	

资料来源：《中国口岸年鉴 2017》。

4.1.2 边境口岸体系

辽宁的边境口岸主要为丹东口岸，包括丹东铁路口岸和丹东公路口岸。鸭绿江上的中朝友谊大桥，是丹东至朝鲜新义州的铁路、公路两用桥，托起了丹东的铁路、公路两个国家一类口岸。年出入境国际旅客 20 多万人次，公路日均出入境汽车 330 辆（次）、铁路年货物吞吐量 65 万吨，从东欧、俄罗斯去朝鲜的边境货物都需从这里过往（张丽君和王玉芬，2008）。

从历年的贸易规模来看，丹东对朝边境贸易占我国对朝贸易的 50% 以上，丹东已成为我国最大的对朝贸易物流中心，边境小额贸易是丹东对朝贸易的主要形式，同时由丹东出料，到朝鲜加工，再出口到韩国、欧盟等国家的来料加工是丹东特有的对外贸易形式。

4.1.2.1 丹东铁路口岸

丹东铁路口岸通过鸭绿江大桥与朝鲜新义州口岸相连，地点在铁路丹东站。该口岸分为客运和货运两部分。丹东的对应口岸是新义州，它在鸭绿江对岸的一个冲积平原上，是平安北道的首府，是朝鲜北部的轻纺工业基地，也是朝鲜对外开放的经济特区之一。

1954 年中朝两国签订了铁路联运协定，开通北京至平壤、平壤至莫斯科往返直通国际联运旅客列车，经停丹东站，每周二、四、五、日出境，一、三、四、六入境。国际联运货物列车每天有 4 对进出境，主要货种为煤炭、木材、矿石、水泥、粮食等。2001 年 11 月 24 日，中朝两国签订了《中朝边境口岸及其管理制度的协定》，明确规定："铁路口岸允许持有效护照及签证或边境通行证的双方公民、货物和运输工具通过""允许持有效护照及签证的第三国公民、货物和运输工具通过""铁路口岸每日的开放时间按中朝双方间有关协议中的铁路运行时刻表执行，不受双方规定的节假日和边境口岸每天开放时间的限制"。

丹东铁路口岸是中朝人员物资交流往来和第三国人员出入朝鲜的主要通道。年过货量约 300 万吨，出入境旅客约 10 万人次。丹东铁路口岸通过中朝友谊大桥，向北与沈阳—丹东铁路接轨，向南是新义州—平壤—咸兴—罗津电气化铁路的起点站，构成了一条纵贯中国东北和朝鲜半岛的铁路运输线。在这里，每昼夜有 10 对 20 次国际联运货物列车、每周有 4 对国际旅客列车经过。①

2016 年，丹东铁路口岸进出口货物为 13.7 万吨，同比下降 22.2%。其中，进口 5.4 万吨，出口 8.3 万吨。出入境旅客为 14.3 万人次，同比增长 4.9%，其中，进境 7.1 万人次，出境 7.2 万人次（中国口岸协会，2017）。

4.1.2.2 丹东公路口岸

丹东公路口岸位于市区鸭绿江大桥旁边，是 1955 年经中朝双方商定，批准开放的国家一类口岸，也是中国与朝鲜半岛接壤的口岸中唯一可通行第三国人员的口岸。1966 年曾关闭，1981 年恢复通关。公路客运由中朝双方按单月、双月轮流营运，每天往返两次，主要接送两国边民、往返中朝的公务人员。中外客商、出境游客等大多经过这个口岸进出境，年均进出境人员达 20 多万人次，年均进出境货物约 40 万吨（1997 年达到 115 万吨），进出境各种机动车辆达到 7 万多辆次（表 4-2）。目前公路口岸硬件设施比较落后，联检场地狭小，新的口岸公路桥正在筹备建设中。②

表 4-2 2016 年丹东口岸流量统计

类型	名称	货运量				人员			
		出口/万吨	进口/万吨	合计/万吨	同比/%	出境/万人次	入境/万人次	合计/万人次	同比/%
公路口岸	丹东	135.1	57.6	192.7	41.7	20.6	21.3	41.9	15.5

① 中国铁路口岸简介. http://www.eaoint.com/index.php? m=Article&a=show&id=47。

② http://tgyws.aqsiq.gov.cn/jcgw/wj/200701/t20070105_23203.htm。

续表

类型	名称	货运量				人员			
		出口/万吨	进口/万吨	合计/万吨	同比/%	出境/万人次	入境/万人次	合计/万人次	同比/%
铁路口岸	丹东	8.3	5.40	13.7	-22.2	7.2	7.1	14.3	4.9

资料来源：《中国口岸年鉴2017》。

4.2 “一带一路”建设与辽宁省对外贸易发展问题研究

4.2.1 辽宁省在“一带一路”建设中的定位

辽宁省是国家“一带一路”规划中18个重要省（自治区）之一，是向北开放的窗口，中蒙俄经济走廊的重要节点，也是“一带一路”构建欧亚大陆桥出海口的重要区域，是开展黑龙江、吉林、辽宁与俄罗斯远东地区陆海联运合作主要一环。

辽宁沿海经济带是参与“一带一路”倡议的重要平台。在国家新一轮“一带一路”倡议中，大连、营口、丹东、锦州、盘锦和葫芦岛港等重要节点要初步形成东北丝绸之路经济带的基本轮廓，承担起建设21世纪东北方向海上丝绸之路的国家使命，是“一带一路”特别是21世纪海上丝绸之路建设的排头兵和主力军。

2016年辽宁省对“一带一路”沿线国家投资项目54个，投资额为13.8亿元，占同期辽宁省对外投资总额的34%。辽宁省承接“一带一路”沿线国家服务外包的比重大幅提高，其中承接新加坡、印度、菲律宾、泰国和土耳其等国家的服务外包合同额同比增幅均超过100%。①

对外投资项目主要分布于中亚、南亚、东欧，与“一带一路”参与国中许多国家开展了项目承包、经济合作，如在中亚地区的哈萨克斯坦建远大产业园、哈萨克斯坦有色金属产业园、巴什科尔托斯坦石化工业园；在南亚地区的特变电工印度工业园、印尼镍铁工业园；在东欧地区的中白（白俄罗斯）工业园、罗马尼亚辽宁境外经贸合作区。华晨集团、东北特变电工等联盟企业在“一带一路”沿线国家，共建设境外工业园区8个，布局项目97个。

2016年7月20日，大连港正式开通了“辽满欧”商品车过境班列，以节省运输时间，提高运输效率。营口港不断深化对俄合作，2016年11月7日，营口

① http://www.swt.ln.gov.cn。

港入股俄铁下属的别雷拉斯特物流中心，在原有6条中欧班列的基础上，又新开设了“新东方快车”精品、营口港至俄罗斯冷藏班列、俄罗斯至沈阳港回程班列等一系列班列，进一步巩固了营口港在“一带一路”上的地位。此外，丹东港至俄罗斯和蒙古国的物流通道建设也取得了较快发展。

2012～2016年辽宁省与“一带一路”参与国中主要贸易伙伴贸易情况见表4-3。2016年辽宁省对“一带一路”沿线国家的出口额达132.5亿美元，占全省外贸出口总额的30.8%；外贸进口额达106.9亿美元，占全省外贸进口总额的24.6%（图4-1）。

表4-3　2012～2016年辽宁省与“一带一路”参与国中主要贸易伙伴贸易情况

单位：亿美元

参与国	2012年	2013年	2014年	2015年	2016年
韩国	90.2	94.5	95.7	87.2	80.2
新加坡	29.8	41.8	38.0	39.8	34.1
俄罗斯	24.6	24.2	24.3	30.1	32.5
马来西亚	14.6	23.2	27.0	16.3	10.3
泰国	14.4	21.8	18.0	12.0	11.7
印度尼西亚	26.7	29.1	23.7	11.9	10.3
菲律宾	6.2	6.9	8.0	11.5	8.7
新西兰	3.4	5.4	6.1	5.4	5.3
波兰	5.3	4.0	4.0	4.4	4.4
匈牙利	2.0	2.5	3.1	3.4	3.2
巴基斯坦	2.3	2.3	2.8	3.3	3.3
捷克	1.3	1.4	1.8	2.3	2.7

资料来源：《辽宁统计年鉴2017》。

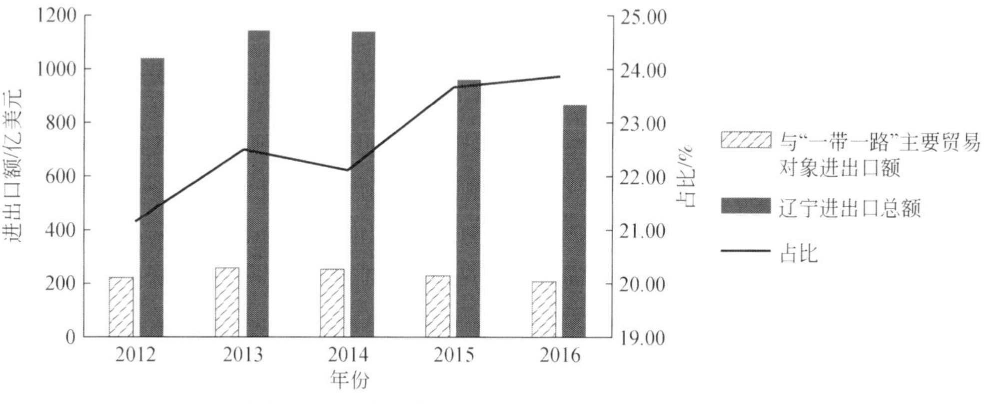

图4-1　辽宁省与“一带一路”沿线国家主要贸易伙伴进出口额与全省进出口总额对比（2012～2016年）

资料来源：《辽宁统计年鉴2017》

2012年以来，辽宁省与“一带一路”沿线参与国的贸易量总体上呈现波动上升的趋势，在21%～25%浮动，由2012年的21.2%上升至2016年的23.9%，与“一带一路”沿线参与国经贸往来日益密切。

4.2.2 “一带一路”建设与辽宁省对外贸易的发展

4.2.2.1 辽宁省对外贸易发展现状

辽宁省对外贸易进出口总额2011～2016年呈先上升后下降的趋势，进出口额由2011年的959.6亿美元上升至2013年1142.8亿美元，2014～2016年进出口额有所下降，这可能是缘于主要贸易对象经济形势的变化以及辽宁省经济产业结构转型升级的压力（表4-4）。

表4-4 2011～2016年辽宁省进出口贸易情况 单位：亿美元

年份	进出口总额	出口额	进口额	净出口
2011	959.6	510.4	449.2	61.2
2012	1039.9	579.5	460.4	119.1
2013	1142.8	645.4	497.4	148.0
2014	1139.6	587.6	552.0	35.6
2015	960.9	508.4	452.4	56.0
2016	865.2	430.7	434.6	-3.9

资料来源：《辽宁统计年鉴2017》。

2016年辽宁省全年进出口总额865.2亿美元，比2015年下降9.8%。其中，出口额430.7亿美元，进口额434.6亿美元。在出口额中，分贸易方式看，一般贸易出口222.0亿美元，加工贸易出口175.3亿美元。分产品类别看，机电产品出口174.8亿美元，高新技术产品出口48.1亿美元。在进口总额中，分贸易方式看，一般贸易进口239.0亿美元，加工贸易进口91.5亿美元；分产品类别看，机电产品进口132.0亿美元，高新技术产品进口48.2亿美元。①

2016年对亚洲出口275.7亿美元，占出口总额的比例为64.0%。其中，对东盟出口82.7亿美元，对日本出口78.2亿美元，对韩国出口40.4亿美元。全年对欧洲出口66.8亿美元，占出口总额的比例为15.5%。其中，对欧盟出口57.3亿美元，对俄罗斯出口8.0亿美元。全年对北美洲出口53.2亿美元，占出口总额的比例为12.4%，其中对美国出口47.0亿美元。全年对拉丁美洲出口

① http://www.ln.stats.gov.cn/tjsj/tjgb/ndtjgb/201703/t20170316_2812490.html。

19.9亿美元，占出口总额的比例为4.6%。全年对非洲出口8.1亿美元，占出口总额的比例为1.9%（表4-5）。年末全省对外贸易国家（地区）有214个。①

表4-5　2012～2016年辽宁省主要贸易对象（按2016年排前10）贸易情况

单位：亿美元

国家（地区）	2012年	2013年	2014年	2015年	2016年
日本	155.9	156.3	148.8	126.5	127.3
韩国	90.2	94.5	95.7	87.2	80.2
美国	102.3	109.0	102.2	89.3	78.9
德国	71.6	75.0	86.8	70.0	56.2
澳大利亚	40.2	47.2	46.5	32.6	34.7
新加坡	29.8	41.8	38.0	39.8	34.1
俄罗斯	24.6	24.2	24.3	30.2	32.5
巴西	32.3	42.3	32.2	30.0	32.5
中国香港	35.3	41.7	32.0	22.0	15.5
马来西亚	14.6	23.2	27.1	16.3	10.3

资料来源：《辽宁统计年鉴2017》。

辽宁是中国与朝鲜接壤的两个省份之一，辽宁与朝鲜的贸易在中朝贸易中占有相当可观的比例，辽朝贸易的增长是中朝贸易增长的主要贡献力量（表4-6）。辽宁对朝出口的商品主要有机电设备、化工产品、家用电器、纺织原料及制品、塑料、橡胶及制品、纸及纸板、金属材料及制品、矿物材料及制品、粮油食品等。对朝进口商品主要有矿产品、水产品、干菜及坚果、油籽及药材、服装（转口）、金属材料、木材、毛皮及制品、木浆等。

表4-6　辽朝贸易额和贡献度

年份	中朝贸易额/亿美元	辽朝贸易额/亿美元	所占比例/%
2009	26.8	11.6	43.4
2010	34.7	14.5	41.7
2011	56.4	22.4	39.8
2012	60.4	24.7	40.9
2013	65.6	25.2	38.4

资料来源：根据中华人民共和国商务部网站公布商务部进出口处提供的数据整理。

① 《二〇一六年辽宁省国民经济和社会发展统计公报》. http://www.ln.stats.gov.cn/tjsj/tjgb/ndtjgb/201703/t20170316_2812490.html。

4.2.2.2 辽宁省对外贸易的特点

(1) 对外进出口贸易高度分散化

辽宁进出口贸易合作伙伴较多，市场具有高度分散化特征。根据国家统计局、海关总署等机构提供的贸易和关税等方面的数据，2016 年辽宁进出口市场份额占比超过 1% 的有 15 个国家和地区，但份额均不超过 10%，还有很多国家分散占有一定的市场份额，市场分布相对均匀。这表明辽宁省对外贸易中对任何一个国家（地区）的依赖度均较低，贸易风险相对较小。[①②③]

(2) 进出口产品多样化，产业内贸易较多

从辽宁贸易进出口主要产品排名可知，辽宁作为制造业大省，在进出口贸易中机电产品占比较大，分别为 31.1% 和 42.7%。进口产品中燃料和矿产品等资源类产品占比也较高，分别为 16.2% 和 7.9%；而出口产品中纺织品与服装类占比相对较高，为 12.4%。此外，辽宁进出口贸易中的产品种类较多，占比相对均衡，且排名前 8 的进出口商品中有 6 种既有进口也有出口，产业内贸易较多。说明辽宁进出口贸易中制造业产品仍然占主导，辽宁对国外能源类产品的需求相对强劲。[②]

(3) 进出口商品中出口商品结构单一，进口商品多样化

从辽宁贸易进出口主要产品结构上看，出口商品主要为燃料、机电、运输工具等，份额均超过 10%，而金属和食品的出口份额在 5% 以上。进口商品主要是矿产品和燃料，合计份额超过 80%，石材与玻璃、纺织品进口份额均大于 5%。[③]

(4) 对外贸易地理方向主要集中在周边国家

2008~2016 年辽宁省前 10 位贸易伙伴中，有近一半是东欧国家。其中，俄罗斯一直是辽宁最大的贸易伙伴，2009 年双方进出口额为 12.3 亿美元，占辽宁总进出口额的 15.3%；2011 年双方进出口额为 20.7 亿美元，占辽宁总进出口额的 12.9%。根据《辽宁统计年鉴》(2011 年、2012 年) 计算，2009~2011 年韩国一直是辽宁的第二大出口国。此外，辽宁重要的贸易伙伴还有朝鲜、美国、日本。[④]

(5) 外贸市场结构向多元化发展

辽宁已逐步形成有重点、全方位的多元化对外贸易市场格局。近年来，辽宁已与 120 多个国家和地区建立了直接贸易关系，产品出口遍及 124 个国家和地区。其中，美国、中国香港、日本、欧盟、东盟已成为辽宁省的主要出口市场，

---

①②③ 《辽宁统计年鉴 2017》. http://www.ln.stats.gov.cn/tjfw/hdjzxx/201802/t20180225_3173135.html。

④ 《辽宁统计年鉴》(2011~2017). http://www.ln.stats.gov.cn/tjsj/sjcx/ndsj/。

出口前十名的国家和地区是日本、美国、越南、中国香港、菲律宾、中国台湾、印度尼西亚、澳大利亚和泰国。

（6）对外经贸业务区域发展极不均衡

辽宁各地对外经济合作业务发展极不平衡，90%以上的对外承包工程和对外劳务合作业务集中在大连、连云港等地区，部分地区还处于对外经济合作业务空白状态。2009 年，大连市进出口总值达到 37.6 亿美元，占全省总量的 76.3%；2013 年，大连市进出口总值实现 40.4 亿美元，占全省总量的 75.3%。[①]

4.2.2.3 辽宁省对外贸易发展中存在的问题

（1）对外开放程度较低

作为沿海工业大省，历年来辽宁对外贸易依存度明显低于全国平均水平，对外经济联系有待加强。2016 年，辽宁货物贸易进出口总额为 865.2 亿美元，同比下降 9.8%。其中，出口 430.7 亿美元，下降 15.1%；进口 434.6 亿美元，下降 3.9%。2016 年辽宁对外贸易进出口总额仅占全国的 2.4%，外贸对经济的拉动作用有待增强。

2016 年，辽宁对日本、韩国、欧盟、东盟和美国五大传统出口市场出口额均有所下降，对“一带一路”沿线国家和地区的出口额为 132.1 亿美元，同比下降 20.9%。[②]

（2）融资体系比较封闭单一

首先，融资供给与利用方式较单一。从供给看，受辽宁以重工业为主的经济结构影响，一些投资性金融机构很少到辽宁投资发展。从利用方式看，出于社会融资风险的顾虑，企业多数依赖银行直接贷款筹措发展资金，融资方式单一。其次，政府境外投资支持政策相对滞后，对境外投资的财税、金融、保险等配套服务需要进一步完善。同时，相关信用担保机构不足，金融支持力度不够，一些“走出去”投资项目和区域合作项目，由于缺乏金融支持而难以落实。

（3）资讯信息服务体系不健全

辽宁省在资讯信息服务体系上不占优势。一是缺少了解境外资讯的合作交流平台，辽宁省内大多数企业缺乏对“一带一路”沿线国家的投资环境、政策法规、市场机遇、投资风险、文化风俗等信息的了解。二是信息服务体系不健全，缺少对境内外市场信息的收集、研究与发布的权威机构，国内外投资信息咨询、风险评估等专业服务薄弱，相关专业人才储备不足。三是对外宣传辽宁省企业发

① 《辽宁统计年鉴 2010》. http://www.ln.stats.gov.cn/tjsj/sjcx/ndsj/。

② 《辽宁统计年鉴 2017》. http://www.ln.stats.gov.cn/tjfw/hdjzxx/201802/t20180225_3173135.html。

展情况、简政放权、优化营商环境等宣传力度不够。

(4) 企业“走出去”合作意愿不强

辽宁企业“走出去”的规模不大，且涉及的领域不多，这与辽宁企业“走出去”的意愿不强有密切关系。首先，企业商会没有充分发挥出“走出去”的组织作用，地方企业协同“走出去”的意愿不强，境内境外企业单打独斗现象较普遍。其次，“走出去”企业产业关联度不高，缺乏相关配套产业链。

4.2.2.4 辽宁省对外贸易的发展对策

(1) 进一步强化对外开放的创新政策体系

进一步对接国际标准和国家贸易规则，加强自贸区在投资、贸易和管理方面的改革力度，进行体制机制创新。要加强对外开放服务机制软环境建设，提升辽宁省对外开放服务与法治的软环境。更重要的是要鼓励企业积极参与“一带一路”建设；依托地缘优势，搞好中蒙俄经贸合作协调会议、俄远东地区与东三省合作理事会等对外经贸合作机制，通过东博会[①]、哈洽会[②]、韩国周等合作交流平台，加强与俄罗斯、蒙古国、日本、韩国等周边国家经贸往来。

(2) 进一步完善金融服务环境

在深化对外开放的基础上，要不断优化辽宁金融业的开放环境，加快金融业的发展。其一，加强与政策性金融机构的合作，帮助企业合理有效利用丝路基金、中非基金、东盟基金、中投海外直接投资公司等融资服务平台，拓宽企业“走出去”融资渠道。其二，推进金融机构体制机制创新。大力发展产业金融，加强股权投资基金、融资租赁公司、民营银行、互联网金融和区域资本市场的建设，积极引进和培育金融机构，逐渐丰富完善辽宁金融机构体系。

(3) 加快扶持装备制造优势产业“走出去”

要进一步利用“一带一路”建设提供的历史机遇，将辽宁产业结构调整与优势产能转移结合起来。首先，扶持优势企业为“走出去”的主体，开展国际产能合作，通过建立境外生产基地、研发中心、营销网络和售后服务中心，加强与沿线国家和地区在重点领域与项目的合作，开拓海外市场，推动“中国制造

---

① 中国-东盟博览会（CHINA-ASEAN Exposition 简称 CAEXPO），简称东博会，由中国和东盟 10 国经贸主管部门及东盟秘书处共同主办，广西壮族自治区人民政府承办的国家级、国际性经贸交流盛会，每年在广西壮族自治区南宁市举办。

② 中国黑龙江哈尔滨国际经济贸易洽谈会，简称哈洽会，是经中国政府批准举办的国家级、国际性大型经贸展览会，由中华人民共和国商务部、国家发展和改革委员会、中国国际贸易促进委员会、黑龙江省人民政府、浙江省人民政府和哈尔滨市人民政府共同主办，协办单位有俄罗斯联邦经济发展部、俄罗斯联邦地区发展部、日本国际贸易促进协会等十多个国外的政府部门与贸易促进机构。

2025”的发展。其次，组建境外企业联盟，创新境外工程承包模式。支持重点企业整合资源、优势互补，创新承包工程与建设运营的合作机制，以“建营一体化”的模式推动对外投资合作可持续发展。

(4) 加强多元化开放平台的建设

扩大对外开放，需要从多方面、多层次上拓展对外开放的平台和渠道。首先，加强辽宁自贸区沈阳、大连、营口3个片区的建设，完善辽宁自贸区，开发开放自贸区发展的体制政策环境，促进辽宁投资贸易便利化，打造更具吸引力的国际营商环境。其次，拓展服务贸易的发展渠道，面向社会资本和外资加快开放服务业市场，依托辽宁地缘优势，吸引韩国、日本、俄罗斯等国金融机构在辽宁地区设立分支机构，发展相关金融业务。再次，加强跨境电子商务平台建设，加快出台跨境电商发展指导意见，积极建设与之配套的物流、结算、信息、第三方支付等综合服务平台。

(5) 努力打造东北亚国际物流枢纽区

首先应整合发展辽宁海港空资源。合理规划各港口之间的功能与分工，优化港口布局，通过资源整合与战略协作，避免重复建设。其次是组建区域性物流联盟，加强大连、营口、锦州、丹东、盘锦等港口城市国际物流中心和国际贸易中心的建设，积极发展跨境物流，带动出口贸易发展。重点推进综合性国际物流枢纽区的规划建设，加强与周边俄罗斯、韩国、蒙古国等国家开展跨境物流合作。此外应大力提升物流枢纽区的服务功能，增强物流中心的保税仓储、流通加工、保税交割等服务功能，推动物流综合业务集成化运作，提供便捷服务，一站式通关，提升物流中心的综合服务水平。

4.3 “一带一路”建设与辽宁省边境贸易发展问题研究

4.3.1 辽宁省开展边境贸易的基础条件

4.3.1.1 区位及历史条件

辽宁省与朝鲜的边境贸易集中于丹东市。辽宁省丹东市地处中朝边境，是中国最大的边境城市，位于辽宁省东南部，鸭绿江西岸，南临黄海、北依长白山，与朝鲜沿江边界线长306千米，面对朝鲜两道、一市、八郡，是连接朝鲜半岛与欧亚大陆的重要通道。丹东有铁路、公路、水路连通朝鲜腹地，地理位置得天独厚。同时，它也处于东北亚经济圈、环渤海经济圈和环黄海经济圈三大经济圈的交会点。随着东北东部铁路、沈丹铁路客运专线、丹大快速铁路、丹通高速公路的建设，丹东市正在成为辽宁对朝开放的重要窗口。因此，丹东市不仅是东北对外开放的前沿，也是未来东北亚经济圈中的重要支点。

辽宁是朝鲜族人口居住人数较多的地区之一，且尤以丹东市最为集中，近两万朝鲜族人长期居住在丹东市内。辽宁的朝鲜族是从朝鲜半岛迁移过来的，因而同朝鲜人是同一个民族，他们拥有相同的语言文字、生活习惯和文化历史背景，两国边民在生产和生活上互通有无、互相帮助的迫切需要促使他们习惯于通过边境贸易形式加强联系与合作。

4.3.1.2　社会经济条件

2016 年辽宁省实现第一产业增加值 2173 亿元；第二产业增加值 8504.8 亿元；第三产业增加值 11 360 亿元。三次产业增加值占地区生产总值的比例由 2015 年的 8.3∶46.6∶45.1 调整为 9.9∶38.6∶51.5。人均地区生产总值 50 791 元，比 2015 年减少 22.9%。经济形势总体向好，产业结构调整初见成效。①

辽宁省对朝鲜出口的主要商品有石油、炼钢用焦炭、机械设备、粮食类和家用电器等，产品生产状况总体向好，而且机械设备、炼钢用焦炭等产业均是辽宁省传统优势产业。

4.3.1.3　人口与劳动力资源条件

辽宁省有 4359.3 万常住人口（2018 年），人口密度为 291 人/km^2，劳动力资源丰富，但人口素质相对较低。在开展国际承包工程、劳务合作方面，尤其是在森林采伐、种植业、轻工业、建筑业等行业的劳务合作具有相对优势。

4.3.1.4　资金短缺的共性和经济技术的互补性

“一带一路”倡议有利于辽宁省加快推动企业“走出去”，实现资本输出与产能输出的有机结合。中亚国家资源较为丰富，能源、矿产等领域未来将很有可能成为中亚国家与我国经济合作的重点领域，而这些领域恰恰是辽宁产能过剩问题相对严重的领域。因此，为了有效化解产能过剩问题，辽宁省应该借此机遇，加快企业“走出去”，以资本输出带动产能输出。辽宁省与朝鲜都处于向市场经济转轨、经济快速发展阶段，而资金短缺又成为辽宁省和朝鲜经济发展的限制性条件。今日的朝鲜迫切需要外国投资、先进技术、管理经验，以满足资源开发、产业结构调整和社会基础设施建设的需要。辽宁省已形成以煤炭、石油、机械、建材、化工生产为重点的重工业，以糖、纸、乳、酒、纺织行业为重点的轻工业

---

①《二〇一六年辽宁省国民经济和社会发展统计公报》. http://www.ln.stats.gov.cn/tjsj/tjgb/ndtjgb/201703/t20170316_2812490.html。

以及较发达的农业为基础的国民经济体系。俄罗斯远东地区工业基础较好，工业产值占工农业总产值的91%，形成军工、冶金、森工、机械、采掘业、造纸、石油加工、渔业加工等专业化生产方向，林业、渔业、燃料工业部门产品构成本区出口的基础。俄罗斯农业、轻工业较为落后，谷物年产量仅能满足本区需要量的40%，短缺的轻工产品及食品需靠区外输入和进口。这种经济结构的差异性，表明两地有进行国际经济合作的深厚基础。另外，从双方的技术结构方面来看，俄罗斯的重工业、航天工业、军事工业具有尖端技术优势，但军转民后一些中间适用技术缺乏，尤其是轻工业、日用消费品工业技术落后。辽宁省目前轻重工业均有一定基础，其技术结构也形成一定梯次，辽宁省和俄罗斯在技术结构上有较强互补性，表明合作潜力巨大。

4.3.1.5 形成水、陆、空多功能边境口岸体系

辽宁与“丝绸之路经济带”沿线国家的贸易往来由来已久，但贸易额占辽宁外贸总额的比例并不高。中亚国家作为发展中国家，其消费水平、需求偏好与中国有类似之处，与经济结构和工业化水平较高的制造业大省辽宁有很强的互补性。未来随着“一带一路”建设的逐步推进，辽宁和中亚国家的贸易还有很大的上升空间，有可能成为辽宁外贸新的增长点。同时，“海上丝绸之路”的重要参与者东盟也是辽宁传统的贸易伙伴。随着“海上丝绸之路”的建设，辽宁与东盟的外贸发展也有望迈上一个新的台阶。目前，辽宁同其接壤的朝鲜已形成边境口岸体系，沿边界线已设置15对朝鲜对应边境口岸。联检、通信等口岸城市基础设施较为完善，形成铁路、公路、水运、航空交通运输网，中朝口岸城镇之间，水路相通，铁路相连，公路相接，联系便利。总之，中朝水、陆、空多功能边境口岸体系的形成，为开展边境贸易创造了有利的基础条件。

4.3.1.6 边境口岸腹地广阔且形成较发达的综合交通运输网络

作为边境口岸的近域腹地辽宁已经形成以铁路运输为骨干的综合性交通运输网。截至2018年，辽宁铁路营业里程（不含地方铁路）6154千米，公路网稠密，可通达所有边境口岸城市。同时，辽宁也是我国北方水运最发达的省份。朝鲜交通运输网较为发达，铁路运输和海运占重要地位，铁路总里程达到7435千米（2014年）。辽宁省和朝鲜形成的便利的综合交通运输网，为发展边境贸易创造了良好条件。

4.3.1.7 国家连续稳定的对外经贸政策是开展边境贸易的重要保证

东北老工业基地振兴以来，辽宁已逐步形成了一套相对完整的对外开放合作

新体系，这为辽宁参与“一带一路”倡议的建设和发展提供了坚实基础。2014年6月23日，大连金普新区①获国务院批复，成为我国第十个国家级新区。金普新区将构筑起我国面向东北亚区域开放合作的战略高地，成为引领东北地区全面振兴的重要增长极，老工业基地转变发展方式的先导区。中国与朝鲜已在紧邻丹东的威化岛和黄金坪建立了合作区。在未来中朝经贸合作中，辽宁将是一条主要通道，这是辽宁相对于其他地区特有的区位优势。辽宁省应提早布局，积极做好相关准备工作，使合作区达到预期效果。

4.3.2 “一带一路”建设与辽宁省边境贸易的发展

4.3.2.1 辽宁省边境贸易发展现状

边境贸易规模不断扩大。辽宁的边境贸易以丹东最为突出，1988年丹东被列入辽东半岛重点开放区，其后从事边境贸易的企业数量显著扩大，2005年到2015年丹东增加边境贸易企业206家，包括专业外贸公司及中小规模对外贸易企业和自营型对外贸易企业。朝鲜、韩国、日本等国贸易公司也分别在辽宁各个边境口岸城市建立自己的贸易分支企业，这使得辽宁成为我国对外贸易活动企业最为重要的聚集地区，拥有比较完整的边境贸易体系，边境贸易规模不断扩大（表4-7）。

表4-7　2011～2016年辽宁省边境贸易进出口比较　　单位：亿美元

年份	出口总额	边境小额贸易出口额	进口总额	边境小额贸易进口额
2011	510.4	4.9	449.2	3.2
2012	579.5	6.3	460.4	3.7
2013	645.4	7.3	497.4	3.1
2014	587.6	7.9	552.0	2.1
2015	508.4	6.2	452.5	2.0
2016	430.7	6.0	434.6	1.5

资料来源：《辽宁统计年鉴2017》。

辽宁省与朝鲜的边境贸易发展已取得显著成果，自2005年到2010年，辽宁边境贸易的合作对象朝鲜与辽宁贸易额同比增长近4倍有余，但整体发展仍然不

① 大连金普新区位于大连市中南部，是我国第十个国家级新区，也是东北地区第一个国家级新区，范围包括大连市金州区全部行政区域和大连市普兰店区部分地区，总面积约2299平方千米。2014年6月23日，《国务院关于同意设立大连金普新区的批复》（国函〔2014〕76号）决定，同意设立大连金普新区。

足。辽宁省与朝鲜边境小额贸易规模不大，辽宁与朝鲜边境小额贸易出口额仅占辽宁省对外贸易出口总量的1% ~1.2%；边境小额贸易进口额仅占辽宁省对外贸易进口额的0.4% ~0.8%。[①]

辽宁与朝鲜边境贸易商品结构中，中方向朝鲜出口商品为石油、炼钢用焦炭、机械设备、粮食类和家用电器。中方从朝鲜进口商品为钢铁、合金钢、铁矿粉、各种有色金属材料、冷冻鱿鱼等海产品。目前中国对朝鲜出口的产品正从原材料等初级产品逐渐向高科技、高附加值的产品转变，相对于朝鲜有明显的比较优势。

4.3.2.2 辽宁省边境贸易的特点

(1) 区域性

辽宁边境贸易最先产生与发展在毗邻朝鲜的边境地区，因此它具有鲜明的区域性。另外，辽宁边境贸易不同表现形式均与特定的贸易区域相关联。如，辽宁目前已形成不同等级规模的边境贸易区，且有其特定的区域范围。

(2) 双向选择性

辽宁边境贸易口岸具有既能对内贸易又能对外贸易的功能，可同时利用国内和国外两个市场。一方面面向内地开放，面向内地市场把从邻国引进的资金、技术等诸生产要素向内地辐射、扩散；另一方面将内地市场的商品吸引并推进到国际边境市场上去。这样辽宁边境市场同时面向国内外两个市场，既受国内市场的影响，又受国际市场的制约。

(3) 强烈依赖性、分散性与滞后性

辽宁边境市场因其商品和资源的数量与种类的有限性，对货源需求的多样性以及对产品加工能力的有限性，使其对内地市场和国外市场具有强烈的依赖性。此外，受特定条件影响和限制，辽宁边境市场布局极为分散，位置偏僻，远离经济发达地区的中心城市，但边境经济的发展要以内地为依托，靠内地的带动，所以与内地市场相比，辽宁边境市场的发育程度特别是在发展规模上明显地表现出其发展的滞后性。

(4) 贸易规模小兼具灵活性

辽宁边境贸易曾被称为“小额贸易”，与一般边境贸易相比．在商品品种和贸易额等方面具有相对规模小的特征，这也决定了前者比后者具有更大的灵活性。

① 历年《辽宁省国民经济和社会发展统计公报》(2005 ~2010)．http://www.ln.stats.gov.cn/。

（5）与对外贸易可以互补互促

辽宁边境贸易与一般的辽宁对外贸易有着不同的范畴和概念，因此其政策、管理、措施和分工也不相同，互相不可替代，但两者可互补互促。例如，通过辽宁边境贸易从朝鲜进口原料，经加工后的商品又通过出口创汇。另外，通过辽宁边境贸易出口的商品大部分是国内市场疲软的积压商品或通过其他对外贸易无法出口的商品。

4.3.3 辽宁省边境贸易发展中存在的问题

（1）朝方情况阻碍双方边境贸易发展

朝鲜特殊的计划经济体制及封闭性导致朝鲜经贸政策与措施的不透明、不规范，给双边境贸易发展带来困难。朝鲜的经济发展缓慢甚至停滞，产能不足和社会消费能力弱限制了双边进出口贸易的产品种类和数量，从而影响了其双方边境贸易的发展规模。朝核问题给朝鲜国内经济的运转带来严重影响，也使朝鲜的贸易环境趋于恶化，这很大程度上制约了辽朝边境贸易的发展。同时，朝鲜对外贸易手续相对繁杂，办事效率低下。相当一部分朝鲜客户支付能力较差，不注重商业信誉和有关承诺的兑现，拖欠货款的方式不断翻新。

（2）贸易企业经营秩序紊乱，经营状态不佳

以丹东为例，作为对日本、朝鲜、韩国三国边境贸易的重要口岸城市，丹东参与贸易的企业多达上千家，其中中小型企业约占80%。中小企业普遍缺乏有效的管理和组织调控以及相关部门的监管，以致大量中小企业之间出现了不公平竞争，严重影响一些正规企业的持续发展及国家利益。作为辽宁地区边境贸易主体的自营性贸易企业，自营企业规模不足，竞争实力弱，贸易发展潜力不足，缺乏长期投资商，导致在当前进出口贸易增长速度过快的趋势下有许多潜力巨大的对外贸易资源无法得到有效利用。

（3）边境口岸城市基础建设不足，口岸建设相对滞后

丹东是辽宁边境贸易发展的前沿阵地，但丹东公路通道建设相对落后，丹东港的部分港口设施老化缺乏维护，对于货品的管理能力不足，运输能力欠缺，无法满足边境贸易的发展需要。虽然近几年基础设施有所改善，但适应边境贸易发展的需要仍有一定差距。

4.3.4 辽宁省边境贸易的发展对策

为了加快辽宁边境贸易的发展，辽宁省曾多次召开会议，仔细研究“一带一路”倡议要求，结合自身经济现状，利用边境贸易发展优势，统筹考虑、相互配合。作为对外开放的重要通道和中国与东欧国家合作的最前沿，辽宁应当在“一

带一路”倡议构想的指引下，实现交通、贸易、产业、能源、人才等领域的跨越式升级，努力在边境基础设施建设、双方贸易与投资、自身产业结构升级、能源合作、人才引进等方面发挥着积极有效的作用。

（1）充分利用“一带一路”倡议推动辽宁边境贸易发展

随着“一带一路”倡议的提出，以及《国务院关于近期支持东北振兴若干重大政策举措的意见》出台，极大地推动了处于“丝绸之路”重要核心区域的辽宁边境贸易的发展。在“一带一路”背景下韩国政府也积极地为了双方的港口边境贸易发展而提出以“欧亚倡议”的原则来推动双边境贸易合作；朝鲜也表现出了对未来边境贸易合作的积极态度，认为应积极融入“一带一路”倡议和东北亚经贸合作的大背景，发展边境贸易。

（2）利用丹东地理优势，有效整合边境贸易资源，加强与其他对朝边境地区的合作

辽宁丹东同其他对朝边境贸易地区相比，其特点较为突出，优势较明显。在发展对朝边境贸易的进程中，丹东应充分发挥龙头作用，利用自身优势，大力发展特有的对朝边境贸易形式。同时辽宁应有效加强资源整合力度，在贸易产品方面与吉林对朝边境地区实现差异化经营，避免出现同类产品竞争，竞相压价，降低利润，盲目扩大出口规模等无序竞争现象。通过政策引导、资金扶持等措施加强对朝边境地区的经济合作，构建发展对朝贸易的新格局

（3）加强交通基础设施建设

“要想富，先修路”的口号说明交通运输在发展经济中承载着不可替代的作用。当前，应当加大基础设施投资金额，加强部分路段整改扩建工作，提高道路使用优良率；同时增加交通建设项目数量，努力提高交通网络化水平，基本形成公路、铁路、民航等相互配合的综合交通运输体系，为边境贸易经济的发展提供便利的交通条件。

（4）在贸易方面

加强与邻国之间的政治互信，秉承“一带一路”建设的原则——共商、共享、共建，加快完善口岸的建设，积极参与南亚大通道建设，使其逐渐成为中国与南亚发展经济关系的重要一环。要大力加强东欧陆路交通和沿海水路交通建设，积极打造中国与东欧以及东亚经济合作区；加大对边境口岸基础设施综合治理，提高韩国、日本、俄罗斯口岸的使用效率；大力发展特色经济，不断开拓贸易市场，不断丰富进出口产品类型。

（5）在产业方面

应以市场为导向，企业为主体，逐步调整与完善产业结构。要调整工业产业内部结构，加大力度发展新型工业，优先扶持清洁能源、医药业等新兴产业，提

升产业创新竞争力；大力发展特色旅游业，以特色旅游，带动交通运输、能源开发等相关产业的发展；努力提升第三产业发展水平，改善区域产业结构，积极有效地提高经济的整体效益。

（6）在能源方面

努力提高辽宁水电能源基地开发水平，按照辽宁能源开发总体规划，积极发展终端市场。尽快建立完善综合能源体系，大力开发能源，努力把辽宁丰富的能源优势转化成经济优势，也将为“一带一路”的可持续发展做出应有的贡献。

（7）在人才方面

人才作为经济发展中的重要资源，必须引起重视。要加大引进人才投入，调整人才分布结构，积极培育经济社会发展中所需要的应用技术型人才。根据《2010—2020年辽宁省人才开展规划》，一方面要实施企业实用人才和特色优势产业人才培养工程，努力开展青年英才和高层次人才引进计划；另一方面要推进人才资源信息库建设，建立并完善人才培养社会保障体系，提高人才工作队伍业务水平，为边境贸易的发展和辽宁经济的可持续发展提供坚实的人力保障。

总之，辽宁应该针对自身发展的优势，积极改善发展过程中面临的问题。在“一带一路”倡议框架下，拓宽市场渠道，加快边境贸易经济发展，促进辽宁市场的繁荣与稳定。

5 “一带一路”建设与吉林省边境贸易发展问题研究

从公元1653年（清顺治十年）清政府设置宁古塔昂邦章京之始，吉林省建置至今历经366年。吉林省地处中国东北地区腹地，位于东北亚地理几何中心。地跨121°38′～131°19′E、40°50′～46°19′N。东西长769.62千米，南北宽606.57千米。南邻辽宁省，西接内蒙古自治区，北与黑龙江省相连，东与俄罗斯联邦接壤，东南部与朝鲜民主主义人民共和国隔江相望。吉林省边境线总长1438.7千米，其中，中朝边境线1206千米，中俄边境线232.7千米。最东端的珲春市位于中俄朝三国交界，与俄罗斯、朝鲜山水相连，与韩国、日本隔海相望；距日本海仅15千米，距俄罗斯的波谢特湾仅4千米，珲春既是中国直接进入日本海的唯一通道，也是中国从水路到韩国东海岸、日本西海岸，以及北美、北欧的最近点，以珲春为中心，周边分布着俄、朝众多天然不冻港。绵长的边境线给吉林发展边境贸易提供了独天得厚的地缘条件。

吉林省总面积18.74平方千米，总人口2704万人（截至2018年12月），满族、蒙古族、回族和锡伯族为世居民族。吉林省自然资源丰富，是中国六大林区之一，森林覆盖率高达42.4%；素有“黄金玉米带”和“黑土地之乡”的美誉，是中国重要的商品粮生产基地；矿产资源丰富，发现的矿产136种，其中有22种矿产保有量居全国前五位。作为东北的老工业基地，吉林省工业基础雄厚，拥有一汽集团、中国石油东北分公司等国有大型企业，已形成比较完善的工业体系。中央实施振兴东北地区等老工业基地战略以来，吉林省经济社会发展取得巨大成就，吉林老工业基地振兴迈出重大步伐，“十二五”时期，吉林省经济社会实现平稳健康发展，经济总量迈上万亿元新台阶。2016年，地方级财政收入实现1263.8亿元，比2010年增长2.9倍，实现翻番。三次产业结构比例为10.1：48.0：41.9。丰富的自然资源和良好的社会经济条件为吉林发展对外贸易提供了坚实的基础。①

20世纪90年代以来，吉林确立了“北拓东进，兴贸引资、区域突破、条约

① 《二〇一六年吉林省国民经济和社会发展统计公报》. http://tjj.jl.gov.cn/tjgb/ndgb/201703/t20170327_2594073.html。

发展”的对外经济贸易发展战略以后，形成了以珲春为龙头，以边境地带为前沿，以长春、吉林等城市为依托的对外开放总体格局。为了更好融入“一带一路”倡议，重振东北经济，《中共中央 国务院关于全面振兴东北地区等老工业基地的若干意见》中指出推进中蒙俄经济走廊建设，加强东北振兴与俄远东开发战略衔接，深化毗邻地区合作。以推进中韩自贸区建设为契机，选择适宜地区建设中韩国际合作示范区，推进共建中日经济和产业合作平台。推动对欧美等国家（地区）相关合作机制和平台建设，高水平推进中德（沈阳）高端装备制造产业园建设。推进沿边重点开发开放试验区建设，推动黑瞎子岛的保护与开发开放。

5.1 吉林省口岸体系

5.1.1 口岸总体概况

截至2016年年底，吉林省有经国务院批准的对外开放口岸19个。其中，空运口岸2个，分别是长春航空口岸（长春龙嘉国际机场）、延吉航空口岸（延吉朝阳川国际机场）；陆路（铁路）口岸3个，分别是集安铁路口岸、图们铁路口岸、珲春铁路口岸；陆路（公路）口岸11个，分别是图们公路口岸、南坪公路口岸、珲春公路口岸、圈河公路口岸、长白公路口岸、临江公路口岸、三合公路口岸、开山屯公路口岸、古城里公路口岸、沙坨子公路口岸、集安公路口岸；水运（河港）口岸2个，是大安港、老虎哨；公务通道1个，是双目峰（表5-1）。中朝边境口岸14个，中俄边境口岸2个。

2016年，吉林省口岸进出境货运量为440万吨，同比增长35.6%；货值90.6亿美元，同比下降22.5%；税收入库124.39亿元，同比增长16.2%。其中，进境货运量272.6万吨，同比增长15.1%，出境货运量51.6万吨，同比增长7.4%。进出境人员为225万人次，同比增长18.6%。进出境交通工具为27万辆（列节、架）次，同比增长9.1%。其中，公路口岸进出境交通工具22.9万辆次，同比增长1.8%；铁路口岸进出境交通工具4371列节次，同比下降37.6%；航空口岸进出境交通工具8194架次，同比增长14.3%。监管进出境邮（快）递物品134.3万件，同比增长25.1%（中国口岸协会，2017）。

表5-1 吉林省部分口岸一览表

口岸类型	批准开放时间	开放状态	国外对应口岸
长春空运口岸	1992年4月	国际客货	
延吉空运口岸	2005年3月	国际客货	
大安水运口岸	1990年12月	双边货运	

续表

口岸类型	批准开放时间	开放状态	国外对应口岸
集安铁路口岸	1954 年	双边客货	满浦
珲春铁路口岸	2001 年 10 月	国际客货	马哈林诺
图们铁路口岸	1954 年	国际货运、双边客货	南阳
珲春公路口岸	1991 年 10 月	国际客货	克拉斯基诺
临江公路口岸	1950 年	双边客货	中江
开山屯公路口岸	1933 年	双边客货	三峰
三合公路口岸	1941 年	双边客货	会宁
南坪公路口岸	1951 年	双边客货	茂山
沙坨子公路口岸	1985 年	双边客货	赛别尔
圈河公路口岸	2001 年 10 月	国际客货	元汀
古城里公路口岸	1953 年	国际客货	三长
长白公路口岸	1950 年	国际客货	惠山
集安公路口岸	2014 年 12 月	国际客货	满浦
图们公路口岸	1954 年	国际客货	南阳

资料来源：《中国口岸年鉴 2017》。

5.1.2 边境口岸体系

吉林经过 30 年发展，已经形成了较为完整的边境贸易口岸体系。目前吉林省共有一类（国家）、二类（地方）口岸、通道二十多个，包括有长春航空、长春铁路和大安港等 3 个内陆口岸和 18 个边境口岸、通道，主要分布在中朝、中俄边境一线，各公路、铁路和水运口岸进出口货运量和出入境人员统计见表 5-2。

表 5-2 2015 年吉林省边境口岸流量统计表

类型	名称	货运量				人员			
		出口/万吨	进口/万吨	合计/万吨	同比/%	出境/万人次	入境/万人次	合计/万人次	同比/%
公路口岸	珲春	1.8	10.9	12.7	86.3	13.3	13.3	26.7	-11.9
	圈河	23.2	14.3	37.5	31.4	23.7	23.9	47.6	2.9
	沙坨子	0.6	0.5	1.1	14.9	0.2	0.2	0.4	16.3
	图们	2.7	2.8	5.5	-36.2	1.4	1.4	2.7	-1.0
	三合	5.5	8.5	13.9	-49.6	0.8	0.8	1.5	-13.6
	开山屯	1.2	0.8	2.0	-24.1	0.2	0.2	0.5	0.0
	南坪	2.0	91.8	93.8	10.4	2.8	2.8	5.7	5.6

续表

类型	名称	货运量				人员			
		出口/万吨	进口/万吨	合计/万吨	同比/%	出境/万人次	入境/万人次	合计/万人次	同比/%
公路口岸	古城里	1.7	7.9	9.6	-13.4	0.5	0.5	1.0	-26.4
	临江	1.3	2.0	3.3	-19.4	0.4	0.4	0.8	-2.8
	长白	6.1	14.0	20.0	11.6	2.9	2.1	4.2	14.9
铁路口岸	图们	4.8	4.6	9.3	-36.7	0.04	0.03	0.1	-22.2
	珲春	0.02	112.7	112.7	85.4	0.2	0.2	0.3	39.1
	集安	0.4	1.5	1.9	-32.8	1.0	1.0	1.9	5.4
水运口岸	老虎哨	0.5	0.4	0.9	-19.8	0.4	0.4	0.9	-12.9

资料来源：《中国口岸年鉴2016》。

5.1.2.1 一类口岸

吉林全省一类口岸主要有13个，分别为长春航空口岸、长春铁路口岸、大安港口岸、珲春公路口岸、珲春铁路口岸、圈河口岸、图们铁路、公路口岸，开山屯口岸、三合口岸位、南坪口岸、临江口岸、集安口岸和长白口岸（中国口岸协会，2017）。

（1）长春航空口岸和铁路口岸

长春航空口岸和铁路口岸位于吉林省会长春市，长春航空口岸于1992年4月对外开放。目前已开通中国香港、韩国汉城、俄罗斯符拉迪沃斯托克（海参崴）、日本仙台等航线。长春铁路口岸位于长春市，于1998年开通长春到大连港DCT国际集装箱班列。2016年12月13日，长春兴隆铁路集装箱场站正式获国家口岸办批准，作为临时口岸对外开放。2017年10月13日，满载汽车零部件和纺织品的中欧国际货运班列从长春国际港驶出，42节车厢货物将从满洲里出境发往德国汉堡。随着长春到汉堡的中欧班列首发，长春国际港也正式开通。班列由中铁集装箱运输有限责任公司运营，首发途径俄罗斯、白俄罗斯、波兰、比利时、德国等欧洲国家的多个城市，主要运输吉林省和华北地区部分企业的汽车零部件、电子机械设备、阀门和服装等货物，远期常态化运营将达到每周5出2进（中国口岸协会，2016）。

（2）大安港口岸

大安港口岸位于大安市，大安港是吉林省最大内河港口，是吉林省同俄罗斯远东地区开展直接贸易的唯一水上通道，年吞吐能力100万吨。货物堆存能力达400万吨，已成为吉黑两省及嫩江、松花江、黑龙江三条水系上现代化港口。大安港至大安北疏港铁路专用线建成后，大安港将成为公路、铁路、水运联运，港、航、厂配套，各项功能完备，边检、海关等查验部门及各项服务设施齐全的现代化口岸。1990 年，大安港被国务院批准为国轮外贸运输口岸，并相继获得了外贸经营权、外事审批权、对俄轮开放权，并于 1993 年对外国船只开放（中国口岸协会，2016）。

（3）珲春口岸

珲春口岸既有公路口岸又有铁路口岸。

珲春公路口岸又称长岭子口岸，为国家一类口岸，距珲春市区 15 千米，对面是俄罗斯克拉斯基诺口岸，是吉林省唯一对俄开放的陆路口岸。该口岸距俄罗斯波谢特港 42 千米，距俄罗斯扎鲁比诺港 71 千米，距海参崴港 170 千米。1988 年 5 月国务院批准开放珲春口岸为边境贸易口岸。1993 年 4 月，国务院批准该口岸为国际客货运输（一类）口岸。1996 年开通了由珲春市经珲春口岸经俄罗斯扎鲁比诺至日本予三岛陆海联运航线；1998 年珲春口岸正式开始过客。现已开通至扎鲁比诺、海参崴等地旅游线路。1999 年 8 月开通了珲春—俄罗斯波谢特—日本秋田的集装箱陆海联运航线。2000 年开通了珲春经俄罗斯扎鲁比诺港至韩国束草市客货航线。2004 年国务院批准珲春口岸开展签证工作。目前，珲春公路口岸年设计过货能力为 60 万吨，年过客能力为 60 万人次，出入境货物通道各 2 条，旅客通道各 8 条。2005 年 10 月开始，珲春口岸正式实施落地签证，极大地方便了外国客人来访，贸易往来日渐活跃。2008 年 10 月，开通中日韩俄四国陆海联运航线。

珲春铁路口岸，位于珲春市长岭子，珲春铁路口岸距俄罗斯卡梅绍娃亚铁路口岸 26.7 千米。1998 年 12 月国务院批准该口岸为国家一类口岸。1999 年 5 月珲春站—卡梅绍娃亚站试运行。2003 年 11 月珲春—卡梅绍娃亚—马哈林诺铁路口岸正试运营。但截至 2004 年，该铁路线路一直断断续续运行，货运量仅 5.2 万吨。近年来，经过双方地方和有关部门的反复协调，恢复珲春—卡梅绍娃亚—马哈林诺段铁路问题有所进展。2006 年 6 月起，投资 300 多万元兴建了珲春铁路口岸综合服务楼。2007 年 5 月第十一次中俄运输分委会会议期间，铁道部与俄铁路公司就该问题交换了意见，并指出早日恢复口岸运输的重要性。2013 年 12 月，珲春—马哈林诺铁路口岸正式恢复了国际联运。经过维修改造，该口岸换装能力已达 400 万吨/年（中国口岸协会，2016）。

（4）圈河口岸

圈河口岸现为中朝国际客货公路运输口岸，位于珲春市敬信乡东南图们江畔，距图们江入海口 36 千米，距朝鲜罗津 51 千米，面对的是朝鲜元汀口岸，连接圈河口岸和元汀口岸的跨境公路大桥始建于 1936 年，是中国连接朝鲜罗先自由经济贸易区的重要通道。中华人民共和国成立后一直作为国家二类口岸运行，后改为公务通道。1998年12月17日，经国务院批准，圈河公路通道升格为国家一类口岸，允许第三国人持有效证件通行。1999年11月开始兴建圈河口岸基础设施，2000年12月竣工交付使用，联检楼面积4127平方米，口岸年过货能力60万吨，过客能力60万人次。圈河口岸是我国直接进出朝鲜罗先自由经济贸易区的唯一陆路通道。2015年，中朝圈河公路大桥开始新建。随着国务院长吉图开发开放先导区规划的实施，圈河口岸正成为吉林省对外通道的桥头堡（中国口岸协会，2016）。

（5）图们口岸

图们口岸位于吉林省延边朝鲜族自治州图们市，位于图们江下游左岸，有铁路、公路与朝鲜相连，是我国对朝鲜的第二大陆路口岸。图们公路口岸位于图们市区图们江畔，对面是朝鲜南阳国际口岸，距朝鲜清津港177千米。图们口岸形成历史较早，1933年设图们税关，日伪时期建成图们—南阳“国境”大桥。1950年9月国家在图们口岸正式设立边防检查站。改革开放前，图们公路口岸主要是通行双方探亲人员、公务人员和汽车运输双方边地贸易货物。1985年新建图们公路口岸联检楼等口岸设施，口岸运行能力为进出口货物20万吨/年，出入境人员10万人次/年。第三国人可持有效证件从该口岸通行。1992年，图们—朝鲜南阳—朝鲜豆满江—俄罗斯哈桑铁路线开通运营打开了我国对俄铁路运输的又一通道，该线路1995年停运。1997年8月，图们—罗津边境游旅客列车临时开通，2000年停运，其间接待游客1.2万人次。图们铁路口岸拥有全国一等编组站，站内共有编组线24条，日均编组能力达1300辆，日均发客货车30多列。

图们铁路口岸是吉、黑两省通往朝鲜北部的重要门户。图们铁路口岸1954年开通了国际货物联运，我国列车经此可通往朝鲜或经朝鲜铁路换装至俄罗斯铁路运输线，货物联运能力为25万吨/年，是过货量较大的口岸之一（中国口岸协会，2016）。

（6）开山屯口岸

开山屯位于延边朝鲜族自治州龙井市东部36千米的开山屯镇，面对的是朝鲜咸镜北道三峰口岸，双方隔图们江有公路桥与铁路桥（铁路桥始建于1933年，伪满时期使用，中华人民共和国成立以后因种种原因，停止使用）相连。开山屯口岸距朝鲜清津港120千米、罗津港96千米。开山屯口岸是中朝双方边民探亲和进行边境贸易的口岸。1950年相继建立起联检机构。开山屯公路口岸于1951年7月设立，属于双边客货运输口岸，1993年应开展边境贸易的需要，吉林省政府批准开山屯口岸公路桥维修后准许货运车辆通行。开山屯口岸设计年过货量10万吨，年过客量5万人次。口岸进出口商品主要是粮油、农产品、五金、海产品、杂货等（中国口岸协会，2016）。

（7）三合口岸

三合口岸为双边客货公路运输口岸，位于龙井市三合镇南部图们江畔，距龙井市区 47 千米，距朝鲜清津市 87 千米，面对的是朝鲜会宁口岸。三合口岸和会宁口岸间有永久性国境公路大桥相通。三合口岸始建于日伪时期，中华人民共和国成立后是延边朝鲜族自治州与朝鲜咸境北道进行人员交往和开展边境贸易的重要通道。为适应扩大开放和发展边境贸易需要，于 1992 年对该口岸设施进行了改造。目前口岸运行能力为过货 15 万吨/年，过客 15 万人次/年。

（8）南坪口岸

南坪口岸位于吉林省和龙市南坪镇，与朝鲜咸境北道茂山郡的七星里口岸相对，距和龙市 50 千米，距朝鲜茂山郡 12 千米，设立于 1929 年 12 月，1951 年对外开放，为国家客、货双边口岸。口岸设有边防检查、海关、出入境检验检疫等联检机构。1994 年 8 月双方共同出资修建的公路桥正式使用，此口岸为和龙市边境贸易主要进出口货物通道。与南坪口岸对应的朝鲜咸镜北道茂山郡，矿产资源极其丰富，以矿铁开采最为发达，铁矿储量居亚洲前列。随着中朝两国经贸往来的逐步发展，经贸互补、资源相互配置已经成为两国发展的必然趋势，南坪口岸已经逐步成为专业化的铁矿石及其产品材料进口基地，成为吉林省乃至我国沿边开放带建设战略的重要一翼。南坪至茂山国境桥正式通车使用，打开了对朝贸易的“窗口”。

2015 年，南坪公路口岸实现进出境货物 93.8 万吨，进出境旅客 5.68 万人次，进出境交通车辆 48 464 辆次（中国口岸协会，2016）。

（9）临江口岸

临江口岸位于临江市，与朝鲜慈江道中江郡隔鸭绿江相望，有公路大桥相通，面对的是朝鲜中江口岸。临江公路口岸于 20 世纪 40 年代末建立，1950 年 10 月经国务院批准为国家级开放口岸。为全面提升口岸整体功能，临江口岸对联检综合楼、国门、人行天桥等基础设施进行重新建设和改造。2009 年新建 9605 平方米的联检综合楼已投入使用，国门和人行天桥建设 2011 年底正式投入运营。改造后的临江联检综合楼及国门、人行天桥总建筑面积为 11 056 平方米，年过货量 50 万吨，过客 30 万人次，进出口额 5000 万美元左右（中国口岸协会，2016）。

（10）集安口岸

集安口岸位于吉林省集安市，是中国对朝三大主要口岸之一，与朝鲜慈江道满浦市隔江相望。鸭绿江大桥横亘于碧波之上，把我国的梅集铁路与朝鲜铁路连接贯通，使这里成为中朝铁路运输的三大干线之一。集安口岸是我国对外开放的一类口岸，肩负着中朝两国之间的国贸、地贸和旅客进出境业务。从 1946 年 1 月开始设置外运机构，1954 年 4 月，正式开始国际联运业务。2000 年 10 月建成口岸联检楼，集安口岸设有边防检查站、海关、出入境检验检疫局和外运公司。

（11）长白口岸

长白口岸位于吉林省白山市长白朝鲜族自治县，是国家一类口岸占地面积

40 600 平方米，联检机构设有长白边防检查站、长白海关、长白出入境检验检疫局。新建口岸联检大楼总建筑面积为 7000 平方米，分为东西两座楼，分别为出境通道和入境通道。其规模、功能、设备等各方面指标在中朝边境口岸位居前列。2007 年 8 月被国务院批复升格为国家开放陆路口岸。口岸与朝鲜惠山口岸由 149 米长的中朝国际公路连接。口岸进口商品主要有原木、板方材、卫生筷子等木制品，铜、金、钼、铅等各种矿产品，松子等野山果，中药材等；出口商品主要有大米、玉米、白面等农副产品，还有电力、汽柴油、机器设备、机电产品、建筑材料、纺织服装、各种日用品等。口岸开放发展贸易方式也由原始的易货贸易向现代的加工、转口贸易，合资、合作、合营贸易等方式转变。长白口岸的开放，有力地促进了当地经济、文化各项事业快速发展。长白口岸已成为对朝内陆地区贸易往来的重要通道。2015 年，长白公路口岸实现进出境货物 20.04 万吨，进出境旅客 4.2 万人次，进出境交通车辆 10 018 辆次（中国口岸协会，2016）。

5.1.2.2　二类口岸和公务、过货通道

吉林全省的二类口岸有 4 个：沙坨子口岸、古城里口岸、青石口岸和老虎哨口岸。

（1）沙坨子口岸

沙坨子口岸 2007 年被国家批准为国家口岸。位于珲春市三家子满族乡境内，是吉林省通往朝鲜的重要陆路口岸，距珲春市区 11 千米，面对的是朝鲜庆源郡口岸。沙坨子口岸大桥始建于 1936 年，长 423 米为 47 孔桥，其中中方占 39 孔。作为国家二类口岸，沙坨子口岸是传统的民间贸易口岸，改革开放前，主要为双方边民探亲往来服务，自 1985 年起，开始过货。沙坨子口岸设施较为陈旧，规模较小，口岸占地面积约 10000 平方米，联检设施建筑面积为 1000 平方米。沙坨子口岸设计年过货能力为 5 万吨，过客能力为 5 万人次，经过改造，高峰期过货能力可达 10 万吨，过客能力可达 10 万人次。2006 年，沙沱子口岸合计进出口货物 20 275 吨，出入境人员 15 637 人次。截至 2007 年 7 月，进出口货物 1.7 万吨，出入境人员 7367 人次，出入境车辆 2170 辆次（中国口岸协会，2016）。

（2）古城里口岸

古城里公路口岸位于吉林省延边朝鲜族自治州图们江北岸的崇善镇，距和龙市 80 千米，距朝鲜大红丹郡 24 千米、惠山市 175 千米，是吉林省延边朝鲜族自治州对朝鲜两江道的唯一口岸。口岸始建于 1929 年，1988 年 4 月经吉林省政府批准，临时经古城里口岸进出口货物。2007 年 8 月，国务院批准古城里口岸为开放口岸。2010 年 9 月古城里口岸改建新建工程竣工，现古城里口岸总面积 31 000 平方米，建设面积 5000 平方米。进口主要货物以木材为主，目前古城里口岸已

成为古林省从朝鲜进口木材的重要口岸（中国口岸协会，2016）。

（3）青石口岸

青石口岸位于集安市青石镇，与朝鲜慈江道慈城郡云峰区隔鸭绿江相望，有电厂大坝相通，面对的是朝鲜云峰口岸。

（4）老虎哨口岸

老虎哨口岸属于二类口岸，位于集安市榆林镇，隔鸭绿江与朝鲜渭源郡相望。1986 年 1 月经吉林省政府批准，设为地方口岸。老虎哨口岸开通初期只通行中朝两国边民、公务人员。1990 年 12 月开始临时过货，出境货物主要有淀粉、玉米、豆油、汽油、柴油及日用品等，入境货物主要有木材、钢材、蚕茧等（中国口岸协会，2016）。1995 年，该口岸由原来的单一旅客出入境改为客货水运口岸。中朝合资的老虎哨水电站位于老虎哨口岸上游 800 米处，也因此得名，电站归朝鲜运行管理，可向中朝两国供电（中国口岸协会，2017）。

公务、过货通道有 4 个：双目峰公务通道、八道沟公务通道、三道沟临时过货通道、集安临时过货通道。双目峰公务通道位于安图县双目峰，与朝鲜两江道三池渊郡双头峰相望，有沙石路相通，面对的是朝鲜双头峰公务通道。八道沟公务通道位于长白县八道沟镇，与朝鲜金亨稷郡葡坪邑隔鸭绿江相望，面对的是葡坪公务通道。三道沟临时过货通道（水上）位于白山市八道江区，与朝鲜慈江道慈城郡法洞里隔鸭绿江相望，以船舶运输，面对的是朝鲜法洞临时过货通道。集安临时过货通道（水上）位于集安市，与朝鲜慈江道满浦市隔鸭绿江相望，以船舶运输，面对的是朝鲜满浦临时过货通道（中国口岸协会，2016）。

5.2 “一带一路”建设与吉林省对外贸易发展问题研究

5.2.1 吉林省在“一带一路”建设中的定位

吉林省是“一带一路”倡议中圈定的重点省份之一，在“一带一路”倡议中的对外合作重点方向则是建设向北开放的重要窗口。将振兴东北老工业基地与一带一路战略结合起来，开展黑龙江、吉林、辽宁与俄远东地区陆海联运合作，努力将东北地区打造成为我国向北开放的重要窗口和东北亚地区合作的中心枢纽。

吉林作为该规划圈的重要省份之一，位于战略规划的北线 A：北美洲（美国、加拿大）—北太平洋—日本、韩国—日本海—符拉迪沃斯托克（海参崴）（扎鲁比诺港、斯拉夫扬卡等）—珲春—延吉—吉林—长春（即长吉图开发开放先导区）—蒙古国—俄罗斯—欧洲（北欧、中欧、东欧、西欧、南欧）。2015 年 3 月 28 日发布的《推动共建丝绸之路经济带和 21 世纪海上之路的愿景与行动》，将东北地区的定位为：发挥内蒙古联通俄蒙的区位优势，完善对俄铁路通道和铁路网以及黑龙江、吉林、辽宁与远东地区海陆联运合作，推进构建北京—莫斯科欧亚联通走廊，建设向北开放的重要窗口。①

吉林省与“一带一路”具有长久的渊源，据史料记载，吉林是东北亚丝绸之路的源头和起点，拥有多个沿边近海城市，加强与俄远东地区陆海联运合作，将对中—蒙—俄经济走廊的发展将起到重要作用。吉林省融入“一带一路”倡议，既具有历史优势，也具有现实优势。

积极建设“长满欧”铁路通道。“长满欧”起点为长春，从满洲里口岸出境，途经俄罗斯的西伯利亚、白俄罗斯的布列斯特、波兰的华沙，终点到达德国的施瓦茨海德，全程约9800千米，单程运营时间约为14天。“长满欧”班列集货覆盖我国东北三省、环渤海地区、华北地区、华东地区，以及日本、韩国、朝鲜、蒙古国等东北亚国家。欧洲段集货包括波兰、意大利、捷克、法国、西班牙、德国等，在东北亚和欧洲国家之间提供“门对门”服务。

近年来，吉林省与“一带一路”参与国的贸易额维持在40亿美元以上，占全省同期对外贸易进出口额的20%左右（表5-3）。

表5-3　2012～2016年吉林省与“一带一路”国家贸易情况

年份	与一带一路主要国家贸易额/亿美元	占吉林全部进出口总额比例/%
2012	46.6	18.9
2013	50.8	19.64
2014	51.2	19.4
2015	40.5	21.4
2016	44.2	9.2

资料来源：根据《吉林统计年鉴2017》相关数据计算所得。

2016年，“一带一路”参与国中与吉林省贸易额较大的有匈牙利、捷克和俄罗斯等（5-4）。

表5-4　2016年“一带一路”部分参与国与吉林省的贸易额　　单位：亿美元

国家	进出口总值	出口总额	进口总额
匈牙利	6.51	0.01	6.5
捷克	5.3	0.1	5.2

① 推动共建丝绸之路经济带和21世纪海上丝绸之路的愿景与行动.http://www.ndrc.gov.cn/xwzx/xwfb/201503/t20150328_669089.html。

续表

国家	进出口总值	出口总额	进口总额
俄罗斯	4.4	1.6	2.8
泰国	3.8	1.6	0.2
印度	1.7	1.5	0.2
菲律宾	1.4	1.0	0.4
新加坡	1.4	1.2	0.2
越南	1.1	1.0	0.1

资料来源：根据《吉林统计年鉴 2017》相关数据计算所得。

吉林省积极组织企业开拓“一带一路”沿线国家市场，开展矿业、农业、木材深加工、医药研发等多个行业投资合作，在石化、电力、水利、公路建设等多个领域实施工程承包项目。2014 年至今，吉林省在“一带一路”沿线国家新设境外企业 123 家，中方协议投资额达 43.5 亿美元。①

5.2.2 “一带一路”建设与吉林省对外贸易的发展

5.2.2.1 吉林省对外贸易发展现状

20 世纪 90 年代以前，吉林省的对外贸易发展缓慢，1978 年对外贸易总额只有 3704 万美元，到 1990 年对外贸易规模也只有 95 272 万美元。90 年代以后吉林确立了“北拓东进，兴贸引资、区域突破、条约发展”的对外经济贸易发展战略以后，形成了以珲春为龙头，以边境地带为前沿，以长春市、吉林市等城市为依托的对外开放总体格局，对外贸易发展规模有了一定发展，但真正得到快速发展的是 2000 年之后。从吉林历年货物进出口情况可以看到，在 2000 年前，年进出口总额几乎维持在 30 亿美元以下，2000 年之后，吉林进出口额增加比较迅速，基本保持 20% 增幅，尤其在 2003 年中央提出支持东北老工业基地的振兴战略以后，一系列推动振兴发展的措施出台，使得吉林省的对外贸易发展和规模有了显著的提高，2003 年增幅高达 65%。2007 年吉林进出口总额突破 100 亿美元大关，之后几年，一直稳步增加（图 5-1）。②

自“一带一路”倡议实施以来，吉林省借助地处欧亚大陆桥枢纽带的地理优势，综合东北亚区域资源，开创出新型国内外合作模式，推进其融入到国际环

① 吉林省在“一带一路”沿线国家新增投资额 43.5 亿美元 . https://www.yidaiyilu.gov.cn/xwzx/roll/16263.htm。

② 《吉林统计年鉴 2017》. http://tjj.jl.gov.cn/tjnj/2017/ml/indexc.htm。

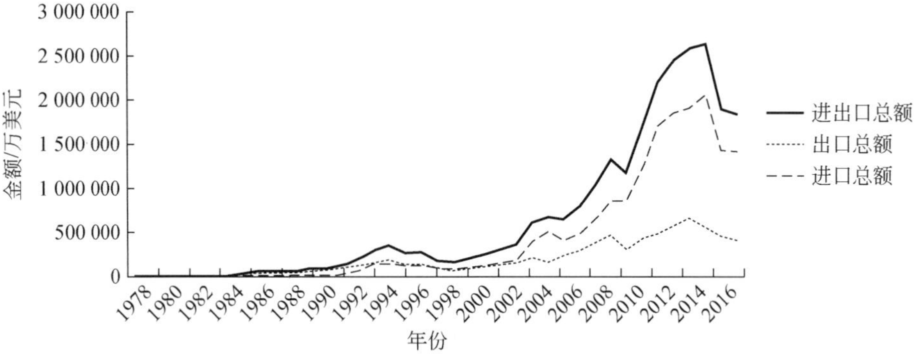

图 5-1　1978～2016 年吉林省货物进出口情况

资料来源：根据《吉林统计年鉴 2017》相关数据计算所得

境当中，成功构建了开放型产业体系，吉林省在对内对外开放方面取得了不少成绩：2016 年，长春新区升级为国家级新区，努力建设连接欧洲与东北亚地区的国际海陆通道。通过发展长春新区，加快建设重要的资源加工和储备基地、区域化物流集散枢纽和区域化的对外开放基地。目前吉林省已经与世界 155 个国家和地区建立了官方交往和经贸合作关系，同 24 个国家的 52 个省（州）、市建立了国际友好关系。89 户世界 500 强跨国公司落户吉林。近年来与俄罗斯、加拿大等 18 个国家和地区开展国际产能合作。① 从吉林对外贸易规模上可见一斑，2014 年吉林对外贸易规模达到最高，达到了 270 亿美元，20 年的发展，吉林进出口总额增长了 9 倍。2015 年以后，在大的国际国内环境下，东北地区经济下行压力不断增大，吉林省重点企业进出口大幅下降，影响了吉林全省外贸发展进程，吉林对外贸易在 2015 年、2016 年接连两年出现了下滑（表 5-5）。但相对于全国来看，2016 年吉林对外贸易额占全国的比重有所提高，约为 0.5%，比 2015 年增去了 0.03%。②

表 5-5　2009～2016 年吉林省进出口情况

年份	进出口总额/亿美元	出口总额/亿美元	出口增长率/%	进口总额/亿美元	进口增长率/%	净出口/亿美元
2009	117.5	31.3	-34.4	86.2	0.6	-54.8
2010	168.5	44.8	42.9	123.7	43.6	-78.9

① 对外经贸 . 2017. http://www.jl.gov.cn/sq/fzjl/dwjl/gjjl/。

② 《吉林统计年鉴 2017》. http://tjj.jl.gov.cn/tjnj/2017/ml/indexc.htm。

续表

年份	进出口总额/亿美元	出口总额/亿美元	出口增长率/%	进口总额/亿美元	进口增长率/%	净出口/亿美元
2011	220.5	50.0	11.7	170.5	37.8	-120.5
2012	245.7	59.8	19.7	185.9	9.0	-126.1
2013	258.5	67.5	12.9	191.0	2.7	-123.4
2014	263.8	57.8	-14.5	206.0	7.9	-148.2
2015	189.4	46.5	-19.5	142.9	-30.7	-96.3
2016	184.4	42.1	-9.6	142.4	-0.3	-100.3

资料来源：根据《吉林统计年鉴2017》相关数据计算所得。

吉林省自2009以来，对外贸易进出口额总体上呈现上升趋势，自2016年起较2014年有较大幅度的下降，在2009～2014年期间，进出口总额数据向好；特别是2010年，全球经济从开始从金融危机中复苏，吉林省的外贸进出口额也有较大增长；吉林省对外贸易自2009年以来维持逆差，进口额均大于出口额。

表5-6　2016年吉林省进出口商品结构

进口商品种类	金额/亿美元	出口商品种类	金额/亿美元
进口贸易总值	142.4	出口贸易总值	42.1
汽车零配件	48.1	服装及衣着附件	3.0
汽车	25.8	胶合板及类似多层板	2.9
计量检测分析自控仪器及器具	8.0	鲜、干水果及坚果	2.2
通断保护电路装置及零件	4.1	医药品	1.7
铜矿砂及其精矿	3.5	纺织纱线、织物及制品	1.6
电视、收音机及无线电讯装置的零附件	3.1	粮食	1.5
粮食	3.0	水海产品	1.3
铁矿砂及其精矿	2.4	钢材	0.8
金属加工机床	2.0	新的充气橡胶轮胎	0.5
水海产品	1.9	食用油籽	0.5
钢铁制标准坚固件	1.6	塑料制品	0.4
钢材	1.6	手用或机用工具	0.4
其他	37.2	其他	25.1

资料来源：根据《吉林统计年鉴2017》相关数据计算所得。

2016年，吉林进口商品金额较大的有汽车零配件、汽车、计量分析器具、电路等机电产品、钢铁制品等，总体来说和吉林省汽车工业、机电产业比重大的工业生产结构相符合；在出口方面，出口金额较大的是服装及纺织制品、板材、鲜干水果、医药制品、粮食、农产品等，出口商品总体上技术水平层次较低。出口商品种类分布较为平均，进口商品种类较为集中，集中于汽车相关产品、机电产品等（表5-6）。

根据2016年数据，吉林主要贸易伙伴前五位为：德国、日本、美国、韩国和匈牙利（表5-7）。与吉林省进出口贸易与汽车相关性较高的特点相符合。

表5-7　2016年吉林省主要贸易对象及进出口额　　单位：亿美元

国家	进出口总值	出口总额	进口总额
德国	63.7	2.6	61.1
日本	17.3	3.8	13.6
美国	7.5	3.9	3.6
韩国	7.1	4.5	2.6
匈牙利	6.5	0.03	6.5
捷克	5.3	0.1	5.2
俄罗斯	4.4	1.6	2.8
泰国	3.8	1.7	0.2
比利时	3.8	0.7	3.1
意大利	3.1	0.7	2.4
合计	184.4	42.1	142.4

资料来源：根据《吉林统计年鉴2017》相关数据计算所得。

5.2.2.2　吉林省对外贸易发展中存在的问题

（1）对外贸易规模偏低

吉林对外贸易虽然经过二十多年的发展，规模不断扩大，但总体上来说，对外贸易规模偏低，尤其是相对于全国水平来说。从图5-2吉林进出口占全国比例来看，其进出口总额占全国的比例约为0.6%，出口比例为0.4%，进口比例为0.8%，都不足于1%。另外，从趋势来看，相对于全国水平来说，吉林进出口基本呈一个下降趋势，尤其是出口。不过2016年之后有所提高，说明“一带一路”倡议的实施，长吉图先导区的建立对吉林省对外贸易起到了一定的作用。①

（2）对外贸易长期存在逆差

从吉林进出口数据来看，吉林对外贸易从1998年以后基本上处于逆差，并

① 《中国统计年鉴2017》. http://www. stats. gov. cn/tjsj/ndsj/2017/indexch. htm。

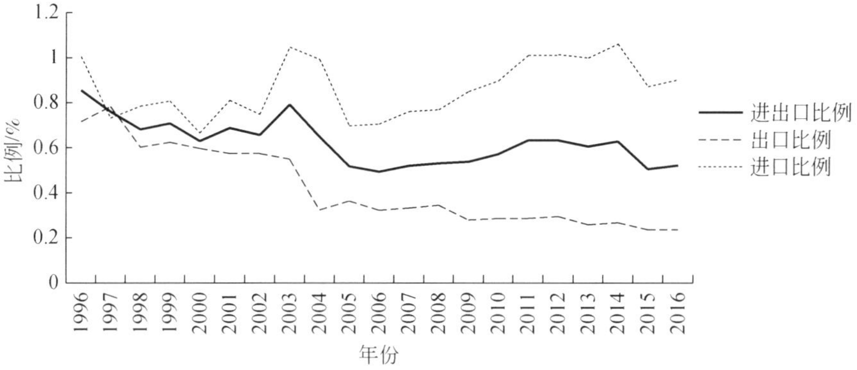

图 5-2　吉林省占全国对外贸易的比例

资料来源：《吉林统计年鉴 2017》

且逆差呈扩大的态势。2014 年贸易逆差达到 148 亿美元，随后两年有所下降，也基本保持逆差 100 亿美元的水平（图 5-3）。

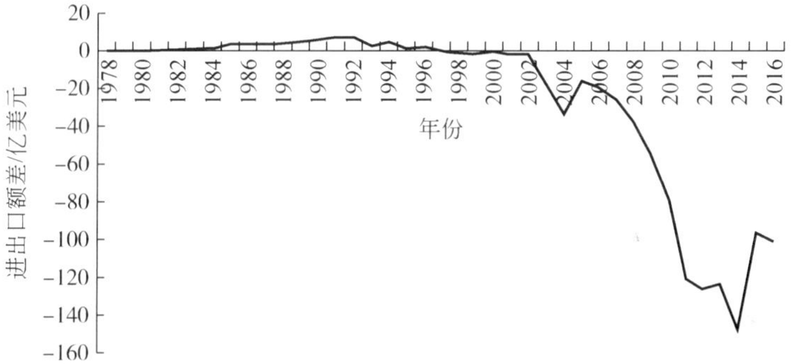

图 5-3　吉林省进出口差额

资料来源：《吉林统计年鉴 2017》

（3）对外贸易商品结构不合理

从出口来看，对比吉林 2014 年、2015 年和 2016 年的出口商品：服装及衣着附件、胶合板及类似多层板一直位于吉林省出口前两位。纺织纱线、织物及制品以及粮食出口地位基本稳定，位于第五和第六。医药及鲜、干水果及坚果排位上升。汽车，钢材出口地位在下降，尤其是汽车，2014 年还作为吉林主要出口商品，位居第四，2015 年、2016 年出口几乎为零。2016 年钢材出口也跌至第八。从出口商品结构来看，吉林近两年出口结构并没有改善，相反有恶化的趋势（表 5-8）。

表 5-8　吉林省 2014～2016 年主要出口商品及其排位

出口商品	2014 年		2015 年		2016 年	
	出口金额/万美元	排位	出口金额/万美元	排位	出口金额/万美元	排位
服装及衣着附件	44 303	1	42 350	1	29 919	1
胶合板及类似多层板	39 542	2	33 827	2	29 880	2
钢材	27 811	3	26 403	3	8 460	8
汽车	24 987	4	—	—	—	—
纺织纱线、织物及制品	22 751	5	17 534	5	16 375	5
粮食	16 571	6	12 261	7	15 812	6
医药品	14 580	7	16 353	6	16 727	4
鲜、干水果及坚果	14 412	8	20 570	4	21 692	3

资料来源：《吉林统计年鉴》（2015～2017）。

从进口来看，对比吉林2014年、2015年和2016年的进口商品：汽车和汽车零配件是吉林主要进口商品，两项进口占全年进口的52%左右，位于第一和第二位。计量检测分析自控仪器及器具进口排位比较稳定，三年都位于第三位。粮食的进口有所下降，不仅体现在数值上，也体现在进口排位上，由2014年、2015年的第四位下降到2016年的第七。电视、收音机及无线电通信装置的零附件以及钢材进口一直比较稳定。控仪器、通断保护电路装置及零件的进口地位逐年增加，由2014年的第六上升到2016年的第四（表5-9）。

表 5-9　2014～2016 年吉林省主要进口商品及其排位

进口商品	2014 年		2015 年		2016 年	
	金额/万美元	排位	金额/万美元	排位	金额/万美元	排位
汽车零配件	730 159	1	467 738	1	480 876	1
汽车	500 444	2	252 692	2	257 981	2
计量检测分析自控仪器及器具	104 445	3	79 110	3	79 352	3
粮食	46 861	4	49 420	4	30 260	7
电视、收音机及无线电通信装置的零附件	43 774	5	30 902	6	31 387	6
通断保护电路装置及零件	42 908	6	33 467	5	41 499	4
铁矿砂及其精矿	29 732	7	30 826	7	34 661	5
钢材	29 444	8	16 022	8	15 600	8

资料来源：《吉林统计年鉴》（2015～2017）。

从吉林的进出口商品结构来看，吉林出口仍然依赖传统产业——服装和粮食，附加值低，传统的汽车工业优势不再。进口产品汽车零配件和汽车比例过高，占据进口商品的一半以上，进出口结构不合理。工业制成品进口比例高，且以高附加值产品为主，而工业制成品的出口所占比例却很小。出口商品大部分为劳动密集型产品，而资本和技术密集型产品较少，吉林省出口商品的结构需要进一步的调整优化。

（4）进出口市场过于集中

从 2014 ~ 2016 年吉林省出口去向地角度分析可以看出，日本、韩国、俄罗斯、美国及德国是吉林省的主要出口市场，虽然排名有所升降，但几乎稳居在前五位（表 5-10）。对这五国的出口额占吉林省出口总额的比值在 2014 年约占 39.1%，2015 年高达 72.6%，2016 年又回落到 38.9%。[①]

表 5-10　2014 ~ 2016 年吉林省主要出口市场及其排位

国家	2014 年		2015 年		2016 年	
	金额/万美元	排位	金额/万美元	排位	金额/万美元	排位
日本	64 738	1	42 350	3	37 616	2
美国	46 848	2	45 180	1	38 777	3
俄罗斯	44 839	3	26 999	4	15 665	5
韩国	44 812	4	44 940	2	45 249	1
德国	24 712	5	26 402	5	26 308	4
印度	22 215	7	15 857	6	15 274	6
新加坡	20 811	8	15 546	7	11 269	7

资料来源：《吉林统计年鉴》（2015 ~ 2017）。

从 2014 ~ 2016 年吉林省进口来源地分析可以看出：德国、日本、匈牙利、比利时、捷克、韩国以及意大利是吉林省的主要进口市场，且排位非常稳定，只有捷克和比利时的排位在 2016 略有变化，其他五国排位几乎不变（表 5-11）。德国是吉林进口的最大来源地，稳居第一，2014 年，从德国进口额为 1 000 710 万美元，约占全省进口总额的 48.6%，2015 年、2016 年稍有好转，分别约占 45.5% 和 42.9%，但仍高达 40% 以上。加上日本，吉林从德国、日本两国进口在 2014 年约占 60.2%，2015 年 54.3%，2016 年 52.5%，占据进口总额的一半以上。吉林进出口市场过于集中，高度集中的进出口市场直接导致吉林省贸易风险增大。[②]

①② 《吉林统计年鉴》（2015 ~ 2017）. http://tjj.jl.gov.cn/。

表 5-11　2014～2016 年吉林省主要进口市场及排位

国家	2014 年		2015 年		2016 年	
	金额/万美元	排位	金额/万美元	排位	金额/万美元	排位
德国	1 000 710	1	649 913	1	610 868	1
日本	239 967	2	126 479	2	135 857	2
匈牙利	98 389	3	63 259	3	65 150	3
比利时	56 380	4	40 351	4	30 982	5
捷克	55 265	5	26 402	5	51 824	4
韩国	27 136	6	23 313	6	25 889	6
意大利	26 854	7	21 837	7	24 055	7

资料来源：《吉林统计年鉴》(2015～2017)。

5.2.2.3　影响吉林省对外贸易发展的原因分析

吉林对外贸易规模偏小，且一直处于逆差，进出口商品结构不合理，对外贸易市场高度集中，既有历史形成的原因，也有自身发展的问题。

第一，吉林贸易规模和贸易结构是由吉林经济条件决定的。2014 年吉林生产总值 8667.6 亿元，约占国内生产总值的 1.3%，2015 年为 10568.8 亿元，占比为 1.5%，2016 年有所提高，生产总值达到 14476.8 亿元，占比 2.0%，居全国第 23 位，吉林对外贸易在全国的地位和其生产总值在全国国内生产总值的地位基本匹配。另外，从吉林产业结构状况来看，纵观图 5-4 三次产业占地区三次总值比例，工业仍为吉林主要产业，占比约为 50%，第三产业有所发展，从 2012 年的 34.8% 上升到 2016 年的 41.9%。进一步分析吉林的重点产业工业增加值可

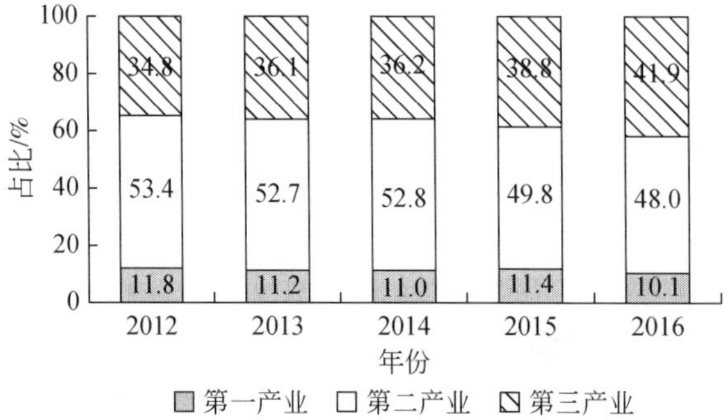

图 5-4　2012～2016 年吉林省三次产业增加值占地区生产总值比例

资料来源：《吉林省 2016 年国民经济和社会发展统计公报》

以发现，吉林纺织产业、医药产业、汽车产业增加较快，2016 年信息产业、食品产业也有所提高，这也基本也跟吉林的进出口商品结构相吻合（表 5-12）。

表 5-12　2016 年重点产业工业增加值及其增长速度

指标	工业增加值/亿元	比上年增长/%
重点产业合计	4 978. 8	6. 6
汽车制造产业	1 644. 4	10. 0
石油化工产业	635. 8	-1. 6
食品产业	1 021. 5	7. 7
信息产业	139. 0	8. 0
医药产业	572. 2	11. 8
冶金建材产业	696. 6	0. 5
能源产业	122. 1	4. 0
纺织产业	147. 4	16. 1

资料来源：《吉林省 2016 年国民经济和社会发展统计公报》。

第二，具有比较优势的产业并未发挥出作用，比较优势产品并没有形成竞争优势并带动产品出口和出口商品结构的改善。吉林省具有得天独厚的农业资源优势与生态资源优势，是全国重要的商品粮生产基地和新兴的畜牧业基地，但是除了玉米等粮食出口之外，在其他农业资源开发上相对薄弱，如吉林省特色农业人参、鹿茸、鹿肉等产业虽然发展潜力巨大，但目前还需进一步开发和深加工。交通运输制造业、石油化工制造业以及医药制造业等，这些产业近年来发展较快，但竞争优势也不容乐观。尤其是交通运输制造业，“长春一汽”作为中国的老汽车工业基地，经过多年发展却并未形成较强的竞争优势，大量进口高额的核心零部件，由国内工厂完成组装之后直接销售到需求旺盛的国内市场，导致吉林省进口的大量增加和产品竞争优势的下滑，造成汽车产业出口的急速下跌和逆差的扩大。

第三，吉林省所在的区域优势、文化优势并没有得到完全开发。吉林毗邻朝鲜和俄罗斯，与朝鲜毗邻边境长达 1206 千米，与俄罗斯毗邻边境长达 232. 7 千米，具有和该两个邻国发展对外贸易的得天独厚的区域优势，另外朝鲜、韩国与吉林省的延边朝鲜自治州无论是文化习俗还是社会教育都有密切的关系，都理应成为吉林省与朝鲜、韩国建立积极对外贸易关系的先决条件。但是由于种种原因，这种优势并没有充分地得到应用。一方面由于朝鲜地区开放程度较低，近几年朝鲜核问题，使得中朝边境贸易几乎处于停滞状态。而和吉林相邻的俄罗斯东北亚地区，其人口规模小，开发程度不高，从这一方面来说，吉林的优势稍显不足。另一方面，由于吉林省对于这一区位优势重视的较晚，而辽宁省利用沿海优势率先积极发展与韩国的对外贸易，使得吉林在对韩贸易上失去了先机。再有作为内陆省，吉林没有距离较近出海口，对外贸易只能通过辽宁省的几个港口进行运输，从长春到大连的路上运费相当于从大连到日本、韩国的海运费用，因此吉林省同类企业相对于沿海地区企业来说没有竞争优势。虽然吉林省已经建立从珲春到俄罗斯扎努比诺港和朝鲜罗津的借港出海路线，但由于外方港口基础设施差、货物吞吐能力十分有限、海关通关效率低等因素影响，货物周转周期长，货损严重，目前利用率很低。

第四，吉林省的主要贸易伙伴主要集中在欧盟、俄罗斯以及日韩等国。近几年欧盟的欧债危机、俄罗斯所受美国的经济制裁、日韩两国的紧张局势等等，对吉林省对外贸易影响巨大。另外，近几年，整个东北经济下行压力不断增大，人口外流现象严重，贸易出口方式单一，外贸意识薄弱，外贸相关的生产性服务业发展不足等也是吉林对外贸易问题产生的重要原因。

5.2.2.4 吉林省对外贸易的发展对策

吉林省对外贸易发展基础良好，吉林省可以通过积极对外交流合作，推动优质产品进入经济发达国家，充分利用国内外资源来促进产品贸易的繁荣。“一带一路”倡议和自贸区的建设为吉林省产品对外贸易提供了广阔的平台和机遇，同时有利于吉林省产品市场长期维持活力。互联网的空前繁荣，为产品对外贸易模式改革提供新思路。利用“互联网+”模式打造产品跨境电商活动，充分利用线上和线下资源，大力发展产品电子商务。政府在技术上要大力支持电子商务平台的建设，相关体系的建设要不断完善，平台的完全维护也不容忽视。

(1) 健全政府支持性政策，塑造良好外贸发展环境

对内，应根据吉林省对外贸易发展的现状，立足吉林省产业优势和结构调整需要，为企业提供政策便利，充分发挥好政府的组织与服务的职能。要把招商引资作为重点来抓，“引进来，走出去”积极开展贸易招商促进活动，引进外商直接投资，加快外向型经济发展。

对外，要加强政府间合作，积极与东北亚地区各国举行多层面多领域的交流，尤其是朝鲜、俄罗斯方面的沟通，要深化经贸领域的合作，组织外资企业来吉林省考察，举办各类人文交流活动，为企业搭建一个良好的国际合作平台，以贸促贸为吉林省从事对外经贸活动的企业和个人创造便利条件和打造良好国际合作空间。加快珲春与俄罗斯扎努比诺港的各项基础设施建设，签订政府间协议，简化双方海关通关程序，提高货物周转效率，完善贸易争端解决，最大限度地协调各方利益，形成有序的市场环境。

（2）抓住机遇重振经济，夯实对外贸易发展的经济基础

2015 年底，中共中央政治局审议通过《关于全面振兴东北地区等老工业基地的若干意见》。该意见是促进新一轮东北全面振兴的纲领性文件。2016 年初，国务院正式批复同意设立长春新区，新区作为中蒙俄经济走廊的节点，在加快推进“一带一路”建设的同时，能够紧密联动长吉图先导区，深化图们江区域合作开发，使先导区成为“一带一路”北线新通道和吉林省创新引擎和发展新支点。[①] 2016 年 3 月，国家发展和改革委员会发布哈长城市群发展规划，其中吉林省长春市、吉林市、延边朝鲜族自治州等城市均在规划范围内。要强化哈尔滨和长春的核心带动作用，发挥其他城市的支撑作用，优化城镇发展体系，构建有重要经济影响力和竞争力的东部城市群。吉林要抓住机遇，积极推进先进装备制造业、绿色产业和现代服务业的发展，深化与各地与东北亚地区的经济合作，进一步提升吉林省的对外开放水平，振兴老工业基地，夯实对外贸易发展的经济基础。

（3）调整产业结构，培育产业竞争优势

调整产业结构，培养产业竞争优势。吉林省应当在原有的农产品加工业、交通运输制造业和化工工业比较优势基础之上，进一步明确政府的政策导向，优化优势产业布局、合理构建产业体系，促进优势产业结构性转型升级。以政策促进生产要素的合理流动，优化资源配置、协调产业发展、推进技术创新。

培育产业竞争优势，一方面充分发挥传统优势产业，另一方面要培育新兴的产业竞争优势。充分发挥自然资源的比较优势，吉林省应延长农产品的产业链，发展现代农业和特色农产品加工业，要大力发展农林畜产品的高附加值的精深加工业，提升产品的档次和质量，实现吉林省农产品出口的深化与增值。加强吉林省的农业对外合作，支持有条件有能力的企业与周边国家进行农业合作开发，将比较优势发展成竞争优势。

要支持与扶持吉林省的汽车制造、轨道交通、医药等传统优势型产业的进一步发展，要引导企业依靠科技创新、自主研发来提升产品竞争力，将传统优势转化为竞争优势，抢占国际市场。着力打造汽车与医药两大产业集群，汽车以长春为核心，医药以长春、通化、白山与延边为核心，努力形成规模经济与集聚效应。要努力促进吉林省的汽车产业的结构调整，依靠科技进步、研发设计自主品牌汽车、新能源汽车和小排量汽车等。还要大力发展机电产品，提高科技含量，打造其成为未来出口的主导产品，提高工业制成品的出口比重，扩大出口规模，

① 《国务院关于同意设立长春新区的批复》（国函〔2016〕31 号）. http://www.gov.cn/zhengce/2016-04/26/content_5068242.htm。

平衡贸易结构。

加快发展现代物流、服务外包和文化创意产业等现代服务业，培育新兴对外贸易增长点。重视发展服务外包、现代物流等服务贸易产业，加快建设延吉服务外包产业园、长春文化创意产业园、珲春国际物流园等一系列现代服务业园区，形成货物贸易与服务贸易的双轮驱动模式，拉动吉林省对外贸易发展。

（4）推动外贸市场多元化

虽然吉林省贸易多元化格局正在形成，但对发达国家贸易依赖度较高的情况并没有太多改变。因此吉林省在保持现有贸易伙伴国的同时，应积极的开拓新的海外市场，以减少市场单一所存在的潜在贸易风险。吉林省应以国家积极拓展海外市场为契机，既能够通过中蒙俄经济走廊，进一步开拓俄罗斯、蒙古国及其他周边国家的市场，同时通过“一带一路”建设，开拓东南亚、印度和非洲东部等国家和地区的市场，通过与这些国家的经济合作，为吉林省出口商品创造更为广阔的市场空间。

5.3 “一带一路”建设与吉林省边境贸易发展问题研究

5.3.1 吉林省开展边境贸易的基础条件

5.3.1.1 区位条件

吉林省地处东北亚区域地理几何中心和新欧亚大陆桥中心，位于日本、俄罗斯、朝鲜、韩国、蒙古国与中国东北部组成的东北亚几何中心地带。北接黑龙江省，南邻辽宁省，西接内蒙古自治区，东与俄罗斯联邦接壤，东南部与朝鲜隔江相望。吉林省地处边境近海，边境线总长 1438.7 千米，其中，中朝边境线 1206 千米，中俄边境线 232.7 千米。

吉林省珲春市位于吉林省东部，北望俄罗斯，南邻朝鲜，在此中国、俄罗斯、朝鲜三国陆路相连，中国、俄罗斯、朝鲜、韩国、日本五国水域相通，境内拥有四个对俄、对朝口岸，是吉林省唯一对俄开放的陆路口岸，允许第三国人员出入境。同时，珲春市是东北亚地区实现水平分工与垂直分工的交汇点该地区被公认为世界最具增长潜力的经济区域之一，是东北亚地区自然资源、劳动力、技术等生产要素实行科学配置的最佳区域。

5.3.1.2 社会经济条件

吉林省自 2008 年以来经济发展取得长足进步，2016 年实现 GDP 14 776.8 亿元，是2008年的两倍多（图5-5）；产业结构调整取得初步成效，第三产业增幅巨大；三次产业对GDP增长的贡献率中，第三产业的贡献率大幅提高，经济增长由之前的主要由第二产业拉动转变为第三产业贡献巨大、三次产业协同发展的格局（表5-13）。[①]GDP的增长及经济结构的调整优化为边境贸易提供了较好的经济基础。

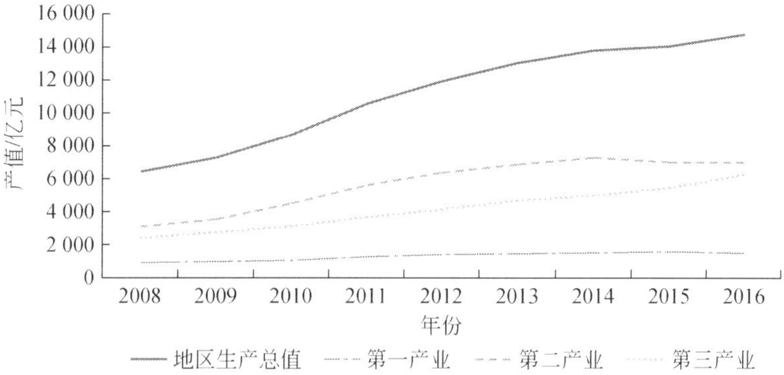

图5-5　吉林省GDP及三次产业产值情况（2008～2016年）

资料来源：《吉林统计年鉴》（2009～2017）

吉林省主要出口产品产业生产总体向好。2016年，吉林省医药产业实现增加值572.1亿元，增长11.8%；冶金建材产业实现增加值6966亿元，增长0.5%；纺织产业实现增加值147.4亿元，增长16.1%；农林牧渔业增加值1549.3亿元，比2015年增长3.8%；食品产业实现增加值1021.5亿元，增长7.7%。[②]

表5-13　2008～2016年吉林省三次产业贡献率情况　　　单位：%

年份	第一产业	第二产业	第三产业
2008	8.1	53.6	38.3
2009	2.7	59.4	37.9
2010	3.1	66.4	30.5
2011	4.5	66.8	28.7
2012	5.6	61.9	32.5
2013	4.9	57.4	37.7

①② 《吉林省2016年国民经济和社会发展统计公报》. http://tjj.jl.gov.cn/tjgb/ndgb/201703/t20170327_2594073.html。

续表

年份	第一产业	第二产业	第三产业
2014	6.9	55.2	37.9
2015	7.2	44.9	47.9
2016	6.3	44.5	49.2

资料来源：《吉林统计年鉴》（2009～2017）。

5.3.2 “一带一路”建设与吉林省边境贸易的发展

5.3.2.1 吉林省边境贸易发展现状

由于吉林省边境贸易对象的经济发展水平不高，边境贸易市场容量有限，因此吉林省边境贸易占吉林全省进出口贸易的比例不高，且近年有下降趋势，由2%以上下降到1.5%左右，边境贸易额由5亿美元下降至1.5亿美元左右（表5-14）。

表5-14 吉林边境小额贸易情况

年份	进出口总额/亿美元	边境小额贸易			边境小额贸易占进出口比例/%
		总额/亿美元	进口/亿美元	出口/亿美元	
2011	220.5	4.9	1.9	3.0	2.2
2012	245.7	4.7	1.5	3.2	1.9
2013	258.5	5.3	2.0	3.3	2.0
2014	263.8	3.6	1.9	1.7	1.4
2015	189.4	2.8	1.5	1.3	1.5
2016	184.4	2.7	1.5	1.2	1.5

资料来源：《吉林统计年鉴》（2012～2017）。

吉林省边境贸易经济的发展主要是以进出口为主，进出口物品大多是快速消费品等轻工业制品，如牙膏、牙刷、洗衣液、服装鞋类及农副产品。经贸结构比较单一，没有建立起一个全方位覆盖的经贸结构，依赖当地的资源，没有在贸易中促进经济结构的多元化发展，从单一的进出口农副产品、快速消费品到发展工业产品的进出口。

（1）中朝边境贸易发展历程和现状

吉林省与朝鲜山水相连，自古以来，两国边民之间的友好交往连绵不断，边境贸易的开展由来已久。早在唐朝时期，两国就开展了官方和民间贸易。明、清时期，中朝边境贸易更加频繁，规模也越来越大。1949年中华人民共和国成立后，两国之间签署了易货贸易协定，便开始了贸易往来。1954年中国政务院批准吉林省同朝鲜开展边境小额易货贸易。这一时期的中朝贸易应称为贸易合作，是计划经济年代中社会主义阵营中各个兄弟国家的重要合作部分。开展此类贸易的根本目的是为了保证边境居民对于海产品等的日常饮食需求。60年代下半期，由于历史原因，中朝贸易萎缩，贸易额倒退至60年代初的一半，边境贸易几乎处于停滞状态。到1982年，国家批准延边恢复对朝边境贸易，吉林对朝的边境贸易才开始复苏，随后稳步发展。1984年12月对外经济贸易合作部颁布了《边境小额贸易暂行管理办法》，此后边境贸易发展走向一个新的突破。1982年后中朝边境贸易的发展可以分成四个阶段1982~1994年快速发展时期，1995~1999年是急剧下滑时期，2000~2008年恢复稳步增长时期，2009年至今，波动下滑。

第一阶段（1982~1994年），中国改革开放的初步成效显著，社会建设如火如荼地进行，我国为缓解建筑行业的原材料短缺问题，需要大量进口建筑材料，同时以加工贸易为基础的轻工业发展迅速，中朝贸易中钢铁和水泥制品的进口量迅速上升，对朝轻工业品的出口也迅猛增加，中朝贸易迅速发展。该时期相对宽松的边境贸易管理和政策导致边境贸易往来达到历史的高峰，中朝边境各口岸的货物通关量逐年升高，很多日本汽车通过过境朝鲜的这种渠道进入中国延边地区甚至内地，边境贸易得以繁荣发展。仅延边对朝边境贸易就从1982年的542万美元增长到1989年的5208万美元，增长近9倍。

第二阶段（1995~1999年），朝鲜由于自然灾害的影响，农业发展急剧下滑，经济日益下降，中朝边境贸易大幅下降。1999年的中朝贸易额仅为1993年的1/3左右，而当年延边的边境贸易额仅为1993年的1/6左右。

第三阶段（2000~2008年），随着朝鲜经济的复苏，朝鲜对外贸易也开始恢复；同时由于国际社会对朝鲜采取经济封锁，中国成为了朝鲜最大的贸易对象国，中朝贸易快速稳步发展，两国贸易年增速为24%，边境贸易也快速恢复。2000年中朝边境贸易额1.2亿美元，比1999年增长了30%。[①] 2005年吉林对朝贸易额达到2.1亿美元，2006年达2.2亿美元，2007年达3.42亿美元，2008年急速上升攀升至7.7亿美元，相当于2007年的两倍多，两地的边境贸易也大幅度上升。[②]

第四阶段（2009年至今），从2009年开始，吉林对朝进出口贸易总额再度出现波动，并呈明显下降趋势。2009年贸易总额下降到6.1亿美元，2010年进一步下降到5.1亿，2011年恢复上升达到7.2亿，2012再次出现向下波动态势，

① 联合国商品贸易统计数据库. https://comtrade.un.org/data/。

② 国务院发展研究中心信息网统计数据库. http://www.drcnet.com.cn/www/integrated/。

2013 又有小幅上升。[1]

（2）中俄边境贸易发展历程和现状

自 1984 年开始，吉林省通过黑龙江省对外贸易公司开展对俄罗斯等远东地区的边境贸易，向俄罗斯出口葵花籽油、汽车、摩托车等商品。1987 年，国务院批准吉林省同俄滨海边区直接建立易货贸易关系。1988 年，第一家吉林对俄罗斯开展边境贸易的对外贸易公司开业。1991 年 10 月，正式开通的珲春长岭子公路口岸，使吉林省同俄罗斯滨海边疆区开始了深度合作，吉林对俄贸易才开始缓慢发展，在 1994 年达到一个小高潮，对俄贸易额达到 8049 万美元。1997 年后，吉林对俄贸易降至低谷，由全国对俄贸易排名第 2 降至第 6 位，并首次出现了对俄贸易逆差，同时吉林省对俄边境贸易也存在一定的下滑。2001 年 7 月，我国和俄罗斯建立了全面战略协作伙伴关系，陆海联运大通道的兴建，珲春市示范区的建立以及图们江开发开放等，使得中俄边境贸易逐步进入正轨，并不断稳步发展。从俄罗斯和吉林省边境城市的贸易来看，1999～2009 年的 10 年间，俄罗斯从中国吉林省边境城市的进口量增加了 10 倍，出口产品的价值增加了 11 亿美元。其中 2005 年，吉林对俄贸易额达到 1.8 亿美元，2006 年吉林组织了四次“走出去”、四次“请进来”对俄贸易活动，使对俄贸易量在连年大幅增长的基础上实现了翻番，一跃达到 4.4 亿美元。2007 年继续翻番，达到 8 亿美元。2008 年受金融危机的影响，中俄贸易额下降明显，吉林对俄贸易在 2009 年降到只有 4.7 亿美元。2010 年，随着俄罗斯的经济复苏，中俄战略协作加强，吉林对俄贸易额 2012 年又恢复到 8.2 亿，之后又连续下滑，至 2015 年，吉林对俄贸易额只有 4.4 亿美元，边境贸易也大幅度下跌。[2]

5.3.2.2　吉林省边境贸易发展中存在的问题

（1）贸易规模偏小，商品结构单一

虽然吉林对朝鲜、俄罗斯的边境贸易发展迅速，但相对来说，贸易规模仍然偏小。

中国与朝鲜相邻的地区有吉林延边朝鲜族自治州的珲春市、图们市、龙井市及和龙市，白山市的临江市、长白朝鲜族自治县，通化市的集安市；辽宁省丹东市的宽甸满族自治县、丹东市市辖区、东港市。吉林省对朝口岸有有圈河口岸、图们口岸、开山屯口岸、三合口岸、南坪口岸、长白口岸、临江口岸、集安口岸等；辽宁省有丹东口岸。吉林省有着更长的边境线和边境口岸，但辽宁丹东现承

---

① 国务院发展研究中心信息网统计数据库. http://www.drcnet.com.cn/www/integrated/。

② 《吉林统计年鉴》（2009～2017）. http://tjj.jl.gov.cn/；国务院发展研究中心信息网统计数据库，http://www.drcnet.com.cn/www/integrated/。

担了中朝贸易过货量的80%，占中朝边境贸易总额的80%左右。

中国临近俄罗斯的口岸城市有内蒙古的满洲里、黑龙江的绥芬河和黑河以及吉林的珲春。在对俄贸易上，黑龙江省依然独占鳌头。2016年中俄进出口双边境贸易额达到695.3亿美元之多，而吉林省所占比例却不到3%。①

吉林对朝鲜、俄罗斯的边境贸易中，一般都以初级加工、技术含量较低的资源密集型和劳动密集型产品为主。出口商品主要有纺织品、木材和农副产品等，进口商品主要有锯材、合成橡胶、肥料、原木等。纺织品出口通常占出口总额40%左右，产品结构单一。而且从事这些贸易的企业，特别是木制品和纺织企业，规模小，缺乏产业链条，在生产经营中仅仅掌握生产环节，处在产业链的最低端，在整个国际分工中，被分到了最差的一环，没有掌控定价权，也就无法提高售价，特别是一些两头在外的企业，其研发、储运、批发经营、终端零售等多个环节均不在掌握之中。

（2）缺乏系统有效管理，市场秩序混乱

吉林省相关部门还没有为边境贸易发展建立起一整套科学化、规范化的边境贸易经济管理机制。一方面，口岸通关环境和进出口程序不够规范，服务水平不高，某些政府部门甚至会以诸如“走私”“超经营范围”“偷漏税”等名义对边境贸易货物进行查扣、堵截、罚款，国家的边境贸易优惠政策难以落实。另一方面，还有很多进出口商品没有按照物价部门统一的标准进行关税收取，而是自行决定关税收取标准，边境贸易市场秩序混乱，边境贸易企业经营困难。

对于经营边境贸易的企业缺乏有效地管理和协调，造成企业无序竞争，出现多头对外、低价竞销的现象，经营秩序混乱。甚至个别企业为了获取更多利益，以次充好，导致部分假冒伪劣产品混入朝鲜、俄罗斯市场，使中国商品在国外信誉受到损害。

（3）信息不完全，双方缺乏了解

朝鲜实行的依然是计划经济体制，朝鲜政府对我方过境在朝鲜境内的商务活动范围实行严格限制与控制，朝鲜市场需求情况的信息发布较少，企业在信息不完全和不对称的条件下从事对朝贸易活动，缺乏对对方国家需求的了解，不利于贸易扩大。

中俄双方的企业和消费者对两国的市场认识不够。在边境贸易的过程中双方缺少对自己产品和企业的宣传介绍，导致双方对彼此的了解还停留在很久之前。比如，中国的家用电器制造已经非常发达，无论是质量还是售后服务等方面都做得很好，但是由于缺少宣传，俄罗斯人们认为中国的电器制造水平很差，不愿意

① http://www.stats.gov.cn/tjsj/ndsj/2017/indexch.htm。

购买中国电器，而购买其他国家的。

（4）政治风险制约边境贸易发展

2006年至2017年，朝鲜多次进行核试验，朝鲜开发核应用能力而引起的地区安全和外交等一系列问题，造成了朝鲜半岛的局势出现了危机，引发了朝鲜核问题。朝鲜核试验是对核不扩散制度的公然挑战，引起了国际社会的强烈谴责。朝核危机频发，我国为执行联合国安理会有关决议，也禁止对朝相关贸易，中朝边境贸易也陷于停滞状态。

5.3.2.3 吉林省边境贸易的发展对策

党的十八大就曾指出今后的边境贸易要形成创新开放模式，促进沿海和内陆地区经济发展优势的互补；加快转变对外经济的发展方式，推动开放朝着优化结构、拓宽深度、提升效益的方向努力。[①] 吉林省要进行开放模式的创新，要降低高科技产品、信息技术、新能源科技等产品的出口关税，鼓励新型产业的发展，鼓励信息技术的应用，鼓励新能源产品在边境贸易经济的发展中发挥优势；建立起陆海联运模式，充分利用陆海经济优势互补的优点，减少边境贸易经济发展中的不足；在对外经济的发展中，鼓励农业产品的深加工，增加产品附加值，鼓励工业产品和科学技术的结合，提升产品的竞争力，大力发展旅游业，带动相关第三产业的发展。

（1）完善边境贸易管理，加强政府指导协调功能

政府相关部门应一步完善边境贸易政策，尽快建立一整套科学、规范的边境贸易经济管理机制。一方面，要制定适合的检验检疫通关政策，针对边境贸易企业实行优惠政策和便利条件，取消对边境贸易企业的限制条件，简化查验手续和方法，提高边民互市、边民小额贸易的通关速度，降低收费标准，减少收费项目，提高工作效率，降低边境贸易成本，推进边境贸易大规模发展。另一方面，要充分发挥海关、商检等部门的职能作用，进一步增强检查力度，加强对假冒伪劣商品的检查，并依照法律严厉制裁其制造者和销售者，严把出口关，要更好地管理和控制我国对外出口商品质量。

同时政府应发挥政策引导作用，加强政府指导和协调，引导企业实行联合经营、团队发展，促进跨行业、跨地区、跨国企业组合。积极推动双方高层经贸团互访，通过省领导带队，积极洽谈重要经贸合作项目。提高对边境贸易的资金扶持和优惠力度，设立中朝、中俄边境贸易发展专项资金，提供财政支持，对特色企业、重点项目提供贷款优惠，从而提高边境贸易经营规模，提升边境贸易企业

---

① http://cpc.people.com.cn/n/2012/1118/c64094-19612151.html。

竞争力。

(2) 进一步完善运输通道和口岸建设，创造良好的边境贸易环境

构建延边开放国际大通道，进一步提高交通设施境内外联通水平。目前吉林已经推进了长满欧货运铁路专线的开通，重点改造和建设了珲春铁路口岸千万吨国际换装站。协调完善了马哈林诺铁路口岸查验设施，实现中俄珲马铁路国际联运常态化运行。今后要加快推进珲春—符拉迪沃斯托克（海参崴）高速铁路项目建设，抓紧建设内连黑龙江省、外联俄罗斯扎鲁比诺港的珲春东站。积极推动实现中俄珲春—克拉斯基诺口岸互通小型车辆。加紧推进长春到珲春，经过俄罗斯扎鲁比诺港的海运通道的物流，进一步推进港口和物流中心项目建设。

重启分水岭口岸。珲春市春华分水岭历史上曾经是我国对俄口岸之一，该口岸距离俄罗斯滨海边疆区的哈桑区巴拉巴什镇仅 18 千米远，距离符拉迪沃斯托克（海参崴）仅 130 千米，从这里以陆路方式到达符拉迪沃斯托克（海参崴）比从黑龙江绥芬河口岸出发要近 100 千米。因此，吉林省应该积极与俄罗斯有关方面协商，尽快重启分水岭口岸。

(3) 加快搭建贸易沟通平台，增进国家间的了解

要继续发挥东北亚博览会、图洽会、中新吉林食品区、珲春中俄互市贸易区等国际合作平台的作用，加大宣传力度，提高吉林省产品的知名度。鼓励吉林省龙头企业参加阿穆尔工贸博览会、外贝加尔边境合作展览会，并在俄罗斯境内建设一批展示中心和区域辐射半径大的批发市场。在双方中心城市坚持办好中俄经贸推进会和交易会，加大吉林省产品宣传推广力度。

同时，积极探索跨境电商服务模式。继续实施中国跨境电商企业海外推广计划。依托贸促会在境内外组织的展览会、团组等经贸活动，以及贸促会信息中心与中国中小企业信息网共同搭建的“中小企业‘一带一路’合作服务平台”，通过提供企业对接、专题培训等服务，推动中国电商企业开拓海外市场。搭建更多多双边跨境电商平台，把国外优质产品引入国内，将中国品牌产品推向海外，利用“互联网+出口”，帮助地方企业拓宽出口渠道。

(4) 大力推进跨境文化旅游发展，多维度提升边境贸易商品层次

吉林省具备良好的生态环境、多样的自然风貌、多种文化风俗，拥有丰富的旅游资源，可以大力推进跨境文化旅游的发展。鼓励富有地域特色的文化产品走出国门，积极开拓俄罗斯、朝鲜演出市场，通过定期举办文化周、电视周，支持地方、民间联合举办文化交流活动等形式，加强两国间文化交流合作。依托吉林省教育资源优势，加强吉林省大学与俄罗斯大学之间的交流合作；打造有影响力的文化旅游品牌，加强旅游宣传，吸引游客到吉林参加文化观光、体验、休闲等多种形式的旅游活动。

同时，要着力推动产业改造升级，在增加对俄汽车零部件、化工、食品、农产品等传统产品出口的同时，积极促进电子、建筑、医药健康、装备制造等产业的高附加值产品出口，重点支持长春轨道客车股份有限公司等龙头装备制造业“走出去”，转化吉林省省内过剩产能。依托吉林省产业集聚区，建设一批农机产品、轻工、电子信息等行业转型基地和产业承接基地，积极推动加工贸易转型升级，鼓励对外出口企业积极引进我国发达地区或国外先进技术，加快提高对俄、对朝出口商品的品牌和质量。

6 “一带一路”建设与黑龙江省边境贸易区发展问题研究

黑龙江省位于我国东北部，南与吉林省为邻，西与内蒙古自治区相连，北隔黑龙江、东隔乌苏里江与俄罗斯远东地区相望。黑龙江省土地总面积47.3万平方千米（含加格达奇和松岭区），约占全国陆地总面积的4.7%，居全国第六位。截至2019年8月，黑龙江省共辖1个副省级城市、11个地级市、1个地区行署；有67个县（市），其中县级市21个；有891个乡镇，其中乡345个、镇546个；有314个街道办事处。

6.1 黑龙江省口岸体系

6.1.1 口岸总体概况

截至2016年年底，黑龙江省有经国务院批准的对外开放口岸有25个（表6-1）。其中，空运口岸4个，分别是哈尔滨空运口岸（哈尔滨太平国际机场）、齐齐哈尔空运口岸（齐齐哈尔民航机场）、牡丹江空运口岸（牡丹江海浪机场）、佳木斯空运口岸（佳木斯机场）；陆路（铁路）口岸2个，分别是哈尔滨铁路口岸、绥芬河铁路口岸；陆路（公路）口岸4个，分别是东宁公路口岸、绥芬河公路口岸、密山公路口岸、虎林公路口岸；水运（河港）口岸15个，分别是哈尔滨水运口岸、佳木斯水运口岸、桦川水运口岸、绥滨水运口岸、富锦水运口岸、抚远水运口岸、同江水运口岸、萝北水运口岸、嘉荫水运口岸、逊克水运口岸、孙吴水运口岸、黑河水运口岸、呼玛水运口岸、漠河水运口岸和饶河水运口岸。其中，中俄边境口岸15个，分别是绥芬河（公路、铁路）口岸、漠河口岸、呼玛口岸、黑河口岸、孙吴口岸、逊克口岸、饶河口岸、抚远口岸、同江口岸、嘉荫口岸、萝北口岸、密山口岸、虎林口岸和东宁口岸。

2016年，黑龙江口岸进出口货运量达2712.3万吨，其中进口货运量2643万吨，出口货运量69.3万吨。按口岸类别看，铁路口岸进出口货物884.5万吨，公路口岸进出口货物90.2万吨，水运口岸进出口货物109.8万吨，空运口岸进出口货物11.1万吨，管道运输1616.7万吨。进出境客运量337.7万人次，其中进境 168.2 万人次，出境 169.5 万人次（中国口岸协会，2017 年）。

表 6-1　黑龙江口岸一览表

口岸名称	批准开放时间	开放状态	国外对应口岸
漠河水运口岸	1989.4	国际常年	加林达
呼玛水运口岸	1993.5	未开通	乌沙科沃
黑河水运口岸	1982.1	国际常年	布拉戈维申斯克
孙吴水运口岸	1993.6	未开通	康斯坦丁诺夫卡
逊克水运口岸	1989.12	国际常年	波亚尔科沃
哈尔滨铁路口岸	1996.9	国际常年	
哈尔滨空运口岸	1987.7	国际常年	
哈尔滨水运口岸	1989.6	季节性	
饶河水运口岸	1989.4	双边常年	波克罗夫卡
佳木斯水运口岸	1989.6	季节性	
佳木斯空运口岸	1992.12	国际常年	
桦川水运口岸	1994.6	未开通	
富锦水运口岸	1989.6	季节性	
抚远水运口岸	1992.5	国际常年	哈巴罗夫斯克
同江水运口岸	1986.3	国际常年	下列宁斯阔耶
嘉荫水运口岸	1989.4	国际常年	帕什科沃
萝北水运口岸	1989.4	国际常年	阿穆尔捷特
绥滨水运口岸	1995.1	季节性	
密山公路口岸	1989.4	双边常年	图里洛格
虎林公路口岸	1989.4	双边常年	马尔科沃
牡丹江空运口岸	1996.6	国际常年	
绥芬河铁路口岸	1952.10	国际常年	格罗捷阔沃
绥芬河公路口岸	2000.9	国际常年	波格拉尼奇内
东宁公路口岸	1989.12	双边常年	波尔塔夫卡
齐齐哈尔空运口岸	1993.6	国际常年	

资料来源：《中国口岸年鉴 2017》。

6.1.2　边境口岸体系

中国与俄罗斯之间边界线长达 4314 千米，截至 2016 年，黑龙江省与俄罗斯边境线上拥有 15 个边境口岸（表 6-2）：漠河—加林达口岸、呼玛—乌沙科沃口岸、黑河—布拉戈维申斯克口岸、孙吴—康斯坦丁诺夫卡口岸、逊克—波亚尔科沃口岸、嘉荫—帕什科沃口岸、萝北—阿穆尔捷特口岸、同江—下列宁阔耶口岸、抚远—哈巴罗夫斯克（伯力）口岸、饶河—波克罗夫卡口岸、虎林—马尔科沃口岸、密山—图里洛格口岸、绥芬河—格罗捷阔沃（铁路）口岸、绥芬河—波格拉尼奇内（公路）口岸、东宁—波尔塔夫卡口岸。黑龙江省是我国仅次于广东省的口岸大省，目前中国对俄贸易和通往日本海的两个重要陆路一类口岸就是绥芬河铁路口岸和公路口岸，符拉迪沃斯托克（海参崴）是俄罗斯远东最大的港口城市，而东宁口岸是中国距符拉迪沃斯托克（海参崴）最近的一类陆路口岸。①

表 6-2　中俄边境口岸一览表

口岸名称	俄方对应口岸	运输方式
黑河水运口岸	布拉戈维申斯克	水运
绥芬河铁路口岸	格罗捷阔沃	铁路
绥芬河公路口岸	波格拉尼奇内	公路
东宁公路口岸	波尔塔夫卡	公路
呼玛水运口岸	乌沙科沃	水运
孙吴水运口岸	康斯坦丁诺夫卡	水运
逊克水运口岸	波亚尔科沃	水运
嘉荫水运口岸	帕什科沃	水运
萝北水运口岸	阿穆尔捷特	水运
同江水运口岸	下列宁斯阔耶	水运
漠河水运口岸	加林达	水运
抚远水运口岸	哈巴罗夫斯克	水运
饶河水运口岸	波克罗夫卡	水运
虎林公路口岸	马尔科沃	公路
密山公路口岸	图里洛格	公路

资料来源：黑龙江省商务厅，http://www.hljswt.gov.cn/。

此外，在中俄边境地区还有中国政府批准建立的中俄边民互市贸易区 12 个，而黑龙江省就有 10 个。

（1）黑河水运口岸

黑河水运口岸是 1982 年 1 月经国务院批准对外恢复开放的国家一类口岸，1983 年 3 月经中国与苏联两国政府换文确认为边境地方贸易口岸，1986 年 9 月经中国与苏联两国政府补充换文确认为国家贸易口岸，当月正式对外恢复开通使用，1990 年 3 月经中国与苏联两国政府换文确认为国际客货运输口岸，1992 年 3 月黑河被国家批准为首批沿边开放城市，并享有特殊的优惠政策，1994 年 1 月经

① 黑龙江省科技顾问委员会 . 2016-04-15. 中俄跨境物流合作研究 . http://www.hljskgw.org/news_n.asp?id=1365&did=5。

中俄两国政府再次换文确认为国际客货运输口岸。2004 年 4 月经国务院批准开展口岸签证工作（中国口岸协会，2017）。该口岸位于黑龙江省北部边陲，中俄界河黑龙江上游末端南岸黑河市内，隔江与俄罗斯阿穆尔州首府布拉戈维申斯克口岸相对，双方货运码头相距 3500 米，客运码头相距 750 米，是中俄边境水运口岸中运输距离最近、城市规格最高、通过能力最强的对应口岸。由该口岸经布拉戈维申斯克可与俄罗斯西伯利亚大铁路和贝阿铁路连接，经其空中航线可与俄罗斯国内各大城市相通；由该口岸沿黑龙江水道下行，还可抵达中俄各开放港口直至日本海沿岸各国港口。

目前，该港口岸线总长 1331 延长米，其中货运港区岸线长 933 延长米，设有滚装码头和散装码头，对应 3 个滚装泊位和 7 个散装泊位；客运港区岸线长 398 延长米，辟有客运码头，设有 2 个客运泊位和冬季气垫船泊位。货运现场新建联检大楼 4000 平方米，改造千吨级泊位 2 个；客运现场建有旅检大厅 3600 平方米、候船大厅 2400 平方米，设有出入境通道 14 条。随着该口岸现场基础及配套设施不断完善，大大缩短了进出境船舶、车辆及人员的通关时间，为口岸进一步发展奠定了坚实的基础。

黑河水运口岸历史悠久，早在 1858 年即成为我国对俄贸易口岸，进行民间和官方贸易。中华人民共和国成立后，1957 年恢复通商，进行边境小额贸易，经贸发展非常缓慢。从 80 年代中期开始，黑河紧紧抓住国家实施对外开放政策和中俄两国关系趋缓的有利时机，加强了与苏联地方政府间的接触，并把发展边境贸易作为黑河经济发展的重点，确立了“内引外联、综合开发、建港通贸、兴边富民”的发展战略。1983 年国家恢复了黑河口岸。1987 年黑河市与苏联阿穆尔州政府签署了“互通有无、互惠互利、以货易货、不动外汇、年终平衡、互不拖欠”为原则的会谈纪要，就双方发展小额边境贸易达成一致意见。1987 年 9 月，黑河向苏联阿穆尔州出口了 208 吨西瓜换回 360 吨化肥，在中苏边境线上第一次恢复了中断近 20 年的中苏边境贸易。此后，与苏联在边境贸易、经济技术合作、劳务合作、“三来一补”以及交通、通信、国际旅游、金融结算等方面开展了全方位的合作，并取得了重大进展，黑河口岸现已成为国家贸易、地方贸易、边境小额贸易、边民互市贸易及为对外旅游、国际旅客服务的多功能口岸。口岸运输方式随着季节变换，明水期开展水上船舶运输和轮渡运输，冰封期开展冰上汽车运输，流冰期开展气垫船运输和航空运输，可谓运输方式多元，确保四季运行。

总的来看，黑河边境贸易发展走过了一个从迅速兴起的无序发展向规范有序的健康发展的历程，并取得了显著成效，推动了黑河对外开放的不断扩大，拉动了黑河地方经济发展。2007 年以来，黑河对俄进出口额占黑河整个对外贸易总额的一半以上。2014 年以来，黑河对外贸易急速萎缩，然而，对俄进出口额占进出口总额的比重却从 2014 年的 69.4% 上升到 2016 年的 95.1%（表 6-3），说明黑河市对俄贸易进出口相较其他地区的进出口而言，贸易比较稳定，受到世界经济环境冲击的影响较小。

表 6-3　2007～2016 年黑河口岸对俄贸易情况

年份	对俄进出口额/百万美元	对外贸易总额/百万美元	对俄进出口额占对外贸易总额比例/%
2007	1 285.1	2 124.0	53.4
2008	1 799.0	3 051.2	58.1
2009	563.4	1 567.4	35.9
2010	542.4	2 735.2	17.3
2011	1 462.9	3 314.2	39.8
2012	1 914.1	3 945.2	51.6
2013	2 203.4	4 205.4	52.5
2014	1 235.1	1 780.9	68.3
2015	582.5	791.4	72.6
2016	580	610	95.1

资料来源：《黑河市国民经济和社会发展统计公报》（2007～2016）。

（2）绥芬河口岸

绥芬河作为国际贸易口岸已有近百年的历史，口岸机构健全，设施齐备，是以铁路、公路运输为主的国家一类口岸。绥芬河市处于东北亚经济圈中心地带，是中外陆海联运大通道的关键点，是参与东北亚区域合作的重要桥梁和纽带。20 世纪 20 年代，绥芬河市曾是美、俄、英、日、韩等 18 个国家和地区的客商集散地，素有“国境商都”的美誉。绥芬河口岸位于黑龙江省东南部边境城市绥芬河市东部，绥芬河市西、南、北与东宁县毗邻，东与俄罗斯滨海边区波格拉尼奇内区接壤，边界线长 26.7 千米，全市面积 460 平方千米，2012 年年末总人口 6.8 万余人。绥芬河口岸是 301 国道（绥满公路）的起点，距黑龙江省东部中心城市牡丹江 153 千米，距省会城市哈尔滨 460 千米。与俄罗斯滨海边疆区波格拉尼奇内公路口岸相对应，距该口岸所在的波格拉尼奇内区 16 千米，距陆路交通枢纽乌苏里斯克 120 千米，距滨海边疆区首府符拉迪沃斯托克（海参崴）210 千米，距纳霍德卡和东方港 270 千米。目前，已开通了哈尔滨—牡丹江—绥芬河—波格拉尼奇内—乌苏里斯克—符拉迪沃斯托克（海参崴）国际道路运输线路。

1903 年中东铁路通车后，绥芬河的对外贸易发展迅速，口岸规模不断扩大。目前有一条铁路和两条公路与俄罗斯相接，直接担负着国家尤其黑龙江省内外对俄罗斯等国家的经济贸易货物中转、分散、联邮及人员过境任务。绥芬河铁路口岸与俄罗斯格罗迭阔沃铁路口岸相对应，已有80多年的历史。1933年绥芬河口岸关闭，中华人民共和国成立后口岸重新开放。绥芬河铁路口岸建成于1899年6月，1900年绥芬河至俄乌苏里斯克区间开始通车，1903年7月绥芬河至满洲里全线通车，距今已有百年多历史。1994年1月经中俄两国政府确认为国际铁路客货运输口岸，2003年5月经国务院批准开展口岸签证工作。绥芬河铁路口岸现在是一等铁路车站，位于滨绥铁路与俄罗斯远东铁路的接轨处，是黑龙江省唯一的对俄边境铁路口岸，也是我国对俄经贸的重要口岸之一，主要办理国际联运货物运输和国际、国内旅客运输，以及自站货物的到发、装卸等业务。绥芬河站距俄罗斯滨海边疆区对应的波格拉尼奇内铁路口岸国境站格罗捷阔沃26千米，距俄方铁路枢纽站乌苏里斯克（双城子）123千米，距俄罗斯西伯利亚铁路终点、滨海边疆区首府符拉迪沃斯托克（海参崴）230千米，距俄罗斯远东最大的海运港口东方港（纳霍德卡）369千米；距黑龙江省东部中心城市牡丹江193千米，距我国北方重要水、陆、空交通枢纽、黑龙江省省会哈尔滨540千米。该铁路口岸地处要道，陆海联运可到达日本的新潟、横滨，韩国的釜山，美国的西雅图等地区，处于东北亚经济区中心位置，被黑龙江省人民政府确定为对外经贸的主通道，地缘优势十分突出（中国口岸协会，2017）。

20世纪80年代末期，绥芬河经国家批准开展对俄边境贸易，1988～1991年累计过货额5.3亿瑞士法郎，平均每年递增9.2%。1995年春季以来，绥芬河口岸进口俄罗斯机床数量大幅度增长，包括多种型号的数控立式和卧式镜床等。机床等机械设备的进口反映了中俄间贸易结构及其条件的新变化，即中国对俄罗斯相对先进的技术设备的需求和俄方对提高出口商品附加值的要求。2002年绥芬河对外贸易继续保持较快速度增长，全年对外贸易总额实现15.4亿美元，比2001年增长22.6%。其中进口总额实现10.2亿美元，同比增长33.9%；出口总额实现5.2亿美元，同比增长1.4倍；边境小额贸易额为13亿美元，同比增长64.5%。全年进出口商品结构中，进口金额比例大的商品依次为：原木、纸浆、原油、化肥、初级形状的塑料、钢材、牛皮纸、合成橡胶、机电产品等，出口商品在服装、鞋、棉针织服装、机电产品、蔬菜、鲜干水果的基础上，又增加了鲜、冻猪肉等。伴随着中俄边境贸易的不断深入，绥芬河口岸及外贸企业的进出口商品结构日趋合理。目前，以木材为主的资源性商品已成为口岸进口的主流，而出口商品则正向多样化高附加值方向转变。2007年绥芬河铁路口岸实现过货958万吨，创建口岸100多年来过货数量最高纪录。2016年，绥芬河口岸全年实现进出口总值32.5亿美元，比2015年下降7.7%。其中，出口4.2亿美元，下降34.3%；进口28.3亿美元，下降1.8%。对外贸易主要特点：一是俄罗斯是绥芬河市的主要贸易伙伴，贸易额实现18.5亿美元，增长11.3%，占对外贸易总额的57.0%（表6-4）；二是一般贸易为主体，贸易额实现17.8亿美元，下降27.0%，占对外贸易总额的54.7%，其中，出口1.0亿美元，下降15.5%，进口16.8亿美元，下降11.5%；三是边境小额贸易回暖，实现贸易额12.4亿美元，增长0.6%，占对外贸易总额38.2%。全年进出口商品结构中，出口商品维持原有商品，金额较大的品种依次为：农副产品、织物制服装、纺织纱线、织物及制品、矿物肥料及化肥、鲜干水果及坚果、鞋类、蔬菜、尿素、机电产品、塑料编织袋、胶合板及类似多层板、锯材、钢材、箱包及类似容器、塑料制品、汽车零件等。加快增长的商品依次有：玩具、摩托车、印刷电路、体育用品及设备、充气橡胶轮胎、电视机（包括整套散件）、塑料编织袋、集成电路、平板玻璃、工业用缝纫机、胶合板及类似多层板、原电池、纺织纱线、织物及制品等。进口品种中，资源类商品继续表现活跃，进口金额比例大的商品依次为：原油、原木、锯材、肥料、纸浆、煤、铁矿砂及其精矿、农副产品、纸及纸板、机电产品、汽车（包括整套散件）、酒类、高新技术产品、食用植物油等。①

表6-4　2007～2016年绥芬河口岸对俄贸易情况

年份	对俄进出口额/亿美元	对外贸易总额/亿美元	对俄进出口额占对外贸易总额的比例/%
2007	38.2	46.4	82.3
2008	35.4	58.2	60.8
2009	18.8	35.1	53.6
2010	26.5	60.5	43.8
2011	31.8	70.0	45.4
2012	40.8	85.2	47.9
2013	40.1	83.4	48.1
2014	34.2	75.9	45.1
2015	16.6	35.2	47.2
2016	18.5	32.5	57.0

资料来源：《绥芬河市国民经济和社会发展统计公报》（2007～2016）。

（3）东宁公路口岸

东宁公路口岸位于黑龙江省东南部，与俄罗斯接壤，是国家一类陆路口岸。东宁市地处长白山支脉老爷岭和完达山余脉结合部，境内山峦起伏，东宁盆地三面环山，市域面积7137平方千米，辖6镇102个行政村，人口20.7万人。东宁市东南距日本海直线距离50余千米，受海洋性气候影响，这里气候独特，年有

① 《2016年绥芬河市国民经济和社会发展统计公报》. http://tjj.suifenhe.gov.cn/contents/10/514.html。

效积温3000℃左右，无霜期150天左右，年平均气温6℃，是一个山清水秀、气候温和、物产丰饶的鱼米之乡，素有“塞北江南”之称。东宁市结合自身优势大力发展口岸型经济，加强国际间经济技术合作，全面推动对外开放战略升级，促进了县域经济的快速发展和社会的全面进步。随着中国改革开放进程的不断加快和世界区域经济合作的不断加强，东宁在经济发展中特别是对俄边境贸易上具有的诸多有利条件和优势越来越显著。

东宁公路口岸是1989年12月经国务院批准对外开放的国家一类口岸，1990年3月经国务院与苏联两国政府换文确认为双边公路汽车运输口岸，同年5月正式开通使用。1992年11月经中俄两国政府换文确认开展旅客运输，陆续开通了至俄邻近城市的旅游业务。1994年1月经中俄两国政府再次确认为双边客货公路运输口岸。该口岸位于黑龙江省东南边陲东宁县三岔口镇，与对应的俄罗斯滨海边疆区波尔塔夫卡公路口岸隔瑚布图界河相望。瑚布图河架有永久性桥梁，连接双方口岸过境公路。这里距俄罗斯十月区政府所在地波克罗夫卡34千米，距俄滨海边疆区首府、远东最大的海港城市符拉迪沃斯托克（海参崴）154千米，距我国滨绥铁路绥阳站75千米，距绥芬河站45千米。目前，已开通了哈尔滨—牡丹江—东宁—波尔塔夫卡—乌苏里斯克（双城子）—符拉迪沃斯托克（海参崴）国际道路运输线路（中国口岸协会，2017）。

东宁边境贸易一直保持良好势头。从清朝末年起，东宁地区就是中、俄、朝三国商贾云集之地。对外经济发展迅速，贸易种类由开始时的单一易货贸易，发展到现汇贸易、旅游贸易、民间小额贸易和经济技术合作、劳务输出等多种形式。东宁口岸主要进口商品有木材、化肥、成品钢材、废旧金属、化工产品等，主要出口商品有蔬菜、水果、电子产品、小食品、服装、家电等。[①] 2011～2016年东宁口岸对俄贸易情况如表6-5所示。

表6-5　2011～2016年东宁口岸对俄贸易情况

年份	对俄进出口额/亿美元	对外贸易总额/亿美元	对俄进出口额占对外贸易总额比例/%
2011	19.0	25.5	74.5
2012	23.5	31.3	75.1
2013	25.8	27.3	94.5
2014	30.0	30.6	98.0
2015	6.9	7.2	95.8
2016	4.9	5.7	86.0

资料来源：《东宁市国民经济和社会发展统计公报》（2011～2016）。

① http://www.00615.net/php/news/news_ kn.php?id=33150。

（4）抚远水运口岸

抚远市地处黑龙江、乌苏里江交会的三角地带，是我国最东部的县级行政单位，也是我国最早见到太阳的地方。全市辖区面积 6262.5 平方千米，边境线长 212 千米，常住人口 20 万左右，抚远镇距俄罗斯远东第一大城市——哈巴罗夫斯克市（伯力）航道距离仅 65 千米。乌苏镇距离俄西伯利亚大铁路在远东地区最大编组站卡杂科维茨沃 2.5 千米。在黑龙江省及佳木斯市对外开放的总体格局中，占有十分重要的战略地位。抚远是黑龙江五大对俄口岸之一，地缘位置得天独厚，处于东北亚地区中国、日本、俄罗斯、韩国经济核心地带。抚远港是我国参与东北亚多边国际经济合作与竞争的窗口和桥梁，距出海口仅 960 千米，是黑龙江江海联运的始发港，是我国通往俄罗斯和北美最便捷、最经济、最重要的江海联运大通道，由抚远口岸沿黑龙江而下可达远东第三大城市阿穆尔共青城，由此经铁路可通往苏维埃港，继续沿黑龙江而下可抵黑龙江入海口的河港与海港城市尼古拉耶夫斯克（庙街），是黑龙江省和佳木斯市唯一的水上入海通道，被誉为“东方水上丝绸之路”，这不仅使黑龙江省的船只可以直接出江入海，而且为抚远增添了无限商机，向东流动的黑龙江把抚远同内地、东北亚各国及地区（俄罗斯、美国、日本、朝鲜、韩国、中国香港等）连接起来，且随着黑瞎子岛的保护和开放开发战略合作的逐步实现，以及铁路、机场、深水港、高速公路在内的立体交通网的形成，这种地缘优势使抚远市在东北亚的经济圈内成为理所当然的经济贸易和技术合作的中心枢纽。①

抚远水域宽阔，江中无浅滩，口岸水域最深可达 10 米左右，平均水深 4 米，是黑龙江上我国一侧最佳的深水良港。抚远口岸水域通常可停泊 5000 吨级驳船，丰水期万吨轮船可直抵黑龙江出海口，是黑龙江省和佳木斯市江海联运我国一侧最优的换装港口。抚远口岸边界线长，所辖 10 个乡镇中，有 7 个乡镇处在中俄边界线上，所对应的俄罗斯地区是人口比较稠密、经济比较发达的地区。2016 年实现进出口贸易总额累计 30 亿美元，进出口货物 15 万吨，同比增长 95%；进出境人员达 10 万人次，同比增长 16%。②

（5）其他口岸情况

1）同江水运口岸。同江港分为东西两港。西港距俄罗斯哈巴港水上距离 272 千米，距俄罗斯下列港水上距离 35 千米，岸线总长 1991.8 米，是松花江最末端港口，口岸陆域面积 48 万平方米。可通行 3000 吨级船舶，通航期为 6 个

① http://www.00615.net/php/news/news_ kn.php?id=33157。

② 《2016 年抚远市国民经济和社会发展统计公报》.http://www.hlj.stats.gov.cn/tjgb/shgb/201609/t20160929_55147.htm。

月，主要功能是进出口货物运输。港区内有 10 个泊位，铁路专用线 4.8 千米。东港位于同江市区东北 38 千米的哈鱼岛西北端，与俄罗斯下列港一江之隔，水上最近距离仅为 1 千米，距俄罗斯哈巴港 240 千米，规划岸线总长度为 9157.7 米，规划口岸陆域面积为 520 万平方米，在夏季有船舶运输、汽车轮渡运输，冬季有国际汽车运输，流冰期有气垫船运输，已实现全年通关（中国口岸协会，2017）。

2）饶河水运口岸。饶河水运口岸位于黑龙江省东部中俄界河乌苏里江中段，双鸭山市饶河县饶河镇南 7.5 千米，与俄罗斯哈巴罗夫斯克边疆区比金区市波克罗夫卡口岸隔江对应，距比金市 35 千米，距哈巴罗夫斯克市（伯力）263 千米。口岸通关能力年货运量为 100 万吨，日过客 2000 人次，基础设施完备。

3）漠河水运口岸。漠河水运口岸位于黑龙江省西北边陲漠河县，为我国最北端的口岸，同俄罗斯阿穆尔州斯科沃罗季诺区对应口岸加林达隔江相望。设有木材、综合、粮食码头，对应 4 个泊位，占地面积近万平方米，建有联检楼、综合楼、旅检厅、货检厅、全封闭或半封闭仓库，年设计通过能力 20 万吨以上。

4）呼玛水运口岸。呼玛水运口岸位于黑龙江省西北边陲呼玛县城呼玛镇，与俄罗斯阿穆尔州施马诺夫斯克区乌沙科沃口岸隔黑龙江相望，航道距离 19 千米。港口已实现机械化或半机械化换装，年货物吞吐能力可达 50 万吨，旅客通过能力可达 20 万人次，该口岸目前尚未正式开通（中国口岸协会，2017）。

5）孙吴水运口岸。孙吴水运口岸位于黑龙江省北部边陲孙吴县，距俄罗斯阿穆尔州对应口岸康斯坦丁诺夫卡 27 千米。该港口江面宽阔，为天然深水港，枯水期也可停靠千吨驳船。港口建有综合性客货栈桥式码头及粮食、石油、煤炭、木材专用码头，年吞吐量为 30 万吨。该口岸目前尚未正式开通使用。

6）逊克水运口岸。逊克水运口岸位于黑龙江中游南岸逊克县奇克镇，与俄罗斯阿穆尔州对应口岸波亚尔科沃隔江相距 12 千米。逊克口岸年出入境旅客能力为 5 万人，年吞吐货物能力 5 万吨（中国口岸协会，2017）。

7）嘉荫水运口岸。嘉荫水运口岸位于黑龙江省北部边陲嘉荫县城朝阳镇，与俄罗斯犹太自治州帕什科沃口岸隔江对应。口岸港口岸线总长 650 延长米，设客运、木材、滚装、综合 4 个码头 8 个泊位。正常水位可停靠 3000 吨级驳船，枯水期也可停靠 1000 吨级驳船，并配备了各种装卸设备，修建了通港道路、输变电线路和通信线路，年吞吐量为 75 万吨。明水期开展水上船舶运输，冰封期开展冰上汽车运输。

8）萝北水运口岸。萝北水运口岸位于黑龙江省东北部，小兴安岭和三江平原接壤处。萝北口岸基础设施齐全，拥有现代化煤炭专用码头、木材专用码头和滚装式轮渡码头，年吞吐能力为45万吨。其煤炭专用码头每小时可装运原煤400吨，是黑龙江沿岸最大的煤炭输出港（中国口岸协会，2017）。

9）虎林公路口岸。虎林公路口岸与俄罗斯马尔科沃口岸相对，1993年5月虎林—马尔科沃口岸正式开通。虎林公路口岸处于南起绥芬河、北到同江的600千米扇状沿边开放带的中点位置，具有一岸对两区［俄罗斯滨海边疆区和哈巴罗夫斯克边疆区］、辐射半径大的特点，设计日通车能力700辆次，年过客能力100万人次，年过货能力260万吨，是不受流冰期限制的可全天候均衡过货的口岸（中国口岸协会，2017）。

10）密山公路口岸。密山公路口岸与俄罗斯图里洛格口岸相对，位于黑龙江省密山市当壁镇中俄界湖兴凯湖西北岸，距密山市区38千米。密山公路口岸1992年4月密山至图里洛格口岸公路桥竣工通车首批过货。1993年6月正式开通，每周开关6天。口岸年过货能力在50万吨以上，过客能力在30万人次以上（中国口岸协会，2017）。

2015年黑龙江省边境口岸货运及人员流量如表6-6所示。

表6-6　2015年黑龙江省边境口岸流量统计表

口岸类型	名称	货运量				人员			
		出口/万吨	进口/万吨	合计/万吨	同比/%	出境/万人次	入境/万人次	合计/万人次	同比/%
公路口岸	东宁	18.5	6.9	25.4	-7.4	11.1	12.2	23.3	-17.3
	绥芬河	19.4	38.8	58.2	11.1	31.8	44.3	76.1	16.7
	密山	0.8	0.6	1.4	-15.2	2.1	2.0	4.1	111.9
	虎林	0.2	3.2	3.4	34.3	0.7	0.8	1.5	14.8
铁路口岸	绥芬河	15.1	756.2	771.3	4.8	16.9	1.9	18.8	73.4
水运口岸	抚远	1.2	4.7	5.9	49.0	4.2	4.2	8.4	-45.0
	同江	3.1	32.2	35.3	10.2	2.6	2.3	4.9	-41.0
	萝北	0.4	6.7	7.1	41.7	1.4	1.5	2.9	-19.7
	嘉荫								
	逊克		4.8	4.8	359.2	0.4	0.4	0.8	223.7
	孙吴								
	黑河	11.4	19.5	30.9	-51.9	35.3	35.1	70.4	-15.0
	呼玛								
	漠河								
	饶河	0.1	0.3	0.4	-32.8	1.2	1.2	2.4	-61.7

资料来源：《中国口岸年鉴2017》。

6.2 “一带一路”建设与黑龙江省对外贸易发展问题研究

黑龙江省是中国的边疆大省，也是东北亚经济核心区域，毗邻俄罗斯，与朝鲜很近。黑龙江是粮食种植大省，农业上集约化程度高，是我国重要的商品粮基地；也是中国的重工业基地，工业门类以高端制造业、航空航天、机械、石油、煤炭、木材和高效农牧业、食品工业为主。2016 年黑龙江省全年实现地区生产总值 15 386.1 亿元，其中，第一产业增加值 2670.5 亿元，第二产业增加值 4441.4 亿元，第三产业增加值 8274.2 亿元，三次产业结构比为 17.4∶28.9∶53.7，全省人均地区生产总值实现 40 432 元，比 2015 年增长 6.5%。①

6.2.1 黑龙江省在“一带一路”建设中的定位

黑龙江在“一带一路”建设中将打造成为我国向北开放的重要窗口，建设黑龙江（中俄）自由贸易区、沿边重点开发开放试验区、跨境经济合作示范区、面向欧亚物流枢纽区，完善黑龙江对俄铁路通道和区域铁路网，完善与俄远东地区陆海联运合作，建设东北亚陆海联运枢纽。

其中绥芬河被确定为“中俄蒙经济走廊”的重点边境口岸，龙江陆海丝绸之路经济带的主要沿线口岸，“以绥满等为主骨架，建设连接欧亚的国际货物运输大通道”。

2016 年 4 月 12 日，“哈绥符釜”陆海联运大通道［哈尔滨—绥芬河—符拉迪沃斯托克（海参崴）—釜山］正式开通，实现了中俄韩货物联运的常态化，成为“一带一路”倡议在东亚地区的重要践行，打通了我国东北地区新的出海口，将加强东北地区经济的发展和周边国家的经济联系起到桥梁作用。

2013～2016 年，黑龙江对“一带一路”参与国家进出口额累计 833.2 亿美元，占同期全省对外贸易进出口总额的 72.3%；对“一带一路”参与国家投资 91 个项目，投资额累计 11.9 亿美元；对“一带一路”参与国家开展承包工程业务，共新签合同额 62.4 亿美元，完成营业额 51.8 亿美元，分别占同期全部新签合同总额的 94.4%、完成营业额总额的 79.8%。②

“一带一路”倡议的提出，使黑龙江省在经济相对落后的情况下成为中国面向俄罗斯及东北亚开放的重要桥头堡和枢纽站。面对“一带一路”倡议的实施，

---

① 《2017 年黑龙江省国民经济和社会发展统计公报》. http://www.hlj.stats.gov.cn/tjgb/shgb/201804/t20180411_63136.htm。

② http://www.hljswt.gov.cn/index.html。

黑龙江省提出构建龙江陆海丝绸之路经济带，规划内容被纳入国家“一带一路”倡议规划中的“中蒙俄经济走廊”。加快建设“中蒙俄经济走廊”龙江陆海丝绸之路经济带，主要是充分发挥黑龙江与俄罗斯毗邻的地缘优势和“北开”传统，以哈尔滨为中心，以绥满通道、哈尔滨至黑河通道、哈尔滨至同江通道以及沿边铁路干线和俄罗斯西伯利亚大铁路形成的东部通道为依托，着力打造国际商贸物流带、要素集聚产业带、互利共赢开放带。“一带一路”倡议对于全球以及我国经济发展的意义重大，面对这一机遇，黑龙江省超前布局，制定了“一带一路”黑龙江省发展倡议的建设目标。

近期目标（2016~2020年）：预计到2020年，实施“一带一路”倡议规划、推进“中蒙俄经济走廊”建设取得阶段性进展，与沿线国家的经济、人文、生态环保等合作交流机制全面建立，对俄开放合作取得突破性进展，中俄原油管道二期、东线天然气管道、同江跨境大桥与黑瞎子岛口岸通道等重要基础设施建设投入使用，争取建成黑河、东宁等跨境界河大桥，完成哈尔滨机场、各重点口岸和滨州、哈牡、哈佳、佳同、哈黑等铁路干线的升级改造，以铁路为骨干的经俄罗斯到达欧洲连接东北亚的通道建设初具规模，通道沿线产业集聚态势、境内外园区体系和跨境产业链初步形成，对外开放重要口岸和向北开放重要窗口等功能开始显现。

中期目标（2021~2025年）：到2025年，以中俄合作为基础，面向亚欧和北美大市场的高标准自由贸易区网络初步形成，对外开放的重要口岸和向北开放重要窗口作用充分体现；全面建成面向俄罗斯、连接亚欧的集铁路、公路、水运、航空、电网于一体的综合跨境运输网络；能源资源、产业开发、文化交流等重点领域合作成效显著，较为发达的境内外园区和跨境产业链条体系基本形成，通道沿线现代产业体系成为全省经济的重要支撑，老工业基地振兴目标基本实现。

远期目标（2025~2050年）：到2050年，对外开放重要门户和向北开放的重要窗口、“中蒙俄经济走廊”建设和对俄合作的核心区、连接欧亚的重要枢纽通道建设目标全面实现。与沿线国家的全方位交流网络全面形成并取得全面收获，联结欧亚的高效便捷的陆海空、油气电等通道网络全面建成，黑龙江省经济社会发展已深度融合到“一带一路”区域经济一体化的新格局之中，后发优势充分发挥，赶超目标全面实现，为保障国家边境安全、经济腾飞、人民幸福做出新的贡献。

6.2.2 “一带一路”建设与黑龙江省对外贸易的发展

6.2.2.1 黑龙江省对外贸易发展现状

全球金融危机后，黑龙江对外经贸联系加强，进出口额迅速增加，由2009

年时进出口总额162.3亿美元增加到2014年389亿美元，且在2010年、2011年增长较快，2016年进出口总额下降至165.4亿美元；进口趋势呈现出先增加后减少的趋势，其中2010年、2011年进口额分别增长50.2%、125.7%，出口额变化存在波动变化（表6-7）。黑龙江为对外贸易逆差省份，金融危机以来每年进口额均大于出口额。

表6-7　2009～2016年黑龙江省进出口情况表

年份	进出口总额/亿美元	进口总额/亿美元	进口增长率/%	出口总额/亿美元	出口增长率/%	进出口差额/亿美元
2009	162.3	61.5	—	100.8		-39.4
2010	255.1	92.3	50.2	162.8	61.5	-70.5
2011	385.1	208.4	125.7	176.7	8.5	-31.7
2012	378.2	233.9	12.2	144.4	-18.3	-89.5
2013	388.8	226.5	-3.2	162.3	12.4	-64.1
2014	389.0	215.6	-4.8	173.4	6.8	-42.2
2015	209.9	129.6	-39.9	80.3	-53.7	-49.2
2016	165.4	114.9	-11.3	50.4	-37.2	-64.5

资料来源：《黑龙江统计年鉴2017》。

2016年黑龙江省实现进出口总额165.4亿美元，其中，进口总额114.9亿美元，出口总额50.4亿美元。从贸易方式看，一般贸易进出口额为112.3亿美元，下降22.1%；边境贸易进出口额为31.7亿美元，下降18.6%；加工贸易进出口额为11.9亿美元，下降21.0%。与2011～2014年较为稳定的进出口情况相比，2016年进出口总额出现大幅下挫，较2013年下降50%以上。[②]

在进出口商品结构上表现出不平衡（表6-8）。在出口商品中，出口额较大的有：服装及衣着附件、鞋类、纺织纱线及制品、成品油、肥料、钢材、家具零件等，数量种类较多且比例较平衡。出口最多的三种商品类别占全部出口额的比例约为20%。而在进口商品中，进口额较大的有原油、粮食、大豆、原木、锯材、铁矿砂及其精矿、肥料、纸浆等，以初级产品和原材料为主，且所占比例较大。进口额最大的三种商品类别进口额占全部进口额的80%左右。

①② 《黑龙江统计年鉴》(2010～2017). http://www.hlj.stats.gov.cn/tjnj/。

表 6-8　黑龙江省 2016 年进出口商品结构

出口商品种类	出口额/亿美元	进口商品种类	进口额/亿美元
服装及衣着附件	6.1	原油	64.4
成品油	3.2	粮食	12.2
鞋类	3.1	大豆	11.9
纺织纱线织物及制品	2.7	原木	7.00
蔬菜	1.7	锯材	5.5
水果及坚果	1.4	纸浆	2.0
家具及零件	1.2	肥料	1.9
钢材	1.0	铁矿砂及其精矿	1.1
肥料	0.7	计量检测分析自控仪器具	0.9
箱包及类似容器	0.4	阀门	0.7
灯具照明设备及类似品	0.04	医疗仪器及器械	0.3
其他	29.0	其他	7.0

资料来源：《黑龙江统计年鉴 2017》。

2016 年黑龙江省主要贸易伙伴前 5 位分别为俄罗斯、美国、沙特阿拉伯、日本、德国（表 6-9）。其中与俄罗斯的进出口贸易额占黑龙江全省进出口贸易额的 50% 以上，结合进口商品结构，表现出进口贸易明显的“能源导向”特征。

表 6-9　2016 年黑龙江省与主要贸易伙伴进出口情况

国家	进出口总额/亿美元	与该国进出口额占黑龙江总进出口额比例/%
俄罗斯	91.9	55.6
美国	10.2	6.2
沙特阿拉伯	4.5	2.7
日本	3.8	2.3
德国	2.8	1.7
土耳其	2.2	1.3
巴西	1.9	1.2
韩国	1.9	1.1
印度	1.4	0.8
新加坡	1.3	0.8
印度尼西亚	0.9	5.4
安哥拉	0.9	0.5
马来西亚	0.8	0.5

资料来源：《黑龙江统计年鉴 2017》。

6.2.2.2 黑龙江省对外贸易发展中存在的问题

(1) 对外贸易波动大

20 世纪 90 年代以前，黑龙江省对外贸易仅仅局限于与苏联的极少量的贸易往来。随着我国经济的快速稳定发展，黑龙江省的对外贸易量也不断提升。然而，黑龙江省对外贸易的发展也并非是一帆风顺的，从图 6-1 中，不难发现，黑龙江省对外贸易的发展虽然总体上处于上升的趋势，然而在几个特殊的阶段，黑龙江省对外贸易有较大的浮动：一是 2008 ~ 2010 年，黑龙江省出口总额的急剧下降，黑龙江省对外贸易额下降幅度明显；二是 2011 年，黑龙江省首次进口总额超过出口总额，贸易逆差逐步扩大，并一直延续这一态势；三是 2016 年，黑龙江省对外贸易额急剧下滑。虽然，黑龙江省对外贸易状况的波动大都是受到外界经济环境的影响，如 2008 ~ 2010 年的下滑是受到全球 2008 年金融危机的影响、2011 年贸易逆差的出现是受到人民币升值的影响、2016 年的贸易下滑是受全球经济低迷的影响等；同时发现，黑龙江省对外贸易发展的抗压能力非常薄弱，极易受到外界经济因素的干扰，一旦世界经济出现不稳定因素，黑龙江省对外贸易就会非常明显地受到冲击。

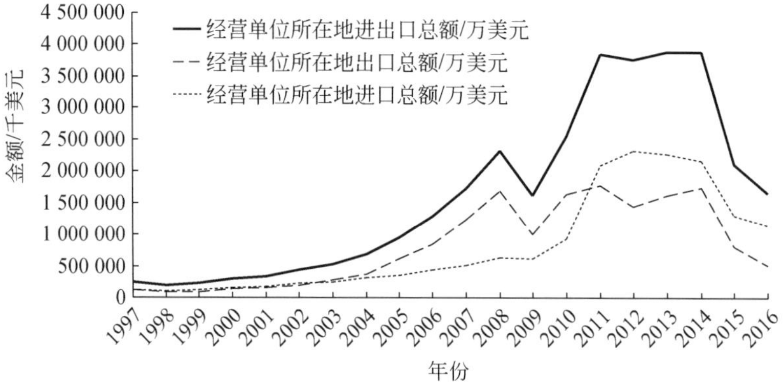

图 6-1 黑龙江省 1997 ~ 2016 年对外贸易情况

资料来源：《黑龙江统计年鉴》(1998 ~ 2017)

(2) 贸易商品结构单一

20 世纪 90 年代以来，黑龙江省对外贸易发展迅猛，然而黑龙江对外出口和进口的商品结构相对单一。从黑龙江的对外出口来看，其出口产品种类很少，主要出口产品类型基本集中在服装及衣着附件、机电产品、帽类、鞋类等（表 6-10）。2013 年之前的出口份额中，主要以出口轻工业产品为主，服装及衣着附件的出口占总出口额的第一位，其次是机电类产品、鞋、帽类轻工业产品。2013 年以后，随着机电类产品占出口份额的比例不断增大，服装衣着类产品的出口出现了下降趋势。2013年出口产品的质量有所提高，产品的国际标准化程度也得到了提升，从而增加了黑龙江对外贸易出口商品在国际中的竞争优势。随着黑龙江省经济结构调整与优化，2010年开始，出口产品排名逐渐发生变化，由原来的服装衣着类为主要出口产品，逐渐转变成机电类产品为第一大出口产品，农产品随着需求的变化，已进入了出口商品中的前五位。机电类产品、服装、衣帽类产品出口排名虽然有些变化，但仍然是主要的出口商品。从黑龙江省的经济发展水平和产业发展水平来看，黑龙江省的进口商品主要为机电产品、原油、原木、高新技术等产品（表6-11）。从2011～2016年进口数据来看，2011～2013年，机电产品占进口额第一位，而2014～2016年，原油产品占进口额第一位。主要原因是黑龙江省所处地理位置的优势，与俄罗斯的贸易便利的地理条件有关。俄罗斯是原油、原木出口大国，运输成本低；而黑龙江省是林产品加工和石油化工的主要生产省份之一，因而原油和原木顺势成为黑龙江省主要进口商品。黑龙江省是我国的农业大省，而农产品种植需要大量的肥料，因此肥料也成为黑龙江省主要的进口产品之一。同时黑龙江省是老工业基地，为促进老工业基地的技术水平的发展，进口机电产品及高新技术产品也起到了相应的推动作用。从数据中得出，黑龙江省对机电产品的需求量偏高，根据产业结构相关理论，进口商品科技含量的大小对一个国家或一个地区的经济发展有其重要影响。黑龙江省各种商品进口的持续增长有助于黑龙江省实体经济的发展。

（3）服务贸易和技术贸易发展缓慢

黑龙江省高新技术产品的进出口远远不如沿海发达省份，兴起较晚，增长缓慢。2006～2008年，三年间有所增长，2006年高新技术出口占黑龙江省总出口额的3.7%，同期增长106%，处于刚刚发展起步阶段。2007年同期增长8.8%，占总出口额的3%。2008年同期增长13%，占总出口额的1.8%。而2009年出现了负增长，同期负增长20.3%，占总出口额的2.4%。受2008年全球金融危机的影响，黑龙江省出口整体都有所下滑。从全国的高新技术出口来看，黑龙江省的高新技术出口占全国出口额的比例很少。从2010年至今随着黑龙江省对对外贸易的重视，以及高新技术的需求发展，对外技术贸易的发展也走向上升。到2015年，高新技术的发展逐渐恢复到2008年全球金融危机前，但增长缓慢。黑龙江省高新技术出口的国家和地区有265个，高新技术产品进出口企业达到510多家。[①]

① 《黑龙江统计年鉴2017》. http://www.hlj.stats.gov.cn/tjnj/。

表 6-10　2009～2016 年黑龙江省出口产品金额前十位排名情况

排名	2009 年	2010 年	2011 年	2012 年	2013 年	2014 年	2015 年	2016 年
1	机电产品	机电产品	机电产品	机电产品	机电产品	机电产品	机电产品	机电产品
2	服装及衣着附件	服装及衣着附件	服装及衣着附件	服装及衣着附件	服装及衣着附件	服装及衣着附件	农产品	农产品
3	鞋类	鞋类	鞋类	鞋类	纺织纱线、织物及制品	鞋类	服装及衣着附件	服装及衣着附件
4	农产品	箱包及类似容器	纺织纱线、织物及制品	纺织纱线、织物及制品	鞋类	纺织纱线、织物及制品	鞋类	成品油
5	箱包及类似容器	农产品	农产品	农产品	农产品	灯具、照明装置及类似品	纺织纱线、织物及制品	纺织纱线、织物及制品
6	纺织纱线、织物及制品	家具及其零件	箱包及类似容器	箱包及类似容器	箱包及类似容器	农产品	成品油	高新技术产品
7	家具及其零件	纺织纱线、织物及制品	家具及其零件	家具及其零件	家具及其零件	家具及其零件	肥料	蔬菜
8	塑料制品	塑料制品	钢材	钢材	塑料制品	箱包及类似容器	钢材	鲜、干水果及坚果
9	高新技术产品	高新技术产品	汽车（包括整套散件）（辆）	汽车（包括整套散件）（辆）	灯具、照明装置及类似品	塑料制品	家具及其零件	家具及其零件
10	钢材	钢材	塑料制品	塑料制品	钢材	钢材	高新技术产品	钢材

资料来源：根据《黑龙江统计年鉴》（2010～2017）整理得到。

表 6-11　2009～2016 年黑龙江省进口产品金额前十位排名情况

排名	2009 年	2010 年	2011 年	2012 年	2013 年	2014 年	2015 年	2016 年
1	原油	原油	原油	原油	原油	原油	原油	原油
2	机电产品	机电产品	机电产品	农产品	农产品	农产品	农产品	农产品
3	农产品	农产品	农产品	机电产品	粮食	粮食	粮食	粮食
4	粮食	粮食	粮食	粮食	大豆	大豆	大豆	大豆
5	大豆	大豆	大豆	大豆	机电产品	机电产品	机电产品	机电产品
6	原木	成品油	成品油	铁矿砂及其精矿	高新技术产品	原木	原木	原木
7	成品油	原木	原木	肥料	原木	铁矿砂及其精矿	锯材	锯材
8	高新技术产品	高新技术产品	高新技术产品	原木	铁矿砂及其精矿	高新技术产品	高新技术产品	高新技术产品
9	铁矿砂及其精矿	肥料	肥料	成品油	肥料	锯材	铁矿砂及其精矿	纸浆
10	钢材	铁矿砂及其精矿	铁矿砂及其精矿	高新技术产品	煤及褐煤	肥料	肥料	肥料

资料来源：根据《黑龙江统计年鉴》（2010～2017）整理得到。

黑龙江省由于所处的地理位置以及所拥有的资源及发展状况，使其对外服务贸易发展较晚，对外服务贸易结构单一，明显落后于一些发达的沿海城市和省份。到2008年，我国的整体对外服务贸易额为1464.5亿美元，年均增长速度为17%，是世界平均增速的2倍，我国服务贸易出口额在世界排名第五位。其中，2008年我国服务贸易出口额占总贸易额的比例为12%，达到了3000亿美元。2010年，黑龙江省的服务贸易出口额仅占总贸易出口额的11%，金额只有20亿美元。2010年之后，黑龙江省随着经济的不断发展，国家政策的支持，产业结构得到了规范化的调整，黑龙江省的对外服务贸易才有所增长。除运输、旅游、劳务输出等服务贸易的不断增长外，也增加其他新兴的服务类贸易，如计算机信息、动漫、保险、金融、咨询等。黑龙江省主要的对外服务贸易的组成部分为对外承包和劳务合作。黑龙江省与多国合作，建立良好的劳务合作机构，并建立长期的劳务合作协议，不仅促进了黑龙江省对外服务贸易增长的同时，也缓解了黑龙江省就业的压力。到2015年，黑龙江省农村境外劳务输出人数达到了20.3万人，主要以俄罗斯、韩国、日本为输出国，境外劳务收入达到102.3亿元，劳务输出成为黑龙江省农村劳动力转移的一个新的发展方向。在区域发展方面，省会哈尔滨发挥了城市位置的优势，成为黑龙江省对外服务贸易发展的主力军，也成为新兴服务贸易发展的基础，为黑龙江省其他城市起到了带动作用。

6.2.2.3 黑龙江省对外贸易的发展对策

(1) 多元化发展贸易市场，拓展贸易机会

对外贸易市场发展多元化，拓展贸易机会，与更多国家一同参与到世界贸易中，世界市场也在不断扩大，使国际市场的发展更具有竞争力。发展对外贸易的，也需要减少对外贸易的风险，因此一如既往地发展多元化市场经济，在同一时期与不同国家发展同一个或不同的产品的贸易，成为黑龙江省国际市场发展的必不可少的组成部分，同时在商品销售上可以避免各种市场危机带来的风险，以及劣势格局。众所周知，世界市场是极其敏感和易于波动的。如何规避面对面风险、应对市场中的不确定因素波动成为国际贸易的一个重要问题。黑龙江省的对外贸易经历了60年的发展，从过去主要贸易市场俄罗斯、日本、韩国等传统的国家，发展到今天的200多个国家（地区），对外贸易市场多元化基本形成。但从近几年的海关数据来看，俄罗斯仍然是黑龙江省的最大贸易伙伴国，其主要原因为黑龙江省所处的地理位置。发展多元化市场应从黑龙江省的实际情况出发，调整市场机制，与自然资源环境相结合，适应国际市场竞争发展。首先，保持传统贸易合作。与俄罗斯、日本、韩国等传统国家的贸易额仍占黑龙江省贸易额主要部分，应依然保持其发展方向及趋势，同时应积极开发多元化贸易市场。其

次，大力发展与欧盟、美国等发达国家和地区合作，不仅可以发展对外贸易，同时可以引进先进的生产技术和高新技术人才，促进经济产业的发展与国际的接轨，增加高附加值产品的国际市场竞争力。最后，通过政府政策的支持，鼓励有能力的企业“走出去”，促进企业成为国际化经济发展的主力军，给企业带来多元化市场的国际竞争机会。

黑龙江省对外贸易发展机遇：第一，更加灵活的地区间对话。近年来黑龙江省主要城市与俄罗斯的各个城市建立了广泛的联系；充分发挥在哈尔滨召开的中俄博览会的作用，促进黑龙江省进出口企业的对俄罗斯的充分认识，为区域合作发展打下基础。第二，确立以“一带一路”国家为纵轴的发展倡议由东西向南北的区域重大调整，使黑龙江实现与国家“一带一路”倡议对接和建设“黑龙江陆海丝绸之路经济带”，抓住欧亚经济联盟带来的更多发展新的机遇。第三，促进东北亚区域合作，随着中国提出“亲、诚、惠、容”周边外交政策，中国与东北亚国家在双边和多边领域保持良好合作势头，中韩 FAT 正式签署、“一带一路”倡议与蒙古国“草原之路”对接、“中蒙俄经济走廊”建设的推进等有利因素，是东北亚区域合作的机遇，也为黑龙江省深化与东北亚合作对接创造良好的外部环境。

通过“龙江丝路带”建设的实际需要，建立区域合作机制，推进跨国合作项目的落实，加强“中蒙俄经济走廊”建设。自 2015 年 1 月 1 日起，由俄罗斯、白俄罗斯和哈萨克斯坦三国发起的欧亚经济联盟，已由三个国家增长到五个国家。欧亚经济联盟的经济目标是在 2025 年实现商品、资金、服务和劳动力的自由流动，未来成为一个与欧盟相类似的经济组织。欧亚经济联盟的建立给黑龙江省的对外贸易带来了新的发展。黑龙江省委省政府也在 2015 年的年度工作中把“龙江丝路带”的建设纳入全省的发展重点，并大力推进和改进，其主要措施有：①加快推进通道和口岸基础设施建设。②加快发展以哈俄欧跨境货运班列为重点的商贸物流业。③加快推进铁路集装箱中心等物流集散基地建设。④加快推进综合保税区建设。⑤加快推进外向型产业发展。⑥加快推进金融服务平台建设。目前哈俄欧货运班列和哈俄亚陆海联运通道已陆续开通，哈尔滨铁路集装箱中心站已运营，还有一些项目也处在推进中。

（2）优化产业结构，增强贸易商品竞争力

若要突破国际贸易经济政策的影响和制约，黑龙江省应该调整对外贸易商品结构，以适应国际经济的发展趋势和前景。第一，优化产业结构，调整进出口战略，加快产品升级，增加产品的附加值。对传统产业进行技术创新，资源整合，培养具有本土特色的品牌。第二，注重对外贸易产品服务，从消费者及国际市场需求角度出发，提高产品的核心价值，利用吉林省的劳动力优势及自然资源环境优势，推广属于黑龙江省特有的产品。不断提升转变低端产品转为高端产品以适应更多市场需求，根据不同层次的市场需求满足其产品特性、包装等优势。因黑龙江省是农业大省，其水稻种植面积大，品质优秀，可提高其产品质量及价值，开拓国际市场。第三，抓住时机，深化改革。加快黑龙江省的产业结构升级，积极参加国际产业分工。建立现代企业制度，实施“引进来”和“走出去”的战略，强化自主创新能力，大力培养高新技术人才，提升黑龙江省对外贸易的国际竞争能力。根据目标市场需求情况，对产品进行不同定位，实行供销联动机制。

（3）大力培育技术贸易和服务贸易

黑龙江省对外贸易主体结构包括国有企业、私有企业、外资企业和集体企业。改革开放四十多年来，在黑龙江的对外贸易发展的历史进程中，各类企业都在不断地发展，尤其是国有企业在黑龙江省对外贸易发展中起到了主要作用，并推动了全省贸易发展的方向。随着市场经济体制的不断发展与完善，私有企业的快速增长，并逐渐成为了黑龙江省对外贸易的主推力量。但是，与当代的企业管理制度及经营模式相对比，黑龙江省对外贸易企业的管理、品牌等制度相对落后且不完善，缺少独创性，需要创新与改进。首先，为了发挥市场经济在资源配置中的所长，必须要先优化调整市场环境结构，建立完善的市场机制和企业管理制度。黑龙江国有资源利用率低，从而导致不符合市场资源配置的发展趋势。而私有企业并未遵守现代企业制度的发展模式，产品技术含量低下，附加值低，对外业务能力欠缺，企业很难适应市场的发展。其次，积极引进外资。引进先进生产技术和高新技术人才，学习外资企业的管理理念及企业经营模式，促进各企业的经营管理理念及方式。最后，培养企业的创新能力，开发差异产品，提高产品质量，建立自主品牌。

加大力度发展黑龙江省对外服务贸易，促进新的增长点。黑龙江省贸易服务业虽然起步晚，但发展速度快，涉及方面较广，主要包含运输、旅游、交通、对外工程承包及劳务输出等传统服务。近年来的金融、保险、动漫、通信、计算机和信息服务等部门成为了潜力发展方向，也成为了黑龙江省对外贸易发展的新的增长点。

6.3 “一带一路”建设与黑龙江省边境贸易发展问题研究

黑龙江省与俄罗斯经贸合作发展迅速，2016 年黑龙江对俄罗斯贸易均占全省对外贸易总额的 55.6%，占全国对俄罗斯贸易总额的 13.2%。[①] 近年来，黑龙江对俄罗斯贸易出现增长势头，同时双方技术合作领域正在拓宽，科技含量逐渐

① 《黑龙江统计年鉴 2017》. http://www.hlj.stats.gov.cn/tjnj/；《中国统计年鉴 2017》. http://www.stats.gov.cn/tjsj/ndsj/2017/indexch.htm。

提高，品种种类日益增多，合作规模不断扩大。

6.3.1 黑龙江省开展边境贸易的基础条件

6.3.1.1 区位条件及资源禀赋

黑龙江省位于东北亚区城腹地，是亚洲与太平洋地区陆络通信俄罗斯和欧洲大陆的重要通道，是中国沿边开放的重要窗口，现已成为我国对俄罗斯及其他独联体国家开放的前沿。

黑龙江省交通基础设施发展比较完善，98%的城镇和村庄都有公路连接。铺设公路长度约 2900 千米，其中现代公路达 1000 千米以上，路网稠密，通达漠河、饶河、黑河等边境口岸城市。

黑龙江省具有丰富的自然资源储备，也是中国最重要的能源基地。石油、石墨、硅、玄武岩、石棉、火山灰矿产储量为全国的第一名。黑龙江省松嫩平原有丰富的石油；煤分布也很广，以鸡西煤矿、鹤岗煤矿、双鸭山煤矿闻名。除此之外，黑龙江沿岸有金矿，黑河、呼玛等地产金历史悠久。黑龙江省铜、铝、铅、锌等有色金属和稀有金属有较大储量。黑龙江省还有丰富的天然气资源，其储量估计为 20 多亿立方米。

6.3.1.2 社会经济条件

近年来，黑龙江省经济发展较快，2016 年 GDP 15 386.1 亿元，较 2008 年接近翻番；产业结构优化调整取得相当成效，第三产业比重大幅提高，第一产业基础性地位得到加强，产业技术层次水平提高；第二产业优化提高，淘汰落后产能取得一定进展（表 6-12）。经济进一步增速提质需要内外的协调发展，边境贸易的进一步发展将为黑龙江省特别是边境地区的经济发展注入活力。①

表 6-12 2008 ~ 2016 年黑龙江省经济发展与产业结构概况

年份	GDP/亿元	第一产业增加值/亿元	第二产业增加值/亿元	第三产业增加值/亿元	三产比例
2008	8 314.4	1 088.9	4 319.8	2 905.7	1.3 : 5.2 : 3.5
2009	8 587	1 154.3	4 060.7	3 371.9	1.3 : 4.7 : 4
2010	10 368.6	1 302.9	5 025.2	4 040.6	1.3 : 4.8 : 3.9
2011	12 582	1 701.5	5 962.4	4 918.1	1.3 : 4.7 : 4
2012	13 691.6	2 113.7	6 037.6	5 540.3	1.5 : 4.4 : 4.1
2013	14 454.9	2 474.1	5 846.7	6 134.1	1.7 : 4 : 4.3

① 《黑龙江统计年鉴 2017》. http://www.hlj.stats.gov.cn/tjnj/。

续表

年份	GDP/亿元	第一产业增加值/亿元	第二产业增加值/亿元	第三产业增加值/亿元	三产比例
2014	15 039.4	2 611.4	5 544.4	6 883.6	1.7∶3.7∶4.6
2015	15 083.7	2 633.5	4 798.1	7 652.1	1.7∶3.2∶5.1
2016	15 386.1	2 670.5	4 400.7	8 314.0	1.7∶2.9∶5.4

资料来源：《黑龙江统计年鉴》（2009～2017）。

黑龙江省与俄罗斯西伯利亚及远东地区在资源结构、产业结构、进出口商品结构上有较强的互补性，具体如表6-13所示。

表6-13　黑龙江省与俄罗斯边境贸易地区经济基础对比

	黑龙江省	俄罗斯西伯利亚及远东地区
资源结构	煤炭储量丰富，拥有大面积耕地和草场，人口相对密集，劳动力资源丰富	矿产资源丰富，盛产石油、天然气、煤炭、黑色与有色金属，森林、水资源十分丰富，人口相对稀少
产业结构	农业、石化、机械、钢铁、农产品加工	石油与天然气开采、煤炭、电力、森林工业、冶金、建材
技术结构	农业种植、食品加工、机电、轻工	军工、核电、能源开发、电力、渔业
进出口商品结构	出口轻工、纺织、机电、农畜产品；进口工业原料、能源、农产品	出口石油、天然气、木材、金属； 进口轻工业产品

资料来源：《黑龙江省国民经济和社会发展公报》（2002～2017）相关资料整理。

6.3.2 "一带一路"建设与黑龙江省边境贸易的发展

6.3.2.1 中俄边境贸易发展现状

（1）中俄边境贸易额

从表6-14来看，中俄边境贸易整体处于一个上升的状态，2013年和2014年中俄的边境贸易发展缓慢。2013年中俄贸易与历史上较好时期有很大的差距，2014年逐渐出现了回升的趋势，但是效果不明显。①

表6-14　中俄边境贸易额情况

年份	边境贸易额/亿美元	同比增长/%	中对俄出口额/亿美元	同比增长/亿美元	中对俄进口额/亿美元	同比增长/%
1992	0.5	—	—	—	—	—
2009	57.4	—	21.8	—	35.6	—

① 中华人民共和国驻俄罗斯联邦大使馆经济商务参赞处．http://ru.mofcom.gov.cn/。

续表

年份	边境贸易额/亿美元	同比增长/%	中对俄出口额/亿美元	同比增长/亿美元	中对俄进口额/亿美元	同比增长/%
2010	75.8	32	32.9	51	42.9	21
2011	93.6	24	33.7	2	59.9	40
2012	103.7	10.8	39.4	16.9	64.3	7.3
2013（1~10月）	87.8	—	40.7	—	47.1	—
2014（1~10月）	92.5	5.3	45	10.6	47.5	0.7

资料来源：中国驻俄罗斯联邦大使馆经济商务参赞处。

由图6-2可知，中俄边境贸易从1992年不足0.5亿美元发展到2012年中俄边境贸易103.7亿美元。经过20年的发展，2012年中俄边境贸易额是1992年的200多倍，从总的发展情况来看，发展形势比较迅猛。2013年和2014年虽没有完全统计，但是相比同期，总的贸易额还是有所增加的。据统计，2015年上半年中俄贸易额也已超过300亿美元，虽然同比下降有28.7%，进出额也都有较大幅度的下降，但是中国依然是俄罗斯的第一大贸易伙伴。2016年中俄边境贸易相比2015年，有了缓慢的回升。2017年黑龙江省的边境贸易发展的稳步发展，中俄边境贸易以一种良好的形态发展。①

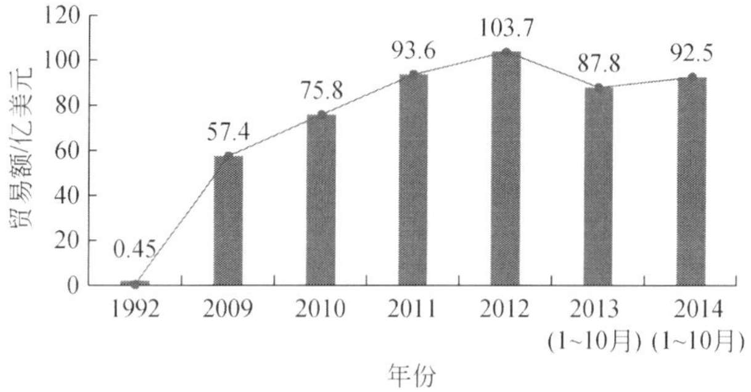

图6-2　中俄边境贸易额发展趋势图

资料来源：中国驻俄罗斯联邦大使馆经济商务参赞处

随着“一带一路”倡议的不断推进，俄罗斯对中国合作项目不断增多。东北地区是中国与俄罗斯经济往来合作的重要地区，据海关统计，中国东北边境地区与俄罗斯的贸易每年占中俄贸易总额的1/4左右，中国东北地区加强与俄罗斯远东地区的合作，有利于中俄边境地区从简单的贸易提升到一个崭新的合作

① 《黑龙江统计年鉴》（2016~2017）. http://www.hlj.stats.gov.cn/tjnj/。

水平。

（2）边民互市贸易

绥芬河作为中俄边境贸易最大城市之一，享有“北方深圳”的美誉，主要是因为绥芬河物品种类相对多，能满足俄罗斯远东地区众多人群的需求，极大地促进了中俄边境贸易的发展。随着物流的快速发展，网购的俄罗斯人群也是逐年上升，“互联网+”的时代，更是推进了边境贸易的发展，改善了中俄边境人民的消费习惯，网购也被外国人称为中国“新四大发明”之一。边民互市贸易区的建设有力地促进中俄贸易、经济、技术、文化等方面的发展和交流，加强了中俄两国经济往来合作，充分发挥了中俄两国之间的地缘优势和口岸优势，拓展出了优质而又独特的新贸易模式，有利于中俄两国边境招商引资，增加了中俄边境地区发展的魅力和潜力。

当前，绥芬河与波格拉尼奇内互市贸易区、东宁与波尔塔夫卡互市贸易区、同江与下列宁斯阔耶互市贸易区和大黑河岛互市贸易区等为中俄最大的边民互市贸易区。边民互市贸易区的设立为黑龙江省发展对俄罗斯贸易，拉动中俄毗邻地区市场发展搭建了新的平台。绥芬河市与波格拉尼奇市内互市贸易区启动运营，初步具备开展跨境贸易、投资、旅游等综合功能。

（3）中俄边境口岸和经济合作区的发展

中俄两国相邻边界漫长，内蒙古自治区、吉林省、黑龙江省和新疆维吾尔自治区有 42 个旗、市、县与俄罗斯接壤，两国之间运作的边境口岸有 20 多个，边境口岸数量位于国别边境口岸之首。全国有 16 个边境经济合作区，而与俄罗斯相邻的就有 4 个（表 6-15）。中俄边境贸易在中国总的边境贸易额中占较大的比重。

表 6-15　中俄边境贸易口岸一览表

地区	边境口岸
黑龙江	水运口岸 10 个（漠河、呼玛、黑河、孙吴、逊克、饶河、抚远、同江、嘉荫、萝北） 公路口岸 4 个（密山、虎林、绥芬河、东宁） 铁路口岸 1 个（绥芬河）
内蒙古	铁路口岸 1 个（满洲里） 公路口岸 3 个（满洲里、黑山头、室韦）
吉林	铁路口岸 1 个（珲春）、公路口岸 1 个（珲春）
新疆	喀纳斯口岸

资料来源：《中国口岸年鉴 2017》。

近几年，中俄边境贸易区虽受国际经济发展的影响，但中俄边境经济合作区，不断展现其活力，参与的企业和市民数量也在不断增加（表 6-16）。经济技术合作项目逐年增多，许多企业加入经济合作区，带动了边境地区经济的发展。

表 6-16　中俄边境经济合作区一览表

地区	数量	名称
内蒙古自治区	1个	满洲里边境经济合作区
吉林省	1个	中国图们江区域（珲春）国际合作示范区
黑龙江省	2个	黑河边境经济合作区 绥芬河边境经济合作区

资料来源：《中国口岸年鉴 2017》。

（4）边境旅游

随着生活水平的提高，旅游成为一种常见的休闲生活方式，并且旅游人次逐年上升。因中俄边境地区受制于自身基础薄弱、地势偏远等特点，所以旅游经济发展相对要弱于沿海地区。因此，一方面中俄边境地区要以独特的文化习俗、风景等吸引众多的国际游客，给边境贸易带来了更多的机会，同时带动了边境经济的发展；另一方面要积极开拓一日游或者较短时间的旅游，这些旅客旅游主要是为了买卖货物，同样能促进中俄边境贸易的发展。

（5）跨境电子商务

近几年中国跨境电子商务发展迅猛，年交易规模持续扩大。中俄跨境电子商务交易额和用户持续上涨，淘宝网目前是中国最大的电子商交易平台，据统计显示，俄罗斯人通过该网站购买物品的数量和贸易额都在逐年上涨。中俄电子商务服务的不断发展和完善，充分发挥和利用了我国的优势，突破了地域的局限。许多类似淘宝网的平台也不断地拓展对俄边境贸易，其主要交易商品为电子产品类、生活日用百货、轻工产品等。很多企业为了扩大对俄贸易和服务，还专门开设了俄文网站，向俄罗斯搜索引擎提供网址。为解决中俄电子商务交易的支付障碍，中国电商阿里巴巴同俄罗斯最大的第三方支付平台了签署了战略合作协议，同时在俄罗斯莫斯科设立了海外本土化服务中心，在黑河市建设了 8000 平方米的俄罗斯商品线下交易中心和配套仓储设施，可以说是从多个方面促进跨境贸易服务。

6.3.2.2　黑龙江省边境贸易发展历程

1982 年 1 月，国务院批准黑龙江省恢复边境贸易。同年 4 月刚组建的黑龙江省贸易公司与苏联远东国外贸易总公司进行了第一次业务接触，确定了“平等互利，互通有无”的边境贸易原则，从此，黑龙江省的对外边境贸易逐步得到恢复和发展。多年来，黑龙江与俄罗斯一直致力于促进双方经贸合作的发展壮大，在此期间有萧条，也有徘徊不前，但更多的是快速的发展，近十年双方稳步发展的道路越走越宽，相互间的合作关系也越来越紧密。

1982~1987年，黑龙江省对苏联的贸易大部分是以边境贸易为主的易货贸易，商品价格按两国贸易协定的作价原则协商解决，以第三国货币瑞士法郎计价。这一时期黑龙江省对苏边境贸易出口商品品种近百种，主要有粮油食品、生肉及肉制品、日用消费品、轻纺产品、针织品等。自苏联进口的商品主要为生产资料和原材料，有钢材、木材、水泥和化肥等；出口的商品主要是粮油食品、轻纺产品和日用消费品等，贸易层次较低，贸易结构基本未发生调整。

随后，中国制定实施沿边开放战略，下放边境贸易管理权限，批准绥芬河、黑河、珲春和满洲里等为国家级边境开放城市，并给予边境贸易减免关税的优惠政策，这些都为边境贸易的发展提供了有利条件。1988年，国务院下发了《关于黑龙江省对苏联边境易货贸易和经济技术合作问题的批复》初步明确了对苏经贸合作的一些支持政策。[①] 针对国家出台的新政策，黑龙江省实施了“南联北开，全方位开放”的战略，当年对苏实现了3.3亿美元的进出口贸易额，随后两年贸易额保持了稳定的增长。

进人20世纪90年代，黑龙江省对俄地方经贸合作有了进一步的发展，贸易形式开始向现汇贸易转变，建筑业、服务业合作项目逐年增加（图6-3）。从此，黑龙江省的对俄贸易与全国一样进入快速发展时期。

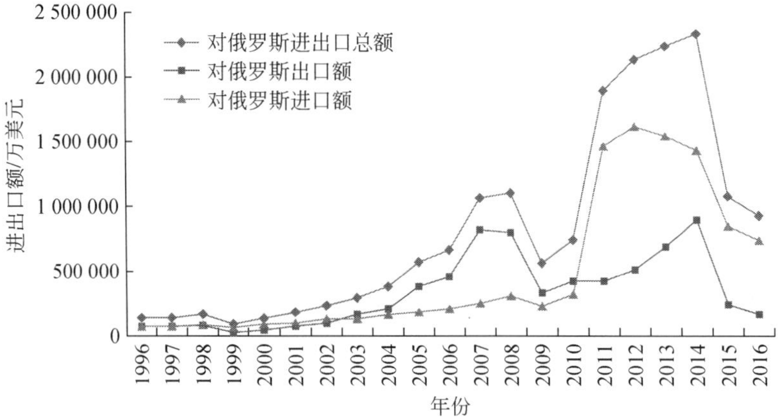

图6-3　1996~2016年黑龙江省对俄罗斯进出口贸易状况

资料来源：《黑龙江统计年鉴》（1997~2017）

① http://www.gov.cn/zhengce/content/2012-02/27/content_5150.htm。

从1993年下半年开始，中国实行宏观经济调控政策，加上俄罗斯经济动荡不定，由此导致中俄贸易陷入低谷徘徊状态。中俄边境贸易从1994年开始急剧下滑，至1998年下降到历史最低点。黑龙江省1994年全年对俄进出口贸易总额为8亿美元，比1993年下降57.7%，到1998年全年对俄进出口贸易额仅为6.7亿美元，比1997年又下降15.5%。①

经过1998年的金融危机，从1999年起，俄罗斯经济开始持续回升，中俄经贸及黑龙江省对俄经贸也开始进入稳步回升时期。随着俄罗斯国内政治经济形势逐渐的稳定，黑龙江省与俄罗斯贸易也开始逐渐升温。2003年中共中央、国务院下发了《关于实施东北地区等老工业基地振兴战略的若干意见》，明确提出依托黑河、绥芬河等边境口岸，扩大与俄罗斯等国的经贸合作，建立海外能源原材料基地。② 2004年，中俄两国政府提出了到2010年双边境贸易额达600亿~800亿美元，到2020年对俄投资达120亿美元的目标，并把俄罗斯远东与西伯利亚地区确定为双方合作的重点地区。这为黑龙江省与俄罗斯经贸合作的深度发展提供了十分重要的指引。这一阶段双方主要以边境小额贸易为主，比例高达60%以上，而一般贸易和其他贸易较少。私营外贸企业迅速发展起来，占据对俄出口的主要地位，而进口仍然以国有企业为主，外资企业业绩始终徘徊不前。

这一时期双边贸易的主要特点表现为：第一，双方贸易额在不断调整和变化中增加；第二，进出口形式都发生了显著的变化。出口方面：一是出现了代理出口；二是涌现出了跨国直销；三是实行境内建基地，境外建市场；四是在境外建立加工厂，出口原辅料。进口方面：一是建立稳定的进口货源基地，以保持进口商品的稳定和扩大；二是建立稳定的销售渠道；三是进口商品基本上都是通过银行结算；四是进口商品价格基本是参照国际市场价格；五是边境贸易进口税收基本和一般贸易一致。第三，双方贸易合作领域在不断拓宽。随着中俄边境口岸的进一步开放，中俄合作层次逐步提高，互市贸易区逐渐增加，自由贸易区的构想已经完成。

2005~2007年，中俄贸易迅猛发展，贸易额由56.8亿美元增长到107.3亿美元，将近翻了一番，平均增长率高达42.2%。这种迅猛增长和黑龙江省的战略升级政策的提出密切相关。2005年初，黑龙江省政府适时地把握住中俄两国建立长期稳定战略协作伙伴和睦邻友好关系的重要历史机遇，在结合黑龙江省省情的情况下，大胆做出了全面推进对俄经贸科技合作战略升级的重大战略部署。该

① 《黑龙江统计年鉴》（1994~1999）. http://www.hlj.stats.gov.cn/tjnj/；中国经济与社会发展统计数据库. http://tongji.cnki.net/kns55/Navi/HomePage.aspx?id=N2017120318&name=YHLTN&floor=1。

② http://www.gov.cn/zhengce/2016-04/26/content_5068242.htm。

部署极大地促进了黑龙江省与俄罗斯的经贸合作关系，当年双方进出口总额增长了48.5%，达到56.8亿美元，并且在2007年首次突破100亿美元大关，同比增长了60.4%，是1992年以来增幅最大的一年（表6-17）。[①]

表6-17　黑龙江边境贸易情况

年份	边境贸易额/亿美元	进出口总额/亿美元	与俄罗斯贸易额/亿美元	边境贸易占进出口总额比重/%	边境贸易占与俄罗斯贸易额比重/%
2008	55.7	231.3	110.6	24.1	50.4
2009	34.8	162.3	55.8	21.4	62.4
2010	50.2	255.2	74.7	19.7	67.2
2011	64.5	385.1	189.9	16.8	33.9
2012	78.2	378.2	213.1	20.7	36.7
2013	94.7	388.8	223.6	24.4	42.4
2014	91.2	389	232.8	23.4	39.2
2015	38.85	209.9	108.46	18.5	35.8
2016	31.7	165.4	91.9	19.2	34.5

资料来源：《黑龙江统计年鉴》（2009～2017）。

2008年，金融危机席卷了全球，受到重创的国家多为欧美国家，由于黑龙江省对欧美国家开放度不高，因此所受影响较小。2008年双方进出口贸易总量为161.6亿美元，同比增长为50.6%。如果说2008年没有出现贸易总额下滑是由于当年进口总额的大幅上升抵消了出口总额的急剧下降，那么2009年进口、出口双双下降则是导致贸易总额急速下降的直接因素，统计显示2009年全年的进口仅实现23亿美元，出口实现32.7亿美元，同比下降幅度为65.5%和59.7%，总额回落到接近2005年的水平，与2008年50.6%的增长速度形成了鲜明对比。而同时俄罗斯国内出现了经济不稳定，卢布贬值的情况，居民购买力也因此降低，黑龙江省对俄出口受到严重的打击。[②]

从2010年开始，黑龙江省对俄罗斯进出口贸易出现了持续性的快速增长，其中进口额的增幅明显大于出口额。2011年，黑龙江省对俄罗斯的出口额只占到对俄罗斯进出口总额的22.9%，为43.5亿美元；而当年黑龙江省对俄罗斯的进口额占对俄罗斯进出口总额的比例高达77.1%，为146.4亿美元，进口的贸易

① 《黑龙江统计年鉴》（2006～2008）. http://www.hlj.stats.gov.cn/tjnj/；中国经济与社会发展统计数据库. http://tongji.cnki.net/kns55/Navi/HomePage.aspx?id=N2017120318&name=YHLTN&floor=1。

② 《黑龙江统计年鉴》（2009～2010）. http://www.hlj.stats.gov.cn/tjnj/；中国经济与社会发展统计数据库. http://tongji.cnki.net/kns55/Navi/HomePage.aspx?id=N2017120318&name=YHLTN&floor=1。

逆差为102.9亿美元。此后，黑龙江对俄罗斯的进口额的增长率虽然明显低于出口额的增长率，然而，黑龙江省对俄罗斯贸易一直保持贸易逆差。①

从2014年开始至今，受世界经济持续下滑影响，黑龙江省对俄罗斯进口贸易额持续下降，黑龙江省对俄罗斯2016年出口额与2004年出口额相当，出口下降幅度尤为明显。

在黑龙江省与俄罗斯边境贸易中，能源和原材料商品是黑龙江省从俄罗斯进口的主要商品，如石油、粮食、木材及制品、矿产资源、肥料等，机电产品数量及金额迅速提高，高新技术产品比重不高。黑龙江省对俄罗斯的出口商品中，纺织品、服装制品、鞋类及轻工业产品占较大比重。

6.3.2.3 黑龙江省边境贸易发展中存在的问题

黑龙江省对俄贸易主要以边境小额贸易仍为主，一般贸易为辅。中俄区域合作虽然发展势头强劲，但从目前中俄区域合作的现实和存在实际问题来看，还影响着合作向深度和广度发展。

(1) 贸易层次较低

在黑龙江省对俄贸易中，双方以初加工、低加工、技术含量和附加值较低的劳动密集型和资源密集型商品为主。黑龙江出口的主要为劳动密集型产品，如轻纺产品、服装、鞋类等商品，俄罗斯出口主要为资源型产品，如原油、原木、钢材等商品。多年来，双方一直保持着这种较为单一的进出口商品结构，商品附加值及技术含量均较低，虽然近年来双方贸易额总体呈上升趋势，但机电产品、特别是高新技术产品数额小、增长慢、比重低的局面始终没有得到根本改变。

同时，黑龙江省对俄经贸合作主体的组织化、集约化程度不高。相对落后的经济发展水平制约了黑龙江省对俄开展大项目合作。应该说，从经济地缘优势上来看，黑龙江省对俄罗斯尤其是对东部地区进经贸合作比中国其他省份更具优势。然而，由于黑龙江省与俄远东都属于两个国家的边陲地区，经济发展水平相对比较落后，两个地区的企业都急需吸引外部资金发展壮大自己的实力，这种状况不仅制约了两国贸易主体各自潜力的发挥，而且在一定程度上影响了两个地区互补优势的现实转化能力。当前，黑龙江省对俄经贸合作的主体多是小型私营企业，或某大企业的代理公司，由于这些公司大多各自为战，不仅对俄经贸合作的规模小、抵御风险的能力低，而且自有资金少、融资能力差，专业化、集团化经营的能力有限，从事大规模的对俄经贸经营活动显得实力不足。这种贸易主体层

① 《黑龙江统计年鉴》(2011~2012). http://www.hlj.stats.gov.cn/tjnj/；中国经济与社会发展统计数据库. http://tongji.cnki.net/kns55/Navi/HomePage.aspx?id=N2017120318&name=YHLTN&floor=1。

次低、出口商品附加值低、对俄经贸合作领域级别低的现象在一定程度上制约了黑龙江省对俄经贸合作的进一步发展。

（2）贸易壁垒水平高

黑龙江省和俄罗斯远东地区的贸易历史悠久，成效显著。从 2001 年开始，中国对俄罗斯对外贸易大多数是顺差，双方贸易中多数是产业间贸易，产业内贸易额很小，交易商品多以资源型商品和低技术含量的日用工业品为主，双方的技术合作发展不尽如人意，产业合作难寻突破口等，这样的问题显然在短期内难以解决，不良影响在短期内也难以消除，因此，俄罗斯在对黑龙江贸易中倾向于采用贸易保护政策。俄罗斯采取保护主义贸易政策，使黑龙江省对俄贸易面临着更大困难。

面对全球经济危机给俄罗斯带来的经济困境，俄罗斯政府为保护本国各产业部门利益，使国内市场免受外国进口商品的冲击，开始调整进出口关税。俄政府根据各类商品在国内市场的竞争力对关税税率进行调整，并把商品分为最具竞争力、竞争力不足、有部分竞争力和无竞争力四类，像工业设备、服装、鞋帽、肉类、药品等商品均属于无竞争力的第四类商品，俄罗斯政府对此类商品征收“禁止性”进口关税。因此，多年以来，黑龙江省对俄出口商品大多是该类技术含量低、附加值低的劳动密集型传统产品，知识密集型和资本密集型的高附加值产品在出口商品中所占比重较小。

（3）边境贸易中本地产品出口比重低

黑龙江省与俄罗斯边境贸易中本地产品出口比重非常低，对黑龙江省经济发展的拉动作用不大。从整体上来看，近几年黑龙江省对俄进出口贸易额有了大幅度的增长，可是对俄贸易商品结构层次低、进出口产品品种单一、本地产品出口比重小、机电产品和高新技术产品出口增长缓慢的矛盾并未得到解决。应该指出的是，由于黑龙江省缺少具有国际竞争力的企业，更无在世界上享有盛誉的品牌产品，俄罗斯尤其是远东地区所需要的服装、纺织品和鞋帽等轻工产品，以及建筑材料大多产自我国其他省份，这些省份主要是借助于黑龙江省对俄口岸和通道的优势把这些轻工产品远销到俄罗斯。因此，即便是在黑龙江省对俄贸易额增速较快的时期，其对黑龙江本地经济发展的拉动作用也不大。

另外，不同的人文环境对两国经贸合作的制约也非常明显。虽然，近几年黑龙江省对俄经贸合作的发展势头很强，但是双边经贸合作中的人文交流和民众间的感情沟通仍旧比较滞后，在某种程度上制约了双方经贸关系的进一步发展。反映在实际经贸合作中的情况有，双方经贸合作主体之间缺少互信和理解，双方的一些大项目长期议而不决，投资合作步履维艰，贸易摩擦接连不断。改善对俄经贸合作的人文环境，减少相互间的猜疑，已经成为中俄两国经贸合作主体必须正视和亟待解决的问题。

6.3.2.4　黑龙江省边境贸易的发展对策

黑龙江省与俄罗斯毗邻，两国边境有国家级口岸25个、贸易区3个。黑河凭借与布拉格维申斯克本地人民币结算的优势，2003年实现了38.2亿美元的对俄出口额，占黑龙江省对外进出口总额的56%，占全国对俄进出口总额的18.8%。黑龙江省在保持多年对俄经济技术合作优势的基础上，2004年初又提出了对俄合作战略升级的具体目标。在贸易上，要从2003年的35亿美元，到2010年实现翻两番，达到140亿美元，在对俄投资上，要从2003年的0.5亿美元，到2010年翻四番，达到8亿美元。为实现此目标，黑龙江省提出了更新理念、加大投入、改善环境和加强基础设施建设的具体方案和做法。作为借鉴，从黑龙江省目前对俄的贸易实际出发，要达到对俄战略升级的具体目标，充满着机遇和挑战，其转化过程相关因素的作用至关重要，直接影响着战略升级的档次和水平。

（1）积极融入“一带一路”倡议

充分利用“一带一路”倡议契机，发挥黑龙江在东北亚经济圈中的区位优势，利用国家相关优惠和扶持政策，积极开展边境贸易和边民互市。

（2）打破行政区划，加大区域化合作

中国东北和俄罗斯东部地区既是最近的毗邻地区，又是多年合作的伙伴，这一点不容置疑。然而在世界经济一体化、全球化的趋势下，中国东北和俄罗斯东部地区的对外开放都不是单向的，而是全方位的，对任何国家的机会都是平等的。例如，2007年4月远东地区推出了100个对外合作项目，到7月末投标成功的都是发达国家。所以在中俄区域合作中，竞争的残酷性显而易见，如果中俄任何一方在竞争中失利，它肯定会直接影响中俄区域合作的速度和规模。中国和俄罗斯多年来实行的行政区划还发挥着重要的作用，中国以省为单位，俄罗斯以州、边疆区为单位。如果东北三省作为参加国际区域合作的一个单位，形成一个独立机构能够从经济、政治、社会等各方面来进行统筹。俄罗斯的东部地区也同样存在着这样的问题，西西伯利亚、东西伯利亚和远东地区同样需要进行多方位统筹，以区域化打破行政区划，加大中俄区域合作的最大难题。

两个国家的部分地区实行国际地方一体化合作，无论是理论上，还是实践上均无可借鉴的理论和成功的经验，是国际区域一体化过程中出现的新问题，也是相邻两个国家的部分地区能否率先实现一体化的现实问题。这不仅要在实践中创新，而且也是理论上需要突破的难点。它涉及的重要问题是如何处理、协调中央与地方的关系。

国际贸易在区域经济一体化和世界经济全球化进程中，有着巨大的发展潜力，它已经走出了狭小的货物贸易的范畴，技术贸易、投资贸易和服务贸易的发展，给国际贸易注入了新的活力，已成为国际贸易新的经济增长点。黑龙江省重新调整的对俄经贸目标是由单纯的贸易向贸易、加工和投资相结合的方向转变，提出了从货物贸易的低级形式向高级形式转变的重要思路，它无疑是战略升级的主要支撑点。然而，战略升级的实现需要国际贸易的多元化发展，对于服务贸易在中俄经贸合作中的作用，无需赘言。发达国家的国际服务贸易已在国际贸易中成为重要支柱的现实，有目共睹。中俄经贸战略升级的起点，应该是把中俄经贸全方位地融入到国际贸易的现实中，占领中俄贸易发展的制高点。中国先于俄罗斯成为了世界贸易组织的成员方，这意味着中俄贸易的方式将会完全与国际规则接轨，以往中俄贸易固有的特点将会逐渐消失，其贸易结构也会随之发生变化。据哈尔滨海关统计，2004 年黑龙江在对俄出口商品中，农副产品和初加工产品还占有相当大的比重，其次是轻纺织品。这两大类商品是我国出口商品在国际贸易中受限最多的商品，中俄贸易在共同遵循世界贸易组织规则的条件下，黑龙江省的出口仍面临着重重的贸易壁垒。从目前俄罗斯对农副产品的检疫、检验标准来看，各种指数在不断变化，很快就会与欧盟的标准相同，这无疑会使黑龙江省出口的难度增加。中俄经贸升级的关键在于具备符合国际检验标准的出口产品，拥有熟知世界贸易组织规则的营销队伍，掌握中俄贸易发展的市场规律。

《1994 年关税与贸易总协定》第 24 条规定："最惠国原则并不阻止任何缔约国为便利边境贸易对毗邻国际给予某种便利和优惠。"这说明，即使在中国和俄罗斯加入世界贸易组织后，双方仍可发展包括互市贸易等在内的边境贸易。与此同时，中俄边境贸易应以特殊经济区为背景实行优惠政策。一是在边境线附近的合理范围内设立边境贸易区，贸易区实行税收优惠，其功能应包括互市、仓储、包装、展览等多个方面。二是在边境地区增设出口加工区，将从俄罗斯进口的木材、矿石等深加工后再出口，这样既可以避免引起其他国家企业的质疑，又可以提高边境地区出口商品的附加值，改善商品结构。

(3) 提高出口商品质量与产品竞争力

黑龙江省应积极引进国内外先进技术、吸引外资，并结合各个口岸领域劳动力比较多的优势，主力开拓劳动力聚集性产业和技术密集型产业，共同打造出中国边境地区主打产品和出口创汇产业，争取做到地方产业的新生军。积极寻找俄罗斯消费者的需求方向，不断加强出口商品的质量和品质。现如今经济危机过后，外国人民的生活水平也在不断提高，对于饮食、居住环境的要求也在渐渐增加，高营养、低脂肪、无农药污染农产品的需求不断增长。因此，中国出口商应不断适应国际市场需求，提高产品质量。

（4）进一步优化商品结构

整理和优化对俄产品出口结构，提升对俄罗斯出口商品质量，建立自己的品牌，营造优质商品。尤其是在轻工业、纺织品、服装鞋帽、农作物和电子高科技产品等众多领域提高商品的质量与种类。黑龙江省应利用开发俄罗斯远东与外贝加尔地区的时机，进一步发展建筑材料和家电产品出口。中国政府应加大中俄两国贸易主体和重点商品的支持力度，使两国贸易额不断上升。增加木材、化工原料、钢材等物资的进口，把资源性商品进口作为新的起点，并加大中国境内机电设备和高科技产品的技术出口，积极响应俄罗斯政府对贸易合作结构的加强，促进中俄两国贸易稳定健康的发展。

（5）深化“走出去”战略，促进贸易方式转变

以对外投资吸引贸易，带动上游产品的出口应以个人股份和参加股份的形式做外商投资兴建，使投资方式完全“走出去”。这样不仅有利于中俄两国资源的利用和满足市场的需求，也合理地规避两国贸易庇护和高关税的风险。

支持企业“走出去”以及积极鼓励企业对俄罗斯市场以直接或合资的方式开展贸易，使贸易与投资同步，更进一层地开辟新俄罗斯市场。重新树立中国企业在俄罗斯领域的新面孔，占领全新的优势领地。

7 “一带一路”建设与内蒙古自治区边境贸易区发展问题研究

内蒙古自治区位于我国北部边陲，是国家对外开放的前沿，也是推进“一带一路”倡议的重要地区。独特的区位和特殊的地缘优势，赋予内蒙古自治区边境贸易发展得天独厚的条件，日益发展的经济为开放型经济培育奠定基础。内蒙古自治区对外贸易发展是民族地区以开放求发展的体现，是新时代民族地区经济发展的缩影。“一带一路”倡议由中国提出，也是中国向世界提供的重要公共产品，在共商、共享、共建的理念推动下取得巨大进展。参与“一带一路”国家的利益诉求存在差异，内蒙古自治区的边境贸易发展也遇到各种挑战，正视存在的问题并采取有针对性的措施，建立合作共赢的发展促进机制，才能将“一带一路”倡议落到实处，内蒙古自治区的边境贸易发展才能取得更大的成就。内蒙古自治区是中国唯一一个同时与俄罗斯、蒙古国相毗邻的地区，无论从地缘、资源，还是从人文、民族及历史来看，三地构成的中俄蒙三角形区域，从当前和长远的经济发展潜力来看，具备成为东北亚区域经济中心的可能，内蒙古自治区与蒙古国和俄罗斯的贸易，也将迎来长足的发展。当前，我国积极推动“一带一路”倡议，搭建中俄蒙经济走廊，就是要将中俄蒙三角区域打造成为边境经济合作的新平台，国际贸易的新增长点，是地理区位、地缘优势、文化纽带、经济传统的综合体现。

7.1 内蒙古自治区口岸体系

7.1.1 口岸总体概况

内蒙古自治区作为我国向北方开放的窗口，口岸建设历史悠久，满洲里被誉为共和国口岸之父。改革开放以来，满洲里在我国对外贸易中的地位有所下降，但始终是中国北方对外贸易的先行者，扮演着亚欧大陆经济带“桥头堡”的角色，逐步发展成为面向东北亚的区域性国际贸易基地、跨境旅游基地、进出口加工制造基地、能源开发转化基地、国际物流中心和科技孵化合作平台，成为“草原丝绸之路经济带”上的重要节点城市。

(1) 新兴口岸发展迅速

随着蒙古国对外经济的发展，阿尔山作为内蒙古自治区新兴口岸得到迅速发展。中国政府也为蒙古国发展贸易创造条件，1992 年我国政府批准阿尔山为国家二类开放口岸（边境贸易临时过货点），2004 年又根据《中华人民共和国政府和蒙古国政府关于中蒙边境口岸及其管理制度协定》，赋予阿尔山口岸国际性季节开放口岸的权限。随着我国振兴东北地区等老工业基地战略的实施，中蒙俄国际大通道被列为重点项目，建设乔巴山（蒙古国）—阿尔山口岸（内蒙古自治区）—乌兰浩特（内蒙古自治区）—白城（吉林省）—长春（吉林省）—珲春（吉林省）国际铁路线，使阿尔山口岸快速发展，成为中蒙贸易的重要通商口岸。

（2）公路口岸成为新亮点

甘其毛都口岸位于内蒙古自治区巴彦淖尔市乌拉特中旗境内中蒙边境线 703 号界标附近，与蒙古国南戈壁省汉博格德县的嘎顺苏海图口岸相对应。1992 年正式辟为国家一类季节性双边口岸，2004 年 5 月蒙古国原煤正式通关，2009 年 9 月正式实现常年开放。口岸开通 20 年以来，累计完成货物吞吐量 4060 万吨，原煤进口 3904 万吨，为国家创税近 92 亿元，实现贸易总额 302 亿元。特别是 2011 年、2012 年连续两年进出口贸易量和原煤进口量均突破 1000 万吨，成为内蒙古自治区过货量最大的公路口岸和仅次于满洲里的综合口岸。随着经济和对外贸易的发展，甘其毛都口岸对俄、蒙贸易形式发展变化，对外贸易由公路运输向铁路运输转变，由传统大宗商品交易逐步转向个性化、电子化产品，近年来，更是承担着中国向北贸易的重要角色。

2016 年，内蒙古自治区有经国务院批准的 18 个对外开放口岸，其中，包括铁路口岸 2 个，航空口岸 4 个，公路口岸 12 个，形成分工有序的口岸组织格局。其中对俄罗斯开放的口岸有 4 个（表 7-1）：满洲里铁路口岸、满洲里公路口岸、黑山头水路口岸、室韦公路口岸（中国口岸协会，2017）。

表 7-1　内蒙古对俄罗斯开放的口岸体系

口岸名称	所在地区	运输方式	口岸分类	年过货能力/万吨	批准开放机关	对应国口岸
室韦	呼伦贝尔额尔古纳市	公路	1 类	50	国务院	俄罗斯奥洛契
黑山头	呼伦贝尔额尔古纳市	公路	1 类	200	国务院	俄罗斯旧楚鲁海图
满洲里	呼伦贝尔满洲里市	公路	1 类	300	国务院口岸办	后贝加尔
		铁路	1 类		国务院	后贝加尔

资料来源：中国口岸协会，2017。

截至 2016 年，内蒙古自治区对蒙古国开放的口岸有 10 个（表 7-2），其中，铁路口岸 1 个：二连浩特铁路口岸；公路口岸有 9 个：二连浩特公路口岸、策克公路口岸、甘其毛都公路口岸、乌力吉公路口岸、珠恩嘎达布其公路口岸、阿日哈沙特公路口岸、满都拉公路口岸、阿尔山公路口岸、额布都格公路口岸。

国际航空口岸 3 个：呼和浩特航空口岸、海拉尔航空口岸、满洲里航空口岸。①

表 7-2　内蒙古自治区对蒙古国开放的口岸体系

口岸名称	所在地区	运输方式	口岸分类	年过货能力/万吨	批准开放机关	对应国口岸
阿日哈沙特	呼伦贝尔新巴尔虎右旗	公路	1 类	50	国务院	蒙古国
额布都格	呼伦贝尔新巴尔虎右旗	公路	1 类	10	内蒙古自治区人民政府	蒙古国巴彦呼舒
阿尔山	兴安盟阿尔山市	公路	2 类		内蒙古自治区人民政府	蒙古国松贝尔
珠恩嘎达布其	锡林郭勒盟东乌珠穆沁旗	公路	1 类	50	国务院	蒙古国
二连浩特	锡林郭勒盟东二连浩特市	铁路	1 类	1000	国务院	蒙古国扎门乌德
	锡林郭勒盟东二连浩特市	公路	1 类	400	国务院口岸办	
甘其毛都	巴彦淖尔乌拉特中旗	公路	1 类	50	国务院	蒙古国
乌力吉	巴彦淖尔乌拉特后旗	公路	建设中		内蒙古自治区人民政府	蒙古国
策克	阿拉善盟	公路	2 类		国务院	蒙古国西伯库伦
满都拉	包头市达尔罕茂明安	公路	2 类	20	内蒙古自治区人民政府	蒙古国杭吉

资料来源：中国口岸协会，2017。

7.1.2　边境口岸体系研究

内蒙古自治区与蒙古国和俄罗斯接壤，自治区境内的口岸建设以满洲里、二连浩特两个陆路口岸为重点，各季节性口岸为补充，按照空中、陆地、水运三个方面构筑设施现代化、服务优质化、功能多样化的国际大通道的基本发展思路，

① http://swt.nmg.gov.cn/index.shtml。

加快建设，加强管理，初步形成内蒙古自治区全方位、多功能、水陆空立体交叉的口岸开放格局，已经成为加快内蒙古自治区对外经贸发展的重要载体。内蒙古自治区共有16个口岸（表7-3），其中，一类口岸9个，二类口岸7个。①

表7-3　内蒙古对外开放口岸一览表（截至2014年）

口岸名称	运输方式	口岸分类	年过货能力	批准开放机关	对应国口岸
满洲里	铁路	1类	1600万吨	国务院	俄罗斯后加贝尔
	公路	1类	300万吨	国务院口岸办	
二连浩特	空运	1类	—	国务院	俄罗斯伊尔库茨克、赤塔
	铁路	1类	1000万吨	国务院	蒙古国扎门乌德
黑山头	公路	1类	400万吨	国务院口岸办	俄罗斯旧粗鲁海图
	水运	1类	200万吨	国务院	
阿日哈沙特	公路	1类	50万吨	国务院	蒙古国
珠恩噶达布其	公路	1类	50万吨	国务院	蒙古国
甘其毛都	公路	1类	50万吨	国务院	蒙古国
策克	公路	1类	500万吨	国务院	蒙古国西伯库伦
额布都格	水运	2类	10万吨	内蒙古自治区人民政府	蒙古国白音胡硕
阿尔山	公路	2类	—	内蒙古自治区人民政府	蒙古国松贝尔
室韦	水运	1类	50万吨	国务院	俄罗斯奥洛契
满都拉	公路	2类	20万吨	内蒙古自治区人民政府	蒙古国杭吉
二卡	公路	2类	—	内蒙古自治区人民政府	俄罗斯
巴格毛都	公路	2类	—	内蒙古自治区人民政府	蒙古国
胡列也吐	水运	2类	—	内蒙古自治区人民政府	俄罗斯
呼和浩特	空运	1类	—	国务院	蒙古国乌兰巴托
海拉尔	空运	1类	—	国务院	俄罗斯赤塔

资料来源：《内蒙古经济社会调查年鉴2014》。

7.1.2.1　满洲里口岸

（1）满洲里口岸的基本情况

满洲里市总面积为739平方千米，2015年该市的常住人口有25.9万人。满

① 《内蒙古经济社会调查年鉴2014》；中国经济与社会发展统计数据库. http://tongji.cnki.net/kns55/Navi/YearBook.aspx?id=N2015040013&floor=1###。

洲里口岸就坐落在这座城市。

满洲里口岸始建于1897年，1907年正式开设商埠，直到1950年，满洲里关税局才正式改名为满洲里海关。满洲里口岸位于内蒙古呼伦贝尔草原西部，分为铁路口岸和公路口岸，对内背靠我国东北三省及内蒙古东部，经济腹地辽阔；向外西接俄罗斯西伯利亚铁路，是亚欧第一大陆桥的重要枢纽，东连符拉迪沃斯托克（海参崴）、纳霍德卡等天然港口。同时满洲里口岸是全国唯一设在县级市、纬度最高的直属海关。业务管辖范围包括内蒙古自治区的呼伦贝尔市、兴安盟、通辽市和赤峰市。关区内有一类口岸6个，分别是满洲里铁路口岸、满洲里公路口岸、阿日哈沙特口岸、海拉尔航空口岸、黑山头口岸、室韦口岸；二类口岸3个，分别是额布都格口岸、阿尔山口岸及二卡口岸。其中，满洲里铁路口岸是全国最大的铁路口岸，也是中俄贸易最大的通商口岸，承担了中俄贸易60%的货运量（中国口岸协会，2017）。

（2）满洲里口岸贸易的情况

2009~2016年，满洲里口岸的贸易情况发生了一些变化（表7-4），贸易额从2009年的66.7亿美元降至43.7亿美元，下降了23亿美元，年均下降率为3.4%；进口额从2009年的60.9亿美元降至2016年的29.1亿美元，2016年的进口总额仅为2009年的一半左右；出口额从2009年的5.8亿美元增加到2016年的14.6亿美元，增加了1.5倍，年均增长率为16.4%。①

表7-4　2009~2016年间满洲里口岸进出口贸易总额列表

年份	进出口总额/亿美元	进口额/亿美元	出口额/亿美元	贸易逆差/亿美元
2009	66.7	60.9	5.8	55.1
2010	97.6	89.3	8.3	81.0
2011	63.3	50.4	12.9	37.5
2012	56.6	41.5	15.1	26.4
2013	51.3	36.1	15.2	20.9
2014	47.0	31.4	15.6	15.8
2015	41.5	28.5	13.0	15.5
2016	43.7	29.1	14.6	14.5

资料来源：《满洲里市国民经济和社会发展统计公报》（2009~2016）。

铁路作为满洲里货物运输的主要运输方式，在满洲里对外贸易乃至内蒙古边境贸易中都发挥着重要作用。

① 《满洲里市国民经济和社会发展统计公报》（2009~2016）。

从表 7-5 中可以看出，满洲里口岸在 2008～2013 年的货运量大体上呈现出下降的趋势，从 2008 年的 1901 万吨下降至 2013 年的 1773 万吨，尽管总量上是下降的趋势。但是，金属矿石的进出口货运量在 2008 年之后上升得很快，年均增长率为 38.19%。在 2008～2013 年，运输量波动最大的是煤和石油，基本趋势是先增加后减少，化肥及农药、木材的货运量有一定程度的波动，但是波动的范围比煤及石油小。①

表 7-5　2008～2013 年满洲里铁路口岸进出口货物种类及其货运量　　单位：万吨

进出口货物种类	2008 年	2009 年	2010 年	2011 年	2012 年	2013 年
木材	670	634.1	394.2	835.7	712	699
金属矿石	123	242.8	237.4	511.9	518	409
煤、石油	894	937.3	904.4	13.3	235	423
化肥及农药	80	20.6	75.5	108.9	144	146
非金属矿石	23	17.3	21.8	19.9	11	10
钢铁及有色金属	2	9.4	8.7	8	5	4
其他	109	110.2	100.7	102.6	106	82
总计	1 901	1 971.7	1 742.7	1 600.3	1 731	1 773

资料来源：《中国交通年鉴》（2009～2014）。

7.1.2.2　二连浩特口岸

（1）二连浩特的基本情况

二连浩特市位于内蒙古自治区锡林郭勒盟西北部，与蒙古国扎门乌德市相邻，两市相距 9 千米，二连浩特市的总面积为 4015.1 平方千米，2015 年该市常住人口约为 10 万，二连浩特口岸就坐落在这座城市。

二连浩特口岸是我国陆路连接欧亚最便捷的通道，以北京为起点经二连浩特到莫斯科，比经满洲里近约 1140 千米。二连浩特口岸是我国铁路四大口岸站之一，南通过集二线与京包、京哈、京广等铁路干线相连，北通过二连浩特经西伯利亚铁路直达莫斯科，素有“欧亚大陆桥”之称，对中国对外经济贸易和能源运输起着重要的作用。二连浩特口岸为了进一步扩大吞吐量，于 1992 年开通试运营二连浩特公路口岸旧通道，是在中蒙两国铁路员工通勤通道的基础上改建的。为了进一步改变二连浩特公路口岸的落后面貌，2000 年 6 月再次改建公路口岸，设计最大

① 《中国交通年鉴》（2009～2014）；中国经济与社会发展统计数据库 . http://tongji.cnki.net/kns55/Navi/HomePage.aspx?id=N2016010316&name=YZGJT&floor=1。

通过能力为货运 240 万吨，客运 300 万次。2015 年，二连浩特公路口岸进出境货运量为 1078.8 吨，进出境客运量为 19 万人次（中国口岸协会，2017）。

（2）二连浩特口岸的贸易情况

二连浩特口岸作为中蒙边境贸易的重要口岸，在内蒙古自治区边境贸易中占有重要的地位，随着中蒙贸易的不断加强，2010 ~ 2016 年，二连浩特口岸的贸易额都在不断增加。

从表 7-6 可以看出，二连浩特口岸的贸易 2010 ~ 2016 年呈现出先上升后下降的趋势，其中，在 2012 年进出口贸易额达到最大，为 40 亿美元，2012 年后，进出口贸易额逐年下降，2016 年仅为 25.8 亿美元，这给二连浩特市的经济增长带来一定的影响。从进口和出口两个角度来看，二连浩特市的进出口贸易始终处于贸易逆差的状况，主要是由于二连浩特的出口产品的技术含量较低、附加值也较低。

表 7-6　2010 ~ 2016 年二连浩特进出口贸易总额列表　单位：亿美元

年份	进出口贸易额	进口总额	出口总额
2010	32.8	18.6	14.2
2011	36.9	22.7	14.3
2012	40.0	22.5	17.5
2013	36.5	20.3	16.2
2014	36.4	21.9	14.4
2015	29.1	16.9	12.2
2016	25.8	18.1	7.7

资料来源：《二连浩特市国民经济和社会发展统计公报》（2010 ~ 2016）。

为了进一步了解二连浩特口岸的贸易情况，从进出口货运量来看，二连浩特口岸的进出口货运量呈现出逐年递增的趋势，年均增长率为 9.1%。进口货运量与出口货运量的变动趋势与贸易额的趋势一致，也是呈现出逐年递增的趋势，其中，进口货运量的年均增长率为 9.3%，出口货运量的年均增长率为 9.9%。2010 ~ 2016 年，进口货运量远远大于出口货运量，从侧面反映出二连浩特市进出口贸易为贸易逆差（表 7-7）。

表 7-7　2010 ~ 2016 年二连浩特口岸进出口货运量　单位：万吨

年份	进出口货运量	进口货运量	出口货运量
2010	862.1	651.9	210.3
2011	1 030.3	757.4	272.9
2012	1 160.4	826.6	333.8
2013	1 305.7	879.8	425.9

续表

年份	进出口货运量	进口货运量	出口货运量
2014	1 355.9	914.1	441.8
2015	1 402.7	945.1	457.6
2016	1 435.7	1104.8	330.9

资料来源：《中国口岸年鉴》（2011～2017）。

7.2 “一带一路”建设与内蒙古自治区对外贸易发展问题研究

7.2.1 内蒙古自治区在“一带一路”建设中的定位

内蒙古自治区横跨东北、华北、西北，毗邻八省（自治区），与俄罗斯、蒙古国交界，边境线长达4200千米余。独特的区位优势，决定了内蒙古自治区在“一带一路”建设中有着举足轻重的、不可替代的地位。俄蒙两国与内蒙古自治区相邻地区资源丰富，尤其是矿产资源、土地资源、森林资源、农牧业生产资源丰富，但技术落后、开发程度低。这为加强双方合作开发提供了客观基础。利用内蒙古自治区矿产业、林业、农业、畜牧业生产和技术比较优势，加强与俄蒙两国在矿业、林业、农业、畜牧业方面的开发合作，前景广阔。中俄、中蒙之间的友谊源远流长。内蒙古自治区和俄罗斯、蒙古国之间边境经贸往来、地区合作、文化交流十分密切，经济相互依存度及相互关联度较高，联系渠道十分通畅。近年来，内蒙古自治区大力实施向北开放战略，已构筑起了以策克、甘其毛都、二连浩特、满洲里等19个口岸的全方位向北开放带。

2015年3月28日，国家发展和改革委员会、外交部、商务部联合发布了《推动共建丝绸之路经济带和21世纪海上丝绸之路的愿景与行动》，对各省（自治区、直辖市）在“一带一路”建设中的定位予以明确，提出发挥内蒙古自治区联通俄蒙的区位优势，完善黑龙江对俄铁路通道和区域铁路网，以及黑龙江、吉林、辽宁与俄远东地区陆海联运合作，推进构建北京-莫斯科欧亚高速运输走廊。

内蒙古自治区战略定位为“国家重要的农牧业产业基地、能源输出地、向北开放的重要战略平台”。在新常态背景下，内蒙古自治区积极搭建全方位开放平台，促进产业转型升级，保障经济持续发展的动力。同时加快口岸建设，提高口岸通关现代化和信息化水平，尽快建成统一的内蒙古自治区口岸平台，提高口岸过货能力，节约过关时间。

内蒙古自治区在共建“一带一路”愿景与行动中，特别是在“中蒙俄经济走廊”建设中具有明显优势。内蒙古自治区作为“一带一路”的重要节点，它与各国的出口贸易在一定程度上可以有效促进自身的经济发展。从表7-8中可以看出，2016年内蒙古自治区与俄罗斯的出口贸易占据第一位，为62 800万美元，作为在“中蒙俄经济走廊”的另一个重要国家，蒙古国与中国内蒙古自治区的进出口贸易表现也很亮眼，2016年的贸易额为40 900万美元，仅次于俄罗斯。美国、韩国、日本是我国传统的贸易伙伴，2016年，内蒙古自治区与这几个国家的贸易额分别达29 000万美元、33 700万美元、16 500万美元（表7-8）。[①]

表7-8　2010～2016年内蒙古自治区出口贸易的主要国家（地区）　单位：万美元

国家（地区）	2010年	2011年	2012年	2013年	2014年	2015年	2016年
蒙古国	52 790	91 310	105 445	114 479	92 655	72 937	40 900
日本	37 955	65 142	30 193	26 179	26 450	19 432	16 500
俄罗斯	18 518	21 754	27 863	27 524	64 981	60 610	62 800
美国	22 849	28 348	22 167	29 718	47 579	51 889	29 000
韩国	29 225	41 922	31 347	35 145	48 379	31 923	33 700
越南	5 899	5 924	6 841	12 122	24 360	22 239	20 600
中国香港	44 390	61 951	21 652	4 105	6 931	13 644	17 162
印度	11 520	16 313	13 220	12 537	19 651	18 056	16 312
意大利	8 344	8 791	7 959	10 148	9 601	10 739	7 734
英国	3 959	4 717	4 995	5 209	8 370	12 387	8 989
法国	7 290	17 733	9 405	4 163			3 805
印度尼西亚	3 463	7 946	8 165	7 507	16 180	12 616	6 017
马达加斯加	3 976	3 773	3 924		4 738		
泰国	8 040	14 010	16 738	13 769	25 237	14 114	10 471
德国	4 304	4 177	3 007	4 140	6 615	8 236	6 719

资料来源：《内蒙古统计年鉴》（2011～2017）。

7.2.2　推进“一带一路”面临的挑战

内蒙古自治区融入国家的“一带一路”倡议有得天独厚的条件和优势，“一带一路”倡议的顺利推进，不仅取决于中国的主观努力，还取决于沿线国家的配合与协作。受各自地缘战略和利益诉求的影响，沿线相关国家对“一带一路”的态度，影响内蒙古自治区参与“一带一路”建设促进经济发展的效果。内蒙古自治区参与“一带一路”建设所面临的挑战主要包括以下几点：

第一，贸易伙伴国的政治不稳定，影响了贸易合作的深化。蒙古国是内蒙古自治区对外贸易的重要合作伙伴国，也是我国推进“一带一路”建设的重点地

① 《内蒙古统计年鉴2017》. http://www.nmgtj.gov.cn/acmrdatashownmgpub/ifnormal.htm?u=/files_nmg_pub/html/nmgtjnj/2017/indexch.htm&h=700。

区，但蒙古国国内政治动荡，各政党治国理念存在分歧，国家政策变化多端，人事变动频繁，政府办公效率低下等，造成了中蒙经贸合作困难。在《建设中蒙俄经济走廊规划纲要》中，中俄蒙三国就加快互联互通建设达成协议，中蒙俄跨境铁路双幅电气化改造、中蒙俄跨境高速铁路中线工程、中蒙跨境高速公路建设、中蒙俄油气管道建设、中蒙二连浩特-扎门乌德跨境经济合作区等重大项目都被列入，但现实存在的问题是中方相应建设都以完成，蒙古国和俄罗斯的建设严重滞后，严重影响了相关合作项目的推进落实。

第二，缺乏足够政治互信，影响贸易合作的开展。蒙古国作为主要贸易伙伴，在内蒙古自治区的对外贸易中有重要地位，但蒙古国对“一带一路”倡议缺乏足够信任，在欧美发达国家的挑唆下，蒙古国不仅积极开展“第三国”外交，还在中蒙经济合作中制造障碍。例如，为了推进中蒙贸易的发展，在2013年年底，蒙古国议会就中蒙建设新铁路形成方案，2014年4月30日的蒙古国会议讨论中蒙边境铁路采用标准轨道的问题，改变中蒙铁路轨道不同需要改换火车运输增加费用的问题，这一措施应该是促进双边境贸易发展的重要举措，10月24日蒙古国议会虽然通过最终决议，但决议仅维持塔温陶盖勒—咯舒苏海图、呼特—毕其格图线路采用标准轨以外，其他轨道采用宽轨铁路，中蒙铁路难以完全做到互联互通，国际物流存在困难，贸易成本居高不下。

第三，跨国协作面临沟通困难。中国为了推进“一带一路”倡议，成立专门的机构进行协调沟通与管理，但是俄罗斯和蒙古国并没有成立相应的机构负责。中俄蒙三国的经贸协作政策存在沟通不透明、不畅通的难题。近年来，中蒙俄三国根据国内外形势的发展变化，不断调整国家发展战略，中俄两国协调的重点是国际战略层面的合作，中蒙两国协调的重点是市场的准入，但对双边经贸合作的基础性互联互通，边境经贸战略合作与投资准入，通过便利化和关内措施并没有深入沟通，中方发现问题无法与对方直接交涉协调，往往需要反映到国家层面，只有在国家领导人会晤时才能提出和解决。问题解决的时间长，沟通协调困难，严重影响了经贸合作的深入。由于俄罗斯和蒙古国在与中国进行经贸合作时，缺少有效的对接机构和平台，造成贸易政策与信息共享不够及时和全面，对内蒙古自治区企业“走出去”战略的顺利实施造成影响。

第四，缺乏高素质复合型国际贸易人才。内蒙古自治区在落实“一带一路”倡议过程中，缺乏精通国际商务规则和当地人文风俗习性的复合型、高素质的精英人才。内蒙古自治区的许多企业仍保留着不适宜国际市场的管理经验、技术和观念等方面，固执地坚持国内的经营理念。企业在俄罗斯和蒙古国家开展经贸活动过程中，对东道国的人文风俗、法律制度、市场规则不熟悉，不能运用东道国法律维护自身合法权益，从而影响海外投资的收益和成本。内蒙古自治区的高校数量不多，培养高水平的对外经贸人才能力有限，同时因自身环境、区位等因素影响了内蒙古自治区从国内其他地区吸引高素质的经贸人才。因此，缺乏高素质复合型的国际经贸人才，严重制约了内蒙古自治区借力“一带一路”倡议发展自己的机遇。

7.2.3 融入“一带一路”的主要措施

“一带一路”是国家层面的开放战略，是我国建设开放型经济体制的重要策略。内蒙古自治区独特的地理区位优势、经济结构与发展阶段，决定其融入“一带一路”倡议具有重要意义。内蒙古自治区依托“一带一路”倡议，采取了促进国际贸易发展的措施，主要包括以下几点。

第一，改革通关程序，满足贸易扩展需要。为了满足“一带一路”建设的需要，2015年内蒙古自治区海关进行通关制度改革，按照“信息互换、监管互认、执法互助”原则，改进海关、检验检疫监管和服务，对于符合条件的通关运输工具，依法需要报关报检的货物和物品，海关、检验检疫部门实现数字化、电子化的报关报检信息和查验放行指令。通关流程原来的“先报检后报关”的串联进行，转变为报检和报关同时的“并联”进行，报检报关总体申报数据项减少40%，节省通关时间30%以上。以“单一窗口”的形式，促进贸易便利化，通关申报实现数据简化和标准化，对原来的进出口管理流程进行再造，通过建设与“单一窗口”相适应的执法程序，申报人可以通过“单一窗口”一次性申报完成通关，让“数据多跑腿，企业少跑腿”，成为内蒙古自治区海关推进贸易便利的亮点。开展“一站式作业”，推行“联合查验、一次放行”的通关新模式，海关、检验检疫、边检、交通运输、海事对同一运输工具、同一进出口货物实施联合登临检查。

第二，重视信息集成，注重资源共享。建立健全信息共享共用机制，建立信息全面交换和数据使用管理办法。以现有电子口岸平台为基础，坚持共享共用的原则，推动口岸管理相关部门对进出境运输工具、货物、物品、人员等申报信息、物流监控信息、查验信息、放行信息等进行综合管理。所有口岸查验场地，由口岸所在地市级人民政府协调统筹使用。加强口岸基础设施改造，在以人员通关为主的口岸，为出入境人员提供充足的候检场地，根据口岸管理相关部门相近的监督要求和标准，共同研发视频监控、X光机、计量工具等监管查验设备，并以口岸为单元统一配备。目前已实现运输工具、货物和行李物品通行的同一通道只配备一套同类别检查装备，各查验部门共同使用。借助信息集成和资源共享使用，海关的通关能力大大增强。

第三，借鉴学习创新，初步形成大通关。加大与“三北”（西北、华北和东北）地区的八省（区、市）海关、检验检疫机构大通关协作，推进与东北三省海关、检验检疫区域一体化改革，建立跨部门跨地区海关和检验检疫机制，打破部门与地区之间的限制，强化跨地区跨部门的通关协作，降低货物、资金、人员要素跨境流动的成本和时间。主动学习上海自贸试验区的改革试验，跟踪广东、福建、天津等地自贸实验区改革试点，结合实际因地制宜地研究制定内蒙古自治区通关改革方案，全面推进“简化无纸通关随附单证”“批次进出、集中申报”“简化统一进出境备案清单”“检验检疫通关无纸化”等贸易便利化措施。利用满洲里、二连浩特等通关口岸示范点，探索“一关两检”合署办公和一站式通关、优化货物、人员、车辆的通关监管查验流程，搭建集口岸通关执法管理和相关物流商务服务于一体的通关综合服务平台，实现“一站式通关服务”。建成出入境交通运输工具、货物、人员的申报、查验、放行等信息，进出口企业信用评价、集装箱监测系统和小车检测系统等信息建立共享共建互换机制，推行同一项目检查结果互认机制，加强与俄蒙口岸联建机关的协作配合，初步形成大通关体制。

7.3 “一带一路”建设与内蒙古自治区对外贸易的发展

7.3.1 内蒙古自治区对外贸易发展现状

7.3.1.1 内蒙古自治区对外贸易的规模分析

内蒙古自治区作为我国边境贸易起步较早的地区，它的对外贸易状况对我国的经济发展起着至关重要的作用。

“十五”时期，内蒙古自治区的对外贸易和经济技术合作事业都取得了较好的成绩。据内蒙古自治区统计局统计，“十五”时期自治区对外贸易总额达到179.2亿美元，比“九五”时期增长136.1%。“十二五”时期，内蒙古自治区的对外贸易经历了飞速发展，整个“十二五”时期，进出口贸易总额达712.3亿美元，是“十五”期间的近4倍。从表7-9中可以看出，2016年内蒙古全区外贸总额117亿美元，比2015年略有下降。其中，出口总额为44.7亿美元，进口总额为72.3亿美元。整体来看，内蒙古自治区的贸易规模呈现出逐步递增的趋势（表7-9）。[①]

表7-9 2000~2016年内蒙古自治区进出口贸易总额 单位：万美元

年份	进出口贸易总额	进口贸易总额	出口贸易总额
2000	203 611	101 411	102 200
2001	255 056	141 000	114 056

① 《内蒙古统计年鉴2017》. http://www.nmgtj.gov.cn/acmrdatashownmgpub/ifnormal.htm?u=/files_nmg_pub/html/nmgtjnj/2017/indexch.htm&h=700。

续表

年份	进出口贸易总额	进口贸易总额	出口贸易总额
2002	300 495	163 400	137 095
2003	314 100	170 000	144 100
2004	404 913	236 713	168 200
2005	516 963	310 263	206 700
2006	596 172	382 032	214 140
2007	775 000	480 000	295 000
2008	893 428. 8	535 428. 8	358 000
2009	678 000	446 000	232 000
2010	872 409	538 409	334 000
2011	1 195 000	726 000	469 000
2012	1 126 100	729 000	397 100
2013	1 199 277. 7	789 803	409 474. 7
2014	1 455 354. 2	815 935. 1	639 419. 1
2015	1 274 975. 9	709 619	565 357
2016	1 170 100	447 100	723 000

资料来源：《内蒙古统计年鉴》(2001～2017)。

7. 3. 1. 2　内蒙古自治区对外贸易的结构分析

(1) 出口商品以劳动密集型产品和矿物资源为基础的资源密集型产品

改革开放之前，内蒙古自治区出口商品一直以农副土畜产品为主，出口商品附加值低，缺乏市场竞争力。从表 7-10 可以看出，近年来，内蒙古自治区出口商品结构明显改善，出口商品主要为：①资源密集型产品，如贵金属或包贵金属的其他制品等；②劳动密集型产品，如针织或钩编的套头衫、开襟衫、马甲及类似品等；③以机电产品为主的劳动与资本密集型产品，如货运机动车辆等。从表 7-10 中可以看出以矿藏为基础的资源密集型产品是内蒙古自治区的主要出口商品。这与内蒙古自治区具有独特的自然优势有很大的关系。2015 年，以矿藏资源为基础的资源密集型产品出口总额为 80 507 万美元，远远高于劳动和资本密集型产品的出口额。[①]

① 《内蒙古统计年鉴》(2011～2016). http://www. nmgtj. gov. cn/acmrdatashownmgpub/publish. htm?m=getMorePublish&bc=A01。

表 7-10　2010～2015 年内蒙古自治区主要出口商品构成　　单位：万美元

年份	以矿藏为基础的资源密集型产品	劳动密集型产品	劳动和资本密集型产品
2010	124 652	31 671	28 410
2011	181 630	51 816	52 564
2012	101 388	53 488	11 788
2013	93 032	45 807	6 610
2014	116 876	42 350	10 484
2015	80 507	32 053	8 794

资料来源：根据《内蒙古统计年鉴》（2011～2016）整理所得。

（2）进口商品以生产资料为主

2016 年，内蒙古自治区进口前三位商品依次为铜矿砂及其精矿、锯材、铁矿砂及其精矿、原木等（表 7-11）。在 2016 年内蒙古自治区进口商品结构中，占比较大的全是生产资料，特别是矿产、原木等原材料，这些商品主要服务于出口工业制成品。内蒙古自治区在进口商品中，主要集中在原材料，在先进的技术和设备中，进口商品的数量较少，这将会影响自治区的产业升级，同时进一步影响对外贸易企业的技术改造、产业结构调整速度及内蒙古自治区的经济发展。①

表 7-11　2010～2015 年内蒙古自治区主要进口商品构成　　单位：万美元

主要进口商品	2010 年	2011 年	2012 年	2013 年	2014 年	2015 年
原木	87 886	111 888	70 531	63 196	68 948	51 722
浓缩、加糖或其他甜物质的乳及奶油	11 379	16 221		26 826	27 421	14 196
铜矿砂及其精矿	11 967	21 336	53 828	72 609	235 463	214 300
锯材	50 542	79 136	72 427	75 225	84 888	94 800
煤炭	75 009	146 821	175 403	130 871	80 586	50 800
铁矿砂及其精矿	67 697	105 221	82 641	85 138	30 862	58 900
石油，沥青矿物油类及制品	10 311	14 300	16 513	15 202	24 322	5 026

资料来源：一带一路统计数据库，http://ydyl.cei.cn/。

7.3.2　内蒙古自治区对外贸易发展中存在的问题

随着国家推进沿边开放和建设高水平的开放型经济体系，内蒙古自治区深

① 《内蒙古统计年鉴 2017》. http://www.nmgtj.gov.cn/acmrdatashownmgpub/ifnormal.htm?u=/files_nmg_pub/html/nmgtjnj/2017/indexch.htm&h=700。

度融入“一带一路”倡议，加快建设“草原丝绸之路”。“一带一路”建设给内蒙古对外贸易带来前所未有的机遇，促进内蒙古自治区对外贸易取得巨大成绩和进步。但受经济发展基础和现实条件的限制，内蒙古自治区对外贸易发展还是存在许多制约问题，具体如下：

7.3.2.1 出口商品结构不合理

内蒙古自治区的工业化水平发展迅速，又背靠蒙古国和俄罗斯市场，但内蒙古自治区的出口商品结构还是存在一定的问题。

第一，内蒙古自治区出口商品多为加工程度比较低的初级加工品，出口产品附加值比较低。2000 年，我国出口初级产品与工业制成品之比为 10∶90，2016 年转变为 4.3∶95.7，制成品已经成为我国出口创汇的主要产品。内蒙古自治区出口商品结构调整滞后于全国水平，初级产品与工业制成品的之比，2000 年为 34∶66 到 2016 年转变为 6.7∶93.3。纵向比较来看，内蒙古自治区出口商品的结构不断优化；横向比较来看则滞后于全国。内蒙古自治区面对的主要贸易伙伴是蒙古国和俄罗斯，都是轻工业欠发达的国家，内蒙古自治区如不能在制成品出口上有更大作为，是对区位优势的浪费。

第二，内蒙古自治区出口的制成品中，主要以劳动技术密集型的工业制成品为主，高新技术产品出口没有形成优势。内蒙古自治区向蒙古国和俄罗斯出口的服装、食品、日用百货类产品都属于国际竞争比较激烈的产品，产品缺乏弹性价格，这是造成内蒙古自治区出口额从 2014 年的 81.6 亿美元下降到 2015 年的 56.5 亿美元的重要原因（图 7-1）。内蒙古自治区出口产品多是技术含量比较低一般产品，体现技术水平和附加值的高新技术产品出口偏低，2016 年内蒙古自治区高新技术产品进出口仅为 3.9 亿美元，虽同比增长 30%，但仅占全区进出口总额的 4%，其中，高新技术产品出口仅为 2.94 亿美元，仅占全区出口总额的 7%，与东南沿海高新技术产品出口占比动辄过半的形势相比，差距尤为明显。[①] 此外，内蒙古自治区出口的高新技术产品，多是与矿山煤炭开采有关的装备制造业，这类型的产品价格缺乏弹性，而且国际市场供求不稳定，2012 年以来国际能源价格下降，蒙古国的煤炭和矿石产品开采出口下降，对内蒙古自治区的矿山开采的装备制造业出口影响极大。

出口商品结构不合理，造成国际竞争力低下，国际市场的任何波动都会影响自治区内部发展。2016 年国际市场大宗商品价格低迷，俄罗斯和蒙古国的

① 《内蒙古统计年鉴 2017》. http://www.nmgtj.gov.cn/acmrdatashownmgpub/ifnormal.htm?u=/files_nmg_pub/html/nmgtjnj/2017/indexch.htm&h=700。

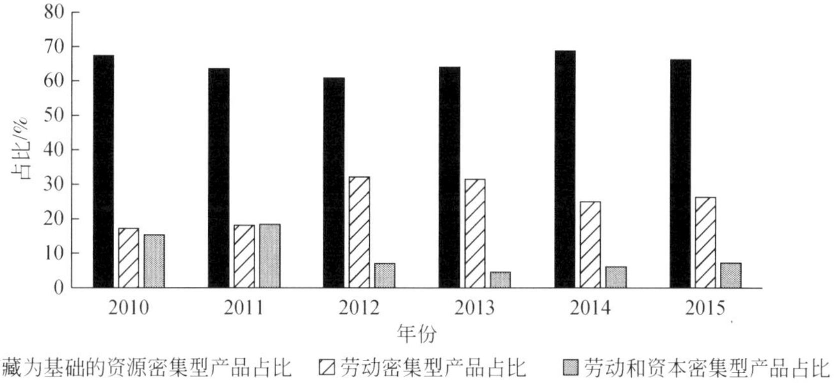

图 7-1 内蒙古各类产品出口占比

资料来源：根据《内蒙古统计年鉴》（2011～2016）整理所得

经济困难，对内蒙古自治区的产品进口减少，内蒙古自治区的对外贸易严重下滑（表 7-12）：进出口总额同比下降 8.1%，其中出口额同比下降 20.9%。按贸易方式来看，一般贸易和其他贸易进出口总额分别下降 7.6% 和 34.8%，其中出口额同比分别下降 25.2% 和 28.8%；按企业性质来看，外资企业和其他企业进出口总额分别下降 23.9% 和 25.0%，其中进口额同比分别下降 16.4% 和 48.9%。[①]

表 7-12 2016 年内蒙古的贸易情况

项目		进出口贸易总额		出口贸易总额		进口贸易总额	
		金额/亿美元	同比/%	金额/亿美元	同比/%	金额/亿美元	同比/%
总值		117.0	-8.1	44.71	-20.9	72.3	2.1
贸易方式	一般贸易	65.6	-7.6	33.9	-25.2	31.7	23.4
	加工贸易	4.9	100.4	3.2	189.9	1.7	28.2
	来料加工	0.6	15.2	0.4	45.4	0.3	-11.9
	进料加工	4.2	124.3	2.8	231.6	1.5	39.3
	边境小额贸易	31.5	2.2	3.9	-19.5	27.5	6.3
	其他贸易	14.9	-34.8	3.6	-28.8	11.3	-36.5

① 《内蒙古统计年鉴 2016》. http://www.nmgtj.gov.cn/acmrdatashownmgpub/ifnormal.htm?u=/files_nmg_pub/html/nmgtjnj/2016/indexch.htm&h=700。

续表

项目		进出口贸易总额		出口贸易总额		进口贸易总额	
		金额/亿美元	同比/%	金额/亿美元	同比/%	金额/亿美元	同比/%
企业性质	国有企业	23.9	9.9	10.0	-10.7	13.9	31.9
	私营企业	82.6	-10.0	29.6	-22.4	53.0	-1.2
	外资企业	10.1	-23.9	4.9	-30.4	5.1	-16.4
	其他企业	0.4	-25.0	0.2	58.3	0.2	-48.9

7.3.2.2 进口商品结构单一

内蒙古自治区的对外贸易过程中，进口产品中从蒙古国和俄罗斯进口的资源类产品占比较大。自2000年以来，来自蒙古国和俄罗斯的矿产、木材、化工用品、机械设备，是内蒙古自治区进口的主要产品。2016年，内蒙古自治区进口煤2550.4万吨、铁矿砂及其精矿973.8万吨、锯材556.2万吨、原木339.1万吨、铜矿砂125.5万吨。内蒙古自治区进口的资源类初级产品，价格受国际市场影响波动，加上我国经济发展对海外资源的依赖日益加重，进口量的增加带来商品价格的上涨。同样在2016年，内蒙古进口煤炭量增加86.3%，但每吨进口煤的价格上涨6.9%；进口锯材增加28.1%，进口均价上涨3.4%。2017年内蒙古自治区进口煤增加28.1%，进口均价上涨幅度达到79.3%；进口铁矿砂增加36.1%，进口均价上涨21.9%；进口锯材增加16.6%，进口均价上涨9.3%；进口纸浆增加58.6%，进口均价上涨16.9%。内蒙古自治区的进口出现奇怪现象，只要内蒙古自治区进口量增加，蒙古国和俄罗斯的资源产品价格就会上涨。①

内蒙古自治区进口贸易出现的进口价格上涨幅度过快，与其进口产品结构单一有关。2017年，内蒙古自治区进口煤143.7亿元，进口锯材99.4亿元，进口铜矿砂75.3亿元，进口铁矿砂49.3亿元，进口原油32.4亿元，进口纸浆10.2亿元，上述产品合计占2017年内蒙古自治区进口总额的67.5%。② 进口过于集中某几类产品，造成对俄罗斯和蒙古国的过度市场依赖，严重损害我国对相关商品的议价能力，造成我国进口贸易条件的恶化。俄罗斯的高新技术产品、蒙古国的畜牧类农副产品，在我国都具有拓展市场的空间，改变内蒙古自治区的进口结

① 《内蒙古统计年鉴2016》. http://www.nmgtj.gov.cn/acmrdatashownmgpub/ifnormal.htm?u=/files_nmg_pub/html/nmgtjnj/2016/indexch.htm&h=700。

② 《内蒙古自治区2017年国民经济和社会发展统计公报》. http://www.nmgtj.gov.cn/nmgttj/tjgb/webinfo/2018/03/1520670790330259.htm。

构，不但能为内蒙古自治区的经济发展提供必要的资源要素补充，还能促进经济结构的提升与经济发展效益的改善。

7.3.2.3 外贸企业经营理念落后

一是企业经营方式粗放，过度依赖价格竞争。民营企业是内蒙古自治区开展国际贸易的主体，2017 年 1 ~9 月，内蒙古自治区的民营企业的进出口额为 79.2 亿美元，占自治区进出口总额比例的 75.4%。[①] 但受历史原因和现实条件的制约，内蒙古自治区的民营经济虽然发展比较快，但企业普遍规模比较小，市场竞争力不强，主要从事低技术低附加值的劳动密集型产品出口，面对的蒙古国和俄罗斯消费市场有限，为了追求出口数量企业往往采取压价竞争的策略。受国内劳动密集型产品生产过程中劳动力成本的影响，出口企业为了应对低价竞争，只能降低产品生产的投入质量，造成大量假冒伪劣的产品充斥蒙古国和俄罗斯市场的情况，严重影响了中国制造的声誉和市场影响。

二是企业过度依赖贸易扩张，忽略对外投资。内蒙古自治区出口企业占领国外市场的模式，还停留在依靠产品直接扩张的阶段。出口劳动力密集型产品，容易对进口国相关产业和人员就业造成冲击，容易受到进口国的抵制。采取商品出口与资本“走出去”相结合的外贸战略，是我国东南沿海发达地区企业开展国际经贸的重要手段，内蒙古自治区的企业要避开进口国贸易壁垒，需要加大企业“走出去”的力度，在蒙古国和俄罗斯进行国际投资，利用国际投资避开关境措施的限制，扎根蒙古国和俄罗斯市场发展，借助外部市场和国外资源做大企业。

三是企业不善于借力提升自己。合作共赢是深化经贸合作的重要途径，引进先进技术和具有国际经营能力的企业合作，是提升企业国际化水平的重要途径。民营企业是内蒙古自治区外贸主体，由于害怕企业控制权受到影响，企业对引进外来资金持排斥态度。2017 年 1 ~9 月，内蒙古自治区新备案境外投资企业（机构）31 家，中方协议投资额约 2 亿美元，同比下降 82.8%，投资领域主要为农林牧渔业、采矿业、制造业、商务服务及教育等，而对提升内蒙古国际竞争能力制造业，引进外资技术几乎为零。[②]

7.3.3 内蒙古自治区对外贸易的发展对策

要促进内蒙古对外贸易的发展，不但需要借助国家对外开放带来的新机遇，还要善于练好内功。要促进内蒙古自治区对外贸易的发展，需要从提升产品竞争

---

① http://www.nmgtj.gov.cn/nmgttj/xwg/A0115index_1.htm。

② http://www.nmgtj.gov.cn/nmgttj/xwg/A0115index_1.htm。

力、改善经贸发展基础、优化对外政策环境入手，通过多管齐下共同发力的措施，促进内蒙古对外贸易的发展。

7.3.3.1 优化进出口产品的竞争力和质量

要利用世界经济转型带来的发展机遇，促进内蒙古自治区的出口产品的转型升级，以产品质量和品牌效应提升产品的国际竞争力。具体要做好以下几个方面的工作。

第一，提升优势产品的国际竞争力。内蒙古自治区的对外贸易发展，必须顺应世界经济发展和我国产业结构转型升级的趋势，加快结构调整和动力转换，不再是简单向国际市场提供内蒙古自治区生产的劳动力密集型产品，而是要推进外贸供给侧结构性改革。在巩固内蒙古自治区在日用生活商品出口传统优势基础上，要在蒙医药、食品、纺织等传统产业下足功夫，培育蒙药、乳品、纺织及肉类深加工等龙头企业品牌，促进蒙医药、纺织服装、食品加工等传统产业转型升级，利用优质的日用生活品占领的蒙古国的市场。要结合《内蒙古自治区人民政府关于质量强区的决定》，提升传统产业的产品质量，培育一批具有国际影响的品牌，让内蒙古的日用生活必需品成为国外消费的首选。

第二，为新型产业发展培育和开拓国际市场。要加快培育内蒙古产品的国际竞争新优势，围绕内蒙古自治区建设国家重要能源基地、新型化工基地、有色金属生产加工基地、绿色农畜产品生产加工基地、战略性新兴产业基地和国内外知名旅游目的地的战略目标，大力发展的新能源、装备制造、机电及高新技术，将其培育成为内蒙古自治区出口的接替产品。实施重大新药创制行动，掌握一批新药创制研发的关键核心技术，大幅提升制药技术和装备水平，做大做强蒙药中药产业，利用地缘优势将其打造成为出口新品牌。发挥内蒙古自治区的生物资源优势，提升生物制造领域技术创新能力，提升蓖麻、玉米深加工，形成一批具有国际影响力的品牌。发挥内蒙古自治区农畜产品优势，在高效乳酸菌、益生菌的研发水平下足功夫，推动蒙牛和伊利等品牌走向世界，将乳制品培育成为内蒙古自治区的出口优势产品。

第三，大力发展服务贸易，创立服务贸易品牌。依托内蒙古自治区的各类开发区、试验区和边境经济合作区、互市贸易区，规划建设一批特色服务出口基地。借助内蒙古自治区的区位优势，以沿边口岸为中心，发展转口贸易、国际物流、中转服务、研发、国际结算、分销、仓储等，大力发展现代新兴服务贸易。完善对外商投资实行准入前国民待遇加负面清单的管理模式，实行投资、贸易便利化措施，支持各类服务业企业通过新设、并购、合作等方式，在境外开展投资合作，加快建设境外营销网络，增强在境外的商业竞争力，提升内蒙古自治区服务贸易的发展水平。发挥呼和浩特市、包头市等地的经济影响力，积极利用各类会展、论坛等载体，加强区内出口品牌产品推介，大幅提高自主品牌出口比例。

第四，优化进口产品结构，提升进口的效益。不但要鼓励企业进口我国经济发展需要资源类产品，还要鼓励内蒙古自治区企业利用地缘优势，从俄罗斯等国引进关键设备、核心技术和专利发明，通过对引进技术设备等的消化吸收和再创新，不断提升内蒙古的装备制造业的技术水平。鼓励内蒙古自治区的企业“走出去”，到俄罗斯和蒙古国建立和并购研发机构，利用境外智力资源，提升外贸竞争力。

7.3.3.2 强化内蒙古对外贸易的基础设施

基础设施是制约内蒙古自治区对外贸易的重要因素，要通过提升基础设施水平来服务贸易发展。针对内蒙古的贸易伙伴情况，要着力做好以下几项工作。

第一，改善交通促进互连互通。基础设施互联互通是建设是发展国际贸易的基础，也是在“一带一路”沿线建立命运共同体的抓手，针对俄罗斯和蒙古国大宗资源类商品出口中国的现状，改善中俄蒙交通基础条件，促进三国交通设施的互连互通，是促进内蒙古自治区对外贸易发展的重要手段。要通过国家主导，内蒙古自治区主建主营，强化中俄蒙三国高层有效沟通，促进重大交通建设项目的协商对接。以铁路为骨干，以公路为补充，以航空为辅助，在中俄蒙三国之间搭建起互联互通的网络，实现口岸对接、轨道对接、陆海联运、管网畅通，促进民心相向、信息畅通等。打造跨境输电通道、煤炭运输通道、木材资源通道、商品物流通道的“四道合一”，通过资源市场的互补实现商品要素有序流动，通过三国发展的互利共赢促进合作深化。

第二，完善口岸建设，提升通关能力。口岸是发展国际贸易的基础，也是国际物流发展的重要平台和载体，口岸的现代化影响商品贸易流通，更影响国际贸易的效率。要通过简政放权力的手段，推进内蒙古自治区口岸通关联合审批和并联审批，通过口岸通关现场非必要执法作业前推后移和二线与一线监管模式衔接，为内蒙古自治区与“一带一路”沿线国家口岸执法机构的机制化合作创造条件。要为贸易人员的往来创造便利条件，加强与周边国家出入境管理和边防检查领域合作，对贸易相关人员因公赴毗邻国家（地区）执行任务、实施外国人口岸签证政策、对常驻居民实行与边境居民相同的出入境政策。同时，考虑到俄罗斯和蒙古国的口岸基础设施比较落后，对开展中俄蒙经济合作造成影响，要加强关境口岸合作，提升海关通关能力。

第三，完善法律合作，创造良好贸易环境。建立中俄蒙三国法律政策协调联络机制，三国以互信为合作基点，建立多层级、全方位地区经贸法律法规体系，建立起能满足三方共同诉求的市场经济秩序。可以在现有法律法规基础上，结合三国边境贸易发展的需要，逐步建立有区域特色的国际法律法规体系，依法保护三方市场主体的人身和财产等合法利益，规范三方市场主体行为，使三国之间经贸合作交流向规范化、制度化、法制化、市场化方向发展，为三国共同区域经济发展提供良好的投资环境。同时，三国之间要加强协调，降低市场准入限制，减少企业设立行政审批手续，为三国企业彼此投资创造条件。

第四，建设高素质经贸人才队伍。发展国际贸易需要高水平的经贸人才，内蒙古自治区国际经贸教育水平相对滞后，内蒙古大学、内蒙古财经大学培养的经贸人才数量有限，而内蒙古自治区生源地的学生，在国内其他城市接受经贸类教育，毕业后有相当一部分不愿意回到内蒙古自治区工作，造成当前经贸人才短缺的现状。内蒙古自治区的经贸人才所需要的专业知识，有别于其他省（直辖市、自治区）的人才，因国际经贸活动要对贸易伙伴国的经贸法律、经济活动习俗、文化背景有了解，熟悉国际贸易通行的惯例和做法，具有比较高的外语水平，才能胜任国际经贸业务发展的需要。因此，内蒙古自治区要大力强化国际经贸人才培养，通过加大高等专业院校建设力度，提升培养人才的素质和水平；要不断改善和创造良好的工作发展条件，吸引其他地区的经贸人才来内蒙古自治区发展。要为人才的留驻创造好的发展空间，使人才在内蒙古自治区能发展好，在实践中不断提升专业人才队伍水平。

7.3.3.3 促进经贸合作体制的共商共建

“一带一路”建设是内蒙古自治区对外经贸发展的重点方向，其也是未来国家对外开放的重点地区，主动融入国家发展大战略，是内蒙古自治区对外经贸发展的努力方向。内蒙古自治区在国家“一带一路”建设中有重要的地位，又处在发展国际经贸的前沿，可以利用自己独特的地位推动国家战略的落地，为自身的发展创造机会和条件。内蒙古通过参与“一带一路”建设促进自身发展，可以采取以下措施。

第一，主动融入“一带一路”建设，促进中俄蒙经济走廊的建设。中俄蒙经济走廊，既是“一带一路”倡议的重要组成部分，也得到俄罗斯和蒙古国的积极响应。在当前俄罗斯受到美国经济制裁压力下，加强与中国的经济联系，成为渡过经济难关的重要手段，再加上两国政治关系比较密切，为经济合作创造良好政治氛围；蒙古国作为一个内陆国家，其经济活动和民生的改善对中国依赖严重，受到中国经济发展的吸引，向中国靠拢是发展的重要手段，也有推进中俄蒙经济走廊的现实需要。内蒙古自治区要发挥独特的地缘政治优势，积极推动中俄蒙经济走廊的建设，并以工作一线的便利加以推进。一是以地方为合作对象，明确中俄、中蒙的国际经贸合作机制，以提高贸易投资便利化水平为目标，促进三国接壤地方的经济交流与合作。通过国际合作，使三国接壤地区的人民能从经贸合作中得到好处，真正实现互利共赢，强化经贸合作的社会基础。二是以边民贸易互市为基础，以合作好处促进双边互信与合作，减少对贸易发展不必要的限制，把推进边境贸易作为自觉自愿的行为。

第二，促进三国经贸合作的基础条件建设。信息化、便捷化对促进边境地区商贸物流发展有重要作用。内蒙古自治区的边境口岸承载中国商品出口俄罗斯和蒙古国，以及其他国家商品入境的责任。内蒙古自治区的边境口岸硬件条件建设有了很大的起色，但与中国大量输入俄罗斯和蒙古国的资源类产品的需要相比存在巨大差距，通关便利化还有提高的巨大空间。加强边境口岸建设，要从以下几个方面努力：一是增加口岸基础建设的资金投入，要从国家推动“一带一路”倡议的高度出发，发挥内蒙古自治区积极性，增加口岸基础建设投入，加大电子信息技术的运用，推动无纸化的报关。二是加大三国边境口岸运输能力，增强口岸辐射范围。三国边境地区交通运输的现实情况是，中国的铁路公路交通基础设施良好，但俄罗斯和蒙古国道路交通设施落后，内蒙古自治区的大量的贸易物资在境外存在“运不出，拉不进”的尴尬处境，再加上蒙古国和俄罗斯与中国铁路轨道标准对接没有最后完成，需要国家层面和内蒙古自治区共同努力，提升基础设施建设水平，更好服务互联互通。三是推进中俄蒙三国口岸监管合作，使用统一检疫标准，积极推动信息共享，实现检验检疫标准和结果共同承认，减少边境检验工作的重复，减少相应的成本。

第三，加强国际经贸机制的建设与协调。内蒙古自治区对外贸易协调的重点，应以俄罗斯和蒙古国为重心，为了使内蒙古自治区的边境口岸更好地发挥经贸合作堡垒作用，内蒙古自治区要加强国际经贸机制的建设与协调。一是在内蒙古自治区层面，要针对国家“一带一路”倡议的发展，成立相应的领导工作小组，该小组应该包括海关、金融、税务、交通、边防等相关部门，协调解决边境贸易发展过程中相关事项；二是加强内蒙古自治区地方层面与俄罗斯和蒙古国的协调，考虑到部分经贸合作事宜需要在地方政策层面进行解决，内蒙古自治区应通过设立专门机构与贸易伙伴对等协商解决，推动工作的有效开展；三是加强内蒙古自治区与国家相关职能部门的对接，内蒙古自治区对外贸易中遇到一些问题，不是地方政府沟通能解决的，需要借助中俄、中蒙双边领导人会晤，或者是国家间经济协调机制才能解决，为了方便基层部门反映问题和对接沟通国家相关部委，内蒙古自治区对于驻区经贸职能部门层面不能解决的事项，可以通过领导机构直接向国家有关部委争取，从而推动沿边地区实现更大程度的开发开放。

7.4 “一带一路”建设与内蒙古自治区边境贸易发展问题研究

7.4.1 内蒙古自治区开展边境贸易的基础条件

内蒙古自治区位于我国北部边疆，首府呼和浩特，横跨东北、华北、西北地区，接邻8个省（自治区），北与蒙古国和俄罗斯接壤。

内蒙古自治区地处欧亚大陆内部，东西直线距离2400千米，南北跨度1700千米，国境线长4200千米。内蒙古自治区全区面积为118.3万平方千米，约占全国陆地总面积的12.3%；2018年末全区常住人口为2534.0万人；辖9个地级市、3个盟，共计23个市辖区、11个县级市、17个县、49个旗及3个自治旗。

7.4.1.1 自然条件与自然资源

内蒙古自治区的矿床类型比较齐全，在世界已探明的140多种矿产资源中，内蒙古有120多种，探明储量居全国第一的有5种，居全国前十位的有65种，稀土资源储量约占全世界80%，已探明的煤炭储量为2247.5亿吨，居全国第二位。内蒙古自治区的煤炭开采和洗选业以及有色金属矿采选业等行业占据市场的主要份额。

7.4.1.2 交通运输等基础设施发展较好

内蒙古自治区作为“中蒙俄经济走廊”中的重要一环，其辖区内有铁路干线14条、支线12条，地方铁路5条，营运里程达到7083千米，密度为59.9千米/万平方千米。京通、京包、包兰铁路横贯东西，是连接东北、华北、西北的纽带。满洲里和二连浩特市两个大型陆运口岸，连接着俄罗斯和蒙古国，并可直达欧洲诸国。现有民用机场7个，已经开通国内航线20条、国际航线2条。初具规模的现代化邮政通信网已经建成，可以覆盖全区，联通全国，通达世界五大洲。这些交通、邮电、通信条件是内蒙古自治区边境贸易的重要保证。

7.4.1.3 “一带一路”倡议的提出，促进边境贸易的大力发展

内蒙古自治区作为资源富集区、水系源头区、生态屏障区、特色文化区，从经济发展、生态安全和向北开放等角度看，产业定位和功能定位十分重要。内蒙古自治区一直肩负着我国向北开放的桥梁和窗口的使命，具备服务于“一带一

路”国家愿景与行动的多项功能。内蒙古自治区“8337”[①] 发展思路明确定位，要努力建设充满活力的沿边经济带，打造祖国北部边疆亮丽风景线，在积极推动国家新型清洁能源输出基地建设和“一带一路”愿景与行动落地的同时，在中蒙俄经济走廊建设中发挥更大作用，进一步巩固和提升内蒙古在国家生产力布局和经济分工体系中的优势地位。

7.4.2 “一带一路”建设与内蒙古自治区边境贸易的发展

7.4.2.1 内蒙古自治区边境贸易发展现状

(1) 内蒙古自治区边境小额贸易的规模分析

从表7-13中，可以看出，内蒙古自治区的边境小额进口贸易的状况要好于边境小额出口贸易。同时，在2015年，边境小额贸易得到了巨大的提高，不论是从进口额还是出口额角度看，均有巨大的升高，边境小额出口贸易额从2014年的4.4亿元上升至30.8亿元，边境小额进口贸易从31.3亿元上升至182亿元。主要原因是2015年内蒙古自治区对“一带一路”沿线62个国家开展进出口贸易，进一步促进内蒙古自治区企业对“一带一路”沿线国家边境小额贸易的状况。

表7-13　2011～2016年内蒙古自治区边境小额贸易情况　单位：亿元

年份	边境小额贸易总额	边境小额贸易出口额	边境小额贸易进口额
2011	46.6	2.4	44.2
2012	47.3	3.6	43.7
2013	40.3	3.9	36.3
2014	35.7	4.4	31.3
2015	191.5	30.8	160.7
2016	208.3	26.3	182

资料来源：《内蒙古统计年鉴》(2012～2017)。

(2) 内蒙古自治区边境贸易的来源国分析

从表7-14中，可以看出，内蒙古自治区的进出境货运量主要集中在对俄口岸以及对蒙口岸。从表中可以看出，只有2009年对俄罗斯的进出境货运量高于蒙古

① “8337”是指2013年3月19日内蒙古自治区党委书记王君在自治区贯彻全国两会精神大会指出的对内蒙古自治区发展进行系统阐述时提出的发展思路。概括起来就是：“八个建成”“三个着力”“三个更加注重”“七个重点工作”，http://www.genhe.gov.cn/Print.aspx?id=2884。

国，2010 年之后，对蒙古国的进出境货运量逐步超越俄罗斯，到了 2016 年，差额达到了 1000 万吨，主要原因是，蒙古国的基础设施在近几年得到了很好的改善，有利于边境贸易的进行。同时，从 2009 ~ 2016 年内蒙古自治区总的进出境货运量可以看出，这几年进出境货运量呈现出逐渐上升的趋势，2016 年的增长率达到 19.8%。

表 7-14　2009 ~ 2016 内蒙古自治区边境贸易主要来源国及贸易情况

单位：万吨

年份	进出境货运量	对俄进出境货运量	对蒙进出境货运量
2009	3 736.8	2 428.5	1 308.3
2010	5 243.3	2 621.7	2 621.5
2011	6 172.8	2 664.7	3 222.2
2012	6 722.7	2 836	3 312.4
2013	6 798.9	3 031.7	3 293.2
2014	7 085.67	3 038.7	4 047
2015	6 581.6	3 044	3 537.6
2016	7 887.4	3 084.1	4 803.4

资料来源：《中国口岸年鉴》（2010 ~ 2017）。

7.4.2.2　内蒙古自治区边境贸易发展中存在的问题

（1）俄罗斯政策多变成为贸易的制约因素

俄罗斯独立后，联邦政府对地方的控制能力减弱，地方势力抬头，各地为维护自己利益而制定有悖于联邦宪法的法律的现象层出不穷，机构变化和人事更迭使中方失去了原有的经贸伙伴，往往造成巨额的贸易顺差无法追回，给双方经贸往来带来了严重的负面影响。

（2）产业结构互补性减弱

在经济全球化的浪潮之中，随着多国产品迅速进入远东市场，中俄边境贸易只能在多边竞争中求发展。同时，在世界的产业结构调整过程中，中俄双方为了适应国际经济竞争的需求，都在进行产业结构调整。产业结构、产品结构、技术结构的互补是中俄边境贸易得以高速发展的基础，而这一基础正处于动摇之中。两国边境贸易的互补性不断减少，共性却日益增加：两国都需要引进外资，这就束缚了相互投资的进行；两国民用技术及工艺水平总体上都不高，互相提供先进技术的可能性相对有限；双方管理水平都比较落后，市场机制均不成熟、不完善；两地在产业结构调整过程中出现了结构趋同之势，一些原有的互补性产品演变为互竞品，或由原来的强势互补变为弱性互补，比如，中国钢铁、汽车、化肥等工业的发展导致对俄此类需求减弱。

7.4.2.3　中蒙边境贸易的发展概况

（1）中蒙边境贸易的发展历程

1）边境贸易开始时期（1947～1951 年）。1947 年内蒙古自治区成立，满洲里在那时候便成为最重要的陆路口岸，这使得内蒙古自治区与蒙古国的记账贸易不断发展。1949 年我国与蒙古国建立外交关系，并且蒙古国也是当时与我国最早建立外交关系的国家。1951 年，为了推动边境地区的稳定，国家批准边境地区可开展边境贸易，两国间的经济来往也开始密切，双方积极达成了一系列经济合作和贸易往来项目，两国国家的领导人也签订了一系列协议和条款。1960 年中蒙两国签订《中蒙友好互助条约》，并且在 1962 年签订《边界条约》。根据中国给予蒙古国经济技术援助协定，中国向蒙古国先后提供 4.6 亿卢布的援款。中国在这一时期一直占据着蒙古国第二大贸易伙伴的位置，并且其中边境贸易的份额尤为重要。

2）边境贸易中止时期（1963～1983 年）。1969 年中苏关系恶化，而蒙古国站位依附于苏联，中蒙贸易中断，当然也包括中蒙边境贸易。

3）边境贸易恢复与繁荣时期（1985 年至今）。从十一届三中全会之后，随着中国改革开放政策的实施，两国之间的经贸关系开始恢复，作为经贸关系中重要的一部分的边境贸易也开始活跃起来。1985 年我国恢复了与蒙古国的边境贸易，也正是在这一年边境贸易额达到了 26 万美元。

1996 年后中蒙边境贸易实现了跨越式发展，从 1994 年的 5352 万美元增加为 1999 年的 30 050 万美元，边境贸易额增加了近 5 倍。1996 年以后，以国家西部大开发战略为突破口，中蒙边境贸易逐渐从混乱走向了有序，贸易方式也出现了转变。①

（2）中蒙边境贸易的发展现状及特点

蒙古国是地处亚洲的内陆国家，东、南、西三面与中国接壤，国土面积达 156.7 万平方千米。蒙古国与内蒙古自治区有着共同的祖先，同属一个民族，有着同样的文化。也正是由于这样中蒙边境贸易才能更好地发展。虽然 2008 年金融危机使得中蒙边境贸易额受到一定影响，并且边境贸易总量和规模偏小，但是总体来说中蒙边境贸易总体态势良好。

由表 7-15 可以看出近年来中蒙贸易总额呈逐年增长的趋势，尽管边境贸易额占中蒙贸易额的比例较小，但是从 2009 年以后边境贸易额与过去相比有了较大程度的增长。

---

① 《内蒙古统计年鉴（网络版）》（1995、1997、2000）. http://www.nmgtj.gov.cn/acmrdatashownmgpub/publish.htm?m=getMorePublish&bc=A01。

表 7-15 2007～2014 年内蒙古自治区中蒙边境贸易情况

年份	贸易总额/万美元	边境贸易额/万美元	边境贸易额占贸易总额比例/%
2007	203 048	34 518	17.00
2008	323 531	77 647	24.00
2009	382 134	106 998	28.00
2010	396 531	114 994	29.00
2011	402 184	144 786	36.00
2012	660 121	297 054	45.00
2013	595 914	361 845	60.72
2014	731 847	322 500	44.07

资料来源：《内蒙古统计年鉴》（2008～2015）。

从商品结构看中蒙边境贸易，两国商品经济结构互补性较强，未来发展前景广阔（表7-16）。蒙古国的矿产资源丰富，我国可从蒙古国进口资源类产品，而我国出口的主要是食品和生活日用品，因此，中蒙贸易结构和贸易方式比较单一。这与欧美国家以其雄厚的经济实力对蒙古国进行大规模的投资有很大的关系，尤其是对蒙古国未来经济有较大影响的方面，这必须引起重视。我国要从中国制造转向中国创造，中蒙贸易结构也要如此，应以出口附加值较大的高新技术产品为努力方向。

表 7-16 中蒙进出口商品结构

地区	进口	出口
中国	金属矿石、煤炭、畜牧品、石油及石油初级产品	工业制成品、化学制品、粮食、纺织品、生活基础产品
蒙古国	机械产品、纺织品、服装、轻工业制品、生活必需品	畜牧产品原料和矿物制品为主、主要有铝矿石、铜矿石、原油、动物绒毛等

资料来源：《蒙古国经济社会统计年鉴》。

1）边民互市贸易。为推动中蒙边境贸易朝更好的方向发展，内蒙古自治区开展了二连浩特边民互市贸易区试点工作。二连浩特市边民互市贸易区自正式宣布试运营以来，运营期间边民互市贸易交易额呈稳步增长趋势。2016 年，共有 1.2 万人次入区，销售商品总额达 1086 万元，其中互市交易申报 1334 笔，价值 973.3 万元，游客购物 3487 笔，价值 112.8 万元。①

口岸在边境贸易中起着很大的作用，内蒙古对蒙古国的进出境口岸运量都呈

---

① http://swt.nmg.gov.cn/index.shtml。

现急速增长的趋势，其中进出境货运量最大，进境货运量大于出境货运量，相反出境客运量大于进境客运量，可见两国边境贸易往来非常密切，我国到蒙古国投资也在增多（表7-17）。

表7-17　2016年内蒙古自治区对蒙古国进出境口岸运量

对蒙进出境货运量情况	进境货运量	同比增长	出境货运量	同比增长
	4187.9万吨	47.2%	615.5万吨	11.2/%
对蒙进出境客运量情况	进境客运量	同比增长	出境客运量	同比增长
	179.5万人次	20.7%	182.3万人次	23.1%
对蒙进出境交通运输工具情况	进境交通工具	同比增长	出境交通工具	同比增长
	69.8万列辆架次	37.0%	70万列辆架次	37.5%

资料来源：内蒙古自治区商务厅。

2）边境经济合作贸易。边境经济合作区这一改革开放建设的壮举在近20年的创业中经济实力显著提升。2010年，边境合作区实现生产总值390亿元，工业总产值455亿元。建立跨境经济合作区可以更好地让边境贸易向投资、贸易、加工一体化发展。①

3）边境旅游贸易。随着两国边境贸易的不断加深，边境旅游入境人数逐年叠加。我国的经济实力不断加强使得我国的轻工业产品物美价廉，更多的蒙古国居民愿意以旅游的形式到内蒙古自治区购买各方面的产品。内蒙古自治区边境地区应大力发展第三产业，出口高新技术附加产品，推动边境旅游贸易的发展（表7-18）。边境旅游业不仅能实现旅游额的增加，还能带动其附加产品，如旅游纪念品、特色中国产品的销售。

表7-18　入境旅游人数和创汇统计

年份	入境旅游总人数/人次	前往蒙古国人数/人次	入境旅游创汇/万美元
2015	1 607 800	817 319	96 249
2016	1 779 100	880 912	113 903

资料来源：《内蒙古统计年鉴2017》。

4）边境小额贸易。从表7-19可以看出，2016年内蒙古自治区出口边境小额贸易较上一年度有明显的增长，而进口边境小额贸易却成相反的趋势，正在下降。总体来说，较上一年度有轻微的波动下降，但是总额的数额还是非常可观的。进口加工贸易增长最快，可以考虑多发展加工贸易，我国较蒙古国而言矿产

① http://swt.nmg.gov.cn/index.shtml。

资源等相对缺乏，可以依靠强大的技术进行加工贸易。

表 7-19　海关进出口分项表

项目	2015 年	2016 年	同比增长/%
海关进出口总额/亿元	792.5	772.8	-2.5
出口贸易/亿元	351.5	295.3	-16.0
一般贸易/亿元	280.9	224.1	-20.2
边境小额贸易/亿元	30.8	26.3	-14.6
加工贸易/亿元	6.8	20.8	205.9
其他贸易亿元	33.0	24.1	-27.0
进口贸易/亿元	440.1	477.5	8.3
一般贸易/亿元	160.5	209.7	30.7
边境小额贸易/亿元	160.7	182	13.3
加工贸易/亿元	8.3	11.4	37.3
其他贸易亿元	111.5	74.4	-33.3

资料来源：《内蒙古自治区国民经济和社会发展统计公报》（2015～2016），《内蒙古统计年鉴 2017》。

7.4.2.4　内蒙古自治区边境贸易的发展对策

（1）宏观层面

从宏观层面上来说，政府应对边境贸易给予政策上的支持，努力突破政策性滞障，同时各相关部门应进一步加大对内蒙古自治区相关优势产业的扶持力度，建立并提高品牌意识，推动产业的规模化和集群化发展。

（2）中观层面

从中观层面上来讲，内蒙古自治区与相邻边境国家的相邻地方政府应该充分利用各自的比较优势，培育强势产业，并加强各项基础设施建设，为双方经贸发展提供便利。同时改变目前以贸易为主的现状，充分利用地理优势，调整当地产业结构，把当前的贸易优势转变为经济发展的优势。

（3）微观层面

从微观层面来说，应完善各种中介服务机构，为企业搭建信息平台和项目对接平台，培育优势企业，扩大边境地区对外直接投资及合作领域，加强调研，促进双方人员的往来，更多地进行文化、学术交流，以进一步增进双方的边境贸易。

8 “一带一路”建设与甘肃省边境贸易区发展问题研究

8.1 甘肃省口岸体系

甘肃省位于我国西部地区，地处黄河中上游，东接陕西，南邻四川，西连青海、新疆，北靠内蒙古、宁夏，并与蒙古国接壤。全省面积42.58万平方千米，约占我国陆地国土面积的4.7%，截至2016年年底常住人口2610万。甘肃省直接同蒙古国接壤的是河西走廊西北部的肃北蒙古族自治县（简称肃北县）的马鬃山镇，边境线长65千米。马鬃山镇是肃北蒙古族自治县所属副县级镇，也是甘肃省唯一的边境贸易口岸。

马鬃山陆路（公路）口岸位于酒泉市肃北县马鬃山镇，1992年经国务院批准开通，后因蒙古国单方面原因关闭至今。2015年，在甘肃省委、省政府的大力支持下，投入大量资金对马鬃山口岸基础设施进行了维修和改造，先后修建了边境贸易公路、京新高速公路和配套设施，硬化了口岸交易区，开通了电信、移动、联通等通信网络，瓜州双塔水库引水至马鬃山镇的饮水工程等项目正在建设中。2015年4月1日召开的“中蒙边境口岸及其管理制度协定执行情况第五轮局级会晤”中，中方代表团在全体会议上提出，建议重新开放马鬃山口岸，并将复关问题列入口岸协定的修改意见中。蒙方代表回应，马鬃山口岸蒙方一侧为国家级自然保护区，人烟稀少，口岸开放存在实际困难，蒙方表态将在经济、安全等方面做出评估后回应中方要求（中国口岸协会，2017）。

8.2 “一带一路”建设与甘肃省对外贸易发展问题研究

8.2.1 甘肃省在“一带一路”建设中的定位

“一带一路”倡议提出后，全国各地都在以不同方式主动融入这一倡议，为各省（自治区、直辖市）的发展争取资源、拓宽路径，甘肃省也不例外。甘肃省政府对于甘肃在“一带一路”建设中的定位是：打造“丝绸之路经济带”黄金段，构建我国向西开放的重要门户和次区域合作战略基地。甘肃省在2016年外贸进出口下降的情况下，却与“一带一路”沿线国家贸易逆势上扬，贸易额突破百亿元，占甘肃进出口总额的近四分之一。2016年，甘肃省与“一带一路”沿线国家贸易额首次突破了100亿元，同比增长了10%。[①]

8.2.2 “一带一路”建设与甘肃省对外贸易的发展

8.2.2.1 甘肃省对外贸易发展现状

甘肃省进出口贸易规模并不是很大，截至2016年，甘肃省进出口总额仅有67.9亿美元，出口增长率在近几年有所下降，2016年出口增长率为-30.8%。进口增长率不稳定，且从2009~2013年一直是贸易逆差，从2014年开始出现贸易顺差（表8-1）。与甘肃省进出口贸易额较大的国家（地区）主要有：中国香港、马来西亚、蒙古国、韩国、哈萨克斯坦、美国和澳大利亚。与2015年相比，甘肃省在2016年对大多数国家的进出口贸易额呈减少趋势，特别是澳大利亚，贸易额从2014年的32.5亿元减少到2015年的19.5亿元（表8-2）。但是甘肃省与哈萨克斯坦的贸易额增幅较大，从2014年的16.4亿元增长到2015年的39亿元。

表8-1 甘肃省对外贸易情况

年份	出口额/亿美元	出口增长率/%	进口额/亿美元	进口增长率/%	进出口总额/亿美元	进出口总额增长率/%	贸易逆差额/亿美元
2009	7.4	-54.1	31.3	-30.4	38.6	-36.6	23.9
2010	16.4	122.7	57.3	83.3	73.7	90.8	40.9
2011	21.9	33.4	65.7	14.5	87.5	18.7	43.8
2012	35.7	63.5	53.3	-18.9	88.9	1.7	17.5
2013	46.8	30.9	56.0	5.2	102.8	15.5	9.2
2014	53.3	13.9	33.2	-40.8	86.5	-15.9	-20.1
2015	58.1	9.0	21.4	-35.5	79.5	-8.1	-36.7
2016	40.2	-30.8	27.7	29.6	67.9	-14.4	-12.5

资料来源：《甘肃发展年鉴》（2010~2017）。

① 《甘肃发展年鉴2017》. http://www.gstj.gov.cn/tjnj/2017/index.asp?classid=70。

表 8-2　甘肃省同主要国家（地区）对外贸易进出口情况　单位：亿元

国家（地区）	2015 年			2016 年		
	进出口总额	出口总额	进口总额	进出口总额	出口总额	进口总额
中国香港	24.9	24.3	0.6	48.4	43.2	5.2
中国台湾	13.2	7.5	5.8	15.2	5.0	10.2
印度尼西亚	12.9	7.9	4.9	8.7	3.2	5.5
马来西亚	23.8	19.2	4.6	17.5	12.9	4.6
蒙古国	19.4	0.3	19.1	17.6	0.1	17.5
新加坡	18.5	16.6	1.9	11.7	8.3	3.4
韩国	42.2	39.80	2.4	31.9	29.4	2.5
哈萨克斯坦	16.4	3.5	12.9	39.0	5.8	33.2
德国	10.2	7.7	2.5	6.9	3.9	3.0
美国	37.1	31.2	5.9	41.9	18.5	23.4
澳大利亚	32.5	4.2	28.3	19.5	2.2	17.3

资料来源：《甘肃发展年鉴》（2016、2017）。

甘肃省 2016 年海关数据显示，甘肃省当年主要出口商品有：未列名电灯及照明装置，其他集成电路，未列名塑料制鞋面的鞋靴，炉用炭电极，蔬菜种子，鲜苹果，枝形吊灯及天花板或墙壁上的电气照明装置，未列明塑料制品，贱金属制其他仿首饰，塑料或纺织材料作面的提箱和小手袋等，塑料片或纺织材料作面的手提包，未列名化纤女式带风帽防寒短上衣和防风衣等，其他上釉的陶瓷砖、瓦、块及类似品，化纤制针织或钩编套头衫、开襟衫、马甲等，家具用其他贱金属制附件及架座，其他橡胶或塑料外底，织材料鞋面的鞋靴，电气的台灯、床头灯或落地灯，合成纤维制披巾、围巾、披纱、面纱及类似品，瓷制固定卫生设备，棉制女裤，棉制其他男裤，其他装软垫的金属框架的坐具，星型轮及碟刹件。①

甘肃省 2016 年海关数据显示，甘肃省当年主要进口商品有：铜矿砂及其精矿，镍矿砂及其精矿，钴湿法冶炼中间品，以天然沥青等为基本成分的沥青混合物，镍锍，其他集成电路，镍湿法冶炼中间品，氧化铝，但人造刚玉除外，锌矿砂及其精矿，镍铁，未烧结的铁矿砂及其精矿，其他精炼铜的阴极（未锻轧的），引线键合装置（主要用于或专用于装配与封装半导体器件和集成电路的设备），已烧结的铁矿砂及其精矿，其他静止式变流器，锰矿砂及其精矿，液晶门

① 《甘肃发展年鉴 2017》. http://www.gstj.gov.cn/tjnj/2017/index.asp?classid=70。

眼，其他干豌豆，含石油或从沥青矿物提取油类的润滑油添加剂，亚麻子，钴及其制品，搅混、轧碎、研磨、筛选、均化或乳化机器，以镍及其化合物为活性物的载体催化剂，液体泵零件。[①]

从甘肃省近几年的对外贸易情况来看，甘肃省近几年对外贸易由于受国际环境和其他一些因素的影响一度低迷，一直在低水平、低层次上徘徊，对外贸易依存度长期偏低。目前，这种主要依赖资源和劳动力的投入，出口低档次的工业制成品的出口产品结构，使甘肃省长期处在国际分工的较低层次，出口产品的效应没有显著提高，因而不具备大幅度增长出口的潜力。

8.2.2.2 甘肃省对外贸易发展中存在的问题

一是产业结构不合理，产业竞争力不强。长期以来，甘肃省的经济政策取向偏重于工业规模的扩大和总量的提高，忽视产业素质特别是企业市场竞争力的提高，经济发展主要依靠高积累、高投资支撑，由此造成的一系列的产业结构问题，已经成为甘肃经济继续稳定发展的掣肘因素。

二是甘肃民族地区经济发展滞后，自身的资本积累有限；投资环境欠佳，外部资金引进较为困难；地理位置偏远和地方保护主义的存在，新技术引进困难重重。

三是总体来说甘肃省人口受教育程度低，高素质劳动力稀缺，资金、技术和人才的匮乏既制约着区域贸易的发展，同时也是制约甘肃省经济增长关键。

8.2.2.3 甘肃省对外贸易的发展对策

一是建设“东来西往、南联北接”的交通黄金带。甘肃省得天独厚的地理位置造就了其在中国内陆的中心位置，加之处于四大生态文化区域的交汇地带，成为不同民众进行经济文化社会交流的必经之地，因此提倡顺畅的交通道路是甘肃省发展对外贸易的要务之一。

二是大力发展特色产业。多年以来，甘肃省依靠先天不足的农业、牧业和商业只能维持民众的基本生活，但甘肃省悠久的历史所带来的文化遗产资源、少数民族资源，则给现代人生化的文化产业和旅游业的发展提供了不可多得的条件，因此甘肃省必须依托“一带一路”倡议抓住新一轮的特色产业发展的机遇。

---

① 《甘肃发展年鉴 2017》. http://www.gstj.gov.cn/tjnj/2017/index.asp?classid=70。

8.3 “一带一路”建设与甘肃省边境贸易发展问题研究

“一带一路”倡议是中国新一轮对外开放的重要倡议，扼丝绸之路咽喉要道的甘肃省无疑成为实施这一重大倡议的重要节点，也成为甘肃省迎来开展边境贸易的全新机遇。充分发挥甘肃省重要通道的区位优势，大力开拓国际市场，打造国家向西开放的桥头堡，是甘肃省开展边境贸易的重要目标。

8.3.1 甘肃省开展边境贸易的基础条件

8.3.1.1 马鬃山镇

甘肃沿边地区只有酒泉市肃北蒙古族自治县的马鬃山镇。中蒙边界甘肃段（马鬃山段）西起487号界标，至500号界标，边境线长65千米。甘肃沿边地区开放开发程度与其他几个沿边省（自治区）相比层次比较低。

马鬃山镇面积3.8万平方千米，共辖5个行政村，326户牧民，常住人口1420人。马鬃山镇居民一半是牧民，一半是铁矿、金矿、煤矿工人。马鬃山境内蕴藏着丰富的矿产资源，发现的各类矿床128处。有七角井、金庙沟等多家以矿产资源开采、加工为主的企业。马鬃山镇工业园区是肃北县全面实施“工业强县”战略，推动县域经济快速发展，在原工业区的基础上投资建设的高标准新型工业园区。园区总面积5.8平方千米，分矿产工业、草畜产业、农副产业、冶炼工业、高新技术等多个功能区。

8.3.1.2 戈壁阿尔泰省

与甘肃沿边地区接壤的是蒙古国的戈壁阿尔泰省，土地面积14.2万平方千米，人口7.2万；省会阿尔泰市位于乌兰巴托市西南1001千米，人口约为2万人。戈壁阿尔泰省按自然形态属于阿尔泰山区和戈壁大区。半荒漠和荒漠草场分布广泛，牧草种类繁多，营养丰富，有雪莲等多种药材。野生动物有野骆驼等珍稀动物。哈斯巴特山峰（哈萨格特）周围的牧场已列为自然保护区，为保护动植物资源和自然环境创造了有利的条件。戈壁阿尔泰省燃料、动力、金属、建筑等矿产资源丰富。经济以畜牧业为主，1993年，牲畜总头数达177.5万头，农作物耕种面积达5900多公顷。

8.3.2 “一带一路”建设与甘肃省边境贸易的发展

8.3.2.1 甘肃省边境贸易发展历史与现状

1992年4月，甘肃省政府代表团与蒙古国巴彦洪果尔省、戈壁阿尔泰省执行委员会代表团，签订《中华人民共和国甘肃省和蒙古国戈壁阿尔泰省、巴彦洪果尔省关于开设马鬃山—那然色布斯台口岸会商备忘录》。1992 年 9 月 1 日，口岸基础设施建成交付使用，口岸有关管理机构也相继配置就绪，中蒙马鬃山—那然色布斯台口岸宣告正式开通。规定一年中 1 月、4 月、6 月和 11 月的 1 ~ 15 日为开关时间。口岸设立后，两边的地方政府也围绕矿产资源开发与加工、畜牧业发展、基础设施建设、技术合作、投资以及劳务输出、人才培养等方面进行了积极的磋商。甘肃省委、省政府多次召开会议，研究扩大开放和边境贸易事宜，与蒙古国达成了合办企业、建设火电站等十多项协议。蒙方戈壁阿尔泰省经贸考察团六次应邀访问甘肃，艺术团在肃北县访问演出。由于双边的居民主要是蒙古族，无论是语言，还是宗教信仰和风俗习惯都比较接近。在贸易往来和文化交流中进一步加强了政治互信和民心互通。

从 1992 年 9 月 1 日至 1993 年 8 月间，中蒙马鬃山—那然色布斯台口岸开通并经过 4 次开关过货，马鬃山口岸共完成易货贸易总额 443 万元，其中进口额 254 万元，出口额 189 万元（表 8-3）。累计进口蒙方各类皮张 68 927 张、羊毛 8 吨、板材 140 立方米、钢材 10 吨；我方共出口面粉 649.9 吨、各类布料 13.1 万米、白糖 5 吨、暖瓶 4100 个、吉普车 1 辆及大量日用百货。[1] 开关不到一年，1993 年 8 月蒙古国单方面毁约关闭了口岸，关闭理由是为了避免破坏国内自然保护区。甘肃省政府请示外交部，应蒙方要求暂时关闭口岸，保留继续开关的权利，但口岸关闭至今。

表 8-3　1992 ~ 1993 年马鬃山口岸运营情况一览表

项目	1992 年			1993 年		
	进口	出口	小计	进口	出口	小计
过货量/吨	320	340	660	760	740	1500
进出口额/万元	111	101	212	254	189	443
出入境人数/人次	382	8	390	792	28	820
交通工具/辆次	62	2	64	155	7	162

资料来源：《中国口岸年鉴》，转自《追忆甘肃唯一边境贸易口岸昔日的辉煌》，2006 年 8 月 30 日，中国甘肃网：http://www.gscn.com.cn/。

2014 年 10 月，为做好马鬃山口岸复通准备工作，酒泉市筹资在我国口岸一侧重新修建了联检大楼和生活设施，口岸环境得到了进一步改善。目前，马鬃山口岸通关的设施条件仍然具备，酒泉海关提供了长年通关保证。尤其在我国的

① 追忆甘肃唯一边境贸易口岸昔日的辉煌. http://www.gscn.com.cn/。

"一带一路"倡议提出以后，复通马鬃山口岸变得更为迫切。

2015年1月，在甘肃省政协第十一届三次会议上，一份《关于设立马鬃山省级开放开发实验区的提案》获得关注。提案中提到了马鬃山地区不能被忽视的几个优势。甘肃省肃北县马鬃山曾是古丝绸之路要道，兰新铁路及高铁、兰新高速、312国道横贯东西，额哈（额济纳至哈密铁路）铁路、京新高速正在建设，216省道连接口岸、连通京新、连霍公铁（东起江苏连云港，西至新疆霍尔果斯），在马鬃山形成了"十"字公铁网架。此外，马鬃山矿产资源也非常丰富，金、银、铜、钒、铁、钨、锰等资源的产能都比较高。

2015年9月中旬，提案得到甘肃省商务厅答复。甘肃省高度重视马鬃山口岸的复通工作，并把此项工作列入省委常委会和省委外事工作领导小组2015年工作重点，并且制定了《甘肃省关于促进马鬃山口岸恢复通关开放开发工作方案》和《2015年马鬃山口岸恢复通关工作重点任务分解方案》。下一步，甘肃省将全力推进马鬃山口岸复通工作，落实《2015年马鬃山口岸恢复通关工作重点任务分解方案》，促进官民双方对口岸复关逐步形成共识。

8.3.2.2 甘肃省边境贸易发展路径

加强马鬃山口岸恢复通关磋商工作，依托酒泉出入境检验检疫局和酒泉海关，加强对马鬃山口岸关检服务工作，积极推行"一次申报、一次查验、一次放行"的新型通关模式。发展马鬃山口岸特色加工业，依托蒙古国戈壁阿尔泰省丰富的畜产品资源，建立马鬃山口岸特色加工业园区，重点发展畜产品精深加工、饲草深加工两大主导产业。同时还应充分发挥马鬃山镇文化旅游资源优势，大力发展边塞旅游、民族风情旅游、科考历史旅游等。

9 “一带一路”建设与新疆维吾尔自治区边境贸易区发展问题研究

9.1 新疆维吾尔自治区口岸体系

9.1.1 口岸总体概况

新疆位于我国的西北部、欧亚大陆腹地，与蒙古国、俄罗斯、哈萨克斯坦、吉尔吉斯斯坦、塔吉克斯坦、阿富汗、巴基斯坦及印度8个国家接壤，边界线长达5600多千米，是我国邻国最多、边界线最长的省区。1982年国家批准开放了中巴边境红其拉甫口岸，1983年又恢复开放了霍尔果斯口岸、吐尔尕特口岸。

截至2016年，国家批准新疆对外开放的口岸有17个，其中，航空口岸2个，陆地边境口岸15个。航空口岸有乌鲁木齐航空口岸和喀什航空口岸。陆路口岸中，新疆对口蒙古国的边境口岸有4个，即老爷庙口岸（哈密市）、乌拉斯台口岸（昌吉回族自治州）、塔克什肯口岸（阿勒泰地区）和红山嘴口岸（阿勒泰地区）；新疆对口哈萨克斯坦的边境口岸有7个，即阿黑土别克口岸（阿勒泰地区）、吉木乃口岸（阿勒泰地区）、巴克图口岸（塔城地区）、阿拉山口口岸（博尔塔拉蒙古自治州）、霍尔果斯口岸（伊犁哈萨克自治州）、都拉塔口岸（伊犁哈萨克自治州）、木扎尔特口岸（伊犁哈萨克自治州）；新疆对口吉尔吉斯斯坦的边境口岸有2个，即吐尔尕特口岸（克孜勒苏柯尔克孜自治州）、伊尔克什坦口岸（克孜勒苏柯尔克孜自治州）；新疆对口巴基斯坦的边境口岸有1个，即红其拉甫口岸（喀什地区）。新疆与塔吉克斯坦的边境口岸1个，即卡拉苏口岸（喀什地区）（中国口岸协会，2017）（表9-1）。

表 9-1 新疆对外开放口岸一览表

国家（地区）	口岸名称	类别	属地	开放时间
国际	乌鲁木齐机场	一类	乌鲁木齐市	1973 年
蒙古国（4 个）	塔克什肯	一类	阿勒泰地区	1989 年
	红山嘴	一类	阿勒泰地区	1992 年
	乌拉斯台	一类	昌吉回族自治州	1992 年
	老爷庙	一类	哈密地区	1992 年
哈萨克斯坦（7 个）	霍尔果斯	一类	伊犁哈萨克自治州	1983 年
	阿拉山口	一类	博尔塔拉蒙古自治州	1992 年
	巴克图	一类	塔城地区	1992 年
	吉木乃	一类	阿勒泰地区	1992 年
	阿黑土别克	一类	阿勒泰地区	1992 年
	都拉塔	一类	伊犁哈萨克自治州	1992 年
	木扎尔特	一类	伊犁哈萨克自治州	1992 年
吉尔吉斯斯坦（3 个）	吐尔尕特	一类	克孜勒苏柯尔克孜自治州	1983 年
	伊尔克什坦	一类	克孜勒苏柯尔克孜自治州	1998 年 1 月
	别迭里	一类	阿克苏地区	未定
塔吉克斯坦	卡拉苏	一类	喀什地区	1997 年
巴基斯坦	红其拉甫	一类	喀什地区	1982 年
国际	喀什机场	一类	喀什地区	1993 年 4 月
俄罗斯联邦	喀纳斯	一类	阿勒泰地区	未定
阿富汗	托克满苏	一类	喀什地区	未定

资料来源：http://www.xjftec.gov.cn/index.html。

9.1.2 边境口岸体系

新疆作为我国边境省份中边境线最长的地区，口岸数量非常庞大，为了能够更加具体全面的介绍新疆维吾尔自治区各个口岸的发展，本节选取了边境地区具有代表性的口岸进行研究。

9.1.2.1 中哈边境口岸

（1）阿拉山口口岸

阿拉山口口岸是我国与哈萨克斯坦的边境口岸，位于博尔塔拉蒙古自治州阿拉山口市境内，是第二亚欧大陆桥中国段西部的桥头堡。阿拉山口口岸 2013 年全年过货量达 2982.9 万吨（表 9-2）。它包括铁路口岸和公路口岸，此外还有原油管道运输，是国家一类口岸。

表 9-2　2012～2016 年阿拉山口口岸进出口贸易情况　单位：亿美元

年份	进出口贸易总额	进口贸易总额	出口贸易总额
2012	162.9	120.1	42.7
2013	174.3	133.2	41.1
2014	154.5	117.8	36.7
2015	95.6	71.1	24.5
2016	78.3	57.9	20.3

资料来源：《中国口岸年鉴》(2013～2017)。

阿拉山口口岸相对应口岸是哈萨克斯坦的德鲁日巴口岸（距阿拉山口 12 千米）。阿拉山口是介于阿拉套山和巴尔鲁克山之间宽约 20 千米、长约 90 千米的一个宽阔、平坦的通道，北接哈萨克斯坦的阿拉湖，南接中国艾比湖，北段属哈萨克斯坦共和国塔尔迪库尔干州，南段属于中国新疆博尔塔拉蒙古自治州（中国口岸协会，2017）。

阿拉山口口岸始建于 1990 年 6 月，1992 年 12 月正式宣布对第三国开放，具有较高的国际联运地位。口岸自开放以来，对加强新疆对外经贸的往来，对我国沿线地区对外开放和经济贸易的发展，对东部日本、韩国与西部沿线国家缩短运输距离、扩大经济贸易、促进经济发展起着重要作用。从表 9-2 可以看出，2012～2016 年，阿拉山口口岸进出口贸易额呈现出下降的趋势，进出口贸易额从 2012 年的 162.9 亿美元下降至 2016 年的 78.3 亿美元，2015 年的下降幅度最大，约为 38.2%。从进口角度来看，阿拉山口口岸进口贸易额也是逐年递减，2016 年的贸易额为 57.9 亿美元，不到 2012 年的一半。从出口角度来看，出口的规模要远远小于进口规模，2016 年，阿拉山口口岸的出口规模仅为 20.3 亿美元，从 2012～2016 年，出口额呈现逐年下降的趋势，年均下降率为 16.2%。

为了进一步了解阿拉山口口岸的贸易情况，本节使用进出口货物量来反映阿拉山口的贸易规模。从表 9-3 可以看出，2010～2016 年，进出口货物量呈现出先增长后减少的趋势，进一步从侧面印证了阿拉山口口岸进出口贸易规模呈现出逐渐下降的趋势。

表 9-3　2010～2016 年阿拉山口口岸进出口货物总量

年份	进出口货物量/万吨
2010	2 524.1
2011	2 631

续表

年份	进出口货物量/万吨
2012	2 706.8
2013	2 982.9
2014	2 545.1
2015	1 814.9
2016	1 775.9

资料来源：《中国口岸年鉴》（2011～2017）。

（2）霍尔果斯口岸

霍尔果斯口岸是一个位于伊犁哈萨克自治州霍尔果斯市的陆路口岸，与哈萨克斯坦隔霍尔果斯河相望。2014 年 6 月 26 日，国务院正式批准同意新疆维吾尔自治区设立县级霍尔果斯市，由伊犁哈萨克自治州管辖。霍尔果斯市地处欧亚经济板块的中心位置，国道 312 线（上海—霍尔果斯口岸）最西端，陇海—兰新铁路国际新通道最西端，距乌鲁木齐市 670 千米，距伊宁市 90 千米，距哈萨克斯坦原首都阿拉木图市 378 千米。是中国西部距离中亚中心城市运输距离最短、综合运量最大的国家一类陆路口岸。

霍尔果斯口岸的历史十分悠久，远在隋唐时，便是古代丝绸之路新北道上的重要驿站。中华人民共和国成立后，霍尔果斯口岸以其优越的地理位置，成为中苏贸易的西部最大口岸。1983 年，随着国际经济形势好转，中国也迎来了改革开放的热潮，沉寂了近 20 年的霍尔果斯口岸也恢复了生机。近年来，通过霍尔果斯口岸进出口的商品种类和数量急剧增加，口岸年进出境人数、过货量逐年增加（表 9-4～表 9-7）。

霍尔果斯口岸是我国西部历史最长、综合运量最大、自然环境最好、功能最为齐全的国家一类陆路公路口岸。霍尔果斯口岸是新疆与中亚各国通商的重要口岸，也是新疆对外开放的一个重要窗口。

表 9-4　霍尔果斯口岸 2015 年与 2016 年进出口贸易情况 单位：亿美元

年份	进出口贸易额	出口贸易	进口贸易
2015	120	90	30
2016	93.61	28.43	65.18

资料来源：《中国口岸年鉴》（2016、2017）。

表 9-5　2011～2017 年上半年“两口岸一中心”进出境人员指标

单位：人次

项目	2011 年	2012 年	2013 年	2014 年	2015 年	2016 年	2017 年上半年
公路口岸	821 732	774 667	636 108	529 496	410 310	425 979	148 680
合作中心	—	274 358	429 416	1 782 379	3 664 818	5 004 426	2 345 640
合计	821 732	1 049 025	1 065 524	2 311 875	4 075 128	5 430 405	2 494 320

资料来源：根据《中国口岸年鉴》（2012～2018）有关数据整理。

表 9-6　2011～2017 年上半年“两口岸一中心”进出境车辆指标

单位：辆次

项目	2011 年	2012 年	2013 年	2014 年	2015 年	2016 年	2017 年上半年
公路口岸	75 564	71 486	88 860	69 329	54 678	51 668	29 092
铁路口岸	—	—	1 950	2 249	1 916	2 050	1 332
合作中心	—	42 340	88 243	383 366	259 740	198 602	48 922
合计	75 564	113 826	179 053	454 944	316 334	252 320	99 176

资料来源：根据《中国口岸年鉴》（2012～2018）有关数据整理。

表 9-7　2011～2017 年上半年“两口岸一中心”进出境货物量指标

	2011 年	2012 年	2013 年	2014 年	2015 年	2016 年	2017 年上半年
公路口岸/万吨	54.58	58.88	78.04	68.94	56.01	40.74	26.06
铁路口岸/万吨	—	—	165.16	169.41	91.71	82.2	67.21
合作中心/万吨	—	124.3	45.27	275.44	283.94	2.76	3.18

资料来源：根据《中国口岸年鉴》（2012～2018）有关数据整理。

1）霍尔果斯公路口岸。霍尔果斯公路口岸是我国最早向西开放的口岸，曾是古丝绸之路新北道上的重要驿站。1881 年正式通关，是我国西部基础设施最好，通关条件最便利的国家一类公路口岸。

因公路口岸联检区面积狭小，无法满足查验要求，为此霍尔果斯有关部门高标准建设了霍尔果斯南部联检区，将中国高速公路网与哈方高速公网对接，贯通了“西欧—俄罗斯—哈萨克斯坦—中国西部”国际公路运输走廊。根据规划，运输走廊主要利用各国现有公路交通网，在不达标路段进行必要改造以达到高速公路要求。走廊东起中国的连云港，西至俄罗斯的圣彼得堡，途经中哈俄三国十多座城市，主要保障中国—哈萨克斯坦、中国霍尔果斯—三亚、中国—哈萨克斯坦—俄罗斯—西欧三条走向的公路运输。这条国际大通道建成后，将把中国西部到欧洲的广阔地域连为一体，大大降低运输成本。

2016 年 10 月 23 日，海关总署发布了《海关总署关于支持新疆丝绸之路经济带核心区建设的 19 条举措》(以下简称《19 条举措》)，该举措是对新疆一系列支持的再升级，对促进霍尔果斯的发展意义重大。

霍尔果斯口岸作为丝绸之路经济带核心支点排头兵，高度重视、认真贯彻和落实好《19 条举措》的文件精神，结合霍尔果斯的发展实际和总目标将相关工作进行任务分解，确保各项举措落实到位，利用政策优势来解决大通关、大物流、大通道建设过程中出现的问题，发挥利好政策的带动示范效应，更好地促进新疆开放型经济发展。

一是研究政策、整合资源，加快推进霍尔果斯口岸“三互”大通关建设，尽快启动“单一窗口”示范点建设。加强与关检单位的互联互通，全力支持、深入推进海关、检验检疫局、边防检查站合作“三个一”通关作业机制；建立健全信息互换机制，对非涉密信息通过一机两屏、一机多屏等方式与口岸相关部门共享；积极探索推行监管互认工作机制；强化通关执法互助工作机制；全面整合口岸监管设施，统筹利用口岸现有的查验监管设施；协同推进“单一窗口”建设。“三互”大通关建设和“单一窗口”示范点建设的启动，将为出入境货物和人员提供更便捷的通关服务，对霍尔果斯口岸建设具有重大意义。一方面将有力促进开放型经济新体制的构建，推动跨部门、跨区域的通关协作；另一方面将有效推进口岸治理体系和治理能力现代化。

二是积极申请将霍尔果斯口岸纳入中哈农产品快速通关“绿色通道”模式试点区，为大通关、大物流、大通道建设助力。加强各查验单位的相互联系配合，海关、检验检疫局设置专用农产品进出口报关报检窗口；对符合条件的农产品进出口企业和运输车辆发放“绿色通道”标识；设置农产品、果蔬等专用“绿色通道”。

三是加大通关协调力度，通关效率大幅提升。形成常驻通关业务一线协调各项事务的机制；面对日益增加的出境货物，加强通关形势的预判，在通道资源及通关时间不变的情况下，研究加强通关综合管理，精简查验流程，发挥工作人员的主观能动性。

四是加强通关管理，实时掌握通关动态。针对公路口岸出入境车辆波动较大，加强通关运行监测，对公路口岸车辆通关情况进行每日统计汇总；建设公路口岸通关协调联络员机制，加强通关各环节有效衔接。通关协调联络深入通关一线，实时与各联检单位互动，及时保障通道高效运行，对通关查验环节中遇到的问题，及时通过联络员化解。

2）霍尔果斯铁路口岸。霍尔果斯铁路口岸位于新亚欧大陆桥第二通道的重要节点，依托霍尔果斯独特的战略区位，发挥铁路、公路国际大通道交通优势和政策叠加优势，对于加快丝绸之路经济带重要支点建设、打造“外引内联、东联西出、西来东去”的开放型合作平台意义重大。

2011 年 12 月 2 日，中哈霍尔果斯—阿腾科里口岸站接轨，使中哈铁路网互联互动更进一步。2012 年 12 月 22 日，霍尔果斯铁路口岸临时开通运营，并实现通关过货。根据国务院《关于同意新疆霍尔果斯铁路口岸对外开放的批复》（国函〔2014〕23 号），明确口岸性质为国际性常年开放铁路客货运输口岸。霍尔果斯铁路口岸批准建设用地总面积 377.8 公顷，铁路口岸站建设工程投资总额约 20 亿元。2016 年 6 月 7 日铁路口岸通过国家验收，实现正式对外开放。2017 年 6 月 8 日，乌鲁木齐—霍尔果斯—阿斯塔纳首趟国际旅客换乘列车顺利开行（每天开行 1 列）。2017 年 6 月 19 日，霍尔果斯铁路口岸正式获批 24 小时通关。

第一，高起点规划，打造向西开放的交通大枢纽。邀请具有丰富经验的铁道部第四设计院编制了《霍尔果斯铁路口岸站规划设计》，规划确定铁路口岸站选址在农四师 62 团工业园区北侧、原霍尔果斯车站以西、中哈霍尔果斯国际边境合作中心以东的围合之间。通过精伊霍铁路与国内铁路网连接，并经哈萨克斯坦阿腾科里铁路口岸站与哈国铁路网相连通。霍尔果斯站东距伊宁市 88 千米、乌鲁木齐市 670 千米，西距国境线 4 千米，距哈萨克斯坦阿腾科里口岸 15 千米，距哈萨克斯坦阿拉木图市 378 千米。规划近期进出口运量 1500 万吨，远期进出口运量 3150 万吨。一期建设工程投资总额为 19.3 亿元，工程永久征地 5666.8 亩，建筑面积 9 万多平方米。①

第二，高标准建设，打造功能齐全的交通大通道。先后完成准轨场、驼峰场、边检场、客场、宽轨场、换装场设施建设。其中准轨场到发线 9 条，线路有效长度 850 米；驼峰场调车线 8 条，线路有效长度 850 米；边检场宽、准轨到发线各 2 条，宽轨线路有效长度均为 1050 米；准轨线路有效长度均为 850 米，主要办理宽、准轨进出口列车的边防检查作业；客场准轨到发线 3 条、宽轨到发线 1 条、机车行走线 1 条，线路有效长度均为 650 米；客货换轮线 3 对，有效长度均为 850 米，客货换轮库 1 座，面积 9288 平方米；宽轨场到发线 8 条、调车线 6 条，主要办理宽轨列车到达和始发、宽轨车辆编组等业务；换装场换装线 5 对，分别是怕湿货物换装线、集装箱换装线、笨重货物换装线、散堆装货物换装线、

① 霍尔果斯铁路口岸正式开放 . http://www.customs.gov.cn/publish/portal166/tab61932/info809521.htm。

油品换装线，以及用于办理宽轨进口特殊货物检验检疫落地查验作业的特殊货物检验检疫线1条。

在加快换装站基础设施建设的同时，投入315万元完善了铁路口岸查验设施建设。目前，国际货运查验设施方面，已建成2条200米的国检货物查验线，站台1座，面积2664平方米，主要办理出口货物装车及查验业务。附属查验办公用房总建筑面积663.5平方米；已建成并投入使用的换装场海关、国检办公用房总建筑面积989.8平方米；宽轨场海关、国检办公用房总建筑面积393平方米；铁路口岸边检营房总建筑面积1342.8平方米；海关扣留物库房1座，面积1500平方米；海关查验平台1座，面积4500平方米；宽准轨海关H986设施各一套；新建检验检疫专用线一条；1000平方米查验仓库一座。国际客运查验设施方面，已建成总建筑面积627.5平方米的一关两检办公用房；旅检通道验证台、证件阅读机、X光机、核辐射检测、体温检测设施等均已安装、完毕现场电子屏幕，加装围网及监控设施。

第三，高复合运行，打造粮食、肉类进口示范口岸。霍尔果斯粮食进口指定口岸于2015年12月25日正式通过国家质量监督检验检疫总局验收。结合霍尔果斯发展实际及未来发展需求，根据相关规定，新疆维吾尔自治区在铁路口岸规划申报了3个查验点分别为铁路口岸换3线（H3）和检验检疫专用线，粮食进口加工实现新突破。新疆兆丰和生物科技、霍尔果斯瑾禾生物科技等公司2016年8月~2017年6月，通过铁路进口小麦、黄豆等粮食作物19750.3吨。

霍尔果斯肉类指定口岸已于2016年7月8日获批建设，总投资约1800万元，2017年5月正式开建，围网、道路、仓库及其扩展区已基本建成，完成投资1300万元。

第四，高效率管理，打造东联西出的交通大平台。2012年12月，中哈霍尔果斯—阿腾科里口岸站接轨，使霍尔果斯交通体系朝着高效便捷的方向大步迈进。2016年铁路口岸：出入境列车2050列次，进出口货物量82.2万吨，进出口贸易额61.6亿元。2017年1~6月铁路口岸：出入境列车1332列，进出口货物量67.2万吨，进出口贸易额15.1亿元。铁路口岸出口货物种类主要以工程机械、食品、百货、建材为主。进口货物种类主要为返空集装箱及集装箱装载的尿素、棉花、铁精粉、球团矿、面粉、红花籽等。2017年6月8日~7月23日铁路国际客运：共计出入境旅客共计185人，其中出境150人、入境19人（中国口岸协会，2017）。

根据预测，至2020年霍尔果斯铁路口岸进出口运量将达到1800万吨，国内货运量100万吨，旅客出入境客流30万人次；至2030年进出口运量3150万吨，国内货运量200万吨，旅客出入境客流40万人次。霍尔果斯铁路口岸已成为我国推进“一带一路”，促进互联互通的货运集散地，丝绸之路经济带交通大动脉的重要节点和关键枢纽。

第五，狠抓整改落实，确保铁路口岸建设工作稳步推进。2015年10月以来，根据铁路口岸通过自治区预验收意见，霍尔果斯市积极制定整改方案，细化落实，会同“一关两检”和铁路等部门，继续投入约6500万元，从以下几个方面着手进行整改：①完善场所场地建设，改善查验办公环境。投入980万元，进一步完善边检场、扣留库、行李房、负压隔离室等场所场地功能，以满足查验工作需要；为靠前查验，减少不必要跑办，改善工作环境，提高效率，投入979万元，新增建设霍尔果斯铁路站换装场查验工作站，于2017年10月底前建成交付使用；投入2400万元，新建霍尔果斯边检站铁路分站，目前该项目已完成土地划拨、方案设计、可研编制等前期准备工作。②加大监管监控设备投入，提升监管管控水平。投入190万元，完成了货运、客运现场监管监控设施建设，海关、边检、国检、铁路监控设施和边检、边防围网建设等全部落实到位。对国际客列站台实施全封闭和监控全覆盖，满足国际客运监管监控要求。会同海关和国检部门，投入2610万元，加快海关H986、检验检疫核辐射扫描仪等设施的建设。为实现监管场地无盲区、全覆盖，换装场监管区新增新补监控设施已启动建设。③强化保障，人员资金落实到位。对于霍尔果斯铁路站的建设，关检单位和铁路部门高度重视、不遗余力，在人员编制相对紧张的情况下，各单位充分保障铁路站工作人员不缺位，确保精兵强将充实一线，关检单位和铁路站已全面做好准备。

3）霍尔果斯合作中心。2005年7月5日，中哈两国政府签署了《中华人民共和国政府和哈萨克斯坦共和国政府关于霍尔果斯国际边境合作中心管理活动的协定》（以下简称《协定》）。2006年3月17日，国务院下发《关于中国-哈萨克斯坦霍尔果斯国际边境合作中心有关问题的批复》（国函〔2006〕15号），对合作中心及配套区的功能定位，优惠政策等方面作明确批复。至此霍尔果斯合作中心申建工作全部完成，进入建设阶段。2006年6月，合作中心正式开工建设。2011年12月2日，合作中心（其中建成区约1.5平方千米）实现封关试运营，2012年4月18日，合作中心正式运营，标志着合作中心进入了全新发展阶段。目前，合作中心入驻商户4000余家。①

合作中心管理工作主要依据《协定》及其补充协议执行。在合作中心运行机制方面，在国家层面，实行商务部牵头，相关部委参与制定和研究合作中心的

① 沈剑．中哈霍尔果斯国际边境合作中心大事记．http://xj.people.com.cn/GB/188514/16468384.html。

运行政策。在自治区层面，成立了中哈霍尔果斯国际边境合作中心领导小组。每年召开主题会议，协调解决合作中心建设运营中存在的问题。在霍尔果斯层面，成立了中哈霍尔果斯国际边境合作中心管理委员会，与霍尔果斯经济开发区、霍尔果斯市、霍尔果斯口岸四块牌子，一套人马。

根据国函〔2006〕15 号文件精神和相关优惠政策，结合霍尔果斯合作中心中方区域的主要功能从以下五个方面着手推进合作中心产业发展。

第一，强化项目招商。大力提倡人人都是投资环境，人人都是招商主体理念，坚持选商引资，以商招商和产业链招商。目前总投资超过 200 亿元的 28 个重点项目入驻，其中 18 个项目开工建设，完成投资 62.7 亿元。

第二，大力发展会展经济。与哈方相继举办合作中心机电产品（整车进口）暨第二届中亚农业机械博览会等 10 余场商品展销会、旅游经贸洽谈会和论团。随着国际会展中心即将建成，计划争取将会展中心作为上合组织的永久性会址。

第三，建设免税购物中心。中免集团、香港光辉集团等 28 家免税店入驻合作中心运营，合作中心逐步成为西北地区最大的免税购物区。

第四，打造体育竞技产业和文娱产业看台。为丰富合作中心业态，促进合作中心文娱产业快速发展，充分发挥现代化的引领作用。一是霍尔果斯积极引入丝路英雄，成功举办 PFC 搏击冠军赛，通过 CCTV5、乐视网等电视网络平台进一步扩大合作中心的国际影响力。二是霍尔果斯中国文化馆建成投用，健全合作中心文化旅游和文化交流功能。

第五，推进跨境人民币创新业务发展。2014 年 3 月，中哈两国的 18 家银行等金融机构就人民币创新业务进行会商，达成合作意向。目前，中、农、工、建、交、兵团 6 家国有商业银行已入驻合作中心营业。2016 年，试点银行开立人民币境外融资账户 58 户，人民币 NRA 账户 159 户，两类账户收支 111 亿元。其中，试点银行吸收非居民存款 47.9 亿元，办理境外融资业务 2.7 亿元（调账后）。办理人民币担保业务 21.9 亿元，余额 19.4 亿元。试点银行开立创新离岸人民币账户 37 户，办理创新离岸业务 564 亿元，余额 245.7 亿元。霍尔果斯经济开发区跨境人民币借款业务发生提款 3 笔，金额 3730 万元。①

（3）巴克图公路口岸

巴克图公路口岸位于伊犁哈萨克自治州塔城地区境内，对应的口岸为哈萨克斯坦共和国东哈州的巴克特口岸。从巴克图口岸入境至塔城市 17 千米，至乌鲁木齐市 621 千米；出境至哈方巴克特口岸 800 米，至马坎赤市 60 千米，至乌尔

① 谢伊代·吐尔逊．封关运营 6 周年 中哈霍尔果斯国际边境合作中心见证“一带一路”发展. https://www.sohu.com/a/229729216_379104。

加尔机场 110 千米，至阿亚库斯车站 250 千米（中国口岸协会，2017）。

2016 年，巴克图口岸进出口货运量 13. 8 万吨，同比减少 6. 5%。进出口贸易额 4. 56 亿美元，同比减少 21. 1%。其中，进口贸易额 0. 24 亿美元，同比增长 22. 5%；出口贸易额 4. 32 亿美元，同比减少 22. 6%。出入境人员 109 276 人次，其中，出入境旅客 93 858 人次。出入境交通工具 15 527 辆次（中国口岸协会，2017）。

（4）吉木乃口岸

吉木乃口岸位于阿勒泰地区吉木乃县境内西部，距县城 23 千米。这里曾是原来的吉木乃县城所在地，树木葱茏，风景秀丽，中国与哈萨克斯坦界河乌拉斯特河静静地从口岸边穿过。吉木乃口岸是中国与哈萨克斯坦的边境口岸，又处在中国、哈萨克斯坦、俄罗斯、蒙古国四个国家的交界区，是我国与哈萨克斯坦、俄罗斯、蒙古国三国进行国际贸易最便捷的通道。

吉木乃口岸是一个有着 100 多年历史的老口岸。民国初年，这里就是我国新疆通往俄罗斯的六条通道之一；1917 年，中俄两国曾在这里设通邮交换台；1931 年 10 月，中国和苏联两国政府首开吉木乃通商口岸，并划定自由贸易往来区；中华人民共和国成立后，口岸继续开放至 1962 年。在吉木乃口岸闭关 30 年后的 1992 年，我国政府正式批准重新开放吉木乃口岸。

2016 年，吉木乃口岸进出口货运量 35 万吨，同比增长 16. 9%。其中，进口货运量 32. 1 万吨，同比增长 20%；出口货运量 2. 9 万吨，同比减少 8. 8%。进出口贸易额 19. 9 亿美元，同比减少 7%。其中，进口贸易额 4. 51 亿美元，同比增长 27%；出口贸易额 15. 4 亿美元，同比减少 13%。出入境人员 88 427 人次，同比减少 10%。其中，入境旅客 43 780 人次，同比减少 10%；出境旅客 44 647 人次，同比减少 10%。出入境交通工具 5879 辆次（中国口岸协会，2017）。

9. 1. 2. 2　中蒙边境口岸

（1）老爷庙公路口岸

老爷庙口岸（公路口岸）位于哈密地区巴里坤哈萨克自治县境内，对应的口岸为蒙古国布尔嘎斯台口岸。1991 年 6 月 24 日，中蒙两国政府达成协议，开放老爷庙—布尔嘎斯台口岸。老爷庙口岸于 1992 年 3 月正式开通。口岸开放时间为每年 2 月、4 月、6 月、8 月、10 月、12 月的 11 ~ 30 日。口岸开放期间，中方工作时间为北京时间 10：00 至 18：00；蒙方工作时间为乌兰巴托时间 10：00 至 18：00（夏令时为 11：00 至 19：00）。老爷庙口岸开放以来，双方合作的领域由过去单一的易货贸易，发展到多项经济技术合作。2002 年，口岸过境人数为 3100 人次，交通工具 1368 辆次，进出口货物 0. 6 万吨。2003 年，口岸出入境人员 889 人次，完成进出口货物 7073 吨，实现贸易额 588 万美元。随着中蒙双方边境贸易的发展及经济技术的合作与交流，对新疆哈密地区的经济发展将会起到更大的推动作用。老爷庙口岸因是季节性开放口岸，除边防检查站，海关、检验检疫工作，均由乌鲁木齐各上级主管单位在开关期间派出人员管理（中国口岸协会，2017）。

2016 年，老爷庙陆路（公路）口岸进出口货运量 75.5 万吨，同比减少 29%，其中，进口货运量 75.3 万吨，出口货运量 0.2 万吨。进出口贸易额 0.3 亿美元，同比减少 19%，其中，进口贸易额 0.3 亿美元。出入境人员 17 239 人次，出入境交通工具 16 562 辆次（中国口岸协会，2017）。

（2）塔克什肯公路口岸

塔克什肯公路口岸位于阿勒泰地区青河县境内，对应的口岸为蒙古国科布多省布尔干口岸。塔克什肯口岸距青河县城 90 千米，距阿勒泰市 380 千米，距乌鲁木齐市 510 千米。口岸距中蒙边界线 15.5 千米，东部与蒙古国科布多省的布尔干县接壤，距对方布尔干口岸 25 千米，距布尔干县城 65 千米，距科布多省会约 265 千米。1989 年 7 月，经国务院批准对外开放。年过货能力 5 万吨、旅客 3 万人次。口岸为季节性口岸，开放时间为每年 4～12 月的 20～30 日，现已开通青河县土布尔干的国际旅客联运班车。目前，两国准备把塔克什肯至布尔干口岸改为常年性通行口岸。塔克什肯口岸设有边防检查站，海关及其他查验单位人员在口岸开关期间由阿勒泰地区有关部门派出。口岸已建成联合办公、接待综合楼 2222 平方米，联检厅 350 平方米及基地配套设施。

2016 年，塔克什肯陆路（公路）口岸进出口货运量 38.3 万吨，同比减少 12%。其中，进口货运量为 34.1 万吨，同比减少 6%；出口货运量为 4.2 万吨，同比减少 44%。进出口贸易额 0.6 亿美元，同比减少 28%。其中，进口贸易额 0.22 亿美元，同比减少 30%；出口贸易额 0.4 亿美元，同比减少 26%。出入境人员 172 362 人次，其中，出入境旅客 159 683 人次。出入境交通工具 13 597 辆次（中国口岸协会，2017）。

9.2 “一带一路”建设与新疆维吾尔自治区对外贸易发展问题研究

9.2.1 新疆在“一带一路”建设中的定位

新疆地处亚欧大陆腹地，是“古丝绸之路”的必经之地，也是“新丝绸之路”上我国向西开放的桥头堡，在丝绸之路 2000 多年的发展历史中始终是一颗耀眼的明珠，发挥着无可替代的特殊作用。《推动共建丝绸之路经济带和21世纪海上丝绸之路愿景与行动》明确了新疆为丝绸之路经济带核心区，是国家从全局高度对新疆对外开放作出的重大战略部署，更是新疆在“一带一路”建设中的重大历史机遇。从整个“丝绸之路经济带”覆盖区域和从全国视角分析，具有以下三个层面的定位和重要作用。

(1)“丝绸之路经济带”的前沿地带

新疆位于我国西北边疆，周边与8个国家接壤，边境线长5600千米余，约占我国陆地边境线总长的1/3，与中亚七国中的五国边境接壤，拥有17个国家一类开放口岸（15个陆路边境口岸和2个航空口岸），是我国面积最大、边境线最长、毗邻国家和沿边陆路开放口岸最多、边境贸易最活跃的省区，也是我国对外开放县市、对外交往国家和地区最多的省区之一（中国口岸协会，2017）。

新疆是我国走向中亚、南亚、西亚乃至欧洲的最前沿，具备从我国通往中亚、西亚和欧洲最便捷的陆路通道，随着“丝绸之路经济带”北、中、南三条通道的贯通，新疆将从我国的内陆腹地转身成为直接拥有通往波罗的海、英吉利海峡、波斯湾和印度洋四大出海陆路通道的开放前沿。建设“丝绸之路经济带”，境外的重点在中亚，我国的前沿是新疆。新疆既承担着我国向西开放桥头堡的重要作用，又肩负着建设丝绸之路经济带核心区的历史使命；既面向国际、国内两大市场，又是充分利用这两大资源的重要前沿阵地，具有无可比拟的地缘区位优势。

(2)“丝绸之路经济带”的重要节点

丝绸之路经济带贯穿中亚、南亚、西亚等区域，连接亚太和欧洲两大经济圈。在“丝绸之路经济带”总体空间格局上，新疆是北、中、南三条大通道交汇地，又是东西两大经济圈（亚太经济圈、欧洲经济圈）的重要节点和枢纽。新疆地处“丝绸之路经济带”中段，东连环渤海经济圈、长三角经济圈、珠三角经济圈，西通中亚、西亚、南亚和欧洲、北非各国，是我国丝绸之路北、中、南三条通道全部穿越境内并进行汇集的唯一省区，是我国内地与中亚、西亚、南亚和欧洲各国之间开展贸易、金融、交通及文化交流合作的关键节点。同时，新疆作为“丝绸之路经济带”上东西方多元文化交汇点，已形成独特的地域和民族文化。境内维吾尔族、哈萨克族、柯尔克孜族、塔吉克族、俄罗斯族等少数民族跨界而居，双方血缘相亲、民族相连、语言相通、风俗相近、传统友谊源远流长。

(3)“丝绸之路经济带”的核心区域

“丝绸之路经济带”是在当今全球政治经济格局出现新变化，发达经济体经济陷入低迷，新兴经济体实力逐渐上升，世界经济力量对比发生明显变化的新形势下，提出的一个重大战略构想。位于亚欧大陆中心地带的丝绸之路沿途国家，既是远离世界经济重心的中间地带，又是连接当今世界最具活力的亚太经济圈和发达经济体最多的欧洲经济圈的天然陆路通道。新疆位于亚太经济圈和欧洲经济圈的中间位置及这条通道的中心，是太平洋西岸通往中亚、西亚、南亚、欧洲、北非各条通道的汇聚之地，是我国丝绸之路北中南三条通道汇集的唯一省区，是“丝绸之路经济带”上的核心区域，发展前景和潜力巨大。

在我国“海陆并进，东西互动”新型开放战略背景下，在新一轮西部大开发战略及对口援疆政策的支持推动下，新疆产业发展后发优势进一步凸显，已成为产业西进的重要承接区，特别是差别化产业政策，为新疆发展特色优势产业、积极选择承接东部转移产业、推动传统产业转型升级和发展战略新兴产业提供了巨大的支撑。新疆在我国对外开放特别是向西开放中的战略地位不断提升，依托内地、面向中亚西亚南亚乃至欧洲国家的区域性国际商贸中心地位愈加突出，完全具备建成丝绸之路经济带核心区的条件，发挥着主力军和排头兵的作用。

9.2.2 “一带一路”建设与新疆维吾尔自治区对外贸易的发展

9.2.2.1 新疆对外贸易发展现状

（1）新疆的产业结构以及产业贡献率分析

1）2000～2016年新疆地区生产总值及各产业生产总值。从表9-8中可以看出，新疆地区生产总值呈现出逐年递增的态势，地区生产总值从2000年的1363.6亿元增加到2016年的9649.7亿元，年均增长率为13.3%，高于全国的GDP增长率。从产业结构来看，第一产业、第二产业、第三产业的生产总值均逐渐增长，第一产业的生产规模最低。2000～2015年，第二产业一直为新疆的支柱型产业。在2016年，第二产业的产值为3647亿元，第三产业的产值为4353.7亿元，支柱型产业逐渐从第二产业转移至第三产业。

表9-8 2000～2016年新疆地区生产总值及各产业生产总值 单位：亿元

年份	地区生产总值	第一产业产值	第二产业产值	第三产业产值
2000	1 363.6	288.2	537.6	537.8
2001	1 491.6	288.1	573.9	629.6
2002	1 612.7	305.0	603.2	704.5
2003	1 886.4	412.9	719.5	753.9
2004	2 209.1	446.1	914.5	848.5
2005	2 604.1	510.0	1 164.8	929.3

续表

年份	地区生产总值	第一产业产值	第二产业产值	第三产业产值
2006	3 045.3	527.8	1 459.3	1 058.2
2007	3 523.2	628.7	1 647.6	1 246.9
2008	4 183.2	691.1	2 070.8	1 421.4
2009	4 277.1	759.7	1 929.6	1 587.7
2010	5 437.5	1 078.6	2 592.2	1 766.7
2011	6 610.1	1 139.0	3 225.9	2 245.1
2012	7 505.3	1 290.4	3 394.5	2 820.4
2013	8 443.8	1 434.8	3 574.9	3 434.1
2014	9 273.5	1 538.6	3 949.0	3 785.9
2015	9 324.8	1 559.1	3 596.4	4 169.3
2016	9 649.7	1 649.0	3 647.0	4 353.7

资料来源：《新疆统计年鉴》(2001 ~2017)。

2）2001 ~2016 年三次产业的贡献率。为了进一步了解不同产业对经济增长的贡献程度，依据历年《新疆统计年鉴》测算了 2001 ~2016 年各年度第一产业、第二产业和第三产业的贡献率（表 9-9）。

表 9-9　2001 ~2016 年三次产业贡献率　　单位：%

年份	第一产业	第二产业	第三产业
2001	19.3	38.5	42.2
2002	18.9	37.4	43.7
2003	21.9	38.1	40
2004	20.2	41.4	38.4
2005	19.6	44.7	35.7
2006	17.3	47.9	34.7
2007	17.8	46.8	35.4
2008	16.5	49.5	34.0
2009	17.8	45.1	37.1
2010	19.8	47.7	32.5
2011	17.2	48.8	34.0
2012	17.2	45.2	37.6
2013	17.0	42.3	40.7

续表

年份	第一产业	第二产业	第三产业
2014	16.6	42.6	40.8
2015	16.7	38.6	44.7
2016	17.1	37.8	45.1

资料来源：《新疆统计年鉴》（2002～2017）。

从表9-9中可以看出，新疆地区第一产业的贡献率始终保持在16%以上，第二产业在2014年之前一直占据主导地位，2015年时，第三产业一跃成为经济的主导地位，对经济的贡献率接近45%左右，到2016年，第三产业对新疆经济增长的贡献率达45.1%。[①]

（2）新疆对外贸易的规模分析

1）2001～2016年新疆地区的进出口贸易情况。进出口贸易反映的是一个地区的经济水平，从表9-10中可以看出，新疆进出口贸易额还未达到全国的平均水平，说明新疆的进出口贸易发展得欠佳。2001～2016年，新疆的进出口贸易呈现出逐渐上升的趋势，到2016年，进出口总额为179.6亿元。从贸易差额的角度来看，2001年、2002年，新疆是贸易逆差，2003年之后，新疆地区保持着持续的贸易逆差，且差额较大，2016年，贸易逆差额达到了138.6亿美元。[②]

表9-10　2001～2016年新疆进出口贸易情况　　单位：亿美元

年份	进出口总额	出口额	进口额
2001	17.7	6.7	11
2002	26.9	13.1	13.8
2003	47.7	25.4	22.3
2004	56.4	30.5	25.9
2005	79.4	50.4	29
2006	91.0	71.4	19.6
2007	137.2	115	22.1
2008	222.2	193	29.2
2009	138.3	108.2	30
2010	171.3	129.7	41.6

①②《新疆统计年鉴2017》. http://www.xjtj.gov.cn/sjcx/tjnj_3415/2016xjtjnj/gmjjhs/201707/t20170714_539440.html。

续表

年份	进出口总额	出口额	进口额
2011	228.2	168.3	59.9
2012	251.7	193.5	58.2
2013	275.6	222.7	52.9
2014	276.7	234.8	41.9
2015	196.8	175.1	21.7
2016	179.6	159.1	20.5

资料来源：《新疆统计年鉴2017》。

2）新疆各个市州的贸易情况。从表9-11中可以看出，新疆地区整个经济的发展主要依赖于乌鲁木齐市和伊犁哈萨克自治州。这两个地区的进出口贸易额之和占新疆地区总的贸易额的50%以上，从侧面反映了新疆地区的进出口贸易主要来源于乌鲁木齐市和伊犁哈萨克自治州的贸易。和田地区的和吐鲁番市的进出口贸易总额不到1亿美元，在新疆所有市州中，发展相对落后。

表9-11　2016年新疆各市州的进出口贸易情况　　单位：亿美元

市州	进出口额	进口额	出口额
乌鲁木齐市	49	42.1	7
克拉玛依市	1.3	0.6	0.7
石河子市	3.8	3.6	0.2
吐鲁番市	0.2	0.2	0.02
哈密地区	5.5	5.1	0.3
昌吉回族自治州	11.4	10.2	1.3
伊犁哈萨克自治州	60.3	58.1	2.2
伊犁州直属县（市）	45.2	44.1	1.1
塔城地区	5.7	5.4	0.3
阿勒泰地区	9.5	8.7	0.8
博尔塔拉蒙古自治州	10.8	5.3	5.5
巴音郭楞蒙古自治州	3.9	1.5	2.5
阿克苏地区	1.6	1.4	0.2
克孜勒苏柯尔克孜自治州	3.1	2.7	0.4
喀什地区	28.6	28.2	0.4
和田地区	0.2	0.2	0.01

资料来源：《新疆统计年鉴2017》。

(3) 基于“一带一路”倡议新疆对外贸易的结构分析

从新疆出口商品结构的角度来看，鞋类出口所占份额是最大的，2015 年贸易金额是 24.6 亿美元，到 2016 年鞋类的贸易金额有一定的下降幅度，下降了约 2.9%。新疆地区出口商品的主要种类是鞋类、棉机织物、番茄酱、电视机、地毯等（表 9-12）。从出口贸易种类来看，新疆地区出口的商品主要集中在低附加值的产品上，可以看出新疆地区的技术水平较低。

从新疆进口商品结构的角度来看，原油、成品油两种商品占据新疆进口的主要地位，其中，钢材的进口贸易额从 2015 年的 0.4 亿美元下降至 2016 年的 0.3 亿美元，下降幅度很大，进口商品的种类主要集中在原油、成品油、钢材、原木、牛皮革及马皮革等，且贸易金额均比较接近（表 9-12）。

表 9-12 （2015 年、2016 年）新疆主要进出口商品及数量

主要进出口商品		2015 年		2016 年	
		数量	金额/万美元	数量	金额/万美元
出口商品	棉纱/吨	3 344	1 966	1 345	705
	棉机织物/万米	5 802	9 978	7 239	11 578
	肠衣/吨	355	1 554	400	1 534
	番茄酱/万吨	45	40 695	46	34 341
	电视机/万台	8	1 015	10	1 367
	地毯/吨	1 749	1 253	3 165	3 033
	药材/吨	108	35	135	76
	鞋类/双	—	246 313	—	239 110
进口商品	羊毛及羊毛条/吨	10 869	1 582	17 871	2 125
	钢材/万吨	4	4 245	7	2 717
	纸及纸板（未切成型的）/吨	853	318	1 322	450
	原木/吨	9 772	289	4 586	146
	医疗仪器及器械/台	—	5 080	—	4 799
	肥料/万吨	0.01	4	0.7	185
	原油/万吨	14	7 862	—	—
	成品油/万吨	2	884	0.1	107
	牛皮革及马皮革/吨	49 198	5 321	48 827	5 861

资料来源：《新疆统计年鉴 2017》。

9.2.2.2 新疆对外贸易发展中存在的问题

(1) 出口产品技术含量低、结构单一，影响相关产业的发展

新疆出口的初级产品主要为番茄酱、肠衣、棉花、棉纱等，其中番茄酱和棉

占大头。而工业制成品以机电产品、鞋类、地毯、棉机织物等产品为主，其中的鞋类和机电产品新疆本地产品比重不是很高，原产地大部分来自东部沿海工业发达地区，且新疆的高新技术产品的出口额明显偏低，高新技术产业没有形成有效的产业集聚效应。由此可以看出劳动密集型产品是新疆出口的主要部分，这些产品结构单一、缺乏良好品牌、科技含量和附加值低，主要靠廉价取胜，无法占领外国中高端市场，而且易受到国内同行和其他国家同样廉价商品的竞争。这样不合理的外贸出口结构会阻碍新疆相关产业发展，从而影响到整个产业结构的升级。

（2）过度集中的出口市场不利于产业结构升级

2015 年新疆主要的出口市场是中亚五国和俄罗斯，2015 年新疆对这六国的外贸出口额占新疆外贸出口总额的78.5%，这种过度集中的出口市场迫使新疆外贸企业极力发展面向中亚地区的产品出口，内部竞争相对激烈，外贸摩擦日渐增多。同时中亚地区和俄罗斯等国国内经贸法规不健全且经常变动，这造成我国外贸商被欺诈的事件时有发生，这种贸易规则不规范性直接增加了新疆开展外贸的成本。因此这种不平衡的贸易格局不利于新疆外贸出口的发展，影响相关产业的发展速度，进而阻碍了产业机构升级。为此，新疆在未来积极开拓欧美市场和南亚市场也相当有必要。

（3）新疆外贸进口的商品中初级产品比例较高

新疆外贸进口的商品中初级产品远远高于工业制成品的比例，且主要进口的商品为原油、成品油、纸及纸板（未切成型的）、原木、牛皮革及马皮革、羊毛及羊毛条等为主，其中原油、皮革和羊毛占主要部分，这些商品共同特点是高耗能且生产的商品科技含量和附加值低，不能有效地带动产业结构升级。而高科技产品的引进量相对较少，不能有效地发挥高新技术产品对新疆产业结构调整“技术外溢效应”。从中可以看出新疆外贸进口的商品结构不合理现状削弱了外贸进口对产业结构优化的促进作用。

9.2.2.3 新疆对外贸易的发展对策

（1）继续扩大机电产品和高新技术产品的出口，推动产业结构升级

新疆当前的工业制成品出口多属于中低档消费品，低技术、低附加值，机电产品和高新技术产品出口比例偏低。基于新疆本地优势资源，从未来长期来看，机电产品、高新技术产品、石油化工产品和建材产品具有很强的竞争力和发展潜力，可以作为出口商品的龙头。因此，新疆可以在机电、高新技术产品、石油化工和建材领域进行大胆的技术创新，提高这些行业相关产品的技术含量和附加值，实现其专业化、规模化、效益最大化的发展目标，形成“高技术–规模大–

高效益”的联动机制。最终目标实现机电产品和高新技术产品出口份额扩大和扩大机电产品和高新技术产品对产业结构升级的推动作用。

（2）大力承接和发展加工贸易，加强其对产业结构升级的推动作用。

随着经济全球化的发展，世界各国的经贸往来进一步加强，外贸方式也由过去依靠本国要素禀赋直接出口最终产品，逐渐地向通过进口生产要素在国内再加工成成品出口的加工贸易方式转变，通过有来料加工、来件装配、协作生产等形式，加工贸易可以给当地带来先进的管理经验和生产技术，这种“技术溢出效应”能极大地促进当地的技术进步，从而实现产业结构的升级。

（3）强化高新技术进口对产业结构升级的“技术溢出”效应

实践证明高新技术产品的进口对我国经济发展起到很大的促进作用，它对产业结构的优化调整起到很大的作用。强化高新科技进口的消化和落实，需要高科技人才与企业很好的协调合作，对高科技很好的消化能带动相关行业生产技术和产能的较大提升。新疆2016年在推行高科技引入和落地方面做了大量的工作，采取了很多积极有效的措施。在未来，新疆应当进一步在人才培养和引进、融资、财税等方面采取强有力措施，加速推进科研机构、高校与生产企业结合，生产企业与外贸企业结合，建立高科技产业园和科研中心，实现新疆生产型外贸企业生产技术和高科技创新能力全面提升，进而推动新疆高科技产品出口规模的不断扩大和三次产业结构进一步优化。

9.3 “一带一路”建设与新疆维吾尔自治区边境贸易发展问题研究

9.3.1 新疆维吾尔自治区开展边境贸易的基础条件

新疆位于我国西北边陲，首府乌鲁木齐，是中国陆地面积最大的省级行政区，面积为166万平方千米，约占中国陆地面积的六分之一。

9.3.1.1 水源资源

新疆三大山脉的积雪、冰川孕育汇集为五百多条河流，分布于天山南北的盆地，其中较大的有塔里木河（中国最大的内陆河）、伊犁河、额尔齐斯河（流入北冰洋）、玛纳斯河、乌伦古河、开都河等二十多条。许多河流的两岸，都有无数的绿洲，颇富“十里桃花万杨柳”的塞外风光。新疆有许多自然景观优美的湖泊，总面积达9700平方千米，占新疆土地面积的0.6%以上。同时新疆境内形成了独具特色的大冰川，共计1.9万余条，总面积2.4万多平方千米，约占全国冰川面积的42%，冰储量2.6亿立方米，是新疆的天然“固体水库”。新疆的水资源极为丰富，人均占有量居全国前列。

9.3.1.2 森林资源

新疆为中国西部干旱地区主要的天然林区，森林广布于山区、平原，面积占西北地区森林总面积的近1/3。天山和阿尔泰山区覆盖着葱郁的原始森林，多为西伯利亚落叶松、雪岭云杉和针叶柏等。这些山地针叶林的木材蓄积量占新疆木材总蓄积量的97%以上。塔里木河、玛纳斯河等河流两岸，是平原阔叶林的分布地区。在塔里木河流域，丛生着世界著名的珍贵树种胡杨林和灰杨林，它们既是用途广泛的用材林，也是大漠深处的防风林。新疆主要造林树种有白杨、柳树、榆树、白蜡、槭树、槐树、白松、沙枣、桑树和各种果树等60多种。

9.3.1.3 生物资源

新疆的野生动物丰富，北疆和南疆各有不同的野生动物。全区野生动物共500多种，北疆的兽类动物有雪豹、紫貂、棕熊、河狸、水獭、旱獭、松鼠、雪兔、北山羊、猞猁等，鸟类有天鹅、雷鸟、雪鸡、啄木鸟等，爬行类动物有花蛇，草原蝰，游蛇等。南疆兽类动物有骆驼、藏羚羊、野牦牛、野马、塔里木兔、鼠兔、高原兔、丛林猫、草原斑猫等，爬行类动物有沙蟒、蜥蜴等。

9.3.1.4 矿产资源

新疆矿产种类全、储量大，开发前景广阔。发现的矿产有138种，其中9种储量居全国首位，32种居西北地区首位。石油、天然气、煤、金、铬、铜、镍、稀有金属、盐类矿产、建材非金属等蕴藏丰富。新疆石油资源量208.6亿吨，约占全国陆上石油资源量的30%；天然气资源量为10.3万亿立方米，约占全国陆上天然气资源量的34%。新疆油气勘探开发潜力巨大，远景十分可观。新疆煤炭预测资源量2.2万亿吨，约占全国煤炭资源量的40%。另外，黄金、宝石、玉石等资源种类也很繁多。

9.3.1.5 土地资源

新疆农林牧可直接利用土地面积10.3亿亩，占全国农林牧宜用土地面积的十分之一以上。后备耕地2.23亿亩，居全国首位。新疆是全国五大牧区之一，在“三山”和“两盆”周围有大量的优良牧场，牧草地总面积7.7亿亩，仅次于内蒙古、西藏，居全国第三位。

9.3.2 “一带一路”建设与新疆维吾尔自治区边境贸易的发展

9.3.2.1 新疆边境贸易发展现状

(1) 基于“一带一路”倡议新疆边境小额贸易的规模分析

从表9-13中可以看出，新疆进出口贸易额呈现出逐渐增长的趋势，从进出口贸易来看，新疆从2003年开始，边境贸易的出口要大于进口。同时，比较新疆的边境贸易与一般贸易，边境贸易依旧是占据进出口贸易的主体，边境贸易占进出口贸易的比例，基本集中在50%以上。

表9-13 2001~2016年新疆边境贸易情况 单位：亿美元

年份	出口边境贸易额	进口边境贸易额	出口一般贸易额	进口一般贸易额
2001	1.8	8	3	2.5
2002	4.7	10.7	5.4	2.6
2003	16	14.4	7.1	7.3
2004	22.4	14.7	5	10.2
2005	38.6	16.8	8.8	10.9
2006	52.2	12.6	15.9	6.2
2007	80.7	13.5	29.4	7.5
2008	157.7	18.7	29	9.2
2009	75.4	15.7	16.8	12.9
2010	76.8	23.7	20.9	15.5
2011	88.2	40.2	47.7	17.1
2012	89.2	40.8	70.1	14.4
2013	106.3	37.3	85.1	10
2014	128.5	13.8	85	25
2015	93.5	2.7	68.2	15.6
2016	107.7	2.7	40.9	14.6

资料来源：《新疆统计年鉴》(2002~2017)。

(2) 新疆边境贸易的来源国分析

新疆作为边境贸易的重要地区之一，它的进出口贸易的主要来源国基本集中在与其相邻的国家，比如说哈萨克斯坦、蒙古国、巴基斯坦等。从表9-14中，可以看出，哈萨克斯坦与新疆的进出口贸易额占比最大，2016年的进出口贸易总额为63.1亿美元，其中出口额为57.3亿美元，进口额为5.9亿美元。吉尔吉斯斯坦作为新疆进出口贸易的第二大国，进出口贸易的规模要远远小于哈萨克斯坦，仅为哈萨克斯坦进出口规模的一半左右。蒙古国、巴基斯坦的进出口规模较小，均在10亿美元以下。①

表9-14　2015年、2016年新疆进出口贸易的主要国家 单位：亿美元

国家	2015年			2016年		
	进出口总额	出口额	进口额	进出口总额	出口额	进口额
蒙古国	1	0.4	0.6	0.8	0.2	0.6
巴基斯坦	3.1	2.6	0.5	2.9	2.6	0.3
哈萨克斯坦	57.5	52.6	4.9	63.1	57.3	5.9
吉尔吉斯斯坦	32.4	32	0.4	39.4	38.7	0.6
塔吉克斯坦	13.9	13.8	0.2	12.6	12.6	0.1

资料来源：《新疆统计年鉴》（2016、2017）。

（3）“丝绸之路经济带”与中哈边境贸易发展

丝绸之路经济带，是在古丝绸之路的概念基础上形成的一个新的经济发展区域，充分利用经济带沿线地区自然资源优势，对世界经济产生影响。2013年习近平在哈萨克斯坦纳扎尔巴耶夫大学演讲时提出的与哈方共建“丝绸之路经济带”，在原来的基础上使得中哈两国关系更进一步。哈萨克斯坦是丝绸之路上的重要国家，也是积极响应我国建设“丝绸之路经济带”的国家。哈萨克斯坦毗邻我国新疆，自然资源丰富。因此，新疆被确定为“丝绸之路经济带”的核心区。国家将投入大量的人力、资金以及技术的支持，大力发展新疆地区的基础设施建设，充分利用当地的自然资源优势，带动中哈边境口岸过货通关能力。在“丝绸之路经济带”大背景下，中哈双方都重视霍尔果斯口岸的基础设施建设，希望能借此背景提高霍尔果斯口岸过货通关能力，促进中哈边境贸易的发展。

（4）边境贸易发展与边疆稳定

新疆是我国向西开放的窗口，境内拥有多个边境口岸，随着各个边境口岸的开通，边境县市凭借自身特有的口岸优势，大力发展地区经济，鼓励当地居民积极从事边境贸易活动，扩大民族产品出口，发挥自身产品优势，积极“走出去”。同时，新疆凭借自身的地缘优势，滋生了大批边境贸易企业，扩大了新疆

① 《新疆统计年鉴2007》. http://www.xjtj.gov.cn/sjcx/tjnj_3415/2016xjtjnj/dwjj/201707/t20170714_539493.html。

地区的劳动人口需求，提高当地劳动就业率。同时由于边境贸易是相毗邻的两个国家通过当地民间贸易发展起来的，对维护民族稳定、睦邻友好意义重大。

9.3.2.2 新疆维吾尔自治区边境贸易发展中存在的问题分析

（1）周边国家复杂的社会经济环境以及竞争激烈的国际市场

新疆与多国相邻，而这些周边国家中政治经济体制改革力度大，政局的稳定性和法制的健全性有待加强，贸易相对不够规范，部分国家经济发展水平和购买力水平较低，进出口商品结构无明显改善，合同履约率低，信誉较差，进一步扩大双边境贸易存在一定的困难。这样新疆与周边国家在边境贸易上就存在着很大风险，尤其在经济体制改革中采取的经贸政策的变化，也带来了不稳定性和不可预测性，对双边境贸易产生一种潜在的消极影响。另外，随着世界经济全球化和贸易一体化进程的加快，国际贸易竞争日益加剧，新疆原本实力薄弱，以低附加值产品为主，而参加竞争的不但有伊朗、土耳其等，更多的是美国、欧盟、日本等经济大国和组织，所以在参与市场竞争中处于越来越不利的地位。在这种形势下，新疆的边境贸易企业要想巩固和扩大在周边国家的市场份额，将面临严峻挑战。

（2）边境贸易经营环境不稳定

这里包括国内政策环境和国外政策环境。就国内政策而言，开展边境贸易20年来，我国三次调整了边境贸易政策：第一次执行了四年，第二次执行了三年，第三次仅执行了两年，变化周期越来越短。每次调整都给边境贸易带来不同程度的影响，使边境贸易企业难以做出稳定的长期规划，只能忙于临时应付，因而使企业的短期行为增多，不利于边境贸易的持续发展。当然，这几年国家也出台了许多有利于边境贸易发展的政策，但缺乏配套措施，有关部门的协调配合也不够及时。就国外政策环境而言，中亚各国的政策环境的不稳定性就更突出了。政策多变，朝令夕改，特别是关税税率经常变化，使在这里从事边境贸易的企业承担着巨大的风险。而且各种税费名目繁多，使外贸企业不堪重负，无形中加大了出口商品的成本，降低了销售利润。所有这些都是不稳定的政策环境造成的。

（3）市场结构不合理

1984年国务院颁布的《边境小额贸易暂行管理办法》，给予新疆边境小额贸易特殊的优惠政策，极大地调动了新疆地方发展边境贸易的积极性，使边境小额贸易迅速发展起来。多年以来，新疆与周边诸国边境贸易的商品结构有所改进，工业制成品比例有所上升。2000年新疆出口商品结构中，工业制成品比例已增至52%以上。但出口仍以劳动力密集型和资源密集型为主的纺织品、百货文具、小五金等为主，进口产品也主要以农产品、林产品、矿产品为主，附加值低，结构更新慢。一方面，随着周边国家的进一步对外开放，日本、美国、韩国、欧盟等一些先进国家和地区产品的进入，对我方出口的工业制成品造成一定的竞争；另一方面，随着周边各国经济的发展和技术水平的提高，我方出口的工业制成品正逐渐为它们本国生产的产品所替代。同时，在合作交流的过程中，均存在过于重视贸易，而轻视了经济技术合作、旅游合作及边境地区发展加工业合作等领域，并且金融交流合作也没有跟上经贸关系发展的需要。双方有不少管理者和经营者存在着重“小额”，而轻“互市”的思想，使边境贸易未能向边境服务贸易、边境技术贸易等更高级层次的经济领域发展。

（4）边境贸易地理方向单一

新疆对中亚的进出口国家主要集中在哈萨克斯坦、吉尔吉斯斯坦两国，这样不利于新疆边境贸易的多元化发展，增加了新疆边境贸易的风险。因此，新疆应充分发挥自身的地缘优势积极同其他国家发展经贸关系。

9.3.2.3 新疆边境贸易的发展对策

（1）加强基础设施建设，改善边境贸易口岸的贸易环境

良好的贸易环境是进行对外经济合作的关键，首先要改善硬环境，即加强交通设施和口岸基础设施的建设，增加过货能力，改善投资环境，为中外客商提供一流的通关过货条件。铁路建设部门应采取积极有效措施，保证亚欧第二大陆桥全线畅通，进一步创造条件，朝无换装运输的方向努力，加强亚欧第二大陆桥的国际联运协调。公路建设要全面改善国道状况，提高国际公路的技术等级。航空建设方面要加快乌鲁木齐—卡拉干达—莫斯科和乌鲁木齐—开罗两条国际航线，使乌鲁木齐成为我国西北最大国际航空中心。口岸建设方面要加快水电、边民互市点市场、通信、仓储等设施建设，把口岸建设成为方便、文明的国际一流口岸。边境城镇也应加快改善环境的建设，尽力为边民和外商提供良好的衣、食、住、行的生活环境和电、水、路畅通的优越投资环境。

（2）发挥边境贸易企业力量，大力发展电子商务在边境贸易中的应用

关于边境贸易企业层面，应充分发挥边境贸易企业行业协会力量，壮大边境贸易企业实力。发挥边境贸易企业行业协会的组织力量，加强对边境小额贸易经营者的培训，让他们掌握现代贸易技术和贸易信息等。借助协会的力量，鼓励有实力的外贸企业与边境小额贸易企业在互惠的基础上走联合经营之路，把边境小额贸易企业享有的政策优势与客户、资金、人员等方面的优势结合起来，达到互惠互利、共同发展的目的，逐步扩大贸易规模；促进边境贸易企业、服务支持、监管效率、政策环境的统一协调发展，同时加强与贸易相对国的沟通。加强新疆海关与周边国家海关间的合作与交流，扩大与各国海关合作的领域，加大推进双

边及多边海关间的信息互换和执法互助能力，不断加强各国海关间的联合监管能力，努力形成有效的信息沟通、决策协调机制，成为贸易中规则的主动制定者而不是规则的被动接受者。

（3）提高新疆生产力，加快产业升级

为大力发展新疆生产力，应加速推进新疆外向型经济的大发展，营造新疆与中亚五国经济合作更为有利的环境。同时依托东部，坚持“走出去”与“引进来”相结合的道路，把东部地区过剩的产业资本、工艺技术与新疆地缘和资源两大优势结合起来，加快产业升级，合作开发中亚国家潜力巨大的市场。将“走出去”与“引进来”紧密地结合起来，真正使新疆经济与中亚国家经济建立起有机的联系，从而不断提升新疆向西开放水平，实现新疆经济的新发展和新跨越。政府应依照产业结构所处的不同阶段，制定差别化的发展战略和产业政策。同时，坚持对外开放，实现地区、行业、部门的分工协作，集中优势生产要素，在关键性技术领域取得突破。新疆具有承接产业转移政策优势、机遇优势、区位优势、资源优势和产业基础，具备成为西部经济强区的巨大潜力。各援疆省市在组织产业转移项目的过程中，要坚持高起点、高标准，通过工艺升级、设备升级，推动新疆产业的升级，防止落后产能和工艺装备转移到新疆来发展，避免东中部地区的项目在新疆简单复制。创新思路和模式，推动产业转移深入发展，推进产业向中西部向新疆转移。

（4）优化新疆边境贸易商品结构，提高产品附加值同时发展特色经济

新疆的主要出口商品并非新疆地方工业产品，而是来源于内地省份。应充分利用新疆自身优势条件发展边境贸易，加大产品的深开发力度，努力提高产品的价值量，用质量优、品种多、服务好、适应市场需求的产品去拓展周边国家市场。为提高产品附加值，应延长产业链，从初级产品生产到工业制成品最后再到高科技产品。同时实施品牌战略，严把进货关和出口商品检验关，保护知识产权，杜绝假冒伪劣商品走出国门。

欧洲、韩国和日本等国家和地区不断拓展中亚市场，无形中挤压了新疆边境贸易的增长空间。新疆企业应积极开拓中亚市场，在激烈的竞争中找到自己的立足点，发展特色经济。例如，农产品贸易在新疆与中亚五国贸易中占有重要地位，随着哈萨克斯坦等邻国经济复苏，新疆本地产瓜果和蔬菜开始大量向中亚五国出口。目前中亚五国大部分农副产品依靠进口，新疆应在周边国家建立果蔬和肉品保鲜库，以拓展周边国家果蔬、肉类产品市场。新疆各口岸也应开辟“绿色通道”，保证新疆本地产瓜果、蔬菜等特色农产品实现快捷通关。

10 “一带一路”建设与西藏自治区边境贸易区发展问题研究

10.1 西藏自治区口岸体系

10.1.1 口岸总体概况

截至2016年底，西藏自治区有经国务院批准的对外开放口岸4个，其中：空运口岸1个，为拉萨空运口岸（拉萨贡嘎机场）；陆路（公路）口岸3个，分别是樟木公路口岸、吉隆公路口岸、普兰公路口岸（中尼边境口岸2个，一中印边境口岸1个）（表10-1）。西藏有边境县21个、边境乡104个，边境地区总面积34.35万平方千米，人口40余万（中国口岸协会，2017）。

表10-1 西藏对外开放口岸一览表

口岸名称	运输方式	口岸分类	对应口岸
拉萨	空运	1类	—
樟木	公路	1类	巴热比斯口岸（中尼）
吉隆	公路	1类	热索瓦口岸（中尼）
普兰	公路	2类	贡吉口岸（中印）
日屋	公路	2类	科达里（待开放）

资料来源：《中国口岸年鉴2017》。

10.1.2 边境口岸体系

西藏的边境贸易在所有边境省（自治区）的发展中属于比较落后的，且西藏口岸的数量比较少，本节主要是侧重介绍西藏地区的一类口岸。

10.1.2.1 樟木口岸

樟木口岸位于西藏日喀则聂拉木县樟木镇的樟木沟底部，在喜马拉雅山中段南坡，东、南、西面与尼泊尔接壤，为国家一级公路——中尼公路之咽喉，距拉萨736千米，距加德满都120千米，是中国和尼泊尔之间进行政治、经济、文化交流的主要通道，是中国通向南亚次大陆最大的开放口岸。樟木口岸面对尼泊尔中腹地区，畅通的中尼公路带来了樟木边境贸易市场的发展和繁荣。口岸交通方便，能源、通信等基础设施基本保障，海关、银行、工商、联检、公安等管理机构健全。因距离尼泊尔首都加德满都较近，许多境外游客把这里作为入藏或出藏的大门。樟木境内有世界第14高峰海拔8012米的希夏邦马峰，有茂密的原始森林、奇特的冰川和几十个大小湖泊，还有许多名胜古迹可供观光旅游。

樟木公路口岸历史上就是中国通往南亚的重要通道，中尼两国边民长期友好相处，具有与尼泊尔进行经济文化往来的地缘优势。2015年“4·25”尼泊尔地震前，樟木口岸各项基础设施基本完备，已形成一定的贸易规模，承担西藏自治区90%以上的边境贸易、2/3的对外贸易及全国一半以上的对尼贸易。樟木公路口岸灾后恢复重建任务繁重，口岸转型发展势在必行。2015年进出口贸易总额25.99亿元人民币，出入境人员36.88万人次（表10-2）。

表10-2　樟木口岸2011年、2012年、2015年的贸易情况

项目	2015年	2012年	2011年
进出口贸易总额/亿元	25.99	—	—
出入境人员/万人次	36.88	137.64	140.11
进出口货运量/万吨	—	17.3	16.01

资料来源：《中国口岸年鉴》（2012、2013、2016）。

10.1.2.2　吉隆口岸

吉隆口岸位于日喀则地区吉隆县吉隆镇热索村境内，喜马拉雅山中段南麓吉隆藏布下游河谷即著名的景区吉隆沟，是中尼边境贸易的通道，也是216国道（新藏公路二线）的终点，与樟木口岸隔山为邻。1972年吉隆口岸被国务院批准为国家二类陆路口岸，曾经设有海关、商检等部门，后因樟木口岸的繁荣，吉隆口岸进出口贸易基本停止，海关、商检等部门随之撤销。1987年国务院批准吉隆为国家一类陆路口岸。交易除以物易物外，多以尼泊尔卢比和人民币作为支付手段。2014年扩大开放；2017年4月，国务院批准西藏吉隆口岸扩大开放为国际性口岸。

吉隆公路口岸自古就有商道、官道、战道之称，历史上曾是西藏与尼泊尔最大的陆路通商口岸之一，是中尼双方政治、经济、文化交流的主要通道，也是中尼间的传统边境贸易市场。2015年吉隆公路口岸基础设施条件显著改善，吉隆镇至热索的公路、国门、出入境检查检验基础设施及设备建成配备，2015年国务院正式批准吉隆公路口岸扩大开放。但在“4·25”尼泊尔地震中，吉隆公路遭受巨大损失，尤其是公路及基础设施严重损坏，通关受阻。为尽快恢复口岸运行，在西藏自治区政府的统一安排部署下，通过各部门的共同努力奋战，吉隆公路口岸于2015年10月13日恢复通关运行。2015年吉隆口岸进出口贸易总额为5.99亿元，出入境人员5.5万人次；2016年进出口贸易总值33.5亿元，出入境人员12.5万人次（表10-3）。

表10-3　吉隆口岸的边境贸易额

项目	2016年	2015年
进出口贸易总额/亿元	33.5	5.99
边民互市贸易额/万元	1 104.26	—
出入境人员/万人次	12.5	5.5

资料来源：《中国口岸年鉴》（2016、2017）。

10.1.2.3　普兰口岸

普兰口岸位于西藏自治区阿里地区东南面的普兰县，有异于单通道的口岸类型，其是以县为区域的特种口岸，有陆路通道和水路通道，包括多个山口（21个通外山口）、水道桥道和相关边境贸易市场。普兰口岸西南面与印度毗邻，南面与尼泊尔以喜马拉雅山为界。普兰口岸于1992年恢复开放，是西藏自治区西部对外贸易往来的一个主要口岸。

普兰口岸位于阿里地区普兰县普兰镇，县域西南与印度毗邻，南与尼泊尔接壤，普兰公路口岸与尼泊尔和印度两国接壤。对尼泊尔为正式开放的国际性口岸，但对应的尼泊尔一侧未通公路；对印度为印度官方香客朝圣和边民互市贸易通道。2015年普兰口岸国门、联检楼、业务和备勤用房项目开工建设，该项目的建成极大地改善了口岸出入境检查检验基础设施条件，营造良好的通关环境，为普兰口岸提升功能创造了条件，树立了良好的对外形象。2015年口岸进出口贸易总额为25万元人民币，出入境人员1.4万人次；2016年，口岸贸易得到进一步发展，进出口贸易总额为3362万元人民币，出入境人员3.5万人次（中国口岸协会，2017）。

10.2　“一带一路”建设与西藏自治区对外贸易发展问题研究

10.2.1　西藏自治区在“一带一路”建设中的定位

西藏是我国面向南亚的战略枢纽和开放门户，是国家确定的沿边地区开放开发重点区域和面向南亚开放的重要通道，也是孟中印缅经济走廊的重要门户。2015 年，国家发布了《推动共建丝绸之路经济带和 21 世纪海上丝绸之路的愿景与行动》，将西藏纳入了丝绸之路经济带。中央第六次西藏工作座谈会，又将西藏定位为我国面向南亚开放的重要通道，赋予了西藏更加重要的战略地位。

国家将西藏纳入“一带一路”建设总体布局，对于西藏发挥链接祖国内地与南亚的区位优势和纽带作用，加快对内对外开放提供了广阔空间。这实际上是把西藏从过去的西南边陲变成了对南亚开放的前沿。①

10.2.2 “一带一路”建设与西藏自治区对外贸易的发展

10.2.2.1 西藏自治区对外贸易发展现状

(1) 西藏对外贸易的规模分析

改革开放四十多年来，西藏经济社会全面发展，目前已经进入了推进跨越式发展、全面建设小康社会的新阶段。从表 10-4 可以看出，西藏地区的进出口贸易额从 2000 年的 11.3 亿元上升至 2014 年的 138.5 亿元，进入到 2015 年时，进出口贸易额有大幅度下降，仅为 56.6 亿元，下降幅度为 59.2%。从进口总额和出口总额两个角度来看，2000 ~ 2016 年，出口总额远远大于进口总额，说明西藏一直处于贸易顺差，表明西藏地区的进出口贸易额在一定程度上促进了经济增长（表 10-4）。

表 10-4 2000 ~ 2016 年西藏进出口贸易情况 单位：亿元

年份	进出口贸易总额	出口总额	进口总额
2000	11.3	9.9	1.5
2001	7.9	6.8	1.0
2002	10.8	6.7	4.1
2003	13.3	10.1	3.3
2004	18.5	10.8	7.7
2005	16.6	13.4	3.3
2006	25.6	17.3	8.3
2007	28.7	23.8	4.9
2008	53.2	49.1	4.1
2009	27.5	25.6	1.8

① “一带一路”赋予西藏更加重要的战略地位. http://china.huanqiu.com/hot/2017-05/10654799.html。

续表

年份	进出口贸易总额	出口总额	进口总额
2010	56. 6	52. 2	4. 4
2011	85. 6	74. 6	11. 1
2012	216. 7	212. 4	4. 4
2013	205. 6	202. 5	3. 1
2014	138. 5	129	9. 5
2015	56. 6	36. 2	20. 3
2016	51. 7	31. 2	20. 4

资料来源：《西藏统计年鉴》（2001 ~2017）。

（2）西藏产业结构分析

从表 10-5 中，可以看出，西藏地区的地区生产总值从 2000 年的 117. 8 亿元上升至 2016 年的 1150. 1 亿元，呈现出逐年递增的趋势，年均增长率为 15. 3%，但是西藏经济总量规模较小。从产业结构来看，第三产业是西藏的支柱产业，而第一产业占比呈现出逐年下降的趋势（表 10-5）。

表 10-5　2000 ~2016 年西藏地区生产总值

年份	地区生产总值/亿元	第一产业/亿元	第二产业/亿元	第三产业/亿元	人均地区生产总值/元
2000	117. 8	36. 4	27. 1	54. 4	4 572
2001	139. 2	37. 5	31. 9	69. 7	5 318
2002	162. 0	39. 8	32. 7	89. 6	6 094
2003	185. 1	40. 7	47. 6	96. 8	6 850
2004	220. 3	44. 3	52. 7	123. 3	8 034
2005	248. 8	48	63. 5	137. 2	8 939
2006	290. 8	50. 9	80. 1	159. 8	10 285
2007	341. 4	54. 9	98. 5	188. 1	11 898
2008	394. 9	60. 6	115. 6	218. 7	13 588
2009	441. 4	63. 9	136. 6	240. 9	15 008
2010	507. 5	68. 7	163. 9	274. 8	17 027
2011	605. 8	74. 5	208. 8	322. 6	20 077
2012	701. 0	80. 4	242. 8	377. 8	22 936
2013	815. 7	84. 7	292. 9	438. 1	26 326
2014	920. 8	91. 6	336. 8	492. 4	29 252
2015	1 026. 4	98. 0	376. 2	552. 2	31 999
2016	1 150. 1	105. 3	431. 4	613. 4	34 143

资料来源：《西藏统计年鉴》（2001 ~2017）。

（3）西藏各地区产业规模

从表10-6中可以看出，西藏各个地区农林牧渔业产值的差距很大。昌都市和日喀则市在西藏地区是属于面积较大的地区，它的产值占据了西藏地区较大的比例；林芝市和阿里地区有许多地方是无人区，所以这两个地区农林牧渔产业的产值均较低。阿里地区在2016年农林牧渔产值仅为7.8亿元，仅为日喀则市的1/6，这主要是由两个地区的自然资源条件所决定，同时各个地区农林牧渔产值呈现逐渐增长的趋势。

表10-6　2000～2016年西藏各地区农林牧渔业产值　　单位：亿元

年份	合计	拉萨	昌都	山南	日喀则	那曲	阿里	林芝	其他
2000	51.2	8.5	12.4	5.3	13.2	5.6	2.3	3.4	0.4
2001	52.9	7.4	12.6	5.4	14.6	6.7	2.1	3.6	0.3
2002	55.9	8.4	13.2	5.4	14.8	7.6	2.4	4	—
2003	58.6	8.7	15	5.1	14.4	8	2.7	4.6	0.3
2004	62.7	9.3	15.1	5.7	16.2	8	3.1	5.3	0.1
2005	67.7	10	16.3	5.6	17.9	9	3.1	5.8	0.1
2006	70.5	10.6	16.9	5.6	18.7	9.5	3.1	6	0.1
2007	79.8	11.7	18.7	6	22.2	11	3.7	6.6	0.03
2008	88.5	12.8	20.8	6.6	24.6	12.2	4.1	7.2	0.1
2009	93.4	13.6	22	6.9	26	12.8	4.4	7.7	0.1
2010	100.8	15	23.7	7.2	28.1	13.8	4.8	8.2	—
2011	109.4	16.3	25.7	7.8	30.5	15	5.2	8.9	—
2012	118.3	17.7	27.7	8.4	33	16.2	5.7	9.7	—
2013	128	19.3	30	9.1	35.6	17.5	6.2	10.5	—
2014	138.7	21.3	32.4	9.7	38.37	18.9	6.7	11.4	—
2015	149.5	23.4	34.9	10.4	41.1	20.1	7.2	12.3	—
2016	162.5	25.7	37.1	11.1	45.1	22.5	7.8	13.2	—

资料来源：《西藏统计年鉴》（2001～2017）。

10.2.2.2　西藏自治区对外贸易发展中存在的问题

（1）西藏经济的市场化程度和开放度不高

以非国有经济的份额和进出口占GDP的比例来分析经济的市场化与开放度。总体上看西藏经济的市场化程度和开放程度不高，从2000年到2014年非国有经济占全社会固定资产投资的平均比例为66%，并且每年都有小幅的波动。工业总产值中非国有经济的比例在 50% 左右。这表明近年来，西藏在搞活企业和利用民间投资方面取得了较大进展。商业的市场化程度比较高，社会消费品零售额中非国有经济所占比重平均为 76.9%。西藏的进出口总额在西藏 GDP 中所占的比例还极小，进出口总额占 GDP 的比例平均为 9% 左右。与同处在西部的内蒙古相比，2015 年内蒙古外贸依存度达到 43%，而西藏只有 29.5%，这表明西藏经济对外开放规模和水平还较低。这样既不利于发挥比较优势，不容易形成合理的经济结构，又难以形成新的经济增长点，导致缺乏竞争力，影响整个经济健康发展。①

（2）自产产品数量过少

20 世纪 70 年代以前，西藏对外贸易出口货物中自产产品比例达到了 90% 以上，到 80 年代，自产产品出口仍占总额的 50% 以上。进入 90 年代以后，随着西藏对外贸易的迅猛发展，以及传统贸易国家和地区对产自内地产品需求的旺盛，加上西藏本地商品生产能力相对减弱，使得自产产品在西藏出口货物中所占比例日益减少，推动本地外向性经济发展的作用明显不足。

（3）外贸发展缺乏长远计划

在西藏自治区的“九五”“十五”以及“十一五”规划中，针对对外贸易发展缺少长期的科学规划，较为笼统。一是没有专门机构和人员对西藏外贸发展历史进行系统的整理和研究；二是看到成绩的同时，忽视了发展过程中的经验和教训；三是观念上存在把对外贸易当作积累资金的“短平快”项目，缺乏战略思想；四是认为对外贸易是政策的附属品，没有政策的扶持，就没有外贸的发展，外贸没有规律可循，计划无从谈起。

10.2.2.3　西藏自治区对外贸易的发展对策

（1）优化开放型经济发展环境

以国家“一带一路”为统领，西藏立足“以口岸互联互通为基础、以开放型产业发展为核心”的总体思路，并加强制度研究与顶层设计，通过“政府+金融机构+智库”合作模式，完成相关规划的研究工作。同时，积极复制推广内地发展经验，推进国家级经济技术开发区、综合保税区、边境经济合作区建设工作，努力打造法治化、便利化营商环境。在国家部委指导帮助下，建立健全多双边对话平台，加强西藏与尼泊尔等南亚国家的政策对接。

（2）加强基础设施互联互通

边境贸易是西藏在国家“一带一路”倡议下，推进面向南亚开放重要通道

① 《西藏统计年鉴 2017》中国统计出版社 2017 年版，第 15、65、247 页。

建设的核心任务，也是西藏边民增收致富，带动边境地区发展的重要抓手。西藏应加大口岸建设力度，推进吉隆口岸扩大开放，研究科学恢复樟木口岸货物通道功能，进一步推进货物贸易便利化，多措并举促进外贸发展。

（3）开展国际产能合作

“一带一路”倡议为西藏带来对外经贸发展的机遇，通道建设促进经贸便利化并优化政策环境，将带动西藏对尼泊尔等国的边境贸易。西藏应积极引导和鼓励西藏企业“引进来”“走出去”；积极开展农牧业、制造业、航空运输等领域的国际产能和装备制造合作，推动与尼泊尔等国共同发展、互惠共赢。同时，提升拉萨、昌都等经济技术开发区发展水平，吸收外资带动产业高质量发展。

（4）深化我国与周边国家友谊

在推动“一带一路”建设过程中，西藏应努力促进民心相通，加快落实我国政府对外宣布的援助举措，扎实推进尼泊尔北部山区学校建设，组织实施援建尼泊尔巴拉维、拉特纳两所中学，为尼泊尔学生提供良好的学习环境。同时，为尼泊尔北部地区提供更多生产、生活物资援助，支持当地加快灾后重建进程。在民生领域与尼泊尔等国开展更多务实合作项目，加深双边传统友谊。

（5）加强多双边合作机制建设

提升“西藏国际旅游文化博览会”“中国西藏-尼泊尔经贸洽谈会”等展洽会的国际化程度，邀请尼泊尔等国赴藏参展。2016 年第三届藏博会期间，尼泊尔方面有 50 多家企业、220 余名商人赴拉萨参展，取得了较好的经济、社会效益。依托中国西藏-尼泊尔经贸协调委员会机制，西藏与尼泊尔就合作建设“一带一路”有关事宜充分沟通，并积极参加国家层面的对外经贸交流与磋商机制。

10.3 “一带一路”建设与西藏自治区边境贸易发展问题研究

10.3.1 西藏自治区开展边境贸易的基础条件

西藏位于我国西南边陲，平均海拔在 4000 米以上，素有“世界屋脊”之称。全区土地面积 120.2 万平方千米，约占全国陆地总面积的 1/8，2016 年末常住人口约 330.5 万人。西藏北邻新疆，东接四川，东北紧靠青海，东南连接云南，周边与缅甸、印度、不丹、尼泊尔等国家及地区接壤，国界线 4000 多千米，是中国西南边陲的重要门户。

（1）矿产资源

西藏自治区已发现 101 种矿产资源，查明矿产资源储量的有 41 种，勘查矿床100余处，发现矿点2000余处，已开发利用的矿种有22种。西藏优势矿种有铜、铬、硼、锂、铅、锌、金、锑、铁及地热、矿泉水等，部分矿产在全国占重要地位，矿产资源潜在价值万亿元以上。矿产资源储量居全国前5位的有铬、工艺水晶、刚玉、高温地热、铜、高岭土、菱镁矿、硼、自然硫、云母、砷和矿泉水等12种。石油资源目前也有很好的找矿远景。

（2）土地资源

西藏自治区土地资源丰富，牧草地有65万公顷；耕地集中分布在藏南河谷及河谷盆地中，东部和东南部也有少量分布，总面积达36万公顷。西藏土地资源的最大特点是未利用土地多，约占土地总面积的30.7%，可利用潜力很大。西藏天然草地面积超过内蒙古和新疆，位居全国第一，是中国主要的牧区之一。

（3）动物资源

西藏已发现野生哺乳动物142种、鸟类488种、爬行类动物56种、两栖类动物45种、鱼类68种。西藏野生脊椎动物共计799种，构成了西藏的动物资源优势。其中，野驴、野牦牛、马鹿、白唇鹿、黑颈鹤、小熊猫等123种被列为国家重点保护动物，占全国重点保护动物的1/3以上。滇金丝猴、孟加拉虎、雪豹、西藏野驴、野牦牛、羚牛等45种野生脊椎动物是濒危灭绝或西藏特有的珍稀保护动物。在海拔3000～4000米的喜马拉雅山麓，偶尔可以见到国家一级保护动物——喜马拉雅塔尔羊。

（4）能源资源

西藏能源资源主要有水能、太阳能、地热能、风能等可再生能源。2005年，地质勘探部门在藏北西部探明含油气远景资源量为1亿～1.5亿吨的中型油田。西藏水能资源理论蕴藏量为2亿千瓦，约占全国的30%，居全国首位，其中蕴藏量在1万千瓦以上的河流多达365条。西藏水能资源绝大部分集中于藏东南地区，主要来自雅鲁藏布江。雅鲁藏布江干流天然水能蕴藏量为8000万千瓦，加上多雄藏布、年楚河、拉萨河、尼洋河和帕隆藏布等五大支流，天然水能总蕴藏量可达9000万千瓦。

10.3.2 “一带一路”建设与西藏自治区边境贸易的发展

10.3.2.1 西藏自治区边境贸易发展现状

（1）西藏边境小额贸易的规模分析

西藏边境贸易有着悠久的历史。但目前西藏的边境贸易仅限于边境几个口岸，贸易额小，商品结构单一。改革开放后，在中央一系列优惠政策的指引下，西藏边境贸易得到迅速发展。边境贸易出口商品品种从过去单一出口羊毛，发展成为出口羊绒、家电、中药材等上千种产品。“十二五”期间，西藏边境贸易进出口贸易总额为4 364 960万元，比“十一五”期间增长了3.39倍，其中，出口贸易额为4 335 272万元，同比增长3.4倍，进口贸易额为29 689万元，同比增长1.5倍。2016年，西藏边境贸易额略有下降，其中进出口贸易总额的下降幅度为1.2%（表10-7）。

表10-7　2000～2016年西藏边境进出口贸易情况　　单位：万元

年份	边境进出口贸易总额	边境出口贸易总额	边境进口贸易总额
2000	94 430	88 644	5 786
2001	67 078	62 951	4 127
2002	50 786	46 792	3 994
2003	64 150	59 883	4 267
2004	74 860	70 816	4 044
2005	98 982	93 806	5 176
2006	137 420	133 832	3 588
2007	181 827	179 584	2 243
2008	166 391	164 487	1 904
2009	169 872	167 468	2 404
2010	338 847	336 884	1 963
2011	586 192	582 329	3 863
2012	1 067 474	1 061 721	5 754
2013	1 191 504	1 185 354	6 150
2014	1 217 439	1 206 826	10 613
2015	302 351	299 042	3 309
2016	298 644	296 058	2 586

资料来源：《西藏统计年鉴》（2001～2017）。

（2）西藏边境贸易的发展趋势分析

西藏边境贸易进出口额目前占西藏外贸进出口总额近一半，形成了边境贸易与一般贸易“二分天下”的局面。从表10-8可以看出，2009～2016年，边境贸易进出口总额占比超过50%。从边境贸易出口额角度来看，西藏边境贸易出口额占对外出口贸易总额超过了50%以上，2014年边境出口贸易额占比更是高达93.6%。从边境贸易进口角度来看，边境进口贸易额占比较低，2006~2011年，占比低于10%，说明西藏邻近的国家的发展程度均较低。

表10-8 2000~2016年西藏边境进出口贸易占比情况 单位:%

年份	边境进出口贸易额占比	边境出口贸易额占比	边境进口贸易额占比
2000	83.3	89.9	39.2
2001	85.5	92.3	40.3
2002	47.1	69.8	9.8
2003	48.1	59.5	13.1
2004	40.5	65.8	5.2
2005	59.5	70.1	16
2006	53.7	77.2	4.3
2007	63.3	75.3	4.6
2008	31.3	33.5	4.7
2009	61.9	65.3	13.2
2010	59.9	64.5	4.5
2011	68.5	78.1	3.5
2012	49.3	50	13.2
2013	58	58.6	19.7
2014	87.9	93.6	11.2
2015	53.5	82.5	1.6
2016	57.8	94.8	1.3

资料来源：根据《西藏统计年鉴》（2001~2017）有关数据计算所得。

（3）中尼边境贸易发展分析

受相近的宗教文化、风俗习惯的影响，尼泊尔人民与西藏人民自古就有经济往来，中尼边境贸易实质上是西藏与尼泊尔之间的边境贸易。

1）中尼边境贸易发展历程。西藏与尼泊尔有着悠久的经贸往来历史。早在公元7世纪就有边民为获取生产生活所需，开始进行小额边境贸易，在元朝，中尼边境贸易往来越发频繁，促使政府开始在双方聚居地组织起定点集市，边境贸易规模也不断扩大。中尼两国的边境贸易发展历程分为三个阶段进行阐述。

①明清时期的中尼边境贸易。中尼边境贸易在明清时期已颇具规模，中尼边境的日喀则地区设立了10个边境贸易市场和近20个贸易点，中尼边境居民频繁穿越喜马拉雅山，在当时最大的商品集散地吉隆和聂拉木进行商品交易，以黄金为货币兑换工具，藏族群众用羊毛羊绒牲畜交换尼民的布匹粮食。由于双方的商品交易非常频繁，一些商人开始承担起中介的角色，往返于中尼边境进行商贸活动。在明朝初期，中尼边境贸易依旧是以黄金为货币兑换工具，随着内地白银货币制度的推广，至明末清初，两地边境贸易越发繁荣，逐渐转为使用银币作为一般等价物的货币交换。1645年，中尼签署了历史上第一份商贸协议，就此拉开了中尼贸易的帷幕，协议中免除了中尼商贸的多项税收，并要求中印商贸货物运输必须经尼泊尔首都，尼泊尔由此成为印度、中国、尼泊尔三边境贸易的中心。然而，到了清朝中期，尼泊尔统治者廓尔喀王公们受利益驱使，在与西藏进行边境贸易时，使用了掺有近一半铜的银币，并印上尼泊尔首领的头像作为新的银币发行，与只印有宗教标志和佛像的旧银币一同混用。这一举措遭到了西藏方面的强烈反对，西藏边民拒绝使用和兑换尼泊尔铸造的假银币，也使中尼边境贸易受到一定程度的影响。18世纪末期，廓尔喀军队入侵西藏，但随即被福康安将军歼灭，廓尔喀军队被全面驱逐出境。战争的结束也意味着中尼贸易的中断，不过，西藏地区由于远离内陆交通不便，经济文化和宗教风俗也与内陆地区相去甚远，藏区边民的生产生活离不开与尼泊尔的边境贸易，所以这次贸易中断时间并不是很长。战后两年，清朝中央政府便下令重新开放与尼泊尔的商贸关口，并限制了每年的中尼边境贸易进出口额，将曾经的边境自由贸易改为由西藏地方政府官控制的贸易。

②西藏和平解放前后的中尼边境贸易。清朝末期鸦片战争的爆发，中国受到西方列强的侵略，沦为半殖民地半封建国家，西藏地区也受到侵略，尤其是来自英国的入侵。英国分别在1888年和1903年发动了两次侵藏战争，迫使清政府签订不平等条约，西藏的亚东口岸被迫对外开放，且不能收取关税，将西藏作为原料供应地和商品倾销市场。中尼边境贸易市场的贸易从自由的边境贸易互市贸易，变为受英国控制的转销市场。除此之外，英国还极力开通新的贸易通道，夺取主动权。在帕里路线开通后，英国禁止尼泊尔商人使用此通道，尼泊尔不再是喜马拉雅山贸易带的中心，尼商受到巨大的损失，几年时间，经商人数就从2000多人骤降为不到50人。第二次世界大战时期，中尼边境贸易再度活跃起来。受日本封锁内地沿海运输路线的影响，西藏成为物资运输的来源，尼泊尔商贸公司将来自印度物资统一管理，再运输到西藏，进而销往内地。西藏和平解放后，中央为扶持西藏对外贸易，与尼泊尔签订了通商协议，结束了尼泊尔与西藏百年来

反常的贸易情况，中尼边境贸易开始了真正的发展，中尼两国的贸易关系也得到巩固发展。

③21 世纪以来西藏边境的中尼贸易。进入 21 世纪，西藏边境贸易有了突破性进步，边境贸易总额超过了西藏外贸总额的 80%，成为西藏对外贸易的重点和新增长点。随着基础设施逐步完善，边境贸易体制的不断健全，边境贸易富县成为西藏各边境县市新的发展战略目标。2005～2014 年，西藏对尼泊尔的边境贸易出口总额从 1.2 亿美元增长到 19.7 亿美元，增长了 15.4 倍；但对尼泊尔的边境贸易的进口总额却增长缓慢，只增加了不到 2 倍，且贸易总额极小（表 10-9，图 10-1）。西藏对尼泊尔出口的商品品种丰富多样，约有 300 多种，主要是农产品、机电产品和生活用品。边境贸易主体也十分多样包括国有企业、私营企业、集体企业和个体工商户等，实现了多方位的共同参与和共同发展。此外，中尼边境贸易的金融市场也有了一定的发展和进步，贸易形式多样，出现了现汇贸易、易货贸易等。西藏对尼泊尔边境出口贸易发展十分迅猛，增幅较高，与边境进口贸易相比逐渐产生了巨大的逆差。①

表 10-9　2005～2014 年西藏对尼泊尔边境进出口贸易情况

单位：亿美元

年份	边境出口贸易总额	边境进口贸易总额
2005	1.2	0.06
2006	1.7	0.05
2007	2.5	0.03
2008	2.4	0.02
2009	2.5	0.04
2010	5.0	0.04
2011	9.2	0.06
2012	16.8	0.09
2013	19.1	0.10
2014	19.7	0.17

资料来源：根据国研网统计数据库有关数据整理所得。

① http://www.tdofcom.gov.cn/。

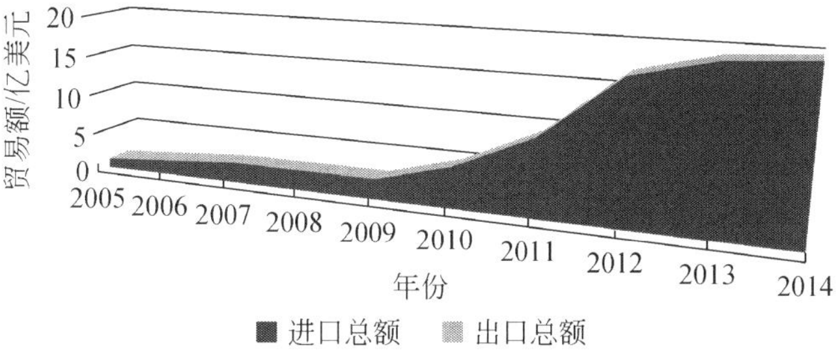

图 10-1　2005～2014 年西藏对尼泊尔边境进出口情况

资料来源：根据国研网统计数据库有关数据整理所得

2）中尼边境贸易发展现状。中尼边境贸易主要是西藏与尼泊尔之间的贸易，由于宗教文化和自然环境条件等非经济因素的影响，西藏的经济发展与中国其他地区相比有较大的差距，而同尼泊尔却有相似的宗教文化，在经济贸易上有着较强的商品互补性。中尼边境贸易发展至今，在贸易规模上不断扩大（表 10-10），贸易结构不断丰富，贸易环境不断改善，贸易关系向着和谐友好的方向发展。在"一带一路"倡议下，中尼边境贸易能保持持续稳定甚至突破性的增长，作为一条重要的经济通道，对构建南亚经济走廊，形成喜马拉雅山区域经济带具有重要的意义。

①中尼边境贸易的贸易规模。从总体上看，中尼边境贸易总额虽逐年递增，但增速并不稳定，波动幅度较大，2014 年与 2007 年相比贸易总额增长了近 5 倍，同时也一直存在巨大的顺差，中国对尼泊尔的进口总额甚至未超过 5000 万美元（表 10-11，图 10-2）。2015 年，"4·25"地震，让经济落后、基础设施建设本就不到位的尼泊尔雪上加霜，中尼最大的 3 个贸易口岸的吉隆、樟木口岸一度关闭，中尼进出口额增速降为负值。2016 年，中国对外贸易的进出口贸易总额达 24.3 万亿美元，与尼泊尔的进出口总贸易额只有 8.7 亿美元，约占中国对外贸易进出口总额的 0.0036%，中尼边境贸易规模可以说是极小的，但同时也意味着中尼之间存在着巨大的发展潜力和空间。在"一带一路"倡议下，尼泊尔是打通南亚经济圈的桥头堡，与尼泊尔签署的跨境铁路协议也正在实施建设当中，中尼两国政治上友好往来，互相信任，可以预计未来中尼边境的贸易规模将实现跨越式的发展。

表 10-10　2006～2014 年西藏与尼泊尔边境进出口贸易额及增速

年份	进口		出口		进出口	
	总额/亿美元	增速/%	总额/亿美元	增速/%	总额/亿美元	增速/%
2006	1.7	—	0.05	—	1.8	—
2007	2.5	43.9	0.03	-40	2.5	41.5
2008	2.4	-3.7	0.02	-33.3	2.4	-4.0
2009	2.5	3.4	0.04	100	2.5	4.2
2010	5.0	102.8	0.04	0	5.0	101.2
2011	9.2	85.9	0.06	50	9.3	85.6
2012	16.8	81.5	0.09	50	16.9	81.3
2013	19.1	12.4	0.1	11.1	19.2	14.1
2014	19.7	2.7	0.17	70	19.8	3.0

资料来源：根据国研网统计数据库有关数据整理所得，http://data.drcnet.com.cn/。

表 10-11　2007～2016 年中国与尼泊尔双边境贸易情况　单位：亿美元

项目	2007 年	2008 年	2009 年	2010 年	2011 年	2012 年	2013 年	2014 年	2015 年	2016 年
出口额	3.9	3.8	4.1	7.3	11.8	19.7	22.1	22.8	8.3	8.7
进口	0.2	0.1	0.1	0.1	0.2	0.3	0.4	0.5	0.2	0.2
进出口	4.1	3.9	4.1	7.4	12	20	22.5	23.3	8.5	8.9

资料来源：联合国商品贸易数据库整理计算所得，https://comtrade.un.org/db/dqBasicQueryResults.aspx。

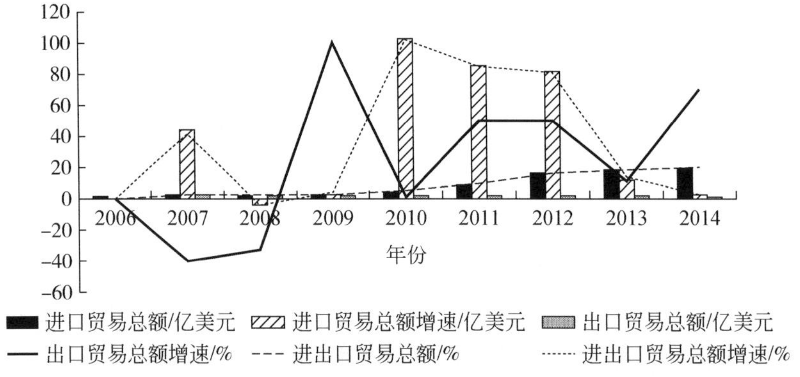

图 10-2　2006～2014 年西藏与尼泊尔边境进出口贸易额及增速

资料来源：根据国研网统计数据库有关数据整理所得，http://data.drcnet.com.cn/

②中尼边境贸易的贸易结构。近年来，中尼边境进出口的商品在结构上发生了许多变化，商品的种类逐渐增多，西藏对尼泊尔出口的商品从初级产品跃向工业成品，只要政策允许，可以根据尼方市场需求出口多种多样的货品。在西藏边境，从樟木口岸出口到尼泊尔的家电和手机产品在尼泊尔市场的占有量极高，加上 2016 年 2 月进驻的酷派手机，共有 8 家中国手机品牌在尼销售，其中华为手机的市场占有量最高。尼泊尔从边境口岸向中国出口的主要是初级产品且贸易额极小，包括谷物、糖、植物等（表 10-12）。此外，尼泊尔的香水、烟酒、瑞士手表等商品在边境市场也很受欢迎，有着质量好、价格低的口碑。图 10-3 和图 10-4 显示中尼双边境贸易的商品结构，其中大部分都是通过边境口岸运输交易，尼泊尔主要从中国进口服装及配件、电气电子设备、家具及周边、鞋靴制品、纺织品、蔬果、钢铁等劳动密集型商品。2015 年，虽受地震影响，但中国对尼泊尔的服装和蔬果产品的出口不减反增，超过了 2 亿美元，而其他商品的出口都有不同程度的减少，鞋靴类和纺织类分别减少了 65% 和 28.5% 的出口量，这些商品主要从西藏边境销往尼泊尔，在西藏边境地区形成了现汇贸易、易货贸易等多种贸易方式；国有企业、集体企业、民营企业和个体工商户等多种经济成分共同参与、共同发展的新格局。随着尼泊尔灾后重建工程的逐步完工和中尼直达铁路的修建，以及“一带一路”倡议对中尼边境贸易的进一步投资，未来中尼边境贸易将会实现跨越式的发展，进出口贸易额大幅增加。①

表 10-12　中尼边境贸易商品类别

项目	商品类别
进口	粮食、糖、植物油、铜制品、加工食品、转口的手表、相机、印度香、民族工艺品等
出口	羊毛、布匹、大蒜等农产品、家电、手机等电子通信工具、服装、布料、鞋等其他生活类商品

资料来源：联合国商品贸易数据库有关资料整理所得，https://comtrade.un.org/db/dqBasicQueryResults.aspx。

③中尼边境贸易的贸易环境。拥有天然地理位置优势的西藏自治区是我国“一带一路”建设的重点发展对象，西藏漫长的边境线上有多条贸易通道，如樟木、吉隆、普兰和亚东等口岸。其中，樟木口岸在明清时期原称为聂拉木口岸，位于海波 1700 米的聂拉木县樟木镇，和吉隆口岸隔山为邻，自古以来就是中尼边境最主要的两条贸易进出口通道。随着经济社会的不断发展，西藏固定资产投资额逐年增加。分产业来看，2016 年，第一产业完成 97.2 亿元，同比增长 17.3%；第二产业完成 294.8 亿元，同比增长 11.7%；第三产业完成 1263.4 亿元，同比增长 26.9%（表 10-13）。细分行业来看，2016 年，除采矿业、金融业和房地产业（批发和零售基本

① https://comtrade.un.org/db/dqBasicQueryResults.aspx。

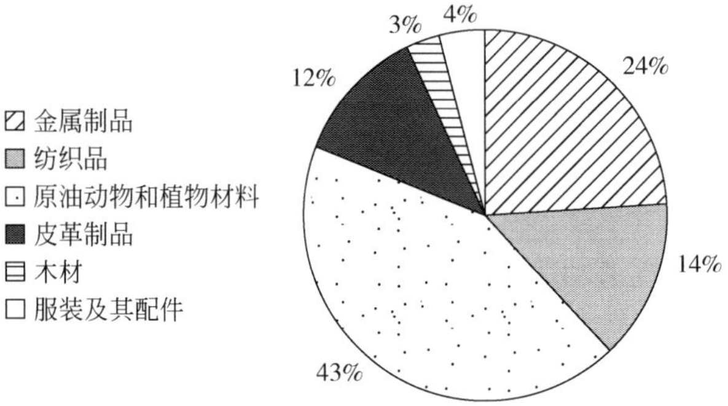

图 10-3　2016 年中国对尼泊尔主要进口商品

资料来源：根据联合国商品贸易数据库有关数据加总所得，https://comtrade. un. org/db/dqBasicQueryResults. aspx

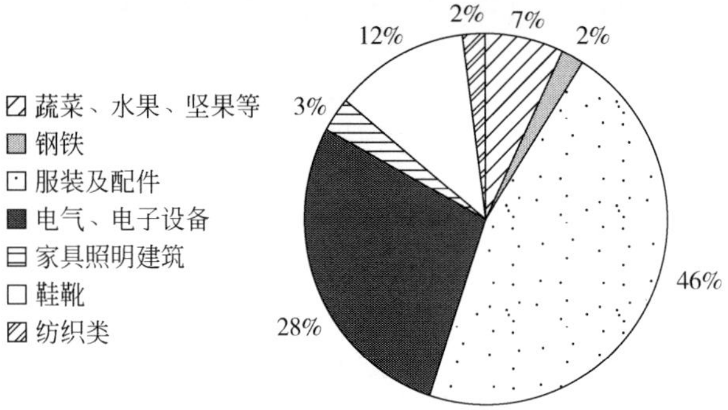

图 10-4　2016 年中国对尼泊尔主要出口商品

资料来源：根据联合国商品贸易数据库有关数据加总所得，https://comtrade. un. org/db/dqBasicQueryResults. aspx

保持不变）外，其他行业的投资都有所增加（表 10-14）。如今的樟木镇医院、银行、宾馆、邮电、海关、供电、供水等服务业设备齐全，基础设施建设已十分完善。吉隆口岸地处喜马拉雅山南侧，海拔 2100 米，与尼泊尔的主要发达城市更为接近，双方公路对接相距 30 千米，目前，西藏正在加紧建设 318 国道至吉隆县和吉隆镇的公路，吉隆口岸有望成为西藏第二大边境贸易通道。普兰口岸位于西藏阿里地区普兰县境内，地处中印尼交界，由于境外不通公路，时常大雪封山，外国商民一般每年 7 ~9 月才能入境交易，属于季节性口岸。亚东口岸则不仅是通向尼泊尔，同时也是连接印度和不丹的咽喉要道，亚东县内公安、工商、税务、农牧、电信、邮政、卫生、教育等各类服务部门健全，自来水工程、新电站建设、道路建设等项目也在加紧建设当中，亚东口岸是西藏境内条件最好的口岸之一，有极大的发展潜力（中国口岸协会，2017）。

表 10-13 2011～2016 年西藏三次产业固定资产投资额 单位：亿元

年份	第一产业	第二产业	第三产业
2011	30.7	150.7	367.9
2012	32.0	222.8	455.1
2013	48.6	286.3	583.6
2014	57.5	355.9	706.3
2015	83.0	263.9	995.3
2016	97.2	294.8	1263.4

资料来源：《西藏统计年鉴》（2012～2017）。

表 10-14 2011～2016 年西藏细分行业固定资产投资额 单位：亿元

行业	2011 年	2012 年	2013 年	2014 年	2015 年	2016 年
农林牧渔业	20.2	22.5	30.6	57.5	82.9	97.2
采矿业	13.9	41.2	56.5	61.2	75.3	49.5
制造业	33.6	43.1	42.2	65.5	30.1	39.5
电力、燃气及水的生产供应	61.5	85.7	152.2	229.3	157.9	201.8
交通运输、仓储邮政业	143.6	132.2	128.7	214.1	350.6	548.7
信息传输、计算机服务和软件业	6.1	13.1	4.1	6.9	8.6	11.7
批发和零售	3.5	14.7	15.5	9.8	15.2	15.2
住宿、餐饮业	13	25	25.3	28.7	15.4	22.6
金融业	0.6	2.6	9.3	13.4	47.8	5.5
房地产业	17.8	17.6	49.6	85.2	131.7	130.1
水利环境、公共设施管理业	44.4	45	74.2	81.5	148.4	201.3
教育	18.8	19.7	28.4	32.1	36.7	48.1
文化体育和娱乐业	11.5	14.3	21.7	13.9	18.8	27.7

资料来源：《西藏统计年鉴》（2012～2017）。

④中尼边境贸易的贸易关系。由于尼泊尔的经济环境十分落后，1955 年中尼建交以来，我国一直对尼泊尔实施经济援助，向其发放政府优惠贷款，提供大量生活必需品，并在交通、医疗、水利、教育等多项领域投资建设了各项基础设施，目前中国在尼泊尔的投资数量已超过印度居世界第一，但尼泊尔对中国的投

资则十分稀少，主要集中在西藏地区，涉及餐饮旅游和纺织等产业。2015 年 3 月，国家发布文件明确要求推进西藏与尼泊尔等国家边境贸易和旅游文化合作，实行更加积极主动的开放战略，全面提升开放型经济水平；实现西藏跨越式发展，发挥与邻国交流合作的潜力，成为次区域合作的典范和地区对外开放的“升级版”。

3）中尼边境贸易结合度实证分析。

①中尼边境贸易互补指数分析。贸易互补指数是国家出口与国家进口之间的贸易互补指数。国家进口（j）用C_{ij}表示如下：

$$C_{ij} = \sum [\mathrm{RCA}_{xik} \times \mathrm{RCA}_{mjk}] \times \left[\frac{W_k}{W}\right]$$

式中，x 表示出口；m 表示进口；RCA_{xik}表示用出口来衡量的国家 i 在产品 k 上的比较优势；RCA_{mjk}表示用进口来衡量的国家 j 在产品 k 上的比较优势；W_k表示 k 类产品的各国国际贸易总额；W 表示世界所有产品的贸易额。当某国的主要产品类别与另一国的主要进口产品类别相吻合时，两国间的互补性指数就大，若不吻合，则两个间的互补性指数就小。根据联合国贸发会议数据库提供的中尼两国的进出口贸易数据，将贸易商品分为农产品、能源及矿产、制成品三类，分析中尼贸易的互补性指数。

从表 10-15 给出的中尼贸易互补性指数可以看出中尼贸易互补性指数一直是大于 1 的，并且不断上升，说明中尼之间有很强的贸易互补性，并且互补性不断增强，中尼贸易仍有很大的发展空间。

表 10-15　2011～2015 年中尼边境贸易互补性指数

2011 年	2012 年	2013 年	2014 年	2015 年
1.041 284	1.089 005	1.107 089	1.110 564	—

②中尼边境贸易结合度分析。贸易结合度是一个比较综合性的指标，用来衡量两国在贸易方面的相互依存度。贸易结合度是指一国对某一贸易伙伴国的出口占该国出口总额的比重，与该贸易伙伴国进口总额占世界进口总额的比例之比。其数值越大，表明两国在贸易方面的联系越紧密。贸易结合度的计算公式如下：

$$\mathrm{TCD}_{ab} = (X_{ab}/X_a) / (M_b/M_w)$$

式中，TCD_{ab}表示 a 国对 b 国的贸易结合度，X_{ab}表示 a 国对 b 国的出口额，X_a 表示 a 国出口总额；M_b表示 b 国进口总额；M_w 表示世界进口总额。如果$\mathrm{TCD}_{ab}>1$，表明 a、b 两国在贸易方面的联系紧密，如果$\mathrm{TCD}_{ab}<1$，表明 a、b 两国在贸易方面的联系松散。

表 10-16　2009～2013 年中尼边境贸易结合度指数

项目	2009 年	2010 年	2011 年	2012 年	2013 年
中尼边境贸易结合度指数	0.992	1.402	1.994	2.948	2.922
尼中边境贸易结合度指数	0.082	0.148	0.160	0.332	0.487

从表 10-16 数据中可以看出，中国对尼泊尔的贸易结合度指数近年来一直大于 1，并且增长十分迅猛，说明尼泊尔市场对中国商品的需求量很大，但是尼泊尔对中国贸易结合度指数均小于 1，说明中国市场对尼泊尔商品的需求量极少，两国贸易不均衡的现象很严重。究其原因，主要是因为尼泊尔对中国出口商品主要在西藏销售，而且大多是手工制品，技术含量较低。虽然短期内不会对双方边境贸易产生负面影响，但是对中尼两国贸易的长期是不利的，所以中国在逐年扩大对尼泊尔的出口额的同时，也应考虑如何均衡发展两国贸易关系，减少越来越大的贸易顺差。

（4）中印边境贸易分析

1）中印边境贸易历史进程。早在吐蕃时期，藏族吐蕃王朝就与南亚地区进行着频繁的文化贸易往来。18 世纪后期，清朝政府针对西藏地区贸易活动制定了相关制度，将贸易活动更加规范化和合理化。当时印度是西藏重要的贸易合作伙伴，进行简单的易货交易，这也为今天的边境贸易发展开启了先河。由此可见，两国早就建立了良好的贸易合作伙伴关系。但在近代历史中，两国的边境贸易关系并不是那么的顺利。两国的边境经济贸易也由于帝国主义的摧残而饱受折磨，列强强迫清政府签订不平等条约，这严重阻碍了边境贸易发展的进程。随着 1949 年中华人民共和国成立和 1950 年印度的独立，两国的边境贸易踏上更高的台阶。但 20 世纪 60 年代，在中国与印度边境地带发生了大规模冲突，两国关系及贸易因此受损严重，边境贸易发展状况跌落谷底。此后在双方的努力修补下，1980 年后两国关系逐步恢复正常。近年来，中印两国不断针对文化经济政治进行友好互动和交流，双方不断达成共识。尽管在双方的共同努力下中印边境贸易交流逐渐步入正轨，但是争议地区的领土问题还未得到一致意见，边界的历史遗留问题依旧是敏感和棘手的问题。

2）边境贸易额。从表 10-17 可知，按美元来计价自 2001 年至 2016 年，西藏地区进出口贸易总额增长了约 7 倍。2004 年西藏地区进出口贸易总额为 22 355万美元，2008 年增长至 76 543 万美元，2011 年进出口总额约 13.6 亿美元，2012 年进出口贸易总额更是进一步猛增为 34 亿美元多，约比 2010 年增长了 3 倍。

表 10-17　2001～2016 年西藏全区进出口贸易情况　　单位：万美元

年份	进出口总额	出口总额	进口总额
2001	9 482	8 244	1 238
2002	13 032	8 110	4 922
2003	16 115	12 166	3 949
2004	22 355	13 009	9 346
2005	20 539	16 532	4 007
2006	32 840	22 222	10 618
2007	39 348	32 638	6 710
2008	76 543	70 721	5 822
2009	40 202	37 535	2 667
2010	83 594	77 102	6 492
2011	135 861	118 310	17 551
2012	342 397	335 501	6 896
2013	331 939	326 905	5 034
2014	225 494	210 086	15 408
2015	90 799	58 179	32 620
2016	77 796	47 027	30 768

资料来源：《西藏统计年鉴 2017》。

表 10-18　西藏地区与印度边境进出口贸易总额　　单位：万元美

年份	进出口总额	出口总额	进口总额
2001	8 111	7 612	499
2002	6 141	5 658	483
2003	7 757	7 241	516
2004	9 052	8 563	489
2005	12 220	11 581	639
2006	17 618	17 158	460
2007	24 892	24 585	307
2008	23 949	23 675	274
2009	24 878	24 526	352
2010	50 055	49 765	290
2011	93 033	92 420	613
2012	168 648	167 739	909
2013	192 389	191 396	993

续表

年份	进出口总额	出口总额	进口总额
2014	198 190	196 462	1728
2015	48 544	48 013	531
2016	44 961	44 572	389

资料来源：《西藏统计年鉴 2017》。

由表 10-18 可得，近十几年来，由于各种原因中印双边境贸易额波动较大，而西藏地区与印度的边境进出口额却保持显著增长。按美元来计价，2001 ~ 2014 年，中国西藏与印度进出口额增长约 23. 4 倍。2001 年边境进出口额为 8111 万美元，2005 年突破亿美元，2008 年受金融危机影响，进出口总额为 23 949 万美元，2012 年西藏与印度边境贸易总额首次突破 10 亿美元大关。①

西藏与南亚多国的贸易往来多是通过边境口岸直接来进行的，西藏与印度的贸易往来也不例外。由图 10-5 可得，近十多年来，西藏进出口贸易额和边境贸易额保持上升趋势，边境进出口总额占西藏进出口总额也都十分可观。2001 年边境进出口贸易额占进出口贸易总额的比例达 85. 5%。整体来看边境进出口贸易总额占进出口贸易总额浮动较大，2005 年边境进出口贸易总额占进出口贸易总额突破一半，直达 59. 5%。在 2014 年，边境进出口贸易总额占进出口贸易总额达到了 87. 9%。据计算，2002 ~ 2016 年边境进出口贸易总额占进出口贸易总额比例均值为 58. 2%。由此可见，边境进出口是西藏进出口贸易的主要方式。②

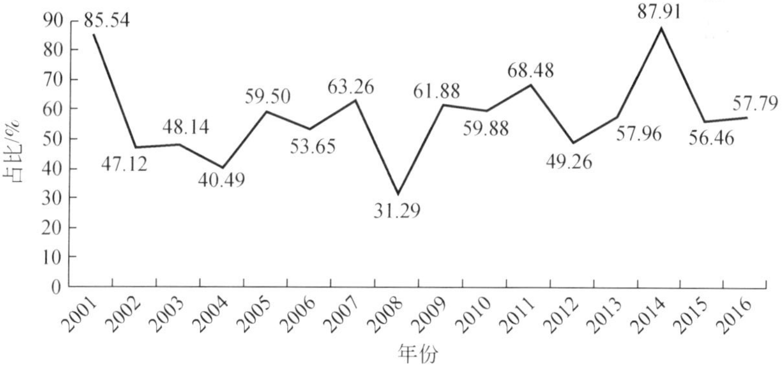

图 10-5　边境进出口贸易总额占进出口贸易总额比例

资料来源：根据《西藏统计年鉴》（2002 ~ 2017）有关数据计算所得

①②　《西藏统计年鉴 2017》。

3）中印边境开放口岸现状分析。坐落在亚东县的乃堆拉山口是中印边界若干个山口中海拔相对较低、通行条件最好的山口，它距离亚东县仅 50 多千米，距离拉萨仅 400 多千米。2006 年，这条被中断了 44 年的重要桥梁，在中印双方的努力下重新开放，并定于每年 5 月 1 日开放，12 月 1 日闭关。

从表 10-19 可知，2006～2009 年中印乃堆拉山口边境贸易额仅约 2068 万元。2010 年之后乃堆拉山口边境总额有所好转逐渐上升，边境贸易与双边境贸易之比大体呈上升趋势（图 10-6）。一方面是在乃堆拉山口开放之后中印双边关系逐渐好转，政策不断完善，所以贸易额有所改观。另一方面边境人民的消费水平也逐渐增加。2015 年，乃堆拉山口边境贸易总额约为 1.56 亿元，同比增长约 52%，全年度中方出入境 1.7 万人次，印方出入境 1.7 万人次；出入境车辆共计 1.5 万辆次，其中中方 6360 辆次，印方 7140 车次。恢复开放亚东乃堆拉山口口岸可大幅降低贸易成本，带动整个西藏地区的经济发展，从而提升了中印边境贸易水平。①

表 10-19　中印乃堆拉山口边境贸易总量

项目	2006 年	2007 年	2008 年	2009 年	2010 年	2011 年	2012 年	2013 年	2014 年	2015 年
乃堆拉山口边境贸易总额/万元	158	613.7	848.4	447.5	3 647.2	5 434.3	9 784.9	10 492.1	13 248.7	15 611.2

资料来源：根据亚东县商务局有关数据整理所得。

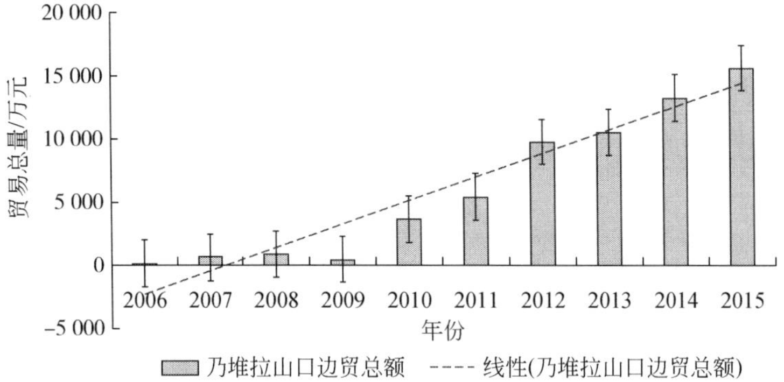

图 10-6　中印乃堆拉山口边境贸易总量

资料来源：根据亚东县商务局有关数据整理所得，http://www.xzyd.gov.cn/

① 中印亚东乃堆拉边境贸易通道 2015 年度贸易额增长 52%. http://www.tdofcom.gov.cn/yw/2213.jhtml。

4）中印边境贸易商品贸易结构分析。从中印边境贸易商品贸易的角度来看，近几十年来双方的贸易结构都有不同程度的优化。中国对印度的对外贸易中，20世纪90年代初的初级产品已逐步转向技术密集型和资本密集型产品占边境出口额的42.2%，商品贸易结构优化程度和附加值较高，结构不断优化。印度对中国的对外贸易中是以初级产品为主，相对中国而言主要优势在资源密集型商品，另外印度有着较为优势的服务贸易。[①] 下面用产业内贸易指数来印证中印贸易互补性为双边境贸易提供了良好的物质条件。产业内贸易指数可以反映两国之间贸易关系的成熟度。表10-20选取了2002年、2005年、2008年、2001年、2012年中印两国商品。从这些年的产业内贸易指数数据可以得出，中国产业内贸易水平与印度之间都处于逐渐上升的趋势。

表10-20　2002年、2005年、2008年、2011年与2012年中印两国商品贸易产业内贸易指数

年份	SITC-0	SITC-1	SITC-2	SITC-3	SITC-4	SITC-5	SITC-6	SITC-7	SITC-8	SITC-9
2002	0.76	0.47	0.21	0.13	0.07	0.66	0.67	0.29	0.39	0.1
2005	0.46	0.92	0.08	0.2	0.07	0.75	0.081	0.2	0.28	0.57
2008	0.52	0.84	0.11	0.31	0.65	0.36	0.19	0.04	0.17	0.73
2011	0.61	0.17	0.16	0.58	0.02	0.3	0.51	0.07	0.15	0.96
2012	0.97	0.14	0.16	0.92	0.03	0.33	0.61	0.07	0.17	0.99

资料来源：http://www.mofcom.gov.cn/index.shtml。

注：SITC-0：食品及主要供食用的活动物；SITC-1：饮料及烟类；SITC-2：除燃料外的非食用未加工材料；SITC-3：矿物燃料、润滑油及有关物质；SITC-4：动物及植物油、脂肪及蜡；SITC-5：未列明的化学及有关产品；SITC-6：按原料分类的制成品；SITC-7：机械和运输设备；SITC-8：杂项制成品类；SITC-9：未列入其他分类的货物及交易。

从表10-20得出，SITC-1和SITC-9这两类产品的产业内贸易指数较高。其中SITC-1、SITC-9类产品的产业内贸易指数同时在2012年达到最高值0.97和0.99，除这两类产品之外的指数都较低。一方面，中国西藏与印度的边境贸易以易货交易为主。另一方面，一个良好的边境贸易体制是保证贸易活动正常进行的保障。边境贸易管理体制的建设顺应了边境贸易发展的需要并不同程度地促进了边境贸易的发展。由于边境贸易不是一个单纯的贸易活动，它涉及民族、宗教、政治、经济、外交、国防等各个方面，因此需要建立与之相适应的、有权威的管理和监督检查机构。

从中印边境贸易结构分析来看，西藏边境贸易出口产品十分丰富，已发展至

① https://comtrade.un.org/db/dqBasicQueryResults.aspx。

上千种，并且已由早期的初级产品发展到高附加值产品。目前，西藏与印度边境贸易主要是以少量的边民互市贸易，出口商品主要为畜产品、活畜、日用百货、盐等；进口商品为藏红花、化妆品、日用百货、手工艺品、水果、虫草等。[①] 进口商品大多数都是低端产品，高科技电子产品、产业研发类产品很少涉及。贸易主体大多是中小型私人企业参与出口，以农牧业和小商品为主。

5）中印边境科技文化交流现状分析。中印之间的文化交流形式层面多并且历史悠久。但目前，中印两国在边境贸易发展方面都缺少专业型人才。两国高度重视中印文化、科技、教育人文交流，拉近两国认知，坚持“引进来，走出去”方针政策。随着中印经贸关系的迅速升温，两国政府都迫切希望能有更多的专业型人才从事经贸事业，为本国带来利益（表10-21）。

表10-21 西藏地区旅游人数及旅游收入

年份	接待旅游者人数/人次	入境旅游者人数/人次	国内旅游者人数/人次	旅游总收入/万元
2001	686 116	127 148	558 968	75 035
2002	867 320	142 279	725 041	98 777
2003	928 639	51 120	877 519	103 723
2004	1 223 098	95 816	1 127 282	153 195
2005	1 800 623	121 308	1 679 315	193 524
2006	2 512 103	154 818	2 357 285	277 072
2007	4 029 438	365 370	3 664 068	485 160
2008	2 246 447	67 997	2 178 450	225 865
2009	5 610 630	174 910	5 435 720	559 870
2010	6 851 390	228 321	6 623 069	714 401
2011	8 697 695	270 785	8 426 820	970 568
2012	10 583 869	194 933	10 388 936	1 264 788
2013	12 910 568	223 198	12 687 370	1 651 813
2014	15 531 413	244 401	15 287 012	2 039 989
2015	20 175 305	292 610	19 882 695	2 819 203
2016	23 159 418	321 902	22 837 516	3 307 512

资料来源：《西藏统计年鉴》（2002～2017）。

① http://data.drcnet.com.cn/web/ChannelPage.aspx? chnId=4289&leafId=16351&channel=dwmysjk-page&structureId=16&nodeId=16351。

10.3.2.2 西藏自治区边境贸易发展中存在的问题

（1）西藏口岸数量较少，且基础设施较差

与新疆、内蒙古等边境省（自治区）相比，西藏边境口岸数量较少，仅有樟木、吉隆、普兰、亚东等几个口岸。2015 年尼泊尔“4·25”地震后，樟木口岸和吉隆口岸损毁严重，被迫中断运行，受此影响中尼陆路贸易一度中断，中尼贸易严重受挫。为支持和进一步促进中尼经贸往来关系，2015 年 5 月，国务院批准同意吉隆公路口岸扩大开放为国际性口岸。为确保吉隆口岸尽快恢复运行，西藏迅速启动交通、联检设施等基础设施和配套服务设施灾后恢复重建工作。

（2）边境贸易形式单一，科技含量较低

一方面，西藏现阶段的贸易形式基本上为传统的易货贸易方式，新型的类似自由贸易区和出口加工区形式的边境贸易在西藏没有开展。其主要原因是西藏边境地区偏远落后，经济不发达，多通过互换贸易形式，保持贸易平衡。这虽然一定程度上发挥了边境贸易的积极作用，但是缺乏灵活性、创新性和市场化，还不能适应经济发展的需求。另一方面，从进出口的商品的种类来看，商品的结构层次低。进出口商品大多都是以原材料、初级加工商品，深加工、附加值很高的商品很少，没有边境贸易产品的生产基地，产品的科技含量很低。

（3）口岸及其他的开放的边境贸易市场建设不到位

目前，西藏的边境贸易口岸还处于规划建设初期，而传统的边境贸易市场没有固定的交易地点，既没有交易摊位，食宿、公共卫生等基础实施条件也比较差，出入境的管理也比较困难。西藏现有的 29 个国家口岸和开放的边境贸易市场的硬件设施，除了樟木、亚东、普兰等少数几个的条件较好之外，其他的基本上条件都比较差，有的甚至只有一条街道和简易的铺面。这种状况对西藏边境贸易的发展非常不利，也不利于边境贸易长期稳定的发展，阻碍了边境贸易的繁荣及边境贸易区的建设和完善。

（4）交通、通信等条件较差

虽然近些年来，边境贸易得到重视，政府也加大了对边境地区基础设施建设的投入，但由于受当地地理、自然、历史等条件的制约，交通、通信、能源、信息等基础设施条件还是比较差。例如，普兰口岸只有每年的 7 ~ 9 月才能正常通车使用，使其成为季节性的口岸，极大地限制了边境贸易的发展。很多口岸由于道路问题，全年通车时间极大地被减少，而且路面的等级低、道路窄小，不但极大地影响了行车的速度，而且增加了耗油量，这都极大地限制了西藏边境贸易的发展。

10.3.2.3 西藏自治区边境贸易的发展对策

(1) 提升边境贸易商品的结构层次和国际竞争力

目前，西藏的边境贸易产品主要以初级产品、土特产为主，商品化程度不高。因此，西藏应按照市场化的要求，不断引进内地的投资，学习借鉴先进的技术、经验，加强与内地的协同合作，充分利用当地政府优惠的政策支持，发挥“后天优势”，建立资本密集型或技术密集型的产业，加强对初级产品的深加工，挖掘产品附加值。根据边境贸易市场不断变化的需求，积极地调整产业结构，建立不同类型的生产基地，集中对初级产品深加工，增加产品的种类，提高产品的质量，从而增强产品的竞争力，带动西藏地区边境贸易的发展与繁荣，促进经济的发展。

(2) 加强交通、通信等基础设施建设

西藏边境地区之所以落后于其他地区，部分原因是由其特殊的地理条件、自然环境等决定的。目前，西藏正不断地增强边境地区的基础设施建设，已初步落实的项目达200多项，主要投资于边境地区农牧区基础设施的建设、乡镇公路建设、乡镇卫生院基础设施建设等诸多方面，这些投资建设能在很大程度上改善制约边境地区发展的因素。西藏的边境区除了要做好现有公路的养护工作之外，还要有重点和有选择地改善交通和能源设施，同时国家要将对西藏的资金投入放在基础设施建设上。同时还应该建立西藏对外交流的信息网络，以便企业、民众能及时掌握各种交易信息。在当今的信息时代，信息对经济贸易有着重要的作用，只有及时掌握市场的供求状况，根据变化的贸易信息，调整产品供应，才能促进边境贸易及时、高效地运转。

(3) 加强口岸建设，改善通关环境

从整体上来看，西藏边境贸易口岸的基础设施条件较差。这种状况如果不能尽快得到改善，边境贸易的的规模和范围在短时间内很难得到扩大，原有的贸易框架很难打破，从而使边境贸易仍停留在低层次的边民互市阶段。针对这种状况，西藏应有重点有计划地加强当地口岸的基础设施建设，尽快地为参与边境贸易的国内外客商提供一个良好的边境贸易条件，最大限度促进边境贸易的发展与繁荣。

11 “一带一路”建设与云南省边境贸易区发展问题研究

11.1 云南省口岸体系

11.1.1 口岸总体概况

云南地处西南边陲，东邻贵州和广西，北连四川和西藏，西边与缅甸毗邻，南边与老挝和越南接壤；土地面积39.4万平方千米，其中山区面积约占94%；2017年常住人口约4596万。云南边界线长约4060千米，其中，中缅边界1997千米，中越边界1353千米，中老边界710千米，有怒江傈僳族自治州（简称怒江或怒江州）、保山市、德宏傣族景颇族自治州（简称德宏或德宏州）、临沧市、普洱市、西双版纳傣族自治州（简称西双版纳）、红河哈尼族彝族自治州（简称红河或红河州）、文山壮族苗族自治州（简称文山或文山州）8个边境地州（市）。全省25个少数民族中，有15个民族是跨境民族。云南具有面向“三亚”（西亚、南亚、东南亚）和两洋（印度洋、太平洋）的独特地理位置，是连接东南亚与亚洲腹地的枢纽和通道。无论是从历史根源还是从其现实因素考虑，云南是国内唯一一个可以连接“丝绸之路经济带”和“海上丝绸之路”的省份，因此云南作为“一带一路”重要交通枢纽，具有重要的战略地位。

截至2016年底，云南共有25个口岸（表11-1），其中，一类口岸18个（航空口岸4个、河港口岸2个、铁路口岸1个、公路口岸11个），二类口岸7个（均为公路口岸）。目前，云南省已经成为全国口岸大省和对东南亚开放的前沿。这些口岸建立在中国-东盟自由贸易区中，成为促进对外交往、与周边国家进行友好合作的重要窗口（中国口岸协会，2017）。

表 11-1　至 2016 年底云南省口岸基本情况

序号	口岸级别	口岸类型	口岸名称	地区	对口国别
1	一类口岸	航空口岸	昆明国际机场口岸	昆明市巫家坝	多国
2			西双版纳国际机场口岸	景洪市嘎洒镇	泰国、老挝
3			丽江国际机场口岸	丽江市七河乡	韩国、新加坡
4			昆明综合保税区	昆明市	多国
5		河港口岸	思茅港口岸	思茅市	泰国、老挝、缅甸
6			西双版纳景洪港口岸	西双版纳州	泰国、老挝、缅甸
7		铁路口岸	河口口岸	河口县	越南
8		公路口岸	河口口岸	河口县	越南
9			天保口岸	天保乡	越南
10			金水河口岸	金平县	越南
11			都龙口岸	马关县	越南
12			磨憨口岸	勐腊县	老挝
13			勐康口岸	江城县	老挝
14			瑞丽口岸	瑞丽市	缅甸
15			畹町口岸	瑞丽市	缅甸
16			清水河口岸	耿马县	缅甸
17			猴桥口岸	腾冲县	缅甸
18			打洛口岸	勐海县	缅甸
19	二类口岸	公路口岸	田蓬口岸	富宁县	越南
20			盈江口岸	盈江县	缅甸
21			章凤口岸	德宏州	缅甸
22			南伞口岸	镇康县	缅甸
23			孟连口岸	孟连县	缅甸
24			沧源口岸	沧源县	缅甸
25			片马口岸	怒江	缅甸

资料来源：《中国口岸年鉴 2017》。

2016 年，云南全省口岸进出口额 138.9 亿美元，同比增长 0.9%。其中，中缅天然气项目从瑞丽口岸共完成进口货运量 286 万吨，进口额达 13.3 亿美元。2016 年，云南省各级商务（口岸）、海关等管理部门推行口岸通关便利化建设和改革，完善云南电子口岸大通关服务平台功能，推进“三互”大通关建设，全省口岸进出口额、货运量、出入境人员和出入境交通工具4项指标均实现逆势增长。2016年，云南口岸边民互市高速增长，边民互市进出口额160亿元，同比增长52.4%。[①]

由表11-2可知，2016年，云南边境口岸四项指标同比增长率大都维持在10%左右，态势良好。在口岸边境贸易中，边民互市贸易增长迅猛，增速已超50%。云南的25个口岸中，口岸示范综合排名第一的为瑞丽口岸，作为重点口岸，瑞丽口岸带动作用突出，特别是中缅天然气输运重点项目，瑞丽口岸作为德宏州的门户，地理位置优势突出。此项目从瑞丽口岸共完成进口货运量286万吨，进口额达13.3亿美元。而德宏州作为云南边境县和边境口岸最多的州，在中缅边境贸易中有着极为重要的地位。[②]

表11-2　2016年云南边境口岸4项指标情况

项目	进出口额		货运量		出入境人员		出入境交通工具	
	金额/亿美元	同比增长/%	金额/亿美元	同比增长/%	数量/万人次	同比增长/%	数量/辆次	同比增长/%
全省口岸	138.9	0.9	1980	8.1	3717	6.4	782	14.3
陆路口岸	113.1	14.8	1273	3.8	3443	5.9	779.92	14.3
航空口岸	25.8	—	707	—	269	14.3	2.1	8.3
口岸边民互市	26.2	52.4	620	27.6	—	—	—	—

资料来源：《中国口岸年鉴2017》。

11.1.2　边境口岸体系

在云南25个口岸中，重点口岸示范带动作用明显。其中，综合排名前5的口岸分别是瑞丽（中缅）、河口（中越）、磨憨（中老）、孟连（中缅）和昆明机场，其合计进出口额约占云南口岸进出口总额的70%，约占口岸总货运量的46%，约占总出入境人员的69%，约占口岸总出入境货运量的68%。[③]

11.1.2.1　瑞丽口岸（对缅口岸）

瑞丽公路口岸位于云南省西部，德宏州的西南，与缅甸木姐口岸对接，边境线长141.4千米，距昆明750千米，距缅甸木姐市4千米，它是中缅铁路通道

---

① 由云南省商务厅口岸办公室提供。

②③ 云南省口岸4项指标逆势增长. http://www.gov.cn/xinwen/2017-03/20/content_5178894.htm。

（昆明—大理—瑞丽—腊戍—曼德勒—印度洋）、中缅公路通道（昆明—瑞丽—八莫港）上的重要口岸。瑞丽口岸是云南较早开放的国家一类口岸，1978 年国务院批准开放；1985 年经德宏州政府批准为边境贸易区；1991 年 2 月云南省政府批准瑞丽设立边境贸易经济区；1992 年 6 月被国务院批准为沿边开放城市；1993 年撤县设市，国务院批准在瑞丽口岸设经济合作区；2000 年经国务院批准按照“境内关外”的方式设立“姐告边境贸易区”；2001 年 10 月 26 日经国务院批准瑞丽口岸对第三国人员开放；2010 年经国务院批准设立瑞丽开发开放试验区（中国口岸协会，2017）。

瑞丽口岸是中缅边境口岸中人员、车辆、货物流量最大的口岸，其东面、南面与缅甸棒赛、木姐、南坎 3 个城市相邻，东有瑞丽畹町经济开发区一类口岸，西有德宏州章凤二类口岸。姐告是始于上海的 320 国道的终点，是昆瑞公路与缅甸的史迪威公路相接点，是云南实施国际大通道战略的试验区和示范区，是中国大西南沿边开放的主要城市，是通往南亚、东南亚的重要门户。近年来瑞丽口岸边民互市贸易、边境小额贸易、一般贸易有了长足的发展，出口商品达 2000 多种，进口 200 多种。不少中国商品通过缅甸转口到孟加拉国、泰国、新加坡、印度和中东国家，国外各种商品也源源不断通过瑞丽口岸进入我国内地。截至 2016 年 12 月，瑞丽口岸出入境旅客已达 15 031 428 人次，车辆 3 795 984 辆次，人流量和车流量同比增长了 4.5% 和 65.3%，旅客流量再次突破 1500 万人次大关，车流量创历史新高。为积极应对口岸“快进快出，大进大出，流量快速增长”的形势需要，瑞丽边检站从信息化建设、勤务调整、创新服务举措等方面入手，构建了高效勤务指挥体系，研发了边检智能优化软件，搭建了数字边境管控新构架，围绕专业边检服务优质通关，成立中缅区域性证件研究分中心，打造实战型边检执法士官队伍，加强中缅片区边检业务培训基地实战力量，探索完成落实新编制勤务模式调整。面向全社会推出了边境旅游团队网上 24 小时报检预约通关、跨境学生通关口岸直通车、开设“商务快捷通”、紧急救助通道等系列便利化举措，为维护边境地区安全稳定，服务国家“一带一路”建设和瑞丽国家重点开发开放实验区建设提供了有力保障（中国口岸协会，2017）。

11.1.2.2 磨憨口岸（对老口岸）

磨憨公路口岸位于云南西双版纳勐腊县城南 58 千米的磨憨经济开发区。1992 年 3 月被国务院批准为国家一类口岸，是国家首批列为沿边开放的地区。1993 年 12 月 22 日，中老两国共同宣布正式开通磨憨—磨丁国际口岸。2000 年 6 月云南省人民政府批准磨憨口岸为边境贸易区，并赋予优惠政策。2004 年 9 月 6 日，国务院批准磨憨口岸开展签证工作，并对第三国人员实行开放。目前，磨憨口岸基础设施日益完善，配套功能日益健全，产业培育初见成效。磨憨口岸国际物流客运中心、西部货场、五国商贸城、新联检楼等一大批项目建成投入使用；西双版纳至老挝琅勃拉邦边境旅游环线经国家旅游局批准开通；磨憨国家级边境经济合作区（中老跨境经济合作区）的建设工作正在稳步推进（中国口岸协会，2017）。

中老两国交流历史深远，在边境民族地区表现尤其明显，因此中老两国边境地区文化认同度高，语言障碍小，社会风俗、宗教信仰相似，这些有利于两国边境人民和谐共处。中老两国政府为维持两国边境人民幸福生活，促进经济发展也颁布了一系列有利于民生的政策，例如我国国家发展和改革委员会发布的《国务院关于支持云南省加快建设面向西南开放重要桥头堡的意见》（国发〔2011〕11号）中明确边境民族地区可建立经济合作区，探索建设高水平的跨境经济合作区，探索在边境民族地区开展深层次的文化、旅游、农林经济以及边境管理等方面的交流合作。为边境地区经济发展提供新思路、新方向，从而逐渐建立小范围区域性的、宽领域的经济合作，加强两国战略性合作伙伴关系。又如云南省政府出台的《支持西双版纳州磨憨跨境经济合作区建设若干政策》支持磨憨从财政、金融、公共服务出力，以及在人才、机制建设等方面给予政策优惠，目的是建设更高水平的经济合作区与开放口岸，提高竞争力。目前，通关的便利化是国家口岸发展方向，它与贸易发展紧密联系，为了更好地促进磨憨–磨丁经济合作区的发展，落实《国务院关于支持云南加快建设面向西南开放重要桥头堡的意见》精神，云南省政府制定了更为宽松的发展政策，以全区域性进出口加工基地、特色旅游平台、物流基地的定位加强建设现代化的工业基地，交通基础设施，生态建设以及便利的人民币跨境结算体系，建立国际金融节点。近年来磨憨口岸的边境贸易发展迅速，2016 上半年磨憨口岸外贸进出口总量与边民互市总量不管是在进口方面还是出口方面都保持 35% 以上的高位增长（表 11-3）；口岸外贸总量与边民互市的交易额在进口和出口方面也都保持 18% 以上的高位增长（表 11-4），以上两者的协调增长体现出磨憨口岸健康高速发展的态势，展现中老边境贸易的生机勃勃。磨憨口岸边境贸易发展迅速不仅得益于近年来政府颁布的一系列优惠政策，同时也得益于中老两国经济发展的良好势头，特别是中国内需的急剧增长，从能源到果蔬，中国市场消耗量巨大，而作为经济发展相对较慢、资源条件好、农业产品产量大的老挝正抓住这个机会，扩大与中国的经贸往来。

表 11-3　2016 上半年磨憨口岸外贸进出口总量

项目	外贸进出口总量		出口		进口	
	总量/万吨	总量增长/%	出口总量/万吨	出口增长/%	进口总量/万吨	进口增长/%
口岸外贸	85.0	41.6	21.7	35.1	63.3	43.9
边民互市	49.5	67.5	5.3	0.9	44.2	81.8

资料来源：http://yn.zhaoshang.net/yuanqu/detail/1245/newslist/9/2。

表 11-4　2016 上半年磨憨口岸外贸进出口贸易额情况

项目	进出口总额		出口		进口	
	总额/亿元	总额增长/%	出口总额/亿元	出口增长/%	进口总额/亿元	进口增长/%
口岸外贸	115.7	313.2	60.9	244.0	54.8	95.6
边民互市	7.8	18.8	1.9	4.5	5.9	24.1

资料来源：http://yn.zhaoshang.net/yuanqu/detail/1245/newslist/9/2。

11.1.2.3　河口口岸（对越口岸）

河口公路口岸位于红河州河口瑶族自治县，与越南老街口岸对接，国境线长 193 千米。2011 年 7 月，国务院批准河口公路口岸对外开放。河口公路口岸具有"口岸就是县城，县城就是口岸"的天然优势，是滇越铁路、昆河公路、红河航道与越南乃至东南亚地区铁路、公路、航道连接的交通枢纽，距昆明市 469 千米，距越南首都河内 296 千米，距出海口——越南北方最大的港口海防港 416 千米，是中国西南进入东南亚、太平洋的便捷通道。

在中国-东盟自由贸易区和"昆明—河内—海防"经济走廊的规划中，河口口岸处于"咽喉"的重要地位，是西南地区与东南亚国家发展对外贸易的窗口，是云南建立国际大通道中越铁路、中越公路四条出境通道上的重要口岸。目前，河口口岸联检楼、公路口岸北山配套查验场已建设完成投入使用。中国河口-越南老街跨境经济合作区、国际物流园区、边民互市市场、河口口岸免税商品城、海产品交易市场等项目正在快速推进中（中国口岸协会，2017）。

11.1.2.4　孟连口岸（对缅口岸）

孟连口岸于 1991 年被云南省政府批准为国家二类开发口岸，2006 年列入国家"十一五"口岸发展规划建设，原二类口岸转新开口岸建设，2007 年 12 月 11 日实现移址通关，现有勐阿和芒信两条通道通往缅甸及东南亚各国。孟连口岸与缅甸掸邦第二特区接壤，国境线长 133.4 千米，距思茅 225 千米（中国口岸协会，2017）。口岸开通 20 多年来，逐步完善了联检楼、查验货场、口岸道路、互通大桥、海关和检验检疫生活区建设，目前已达到国家一类口岸的验收标准，吸引了全国各地客商到此开展对缅甸的边境贸易业务，边境贸易得到了迅猛发展孟连口岸具有通往泰国及东南亚各国的独特优势。

孟连口岸主要进口货物为锡矿、锌矿、红木、橡胶等商品，其中锡矿为进口货值最高商品，进口值约占全国锡矿进口总值的70%；主要出口货物为挖掘机、装载机等机械设备。2016年孟连口岸实现出入境人流量146.4万人次，同比增长9.6%；货运量68.8万吨，同比增长41.1%；车流量30.3万辆次，同比增长10.3%；进出口货物总值67.5亿元，同比增长79.7%。①

11.1.2.5 昆明国际机场航空口岸

昆明国际机场航空口岸是我国对外开放较早的五大航空口岸之一，于1955年开放。机场位于云南昆明市郊东南侧的巫家坝，距昆明市中心6.5千米，机场于1997年再度扩建，1999年投入使用，机场平面占地4724亩，停机坪16万平方米，候机楼7.7万平方米，设计年旅客吞吐量为700万人次。

昆明国际机场航空口岸现已开通200余条国内航线、省内航线9条和昆明—曼谷、昆明—吉隆坡、昆明—新加坡、昆明—曼德勒、昆明—河内、昆明—仰光、昆明—新德里（包机）、昆明—万象、昆明—首尔、昆明—东京、昆明—大阪、昆明—香港、昆明—澳门等18条国际及地区航线。2005年年口岸入出境人员78万人次，货运量1.2万吨，出入境飞机7204架次。②

11.1.3 口岸旅游

云南边境口岸地处亚热带和北热带，光能充足，热量丰富，降水丰沛，气候条件优越，生物资源种类繁多，多珍奇异兽和奇花异木。云南自然生态环境保护较好，有丰富的原生态生物旅游资源、喀斯特地貌旅游资源、河流湖泊旅游资源，边境带上分布着多个国家级风景名胜区、自然保护区、森林公园等自然景区。国家实行沿边开放政策以来，云南边境地区社会经济取得较大发展。20世纪90年代至今，云南陆续开放了多个边境口岸、边境贸易互市点，多个省级口岸上升为国家级口岸，边境旅游业在边境互市贸易快速发展的带动下取得了一定成就。近年来，伴随着国内国际旅游业大发展，云南边境口岸地区已成为区域性旅游热点，旅游业快速发展。

随着人民消费水平的提高，云南省旅游总收入从2009年的810.7亿元上升

---

① 云南普洱边检助推孟连口岸进出口额突破67亿元.http://union.china.com.cn/txt/2017-02/23/content_9355645.htm。

② 云南口岸情况综述.http://yunnan.mofcom.gov.cn/aarticle/sjshangwudt/200603/20060301649617.html/。

到2016年的4744.7亿元，旅游业得到飞速发展。特别是2015年以来，云南省旅游总收入占地区生产总值比例达到20%以上，2016年云南省旅游总收入占地区生产总值的比例更是高达32.1%。尽管国内旅游总收入占云南省旅游总收入的绝大部分，但国外旅客的旅游收入也是不可忽视的，努力拓展国内国外旅游消费市场，将成为云南省旅游业下一个收入增长点（表11-5）。

表11-5　云南省旅游收入情况

年份	旅游总收入/亿元	国内旅游收入/亿元	国际旅游收入/亿元	旅游总收入占地区生产总值的比例/%
2009	810.8	730.7	80.1	13.1
2010	1 006.8	916.8	90	13.9
2011	1 300.3	1 195.7	104.6	14.6
2012	1 702.6	1 579.5	123.1	16.5
2013	2 111.3	1 961.6	149.7	17.8
2014	2 665.8	2 516.9	148.9	20.8
2015	3 281.8	3 104.4	177.4	23.9
2016	4 744.7	4 536.5	208.2	32.1

资料来源：《云南统计年鉴》（2010～2017）。

由于口岸所在州（市）一日游入境游客基本都是以边境口岸为通道和中转点出入境的，边境口岸是这些游客的旅游活动中心，因此，边境口岸所在州（市）入境一日游外汇收入和旅游人次数据一定程度上客观代表了边境口岸旅游业发展水平，反映了云南各边境口岸的旅游业发展现状。从表11-5和表11-6中可以看出，云南口岸旅游规模较大的是德宏、红河和西双版纳。其中，西双版纳旅游业发展最为迅猛，从2010年的每日35.9万人次发展到了2016年的每日122.3万人次，红河旅游业增长缓慢，尽管近几年西双版纳每日游客人次超过了红河，但红河的旅游收入却要高于西双版纳（表11-7）。

表11-6　云南省口岸一日旅游情况　　单位：万人次

年份	保山	普洱	临沧	红河	文山	西双版纳	德宏	怒江	合计
2010	7.3	8.7	14.9	116.5	19.1	35.9	125.9	5.4	333.7
2011	8.0	6.1	15.2	123.8	24.3	47.2	135.7	7.3	367.6
2012	7.6	7.4	16.4	139.3	34.6	57.7	158.1	7.5	428.6

续表

年份	保山	普洱	临沧	红河	文山	西双版纳	德宏	怒江	合计
2013	6.9	9.7	18.7	180.3	45.9	69.1	170.9	8.4	509.9
2014	7.5	13.7	20.9	98.9	47.9	84.2	185.3	8.7	467.1
2015	7.7	11.1	26.5	127.2	41.5	108.6	204.0	8.7	535.3
2016	8.3	14.7	29.3	134.7	61.3	122.3	223.3	9.1	603

资料来源：《云南统计年鉴》（2011～2017）。

表 11-7　云南口岸入境一日游外汇收入　　单位：万美元

年份	保山	普洱	临沧	红河	文山	西双版纳	德宏	怒江	合计
2010	0.04	0.05	0.08	0.64	0.10	0.20	0.69	0.03	1.83
2011	0.05	0.04	0.09	0.70	0.14	0.27	0.76	0.04	2.09
2012	0.05	0.04	0.10	0.83	0.21	0.34	0.94	0.04	2.55
2013	0.04	0.06	0.12	1.16	0.29	0.44	1.10	0.05	3.26
2014	0.05	0.09	0.14	0.67	0.32	0.57	1.26	0.06	3.16
2015	0.05	0.08	0.19	0.90	0.29	0.77	1.44	0.06	3.78
2016	0.06	0.10	0.21	0.95	0.43	0.87	1.58	0.06	4.26

资料来源：《云南统计年鉴》（2011～2017）。

11.2　“一带一路”建设与云南省对外贸易发展问题研究

11.2.1　云南省在“一带一路”建设中的定位

云南在“一带一路”中功能定位有五个，分别是：①“一带一路”连接交会的战略支点；②沟通南亚、东南亚国家的通道枢纽；③承接重大产业转移和产业聚集的基地；④与南亚、东南亚交流合作的重要平台和窗口；⑤沿边自由贸易试验区。

为凸显“一带一路”倡议支点的区位优势，云南省加快推进“一带一路”倡议的实施，加大对“一带一路”沿线国家市场开拓力度，但由于“一带一路”沿线国家经济增长低迷，需求疲软，双边境贸易额严重下滑。从云南省重点市场看，2016 年云南省与东盟国家实现进出口额 45.9 亿美元，同比下降 10.6%，但东盟国家市场仍占云南省出口比例的55.4%，继续保持云南省第一大贸易伙伴地位。①

11.2.2 “一带一路”建设与云南省对外贸易的发展

云南位于我国西南边疆，与缅甸、老挝、越南接壤，是澜沧江-湄公河次区域（GMS）合作和中国-东盟自由贸易区建设的重要载体，以其得天独厚的区位优势，在我国对外贸易中占据重要的地位。经过多年的努力，云南对外贸易取得了长足的发展，既体现其他地区的共性发展特征，又有其个性发展特征。

11.2.2.1 云南省对外贸易发展现状

从云南对外贸易的总量特征来看，云南的进出口贸易总量偏小，但增长势头较为迅猛。20世纪80年代云南进出口规模总量较小，从1980年的1.1亿美元逐渐发展到90年代初期5亿多美元，90年代中期以来，贸易规模扩张明显，除了1998年受到国际金融危机的冲击，其他年份的贸易总额都显现出较为强劲的势头。“十一五”期间，云南进出口总额由2005年的47.4亿美元上升到2010年的133.7亿美元，并在2006年进出口总额首次突破50亿美元，2010年突破100亿美元，首次进入全国进出口贸易百亿美元省份行列。“十二五”期间，云南进出口贸易规模持续上涨，从2011年的160.3亿美元迅速增长到2014年的296.2亿美元，达到历史最高点。2015年受全球经济形势的影响，进出口总额下滑至245.3亿美元。2016年进出口总额继续下行，降低为200亿美元（表11-8）。

表11-8 云南进出口贸易额变动情况 单位：亿美元

年份	进出口总额	出口额	进口额	差额
1980	1.1	1.0	0.1	0.9
1981	1.3	1.0	0.3	0.7
1982	1.4	1.1	0.3	0.8
1983	1.5	1.2	0.3	0.9
1984	1.5	1.1	0.4	0.7
1985	2.1	1.3	0.8	0.5
1986	2.7	1.7	1.0	0.7
1987	3.4	2.7	0.8	1.9
1988	4.4	3.4	1.0	2.4

① 根据云南省统计局有关数据整理，http://www.stats.yn.gov.cn/。

续表

年份	进出口总额	出口额	进口额	差额
1989	5.5	3.7	1.7	2.0
1990	5.5	4.3	1.1	3.2
1991	5.5	4.0	1.5	2.5
1992	6.7	4.7	2.0	2.7
1993	8.4	5.2	3.2	2.0
1994	13.4	9.1	4.3	4.8
1995	19.0	12.2	6.8	5.4
1996	19.2	11.0	8.2	2.8
1997	19.4	11.7	7.7	4.0
1998	19.0	11.7	7.3	4.4
1999	16.6	10.3	6.3	4.0
2000	18.1	11.7	6.4	5.3
2001	19.9	12.4	7.5	4.9
2002	22.3	14.3	8.0	6.3
2003	26.7	16.8	9.9	6.9
2004	37.5	22.4	15.1	7.3
2005	47.4	26.4	21.0	5.4
2006	62.3	33.9	28.4	5.5
2007	87.8	47.4	40.4	7.0
2008	96.0	49.9	46.1	3.8
2009	80.2	45.1	35.1	10.0
2010	133.7	76.1	57.6	18.5
2011	160.5	94.7	65.8	28.9
2012	210.1	100.2	109.9	-9.7
2013	258.3	159.6	98.7	60.9
2014	296.2	188.0	108.2	79.8
2015	245.3	166.3	79.0	87.3
2016	200.0	115.8	84.2	31.6

资料来源：《云南统计年鉴》（1981～2017）。

云南出口额的变动趋势与进出口总额变动趋势基本一致（图 11-1），在 20 世纪 80 和 90 年代经历了平稳上升后，从 2005 年以来，出口规模除 2009 年出现下降外，一直保持较为快速的增长势头，并在 2012 年出口额首次突破 100 亿美元大关，达到100.2亿美元。2014年出口额攀升至188.0亿美元的高点，随后两年持续下降。从云南省进口额的变动趋势来看，与进出口总额及出口额的变化略有不同。进口规模一直偏小，在2005年首超20亿大关，达到21亿美元，随后增长较快，但先后在2009年、2013年和2015年出现明显下滑。2016年进口额不降反升，从2015年的79.0亿美元增长到2016年的84.2亿美元。

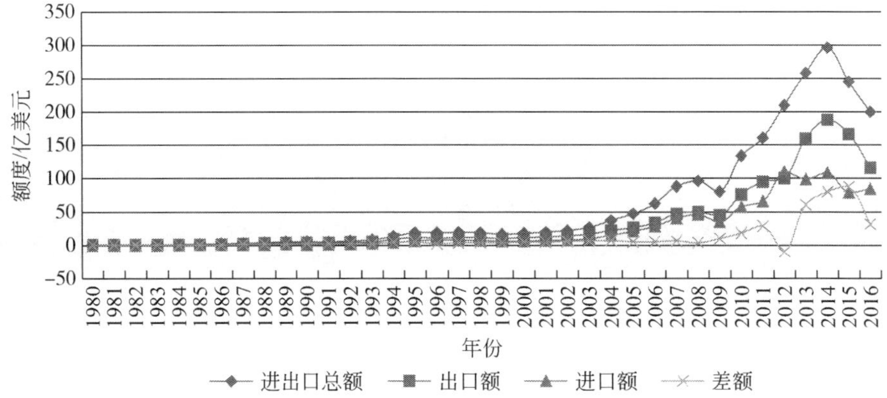

图11-1　1980～2016年云南省对外贸易总量变动趋势

资料来源：《云南统计年鉴2017》

从对外贸易增速看，云南进出口贸易总额在20世纪80年代保持了较高的增速，大多年份增速高达20%～30%，从1996年起增速明显下滑，随后在1998年、1999年转为负增长。2002年起进出口贸易总额的增长率持续上扬，2004～2007年增速均超过25%，但受国际金融危机影响，2008年、2009年均出现回落，2009年出现16.5%的负增长。2010年起又出现恢复性暴涨，直到2015年、2016年贸易总额再次出现下降。出口规模的增速与进出口规模的增速变化趋基本一致，但在较多年份出口规模的变动幅度比进出口总额的变动略大。从进口额的增速变化来看，出现负增长的年份略多于出口额和进出口总额的负增长情况，进口额分别在1982年、1987年、1990年、1997～1999年、2009年、2013年及2015年出现显著的负增长，但在2016年进出口总额及出口额持续下滑的情况下，逆势上扬，逐步回暖，呈现出6.5%的小幅增长。

从贸易方式来看（表11-9），云南进出口贸易仍以一般贸易为主，辅以边境小额贸易、加工贸易等。在1998～2011年间一般贸易的平均出口比例高达70%以上，且增长迅速；2012年出口比例降到50%以下，仅占48.2%；2013年起一般贸易的出口比例持续上扬，2015年占比达到82.10%，2016年占比为74.7%。一般贸易的进口比例也一直维持高位，大多年份高达70%～80%；但从2012年起一般贸易的进口比例持续下滑，2016年一般贸易的进口比例仅为41.2%。云南对外贸易的经营主体以国有企业和私营企业为主，外商和投资企业为辅，这四种经营主体贸易额占贸易总额的99%以上。

表11-9　1998～2016年按主要贸易方式分的进出口贸易额

年份	进出口总额/亿美元	出口总额/亿美元	进口总额/亿美元	一般贸易			
				出口额/亿美元	进口额/亿美元	出口占比/%	进口占比/%
1998	19.0	11.7	7.3	9.3	3.6	78.8	49.3
1999	16.6	10.3	6.3	7.2	4.7	69.9	75.4
2000	18.2	11.8	6.4	7.8	4.2	66.7	66.0
2001	19.9	12.4	7.5	8.7	5.3	69.6	70.5
2002	22.3	14.3	8.0	10.6	5.3	73.9	65.9
2003	26.7	16.8	9.9	12.8	7.0	76.5	70.3
2004	37.5	22.4	15.1	16.7	11.3	74.7	74.7
2005	47.4	26.4	21.0	18.2	15.2	69.0	72.5
2006	62.3	33.9	28.4	22.3	20.3	65.9	71.4
2007	87.8	47.4	40.4	34.5	30.2	72.9	74.6
2008	96.0	49.9	46.1	40	37.5	80.1	81.3
2009	80.2	45.1	35.1	35.9	27.7	79.4	79.1
2010	133.7	76.1	57.6	44.3	47.2	58.3	82
2011	160.5	94.7	65.8	68	53.3	71.8	81.0
2012	210.1	100.2	109.9	48.3	64.5	48.2	58.7
2013	258.3	159.6	98.7	102.1	40	64.0	40.5
2014	296.2	188.0	108.2	130.8	50.3	69.5	46.5
2015	245.3	166.3	79.0	136.5	40.3	82.1	51
2016	200.0	115.8	84.2	86.4	34.7	74.6	41.2

资料来源：《云南统计年鉴》（1999～2017）。

从贸易商品结构来看，云南的出口商品多以初级产品为主，高新技术产品出口严重不足，并且存在出口产品的科技含量偏低的问题。2005年，有色金属、磷化工等资源型产品是云南省第一大类、第二大类出口产品，出口额占云南出口总额的比例高达40.6%。近年来，资源类产品进出口占比不断下降。2011年，有色金属、磷化工占出口总额比例下降至19.4%。磷化工产品由原来的第一大类出口产品降至第三大类出口产品，有色金属由原来的第三大类出口产品降至第五大类出口产品。金属矿砂一直是云南第一大类进口产品，但占进口总额的比例也在逐年降低。2011 年，机电产品取代有色金属、磷化工产品成为云南出口第一大类产品，出口占比由 2006 年的 13.2% 上升至 2011 年的 21.4%。①

云南农产品进出口规模逐年扩大，比例不断提高。2007 年以来，云南农产品出口连续 5 年保持在西部第一，年均增速保持 20% 以上。2011 年，农产品出口额为 17.6 亿美元，同比增长 34.9%，超过云南全省出口增幅 10.3 个百分点，占云南出口总额的比例也由 2006 年的 16.2% 上升至 18.6%，规模不断扩大。2011 年，农产品进口额为 10.8 亿美元，同比增长 24.8%，超过云南进口增幅 11.6 个百分点。2010～2011 年，农产品已升至第二大类进口产品，占云南全省进口总额的比例也由 2006 年的 2.6% 上升至 2011 年的 16.4%，是云南进口增速最快的产品。2016 年云南大力发展高原特色农业，加大了对高原特色农产品出口的支持力度，进一步扩大了云南优势产业商品出口。云南省商务厅联合云南出入境检验检疫局、省财政厅、省农业厅、省质监局、省工商局等 6 部门按照省政府《关于加快推进出口农产品质量安全示范区建设及备案工作的通知》要求，大力推动省级县域出口农产品安全示范区建设工作，共建成元谋、宾川、蒙自、建水、罗平、通海、剑川、弥渡等 8 个县市、101.4 万亩出口农产品质量安全示范区，涉及小黄姜、卷心菜、马铃薯等蔬菜产品以及柑橘、石榴、葡萄等水果产品，全面提升出口农产品的国际竞争力。② 据昆明海关统计，2016 年，云南农产品出口延续了 2015 年大幅增长态势，出口额高达 296.5 亿元人民币，较上年同期增长 17.1%，占同期云南出口总额的 38.7%，排名仅次于机电产品，成为云南第二大类出口商品。其中，水果出口位居全国各省（自治区、直辖市）之首。③

从云南进出口市场布局特征来看（表 11-10），云南对外贸易伙伴相对较为集中，市场相对稳定。从云南前十大进口和出口市场的分布变化看，云南前 10 位贸易伙伴中，有近一半是东盟国家。缅甸、中国香港、越南一直稳居云南前三大出口市场，相对稳定集中。2013 年云南前十大出口市场有中国香港、缅甸、越南、马来西亚、美国、泰国、印度尼西亚、印度、新加坡和德国等国家和地区，贸易额达 132.8 亿美元，占出口总额的 83.2%，比 2002 年提高了 6.5 百分点。2015 年缅甸跃居首位，成为云南第一大出口市场，随后依次是中国香港、越南、泰国、美国、马来西亚、印度尼西亚、印度、新加坡、韩国等国家和地区，出口贸易总额达 166.3 亿美元，占当年出口总额的 69.4%，占比较 2013 年

① 《云南统计年鉴》（2006、2007、2012）。

② 农产品成为我省第二大出口商品．http://www.yn.gov.cn/yn_zwlanmu/yn_tjdt/201607/t20160723_26209.html。

③ 根据中华人民共和国昆明海关（http://kunming.customs.gov.cn/）相关数据整理所得。

有所下降。①

相对而言，云南前十大进口市场的变动较大。缅甸在2013年、2015年居云南最大进口市场，越南、老挝在2015年进口市场排名中位居第二、第四位，墨西哥首次跻身于进口前十大市场之列。2013年云南前十大进口市场的总进口贸易额达到60.5亿美元，占进口总额的61.3%，较2002年下降了9.6个百分点；2015年前十大进口市场的进口额增长到66.4亿美元，约占当年进口总额的79%，较2013年上涨了17.8个百分点。②

表11-10 云南省前十大进口和出口市场的变动情况

排名	出口市场				进口市场			
	2002年	2007年	2013年	2015年	2002年	2007年	2013年	2015年
1	缅甸	越南	中国香港	缅甸	中国香港	澳大利亚	缅甸	缅甸
2	中国香港	缅甸	缅甸	中国香港	缅甸	秘鲁	中国台湾	越南
3	越南	中国香港	越南	越南	德国	美国	马来西亚	美国
4	日本	新加坡	马来西亚	泰国	美国	智利	韩国	老挝
5	印度尼西亚	日本	美国	美国	澳大利亚	缅甸	瑞士	秘鲁
6	美国	美国	泰国	马来西亚	印度	印度尼西亚	印度尼西亚	智利
7	韩国	巴西	印度尼西亚	印度尼西亚	越南	越南	美国	澳大利亚
8	泰国	印度	印度	印度	智利	印度	泰国	泰国
9	新加坡	泰国	新加坡	新加坡	新加坡	巴西	澳大利亚	德国
10	荷兰	巴基斯坦	德国	韩国	印度尼西亚	伊朗	老挝	墨西哥

资料来源：根据《云南统计年鉴》（2003、2008、2014、2016）有关数据整理而得。

11.2.2.2 云南省对外贸易发展中存在的问题

（1）贸易保护主义抬头，国际市场环境逐渐恶化

近年来，受国际金融危机的影响，全球经济增长乏力，逐渐进入缓慢复苏的阶段。传统产业全球产能过剩的矛盾长期存在，世界经济环境的不乐观，导致各国面临高失业率、高赤字的难题，国外消费市场需求不旺盛。另外，各国尤其是发达国家加剧了对资源、技术、标准、人才等的争夺，纷纷采取各种保护主义措施来限制进出口贸易，全球贸易摩擦进入新一轮高发期。其中绿色贸易壁垒问题

① 《云南统计年鉴》（2003、2014、2016）。

② 《云南统计年鉴》（2003、2014、2016）。

是云南当前面临的突出问题，尤其对云南的农产品贸易方面影响较大。很多国家加强了各种绿色技术标准、卫生与包装制度、认证与检验程序等技术标准方面的管制。例如，云南出口日本的松茸，根据日本新制定的检验标准，需检测的项目由原来的10余项增加到256项，检测费用增加了20多倍，出口成本大大增加。

（2）经济基础薄弱，面临周边省区竞争压力大

“一带一路”倡议给云南对外贸易的发展带来了前所未有的机遇，但云南经济基础薄弱的问题也逐渐凸显。根据我国各区域经济对比数据显示，云南2012年的GDP总额是10 309.5亿元，约占全国GDP的2%；而到2014年的全国各区域财力和GDP排名统计，云南省依然仅排在第23位。2016年云南GDP为14 870亿元，同比增速达到8.7%，但在全国各省（自治区、直辖市）GDP排名中仍然位于23位，与蝉联首位的广东省差距巨大。[①] 云南整体经济水平基础较差、发展较为落后的事实，严重制约着云南对外贸易的持续发展。同时，随着国家区域性发展政策和规划的相继出台，云南对外开放面临着周边省（自治区、直辖市），尤其是西南各省（自治区、直辖市）在商贸物流、资源开发和国际市场等方面的激烈竞争，压力空前加大。

（3）外贸企业要素成本提高，贸易商品结构有待优化

随着经济的快速增长，资源环境压力急剧上升，受能源资源稀缺性等因素影响，国际能源资源价格长期看涨，再加上国内资源性产品价格改革，将进一步推动高能源、原材料价格的上涨。随着劳动力成本的持续增加，人民币不断升值，云南外贸企业的出口成本将持续上升，外贸经营环境趋于紧张。同时，云南经济发展主要以资源密集型产业和劳动密集型产业为支撑，资本密集型产业和技术密集型产业规模小，商品贸易结构仍以资源型、原材料型初级产品为主，虽然近年来机电产品跃居成为云南省第一大类出口产品，但在世界机电产品品牌中所占份额极小，在信息产业中的关键技术方面仍然处于劣势地位。农产品贸易规模所占比例较大，进出口产品的科技含量和附加值偏低。

（4）金融服务发展滞后，融资困难突出

在“一带一路”倡议推动下，国家陆续出台一些政策要求银行业对云南对外贸易的发展提供一定的融资扶持及帮助，但是由于与云南有贸易往来的“一带一路”沿线国家，大多是一些政局不太稳定、金融市场开放程度较低且金融秩序较为混乱的中南亚和西亚国家，银行在融资方面存在较大的难度和风险。因此，金融服务滞后成为云南发展对外贸易的主要障碍之一。

---

① 《云南统计年鉴2017》和《广东统计年鉴2017》。

11.2.2.3 云南省对外贸易的发展对策

(1) 以加工贸易带动产业结构升级

加工贸易可以通过技术外溢和学习效应等提高本国企业的技术水平并最终促进产业升级，因此发展加工贸易是我国承接产业转移、参与国际（地区）分工的重要选择。云南省应积极承接东部产业的转移，努力发展加工贸易，以带动经济发展和产业结构升级。

(2) 充分发挥地理优势，使其独特旅游文化走向世界

云南省具有典型的喀斯特地貌，同时也是一个少数民族聚居的独特省份，各民族都拥有自己独特的风俗习惯和文化特色，利用这些优势，云南可以着重发展特色文化产业，积极发展边境旅游业，让其得天独厚的自然资源和人文资源得以充分利用。

(3) 加快发展开放型经济，提升沿边开放水平

云南应积极借助“一带一路”建设带来的机遇，在推动全国经济发展的同时，自身也要充分利用国内外各种资源，积极鼓励沿边各州（市）“走出去”。德宏、西双版纳、红河、保山、普洱、临沧、文山均地处云南省的边陲地带，其对外开放水平还有待提高，借助“一带一路”的辐射作用，对提升其对外开放水平是一个极大的机遇。

11.3 “一带一路”建设与云南省边境贸易发展问题研究

云南北连“丝绸之路经济带”，南接“21 世纪海上丝绸之路”，地处“一带一路”中间位置，拥有面向“三亚”、肩挑“两洋”的独特区位优势，是中国唯一一个能从陆上同时沟通南亚和东南亚的省份，并通过连接中东延伸到欧洲和非洲。云南省处于亚洲的腹地位置，省会昆明市是西南地区航空枢纽的重要节点城市，是南北方贯通亚洲泛亚铁路的国际大通道，在东西方向上可联系亚、非、欧三大洲，并贯通三大洋的新亚欧大陆桥的交通枢纽。“一带一路”倡议的推行加上云南自身优越区位优势使云南的边境贸易发展迎来了新的机遇，云南必须抓住这次空前的机会，使边境贸易得到又好又快发展。

11.3.1 云南省开展边境贸易的基础条件

11.3.1.1 区位和资源条件

云南省地处西南边陲，东邻贵州和广西，北连四川和西藏，西与缅甸毗邻，

南与老挝和越南接壤。云南省素有“动物王国”“植物王国”和“有色金属王国”的美誉。全国162种自然矿产中云南就有148种，其中铜矿、锡矿等有色金属矿产产量居全国前列。云南边界线长4060千米，其中，中缅边界1997千米，中越边界1353千米，中老边界710千米，有怒江、保山、德宏、临沧、普洱、西双版纳、红河、文山8个边境地州（市），共25个边境市县：腾冲市、龙陵县、江城哈尼族彝族自治县、孟连傣族拉祜族佤族自治县、澜沧拉祜族自治县、西盟佤族自治县、镇康县、耿马傣族佤族自治县、沧源佤族自治县、金平县、绿春县、河口瑶族自治县、麻栗坡县、马关县、富宁县、景洪市、勐海县、勐腊县、瑞丽市、芒市、盈江县、陇川县、泸水市、福贡县、贡山独龙族怒族自治县。

11.3.1.2 社会经济条件

云南省2016 GDP为14 870亿元，比2015年增长7.3%。从表11-11可以看出，2009~2016年，云南省经济规模在不断扩大的同时，产业结构也在逐渐优化升级，第二产业的占比在缓慢下降，而第三产业的占比在迅速上升，且在2013年时第三产业产值首次超过第二产业，第一产业缓慢增长。

表11-11 2009~2016年云南省三次产业占比情况 单位:%

年份	第一产业占比	第二产业占比	第三产业占比
2009	17	42	41
2010	15	45	40
2011	16	43	41
2012	16	43	41
2013	16	42	42
2014	16	41	43
2015	15	40	45
2016	15	38	47

资料来源：根据《云南统计年鉴》（2010~2017）有关数据计算所得。

云南省处于亚热带气候区，水热条件丰富，农产品种类繁多。云南已建成一批特色农产品生产基地，例如，从表11-12可以看出，云南省盛产油料、甘蔗、烤烟、茶叶等农产品。主要农作物有蔬菜、花卉、园林水果、茶叶、橡胶、核桃、咖啡和水产品。2016年，蔬菜、水果、咖啡、核桃和水产品增长速度很快，分别增加了4.6%、15.7%、13.8%、13.4%和6.7%；但甘蔗、烤烟出现负增长。

云南目前已建有有色冶金、钢铁、电力、煤炭、化学、机械、建材、卷烟、食品、森工、纺织和轻工等12大类69个工业部门，初步形成门类基本齐全，结构比较合理，有一定基础的工业体系。2016年主要工业产品有铁矿石原矿、粗钢、钢材、十种有色金属、硫酸、成品糖、水泥、平板玻璃、变压器和卷烟等。其中铁矿石原矿、粗钢、钢材、水泥和平板玻璃产品产量出现负增长，初步反映了云南工业结构正在逐步优化升级（表11-13）。

表11-12　2016年云南省主要农产品产量及增长速度

产品名称	产量	比上年增长/%	产品名称	产量	比上年增长/%
粮食/万吨	1 991.9	6.2	园林水果/万吨	759.1	15.7
油料/万吨	68.5	4	茶叶/万吨	38.5	3.4
甘蔗/万吨	1 738.4	-9.9	橡胶/万吨	44.9	2.1
烤烟/万吨	87.9	-1.8	核桃/万吨	84.6	13.4
蔬菜/万吨	1 960.6	4.6	咖啡/万吨	15.8	13.8
花卉/亿枝	100.6	15.8	水产品/万吨	100.1	6.7

资料来源：《云南统计年鉴2017》。

表11-13　2016年云南省规模以上工业主要工业产品产量及增长速度

产品名称	产量	比上年增长/%	产品名称	产量	比上年增长/%
铁矿石原矿/万吨	2 335.1	-11.9	成品糖/万吨	220.8	-11.5
粗钢/万吨	1 417.3	-0.1	水泥/万吨	10 963.5	17.8
钢材/万吨	1 654.7	-2.4	平板玻璃/万重量箱	364.8	-39.8
十种有色金属/万吨	355.5	6.8	变压器/万千伏安	1 787	-2.7
硫酸/万吨	1 298.5	-8.4	卷烟/亿支	3 736.9	

资料来源：《云南统计年鉴2017》。

11.3.2　“一带一路”建设与云南省边境贸易的发展

11.3.2.1　云南省边境贸易发展现状

（1）云南省边境贸易的发展历程

改革开放以来，在国家边境贸易政策的激励下，云南边境贸易获得了长足的发展，大致可划分为以下几个阶段。

1）起步阶段（1979～1985年）。1980年云南省政府实施了《关于中缅、中老边民互市管理办法》和《关于中缅小额贸易管理办法》；随后在1984年国务院发布《边境小额贸易暂行管理办法》后，云南省又相应颁布了《云南省关于边境贸易的暂行规定》。这些举措侧重于促进在开放初期计划经济体制下，互市贸易和小额贸易等传统边境贸易方式起步，同时通过相应规定推动了1966～1978年当地民间、松散边境贸易交往形式逐渐向新时期规范、频繁边境贸易交往形式过渡。因此，这一时期国家相关政策推动了云南边境贸易在边境省区中率先起步发展，其边境贸易年进口额在这一时期增长了30多倍。

2）恢复性增长阶段（1986～1991年）。为深入推进内陆边境省（自治区）贸易发展，国家先后下发了《关于加快和深化对外贸易体制改革若干问题的规定》（1988年）、《关于进一步改革和完善对外贸易体制若干问题的决定》（1990年）和《关于积极发展边境贸易和经济合作促进边疆繁荣稳定的意见》（1991年）等相关文件。云南在上述政策环境下，结合上一阶段政策支撑，其边境对外贸易，特别是易货贸易得到恢复性增长。1987年边境贸易进出口额突破1亿美元大关，比1986年翻了一番多。1988～1990年边境贸易总额持续增长，均达到2亿多美元的规模。①

3）高速发展阶段（1992～1995年）。随着1992年沿边开放正式启动，国内实行了边境贸易进口“双减半”政策，昆明海关也给予云南省一些专项政策。为促进我国沿边地区紧跟沿海开放步伐，这一时期政策明显加大了边境贸易政策优惠力度，并侧重于促进我国边境贸易额积累，这为云南边境贸易发展提供了宽松、优越的发展环境。加之云南与周边国家交往日益密切，特别是“大湄公河次区域经济合作”正式实施，较好地促进了云南与越南、老挝及缅甸次区域合作。1992～1993年云南仅边境小额贸易就分别约占云南全省进出口额的30.5%和30.3%。②到20世纪90年代中期，边境贸易已成为云南对外经贸往来的重要组成部分，并逐渐进入较为现代化的现汇、现钞结算阶段。

4）波动调整阶段（1996～2001年）。1996年初国务院下发《关于边境贸易有关问题的通知》，取消部分边境贸易管理和优惠政策，加上亚洲金融危机爆发，使得国家政策导向与企业发展定位间出现摩擦，导致云南边境贸易在1996年后出现较大幅度下跌。1996年和1997年云南边境贸易总额持续大幅下滑，降幅分别高达41.1%和45.6%，1997年边境贸易进出口总额再次跌破1亿美元，仅为0.7亿美元左右。1998年后，随着国际金融危机影响逐渐消除，加上边境贸易出口退税和四种主要商品新增税赋实行“先征后返”政策，同时得益于“兴边富

①② 《云南统计年鉴2017》。

民”行动和西部大开发战略的实施，云南边境贸易出现报复性反弹，1998～1999年进出口总额分别实现了77.0%和119.9%的高速增长，并在2000年首次实现边境贸易进出口总额突破3亿美元大关，高达3.56亿美元。[①]

5）稳健发展阶段（2002～2008年）。随着2003年6月起20种商品边境贸易进口税收优惠政策的停止执行，2008年边民互市进口生活用品免税额度的提高和以财政转移支付制度替代“两减半”优惠政策，表明我国边境贸易政策重点不再是单纯强调数额增加，而是通过政策主体从“两减半”获惠的企业向以财政转移支付为手段的政府转变，更加强化政府在外向型经济发展中的引领作用。在政策推动下，云南边境对外贸易进入到质与量双重推进沿边开放水平提升新时期。同时，2005年初中国–东盟自贸区建设的两个主要协议《货物贸易协议》和《争端解决机制协议》生效，云南与东盟进行交易的商品开始大规模减税，进一步促进云南边境对外贸易总体发展格局的优化和提升。在这一时期云南边境贸易进出口规模稳步提高，2002～2008年间保持了19.7%的年均增长率，2008年突破了12.0亿美元的边境贸易规模。[②]

6）深化发展阶段（2009至当前）。2009年后，云南边境对外贸易发展进入到重要战略机遇期。在受到国际金融危机的冲击云南省对外贸易明显下挫的情形下，边境贸易实现了逆势上扬，2009年边境贸易进出口总额达到12.6亿美元，比2008年同期上涨了5个百分点。2010年中国–东盟自贸区全面启动及2011年《国务院关于支持云南省加快建设面向西南开放重要桥头堡的意见》下发，为云南边境对外贸易创造了巨大发展空间。2010年、2011年云南边境贸易规模持续上涨，增长率分别达到37.6%和15.5%。十八大以来，云南在提高全国开放型经济水平，完善互利共赢、多元平衡、安全高效开放型经济体系建设中被赋予了更多期望和责任。同时，针对边境对外贸易发展中不均衡、不协调等问题，云南也相继出台了《云南省人民政府关于加快推进通关便利化的若干意见》《云南省商务厅关于促进外经贸发展暂行办法》等文件。在国内促进边境贸易发展方式转型、深化开放型经济结构调整政策导向下，云南边境对外贸易取得了新进展。2013年云南边境贸易涨势明显，从2012年的21.5亿美元快速攀升至2013年的33.4亿美元，增长率高达55.1%，随后在2015年出现明显下滑，2016年呈现出恢复性增长，达到29.5亿美元，同比增长了18.3%。[③]

（2）云南边境贸易发展现状

云南边境贸易的发展基本与我国其他边境口岸和全国边境贸易发展同步，国家采取一系列沿边开放的优惠政策和扶持政策，使云南边境贸易总额从2009年

①②③ 《云南统计年鉴2017》。

的 12.6 亿美元上升到 2016 年的 29.5 亿美元，同时云南的边境贸易也一直处于贸易顺差，且贸易顺差有逐年扩大的趋势。但是 2015 年边境贸易总额出现了大幅下降，从 2014 年的 35.8 亿美元下降到了 2015 年的 24.9 亿美元，下降幅度为 30.4%（表 11-14）。

云南与缅甸、越南、老挝交界，其中缅甸是云南的第一大边境贸易伙伴国，与老挝的边境进出口贸易较少。2014 年云南与缅甸、老挝、越南的边境贸易总额分别为 178.8 亿元、18 亿元和 22.9 亿元（表 11-15）。

表 11-14　云南省边境贸易进出口情况

年份	出口额/亿美元	进口额/亿美元	边境贸易顺差/亿美元	边境贸易总额/亿美元	边境贸易总额增长率/%
2009	7.1	5.5	1.5	12.6	5.0
2010	9.9	7.5	2.4	17.4	37.7
2011	12.2	7.9	4.3	20.1	15.5
2012	14.0	7.5	6.4	21.5	7.2
2013	18.5	14.9	3.6	33.4	55.1
2014	21.8	14.0	7.8	35.8	7.4
2015	16.8	8.2	8.6	25.0	-30.4
2016	17.5	12.0	5.6	29.5	18.3

资料来源：《云南统计年鉴》（2010～2017）。

表 11-15　2004～2014 年滇缅、滇越和滇老边境贸易情况　单位：亿元

年份	边境贸易总额	滇缅边境贸易	滇老边境贸易	颠越边境贸易
2009	86.2	66.8	4.9	14.4
2010	117.4	96.0	6.9	14.3
2011	130.4	104.1	7.3	18.9
2012	135.8	113.9	7.3	14.5
2013	207.1	175.0	11.1	21.0
2014	219.8	178.8	18.0	22.9

资料来源：http://data.drcnet.com.cn/web/default.aspx? uid=99。

2014 年云南边境贸易出口商品中，金额第一的是手持（包括车载）式无线电话机，所占比例为 23.6%；第二位是其他含聚酯短纤≥85%的布，所占比例为 5.7%；第三位是磷酸氢二铵，所占比例为 4.5%；第四位是数字化视频光盘（DVD）播放机，所占比例为 2.3%；第五位是焦炭及半焦炭，所占比例为 2.1%；第六位是太阳能电池，所占比例为 1.7%。而同期云南自缅甸、老挝、越

南进口商品中，居首位的是红木原木，所占比例为33.1%；第二位是锡矿砂及其精矿，所占比例为10.6%；第三位是平均粒度≥6.3mm未烧结铁矿砂及其精矿，所占比例为8.3%；第四位是厚>6mm的纵锯切刨或旋切的樟木、楠木、红木，所占比例为5.9%；第五位是柚木原木，所占比例为4.6%；第六位是甘蔗，所占比例为4.5%。总体而言，云南的工业化进程要高于缅甸、老挝和越南，其出口商品以具有一定技术含量的资本和技术密集型产品为主，进口商品主要以农产品、金属原矿和木制品等资源类产品为主。①

缅甸、老挝、越南工业发展起步较晚，工业化程度低下，但有丰富的矿产资源，因技术、生产工具等硬件设施的落后，无法独立对矿产资源进行勘探、开采、冶炼等，使其无法直接转变为经济发展的推动力。相比之下，与之相邻的云南，工业化程度、科学技术等方面都略胜一筹，其中特别是磷化工产品、机电产品、建材、纺织服装、有色金属等工业品在这些国家和地区的竞争中优势明显。缅甸一直以来就是云南边境贸易的第一大伙伴，自然条件优越，林木资源、水产资源、水利资源等极为丰富，油和天然气储藏量巨大，宝石、玉石更是闻名世界。缅甸基于工业落后等国情，市场对工业制成品的需求量较大。云南出口缅甸的产品多为化工、机电、纺织服装等工业产品，进口产品主要为木材、矿产等初级产品。

由于历史原因，云南与越南的边境贸易在相当长一段时间处于停滞状态，且起步较晚。近年来，随着双方政府间友好关系的不断深入，边境贸易也取得了巨大的增长。目前，云南主要向越南出口机电产品、磷化工产品、纺织服装产品、卷烟和农产品等五大类商品。其中，纺织机械、矿山机械、建材机械等机电产品在越方市场需求量较大。同时，云南从越南进口四大类商品，均为满足生产所需的初级产品。

11.3.2.2　滇缅边境贸易发展现状

云南是我国唯一与缅甸接壤的省份，所以我国与缅甸的边境贸易是以云南为主。在“一带一路”的大背景下，云南应进一步发挥其地域优势，大力发展其边境贸易，促进经济社会发展，提高财政收入。从进出口数据来看，2016年云南与十大贸易伙伴进出口贸易总额约157.2亿美元，约占云南外贸总额的78.6%，其中与缅甸、越南和泰国的贸易额分别占云南全省外贸总额的30.3%、13.4%和12.6%。因此，对缅贸易是云南对外贸易的重点（表11-16）。近十几

① 根据国研网统计数据库（http://data.drcnet.com.cn/web/default.aspx?uid=99）有关数据整理所得。

年来，即使存在各种不利因素，但云南与缅甸的边境进出口额却保持着平稳增长。从贸易方式上看，边境贸易不仅是滇缅贸易的重要一环，而且是“一带一路”和“孟中印缅经济走廊”建设过程中的必要优势组成部分。

表 11-16　2016 年云南与十大贸易伙伴进出口情况

排序	国家（地区）/万美元	进出口/万美元	占全省外贸总额的比例/%
1	缅甸	606 442	30.3
2	越南	268 238	13.4
3	中国香港	251 562	12.6
4	泰国	114 449	5.7
5	美国	91 892	4.6
6	老挝	86 924	4.3
7	印度尼西亚	43 251	2.2
8	印度	37 417	1.9
9	马来西亚	37 905	1.9
10	澳大利亚	33 686	1.7
	全省外贸总额	1 999 853	100
	十大贸易伙伴外贸总额	1 571 762	78.6

资料来源：《云南统计年鉴 2017》。

随着“孟中印缅经济走廊”的建立以及“一带一路”倡议的不断推进，云南凭借其得天独厚的地理优势以及具有民族特色的有竞争力的进出口产品，走在了进出口贸易的前沿。而由表 11-16 可知，云南对外进出口最大的贸易伙伴是缅甸，对其进出口额的贡献度也是最大的。在这一大背景下，本节统计了 2013 年至 2017 年 3 月的云南省进出口数据，以此对其贸易作出分析。

由表 11-17 可看出，2016/2017 财年云南的进出口贸易额为 1172.2 亿元，2015/2016 财年的进出口贸易额为 1162.3 亿元，2016/2017 财年较上一财年增长了约 10 亿元。从云南的进出口贸易额上看，虽然其保持着增长，但从图 11-2 可看出，在整体趋势上，云南的进出口贸易却处于下滑的局势，且由表 11-17 可看出，在进口额保持平稳的基础上，2016 年的净出口额比 2015 年降低了 348.3 亿元。造成这一局面的原因，除了国际市场需求疲软、大宗商品价格持续低等因素以外，还有缅甸方对于两方边境贸易的限制，如对我国出口车辆及机械设备数量的限制。

表 11-17　云南进出口贸易情况

时间	进出口总额		出口总额		进口总额		净出口/亿元
	金额/亿元	同比增长/%	金额/亿元	同比增长/%	金额/亿元	同比增长/%	
2013	1 420. 4	9. 5	857. 3	39. 3	563. 1	-17. 3	294. 2
2014	1 578. 2	28. 4	964. 7	29. 8	613. 5	26. 3	351. 2
2015	1 162. 3	-18. 1	845. 1	-0. 6	317. 2	-44. 3	527. 9
2016	1 172. 2	-14. 2	675. 9	-28	496. 3	16. 2	179. 6
2017 年 1 ~3 月	281. 3	-1. 7	142. 7	-9. 5	138. 6	7. 9	4. 1

资料来源：《云南统计年鉴》(2014 ~2017)。

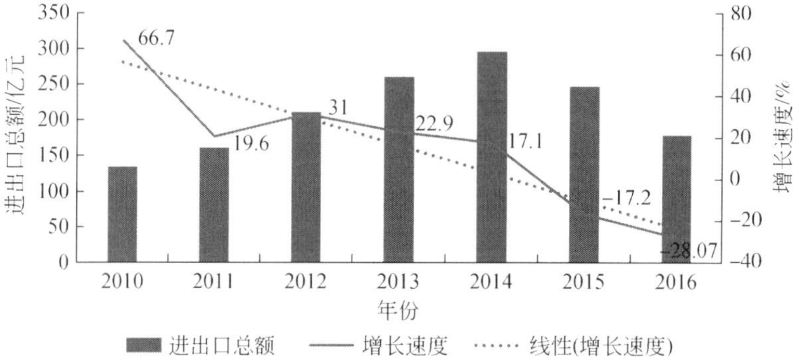

图 11-2　2010 ~2016 年云南省进出口总额及其增长速度

资料来源：《云南统计年鉴》(2011 ~2017)

从云南的边境贸易额来看，尽管近些年来，其保持上升趋势，边境进出口总额占云南进出口总额比例也都十分可观，但一方面从进出口数据上看，边境进出口贸易额总体的体量还比较小，这说明滇缅边境贸易还有巨大的空间去突破(表 11-18)。另一方面，从贸易方式上看，2016 年全年，云南省边境小额贸易进出口额达 29. 5 亿美元，较 2015 年增长 18. 3%，约占同期全省对外贸易进出口总额的 14. 7%。其中，出口额 17. 5 亿美元，约增长 4. 5%；进口 12 亿美元，约增长 47. 7% (表 11-19)。滇缅的边境小额贸易还有待发展。

表 11-18　2010 ~2016 年云南主要贸易方式进出口贸易情况

单位：亿美元

年份	对外贸易进出口总额	一般贸易		边境小额贸易	
		出口额	进口额	出口额	进口额
2010	133. 7	44. 3	47. 2	9. 9	7. 5

续表

年份	对外贸易进出口总额	一般贸易		边境小额贸易	
		出口额	进口额	出口额	进口额
2011	160.5	68.0	53.2	12.2	7.9
2012	210.1	48.3	64.5	14.0	7.5
2013	258.3	102.1	40.0	18.5	14.9
2014	296.2	130.8	50.3	21.8	14.0
2015	245.3	136.5	40.3	16.8	8.2
2016	200.0	91.9	61.3	17.5	12.0

资料来源：《云南统计年鉴》(2011～2017)。

表 11-19　云南边境小额贸易情况　　　　单位：亿美元

年份	总额	出口额	进口额
2010	17.4	9.9	7.5
2011	20.1	12.2	7.9
2012	21.5	14.0	7.5
2013	33.4	18.5	14.9
2014	35.8	21.8	14.0
2015	24.9	16.8	8.1
2016	29.5	17.5	12.0

资料来源：《云南统计年鉴》(2011～2017)。

德宏地处我国西南边陲，在云南省西部中缅边境，其东面与保山市相邻，而北、西、南三面都被缅甸包围，与缅甸山水相连，拥有 503.8 千米国境线。所以，它是云南与缅甸发生边境贸易最频繁的地区。1985 年，德宏州全境开放为边境贸易区后，初步探索形成了边民互市—边境贸易—边境经济合作—“境内关外”渐次推进、创新发展的德宏沿边开放模式，以边境小额贸易为主，一般贸易、边民互市贸易、对外经济技术合作、转口贸易等多种贸易方式互为补充、相互促进的大经贸格局。

由图 11-3 可知，2011 年德宏州对缅边境贸易总额同比增长达到 102.7%，而成就这一繁荣景象的原因在于 2011 年云南省开始实施了“桥头堡”战略，且国务院为推进边境贸易的发展，批准了瑞丽边境贸易开放实验区的建设方案，所以，不论在国家层面上还是在地方政府上，边境贸易的扶持力度都大大提升。2013 年习近平总书记提出“一带一路”倡议后，德宏州的对缅边境贸易额在 2013～2014 年迅猛增长，增长速度高达 57.1%。这些都证明了，国家的政策支持可大力推动边境贸易的发展。但2015年和2016年德宏州外贸进出口额及增长速度上，而由图11-3、表11-20可知，德宏州对缅边境贸易处于下滑的局势。造成这一现象主要原因是，一方面，缅甸加强资源性产品出口控制，毫无疑问，这对德宏州的边境贸易影响巨大；另一方面，占全州对外贸易进出口额80%的瑞丽口岸因缅方战事不断以及交通拥堵等原因，导致进出口总额同比下降了13.5%。这说明国家局势的安定是保证外贸顺利开展的必要条件。缅甸应在这一方面采取有力措施，为中缅边境贸易提供正常有序的贸易环境。①

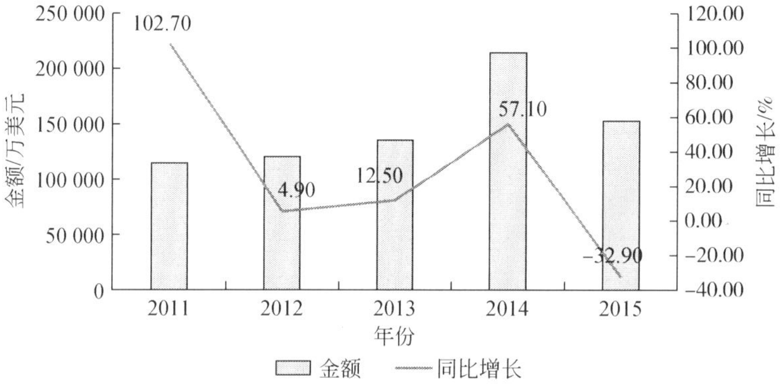

图11-3　2011～2015年德宏州对缅边境贸易总额及其增长速度

表11-20　2011～2015年德宏州对缅边境贸易总额及其增长速度情况

年份	进出口总额/万美元	同比增长/%
2011	115 432	102.7
2012	121 140	4.9
2013	136 313	12.5
2014	214 147	57.1
2015	153 823	-32.9

11.3.2.3　云南省边境贸易发展中存在的问题

尽管在一系列重大发展政策支持之下，云南边境贸易的发展已十分可观，但是，相较于其他地区而言，云南受其特殊的历史、自然、地理和复杂的周边环境等诸多要素影响，边境地区的经济社会发展仍然不足。基础设施建设暂不完善，发展资金投入水平仍需提高，相关人才队伍建设水平欠缺，对外开放水平仍需得

① 根据昆明海关（http://kunming.customs.gov.cn/）有关数据整理所得。

到提升。下面就云南边境贸易发展中存在的问题进行分析。

（1）边境地区基础设施不足

云南边境地区经济发展水平总体偏低，基础设施尚不完善，交通闭塞，信息不畅，城市综合服务水平不足，这些都严重制约边境贸易的发展。至 2016 年，云南铁路营业里程为 0.3 万千米，公路通车里程为 23.8 万千米，其中高速公路里程为 0.4 万千米，近些年云南省铁路、公路建设虽日渐完善，但进展缓慢，而对比之下，与之相邻的广西 2016 年铁路运营总里程已达 0.5 万千米，公路里程达 12.1 万千米，其中高速公路里程 0.5 万千米。很明显，云南铁路、高速公路建设远远落后于广西。如今，云南落后的基础设施已经跟不上边境贸易规模日益扩大的需要，而基础设施是边境贸易发展的必要基础，基础设施的缺位必然导致边境贸易发展后劲不足。目前，泛亚铁路进展缓慢，而泛亚铁路的中线和西线分别从磨憨、瑞丽进入老挝和缅甸，途经许多边境地区，对边境地区贸易发展有深远影响。在泛亚铁路竣工之前，边境贸易只能依靠超负荷的柏油公路和老化铁路进行，运输能力以及人货安全均缺乏保障。另外，口岸建设尚不成熟，管护资金缺口大，口岸城市建设进程缓慢，城市化水平低，不仅运输批量小而且货物容易长期滞留，只能满足基本的运输需求和低层次的物流需求，无法完成现代仓储、国际物流和流通加工等业务，无法适应边境贸易的发展需要，贸易便利化仍处于中低水平。加之受周边国家内部的政局、治安影响等，也降低了云南对外贸易的运输水平。

（2）云南自身经济外向度偏低

云南省自身经济不够发达，经济外向度偏低，无法与沿海省份相比较。不仅如此，云南甚至与四川、重庆及广西等地的差距也在不断扩大。2016 年，云南 GDP 为 14 788.4 亿元，在全国位列第 23 名，而广西 GDP 18 317.6 亿元，重庆 GDP 达 17 740.6 亿元，均高于云南。[①] 云南由于长期受经济落后及交通闭塞的影响，整体教育水平偏低，人们受传统思维影响较重，加上少数民族多，思想和行为保守现象严重，严重影响了云南发展边境贸易的进度。

（3）融资渠道不畅通

尽管在“一带一路”倡议背景下，银行业已应国家政策需求，对云南对外贸易发展提供一定的融资援助，但是，相对而言，云南省能够接触到的中南亚及西亚国家，多少都存在着政局动荡、金融市场不够开放、社会治安堪忧等情况。由于在融资方面存在的难度和风险相对较大，银行不得不谨慎对待，这给云南发展对外贸易融资带来了一定的阻碍。

---

① 《国家统计年鉴 2017》。

（4）产业结构不完善

虽然近年来云南出口规模持续扩大，处于贸易顺差地位，但是可以看出，云南的边境贸易，仍以农副产品、工业原材料和半制成品为主，出口产品附加值偏低、科技含量偏低，属于劳动和资源密集型的产品，而技术、服务和加工贸易所占比例微乎其微。并且，云南很多出口的商品也来自外省，本地供给度不足。云南边境贸易产品结构单一、规模不大，在出口创汇能力和竞争力方面都明显不足，没能拥有自身的特色和优势产业，因此产业结构亟待调整。

（5）高素质外贸人才缺乏

边境贸易的发展离不开人才队伍的建设，而边境贸易由于涉及不同国家之间的交易，国别的不同带来了文化、语言、宗教信仰、商务习惯、国际规则和法律等方面的差异，这些差异若不能妥善处理，通常会为边境贸易带来障碍，所以边境贸易发展尤其需要优秀的复合型人才，他们既要丰富的专业知识，又要对贸易国（地区）状况有充分了解，并且语言交流不可存在障碍。而云南省在人才培养和引进方面比较落后，当地高校的教学硬件设施和师资力量都远远不足，加之多数边境城市条件苦、环境差，好不容易引进的人才也无法长期留任。因此，云南边境贸易发展迫切需要具有全球视野、熟悉当地法律法规，能够熟练运用南亚、东南亚、中南亚国家语言，并深谙国际经济运行制度的外向型和综合型人才。

11.3.2.4　云南省边境贸易的发展对策

边境地区经济社会的进步离不开边境贸易的带动和促进作用。为促进边境贸易的健康持续发展，维护边境地区社会稳定与民族团结，无论是国家还是地方政府，都需要对边境地区加大扶持力度。为了加快云南边境地区更好更快融入“一带一路”建设并使边境地区从中受益，针对云南边境贸易发展困局，提出如下几点对策。

（1）大力加快基础设施建设

基础设施建设不足的根本原因在于资金投入短缺，云南应大力提高对基础设施的款项支持。抓住“一带一路”重要契机，推进出入境口岸的基础设施建设。另外，在“一带一路”以及国家重点扶持云南省参与到中国-东盟自贸区国际大通道背景下，加强与周边国家的对话合作机制，以此加快泛亚铁路建设进度，全面推进沿边铁路、公路、机场、口岸、园区等之间的协同和多式联运设施建设，综合提升商贸物流服务能力，降低商贸物流运输成本，使边境地区区际交通逐渐网络化、系统化、便利化。积极推进与周边国家的互联互通，实现与周边国家在资源上的有效互补以及跨境监管上的有效合作，以此为边境贸易发展奠定坚实稳固的基础，促进边境贸易深入发展。

（2）扩大沿边对外开放力度

经济建设是一切建设的物质基础。云南应按照“做强滇中、搞活沿边、联动廊带、多点支撑、双向开放”的发展思路，全力打造若干经济增长极、增长带，在提升昆明的经济、科技、金融、创新中心作用的同时，增强其城市辐射带动功能，重点建设云南西部、西南部、东南部等沿边地区城镇群，推动沿边地区生产要素聚集，挖掘沿边地区发展潜力，促使沿边地区形成新的区域增长极和面向南亚、东南亚开放的前沿地带。与此同时，必须有新的配套政策措施紧密衔接，在对边境贸易进出口商品的关税、许可证等方面减少甚至取消限制。在边境贸易经营主体方面，降低经营权限方面的门槛，调整边民互市政策，放宽对经营主体的限制并扩大贸易商品范围。积极建造开放合作功能平台，统筹推进开放合作功能区建设，包括综合保税区、开发开放试验区以及边境经济合作区等。另外，还需积极促进贸易便利化，通关模式要有所创新，建立新型口岸管理体系，实现信息畅通、分工明确、监督有力、操作迅速，云南电子口岸平台服务功能也需要不断完善，全面实施“单一窗口”制度，减少申报流程，实现一站式作业和一体化通关，简化通关程序与手续，多方面提升贸易效率。

（3）建立完善有效的市场融资体系

为解决融资困境，云南一方面可以积极引进外资，做到同时引进资金、技术、智力人才，三管齐下，促使利用外商直接投资的渠道多元化，使利用外资的行业、来源和分布结构更加优化，利用外资的层次和质量不断提高，对外资全面实行负面清单管理制度，打造与国际标准接轨的投资和营商环境；另一方面，云南还可以为边境贸易企业建立完善的保证体系，使融资保证业务渐趋规范化、法制化，为边境贸易企业融资担保提供基础。

（4）优化产业结构

云南既要加快传统产业转型升级，又要积极培育新的优势产业。一是发展道路必须不断创新，必须深入开放，推动传统产业走向高端化、信息化、绿色化。改造和升级传统优势产业，如烟草、冶金、化工等，推动传统优势产业开放发展。二是要推广新技术、新工艺、新流程、新装备，推动产业升级换代，拓展产业发展新空间。三是积极以国内外先进的科学技术和管理经验为示范，积极吸收并加以借鉴，使绿色、环保、创新型的产业发展更进一步，重点扶持一批具有产业优势、经营管理规范、发展前景好的企业作为边境贸易龙头企业，提高企业和产品国际竞争力，真正做到依靠贸易促进工业发展，又让工业发展推动贸易进步的良性循环。四是积极推进重点产业发展，利用云南省资源优势与地理优势，着力推进生物医药和大健康、旅游文化、信息、高原特色现代农业等重点产业发展，加快发展现代服务业。

（5）强化人才支撑

一是政策投资向教育倾斜，既要重视基础教育也不能忽视继续教育，不断推进校企合作。同时领导干部要培养学习意识，多参与培训，多渠道、多层次培育本土的人才，干部队伍和人才队伍必须与经济贸易建设相适应。二是要加强对人才资源的吸引力，通过政策引导使得人才向云南地区流入，创新经济贸易类人才队伍的引进和发展机制。三是要重视沟通与合作，云南本地高校要与国内外专业院校积极参与交流，要通过学者访问、语言学习、异国文化培训以及商贸展会等促进区域间人才的交流和培训，提升外贸人才能力。

“一带一路”倡议不仅仅是国家层面的发展大计，对边境地区经济发展也有着深远影响。一方面，这一倡议为云南省边境贸易的发展带来了良好的机遇；另一方面，云南边境地区在面临更加开放和更加复杂的国际贸易环境时，也不可避免地迎来众多挑战。云南既要抓住机遇，注重自身合理定位，发挥比较优势，加强对外通道建设，统筹中心城镇以及边境地区发展，也要及时发现发展过程中的困难与问题，积极妥善解决，促进边境贸易经济与贸易稳步发展。

12 “一带一路”建设与广西壮族自治区边境贸易区发展问题研究

12.1 广西壮族自治区口岸体系

12.1.1 口岸总体概况

广西东与广东为邻，东北与湖南接壤，北与贵州相接，西南与越南毗邻，东南濒临北部湾，是西南边境贸易区通向东南亚的重要门户。广西总面积为23.8万平方千米，2016年常住人口约为4838万人，其中少数民族人口约有2140.9万人。在中越1020千米长的边界线上，有那坡县、靖西县、大新县、龙州县、凭祥市、宁明县、东兴市、防城港市8个边境县（市）。

截至2016年底，广西有经国务院批准的对外开放口岸18个。其中，水运（海港、河港）口岸8个，分别是防城港水运口岸、北海（含石头埠）水运口岸、钦州水运口岸、江山水运口岸、金沙水运口岸、梧州水运口岸、贵港水运口岸和柳州水运口岸；空运口岸3个，分别是桂林空运口岸（桂林两江国际机场）、南宁空运口岸（南宁吴圩国际机场）和北海空运口岸（北海福成机场）；陆路（铁路）口岸1个，即凭祥铁路口岸；陆路（公路）口岸6个，分别是友谊关公路口岸、东兴公路口岸、水口公路口岸、龙邦公路口岸、平孟公路口岸和爱店公路口岸（表12-1）。

表12-1 广西对外开放口岸一览表

口岸名称	批准开放时间	开放状态	国外对应口岸
南宁空运口岸	1991年	国际常年	
桂林空运口岸	1981年	国际常年	
北海空运口岸	1993年	国际常年	
防城港水运口岸	1983年	国际常年	
北海水运口岸	1950年	国际常年	
钦州水运口岸	1994年6月	国际常年	
石头埠水运口岸	1995年6月	双边常年	

续表

口岸名称	批准开放时间	开放状态	国外对应口岸
金沙水运口岸	1994 年 10 月	双边常年	
江山水运口岸	1994 年 10 月	双边常年	
梧州水运口岸	1982 年	国际常年	
柳州水运口岸	1988 年	国际常年	
贵港水运口岸	1992 年 3 月	国际常年	
友谊关公路口岸	1992 年 10 月	国际常年	友谊
东兴公路口岸	1992 年 10 月	国际常年	芒街
水口公路口岸	1992 年 10 月	双边常年	驮隆
龙邦公路口岸	2003 年 1 月	双边常年	茶岭
平孟公路口岸	2011 年获批，未正式开放	双边常年	朔江
凭祥铁路口岸	1992 年	国际常年	同登
爱店公路口岸	2015 年 1 月	双边常年	峙马

资料来源：《中国口岸年鉴 2017》。

12.1.2 边境口岸体系

12.1.2.1 凭祥口岸

(1) 凭祥市基本概况

凭祥市于 1956 年 11 月建立，是广西最早建市的一批城市之一，由崇左市代管。凭祥市地处广西西南部，距广西首府南宁 160 千米，距越南首都河内 176 千米，故有“祖国南大门”之称，是中国最靠近东盟国家的边境城市。凭祥市东西南三面与越南接壤，边界线长 97 千米，行政区域面积 645 平方千米，辖 4 个镇，2015 年末全市常住人口 11.3 万人。凭祥市拥有 2 个国家一类口岸、1 个二类口岸和 5 个边民互市点，是广西口岸数量最多、种类最全的边境城市。独特的区位和便捷的通道使得凭祥市的边境贸易快速发展起来。①

凭祥市位于广西西南部，属于亚热带季风气候区，水热资源丰富，由于凭祥具有较好的环境和气候，各类资源丰富。在自然资源方面，凭祥市内盛产八角、甘蔗、橄榄、菠萝、荔枝、龙眼、香蕉等十几种经济作物；森林资源有杉树、松树和樟树；野生动物有果子狸、穿山甲和蛇类。此外，凭祥市还拥有丰富的黄金、大理石、稀土、花岗岩等矿产资源。在旅游资源方面，有全国九大名关之一的友谊关、清末抗法战争著名的镇南关大捷古战场遗址、金鸡山炮台，以及大连

① https://pxszf.gov.cn/zoujinpingxiang/renshipingxiang/pingxianggaikuang/2017-11-10/15205.html。

城、地下长城等著名景点都坐落在凭祥市境内。目前，凭祥市南国边关风情游、跨国游已被列为广西八大旅游精品线路。近年来，凭祥市在采购红木和红木旅游上增加了投入，不断改造升级，将红木文博城升级为国家4A级旅游风景区，为凭祥市的旅游业带来了新的游客群体，形成了以红木促旅游的新型发展方式。

（2）凭祥市边境贸易发展特点

1）凭祥市边境贸易规模逐年上升。1992年凭祥市被列为沿边开放城市，在政府一系列优惠政策的支持下，凭祥市不断加强基础建设，完善边境贸易管理，边境小额贸易屡创新高。边境小额贸易从2010年27.1亿美元增长到2014年的67.9亿美元，每年边境小额贸易增长率几乎都保持在30%左右（除了2014年的增长率为10%）。同时凭祥市的边境小额贸易在整个广西也有着举重若轻的地位，凭祥市2010~2014年的边境小额贸易占广西边境小额贸易的比例几乎每年都在50%左右（表12-2）。可见，凭祥市的边境贸易在广西的边境贸易中已成为中流砥柱。

表12-2　2010~2014年凭祥市边境小额贸易情况

年份	凭祥市边境小额贸易/亿美元	凭祥市边境小额贸易增长率/%	占广西边境小额贸易比例/%
2010	27.1	—	64.0
2011	36.7	35.3	58.7
2012	47.5	29.5	57.0
2013	61.8	29.9	53.7
2014	67.9	10.0	46.1

资料来源：https://www.pxszf.gov.cn/xinxigongkai/tongjixinxi/tongjishuju/index_2.html。

2）凭祥市边境贸易商品结构多样化。凭祥市与周边国家进行边境贸易的商品种类较多，在边境小额贸易方面，主要出口商品有农产品（蒜头、洋葱等）、纺织品（开襟衫、外穿背心等）和机电产品（摩托车、电子设备等），主要进口商品有农产品（木薯干、红毛丹等）和矿产品（无烟煤、铁矿砂等）。这与两地资源和工艺的差异有关，越南等东盟国家在热带水果、橡胶和矿产资源等方面竞争力较强，广西凭祥在轻工业、机器零件和化工建材等方面具有优势，两方通过边境贸易的方式实现资源的合理配置，互惠互利。在边民互市贸易方面，出口的商品通常是两地边民日常生活所需的商品，如布匹和五金配件等，互市进口商品主要有农副产品（芝麻、木薯淀粉等）和海产品（海蜇、带鱼等）。随着我国在不断挖掘自身增长潜力，大力倡导自主创新，广西凭祥也在积极提升商品附加值，出口的商品不再仅仅是一些低端的、价值较低的初级产品，机电产品所占的出口比例在不断增大，边境贸易的商品结构也由原先的以农产品和纺织品为主转变为以机电产品为主。①

3）凭祥市边境贸易主体多元化。凭祥市边境贸易经营主体主要由个体、集体和国有单位三个不同层次构成。个体工商户在人数上占绝大多数；集体经济主体包括供销合作社和集体企业；国有单位包括国有工矿企业、地方政府有关机构和国有贸易公司等。越方大体也由三个层次构成，也以个体工商业者居多。

（3）凭祥市边境口岸及平台情况

在口岸方面，凭祥市是广西口岸最齐全、规模最大的边境贸易城市，拥有 2 个国家一类口岸（友谊关公路口岸和凭祥火车口岸）、1 个国家二类口岸（平而关口岸）、5 个互市贸易点（浦寨、油隘、叫隘、弄怀、平而）（表 12-3，表 12-4）。凭祥市的友谊关口岸是我国通往越南等东盟国家最大的陆路口岸，也是旅游口岸。凭祥市的浦寨边境贸易点则是中越边境上最大的边民互市贸易点，从 1992 年成立至今，已由互市贸易点发展成为东南亚最大的红木家具半成品市场和中国对东盟最大的水果交易市场。

表 12-3　凭祥市口岸建设情况

凭祥市口岸及类别	对应的越南口岸	概况	建设情况
凭祥口岸（一类）	同登口岸	于 1952 年开通，是湘桂路终点站，是广西唯一的边境铁路口岸	已建成口岸联检楼等
友谊关口岸（一类）	友谊口岸	位于凭祥市西南端，距凭祥市区 18 千米，是中国通往越南等东盟国家最大的陆路口岸	已实现口岸电子化，已建成口岸广场，旅客联检大楼及旅客廊道等
平而关口岸（二类）	平宜口岸	位于凭祥市西北端，距凭祥市区 23 千米，是凭祥市与越南唯一一个陆路兼水路口岸	已建成平而关大桥，基本建成平而关货物监管中心

资料来源：https://pxszf.gov.cn/zoujinpingxiang/renshipingxiang/pingxianggaikuang/2017-11-10/15205.html。

表 12-4　凭祥市边民互市贸易点情况

名称	概况	建设情况
浦寨边民互市贸易点	位于中越边界东路 15 号界碑中方一侧，距凭祥市区 14 千米，是中越边境最大的边民互市点	已建成 4 家大型商贸城，正在推进建设（中国）浦寨—（越南）新清货运专用通道
油隘边民互市贸易点	位于凭祥市南面，距中越边界线 2 千米	正在升级改造，推进油隘货物监管重心项目

① https://www.pxszf.gov.cn/xinxigongkai/tongjixinxi/tongjishuju/index_ 2.html。

续表

名称	概况	建设情况
叫隘边民互市贸易点	位于中越界碑 1058－1058 处，与越南文朗县对接	已建成验货场，查验平台及出入境通道等
弄怀边民互市贸易点	位于中越边界 16 号界碑中方一侧，距凭祥市区 22 千米，距越南同登镇仅 1 千米	已建成弄怀监管货场，已启动弄怀水产品交易市场额建设等
平而边民互市贸易点	位于凭祥市西北端，于 2003 年正式开通	已建成平而边民互市贸易区和边民互市申报大厅等

资料来源：https://pxszf. gov. cn/zoujinpingxiang/renshipingxiang/pingxianggaikuang/2017-11-10/15205. html。

2016 年，凭祥市口岸基础设施进一步完善，友谊关口岸、凭祥（铁路）口岸获评世界卫生组织口岸核心能力达标单位，友谊关口岸成为我国进口水果、进冰鲜水产品、苗木指定口岸。2015 年，凭祥边境贸易货物物流中心、弄怀边境贸易货物监管中心、平而口岸管理和货物监管中心一期工程建成使用，卡凤至弄怀公路、市区至平而关公路、平而河大桥及南端引道等项目建成通车，东盟水果冷藏集装箱专列成功试运行。油隘、叫隘互市点升级改造及综合开发项目全面启动，友谊关—友谊口岸国际货物专用通道、中越浦寨—新清跨境货物专用通道开工建设，友谊关口岸扩大开放至浦寨、弄怀边民互市点列入国家口岸发展规划。继续推进全区关检“三个一”试点工作，口岸通关时间进一步延长，通关便利化水平和通关效率进一步提升。①

（4）凭祥市边境贸易的效益与作用

1）促进经济增长。凭祥市是我国的边境城市，自中越两国恢复正常外交关系之后，凭祥市抓住机遇，一方面，凭借自身地理位置和口岸优势，扩展了国外市场；另一方面，凭祥市通过边境贸易集聚了越来越多的人流、物流和资金额，带来了更多的投资和消费，促进了当地产业的发展。因此，边境贸易作为凭祥市的支柱产业，促进了其经济社会的快速发展。

2）优化产业结构。自从中越恢复贸易往来后，凭祥市在边境贸易的带动下，积极引进外资在当地投资建厂，使得加工制造业得到发展，同时交通运输业、餐饮业和娱乐业等第三产业蓬勃发展。2014 年凭祥市三次产业结构为 8.9：28.9：62.2，相较 2010 年的 14.2：26.5：59.3，第一产业比例在下降，第三产业发展迅猛，产业结构得到优化升级。②

① https://pxszf. gov. cn/zoujinpingxiang/renshipingxiang/pingxianggaikuang/2017-11-10/15205. html。

② 《2014 年凭祥市国民经济和社会发展统计公报》. https://www. pxszf. gov. cn/xinxigongkai/tongjixinxi/tongjigongbao/2015-12-23/9800. html。

3）推动区域经济一体化。“一带一路”倡议提出后，得到了沿线国家的积极响应和支持，2015 年中国与东盟十国签署了中国–东盟自贸区升级版，未来将会和这些国家建立更加密切的关系。凭祥市作为中国面向东南亚地区的前沿地带，与越南等国的边境贸易发展时间较长，积累了大量宝贵的经验，拥有其他地区不具备的优势，有助于推动整个东南亚地区经济一体化，也能使凭祥从中受益。

12.1.2.2 东兴口岸

东兴口岸位于东兴市繁华地区，地处我国西南陆地边境线与大陆海岸线的汇合处，在中越边境的最东端，东南濒临北部湾，北面背靠十万大山，通过北仑河大桥和越南芒街口岸连接，为常年开放的国际性口岸。2016 年末全市户籍人口为 14.7 万人，常住人口为 15.7 万人。

2011 年国务院批准设立东兴开放试验区，东兴口岸同东盟各国的贸易、旅游交易得到进一步发展。2013 年，东兴口岸正式启动外国人口岸签证业务，成为广西第一个陆路口岸签证处。2015 年，东兴口岸进出口货物 28.2 万吨，同比增长 21.3%；出入境人员 609.2 万人次，同比增长 1.4%；出入境车辆 22 938 辆次，同比增长 1.2%（中国口岸协会，2016）。

（1）东兴边境贸易发展现状

自 2012 年 7 月，国务院正式批准广西东兴、云南瑞丽、内蒙古满洲里重点开发开放试验区建设实验方案以来，广西边境贸易得到前所未有的发展。特别是近几年来，随着中国–东盟自由贸易区的进一步发展，广西北部湾经济区的建立、西部大开发战略的实施及国家“一带一路”建设和广西“双核驱动”战略的实施，广西边境贸易得到了蓬勃发展。

东兴边境贸易的方式主要为边民互市贸易和边境小额贸易两种，参与边境小额贸易的主体以私营企业为主，参与边民互市贸易的主体是边民；交易方式以现汇结算和现钞结算同时并存，进出口商品种类比较丰富。

（2）东兴边境贸易发展特点

边境贸易产品结构既有竞争性又有互补性。由于经贸双方经济发展及自然禀赋的差异性，使得贸易结构存在差异性：①从东兴口岸出口的物品多表现为劳动密集型产品，而从越南进口的物品多表现为资源密集型产品。②东兴边境贸易以边民互市贸易发展为主。③东兴的边境贸易有边境小额贸易和边民互市贸易两种形式，边民互市贸易占东兴边境贸易的一半以上。④边境旅游与边境贸易共同发展，边境贸易与边境旅游是东兴发展的两大支柱产业，经过多年发展已成为相互共存、相互依托的关系。

12.1.2.3 龙邦口岸

龙邦口岸位于靖西县城南部中越边境 94 号界碑北侧约 30 米处，与越南高平省茶岭县的越南雄国口岸相对应。龙邦口岸是百色市唯一的国家一类口岸，是桂西、滇东、黔南通往越南及东南亚各国便捷陆路通道之一。

龙邦口岸交通便利，形成了以二级公路为主干、三级柏油路为支架的公路交通网络。目前龙邦口岸设有海关、检验检疫、边检等口岸查验部门，负责对进出口货物、人员、车辆进行监管。

靖西县将龙邦口岸基础设施建设作为重点项目来推动，成立了口岸建设工作领导小组，党政主要领导亲自挂帅，分管领导具体抓，职能部门全力抓，形成齐抓共管的领导格局和工作机制，共筹措 3000 多万元资金按照一类口岸必备设施的要求和标准，遵循便捷高效、监管有力、布局合理的原则，投入大量人力、物力、财力对龙邦口岸进行建设，为完善口岸设施，提升口岸功能做了大量卓越有成效的工作。目前，龙邦口岸随着中国-东盟自由贸易区的建立、中越“两廊一圈”构建以及中国-东盟“一轴两翼”区域经济新格局的形成，地缘优势更加明显，在发展对外贸易中的战略地位更加突出。

龙邦口岸位于靖西市南部的龙邦镇排干屯，距市区 42 千米，距百色市 221 千米，距南宁市 302 千米。口岸距越南茶岭县城 5 千米，距越南高平市 38 千米，距越南首都河内 320 千米（中国口岸协会，2016）。该口岸是广西西南边陲重要的陆路口岸，也是百色市 3 个边境口岸中最重要的口岸。龙邦口岸历史悠久，始建于 1896 年，中华人民共和国成立后，于 1954 年设立龙邦口岸委员会和龙邦边境工作站，并设立了龙邦海关，从而使口岸纳入了正常管理轨道。1996 年 8 月 20 日，龙邦口岸正式恢复开通，由于龙邦口岸具有良好的交通条件和较为优越的地理位置，边境贸易发展较快，口岸建设也得到发展。1996 年以来，经龙邦口岸出入境的人员年约 15 万人次，过货量最多年份达 40 万吨，进出口物资近 100 种，每年约增加地方税收两百多万元。特别是龙邦口岸恢复开放后，以龙邦口岸为龙头的靖西县边境贸易迅速发展，边境贸易交易额已连续六年突破亿元大关，2001 年以龙邦口岸为龙头，靖西市边境贸易交易额达到 1.8 亿元，成为靖西市经济发展的新的增长点。为提高龙邦口岸对周边地区边境贸易的龙头带动作用，2003 年 1 月 10 日，龙邦口岸已被国务院批准升格为国家一类口岸。

12.1.2.4 友谊关口岸

友谊关口岸坐落在凭祥市西南部，口岸得名于友谊关，1992 年，经国务院批准，友谊关被设立为国家一类边境陆路口岸。是我国通往越南及东盟其他国家最大的陆路口岸。友谊关口岸是连接中国与越南进出口贸易的主要口岸之一，在促进中国同东南亚国家的经济、文化交流方面发挥了重要作用。据统计，每年从友谊关口岸进出口的货物占了广西与越南贸易量的近一半。如今随着中国-东盟博览会落户南宁和南友高速公路的通车，更大量的人流、物流都将从友谊关口岸通关。自 1992 年以来，凭祥充分把握国家对外开放的大好时机，大力发展口岸经济，全力支持和促进友谊关口岸建设，外贸、物流、服务得到高速发展，经过十多年的建设和发展，现在基本形成了口岸带动城市、城市发展口岸的良性互动格局。近年来，国家和自治区人民政府不断加大对友谊关口岸基础设施的建设力度：一是投入 1400 万元建设 4800 平方米的友谊关口岸旅客联检大楼，该大楼 2006 年 3 月投入使用；二是投入 1200 万元建设友谊关口岸旅客服务中心；三是投入 900 万元建设友谊关口岸广场及友谊关口岸旅客廊道，该工程已竣工并于第三届中国-东盟博览会前投入使用；四是投入 4000 多万元建设友谊关口岸货物前置检验设施，首期工程于 2006 年 10 月投入使用；五是投入 2300 多万元建成广西首个电子口岸，并于 2006 年 10 月投入使用。随着这些基础设施的建设及投入使用，友谊关口岸的通关环境得到了极大的改善，提高了通关速度，有力地推动了口岸经济的发展。

目前，友谊关口岸已发展成为广西第一大陆路口岸、中国对越贸易最大的陆路口岸，其在崇左乃至广西对外经济、文化交流与合作中的作用和区位优势更加凸现。广西电子口岸首期友谊关建设项目正式开通，一方面极大推进崇左市参与中国-东盟“一轴两翼”战略构想的建设，另一方面有利于各种产业的聚集，实现了崇左市通道经济大发展的目标。

12. 1. 2. 5　水口口岸

水口口岸位于广西龙州县西端水口镇，与越南驮隆口岸仅一河之隔，与毗邻的越南高平省省会距离仅 70 千米，距崇左市中心 102 千米，具有较为优越的地理区位优势，是国家一类口岸。水口口岸于 1792 年就开始对外开放，是广西最早与越南进行民间贸易的关口。1979 年因中越关系紧张而关闭，1993 年 12 月 1 日恢复开通，是广西三大国家一类公路口岸之一，是我国进入越南及东南亚国家的重要通道。

水口口岸恢复开通以来，进出口贸易逐年增长，人员出入境逐年增加。自口岸恢复对外贸易以来，进出口贸易逐年增加，逐步成为中越贸易的物流中心。据海关统计，自 2001 年以来，我国亚热带及温带水果经水口口岸出口越南已连续几年在该口岸出口商品中占据绝对优势地位，成为该口岸的特色出口商品。成为我国水果对越出口的第一大口岸。水口口岸基础设施、功能日趋完善，通关环境不断优化，是该口岸水果出口连年高速增长，并领先于国内其他边境口岸的原因之一。

12.2 “一带一路”建设与广西壮族自治区对外贸易发展问题研究

12.2.1 广西在“一带一路”建设中的定位

2013 年，随着“一带一路”倡议的实施，广西成了连接东南亚国家的重要桥梁。广西积极参与“一带一路”建设，与东盟国家进行了良好的贸易往来，促进中国与东盟经济贸易的进一步发展。2015 年，广西与东盟国家有着相当可观的外贸进出口额，达到了 1803 亿元，约占同期广西外贸总额的 56.6%。①

“一带一路”倡议规划对广西的定位是：发挥广西与东盟国家陆海相邻的独特优势，加快北部湾经济区和珠江—西江经济带开放发展，构建面向东盟区域的国际通道，打造西南、中南地区开放发展新的战略支点，形成“21 世纪海上丝绸之路”与“丝绸之路经济带”有机衔接的重要门户。古代南方丝绸之路其中一条陆路通道是从四川经广西贯穿到中南半岛。同时经研究发现，广西也是海上丝绸之路最早的始发地之一，海上丝绸之路开始是沿着海岸线走，直到今越南岘港，然后海陆相汇于岘港。广西在南北丝绸之路和海上丝绸之路中都占据着重要的地位，是 21 世纪海上丝绸之路与丝绸之路经济带有机衔接的重要门户，也是“一带一路”交汇的前沿门户。

12.2.2 “一带一路”建设与广西对外贸易的发展

12.2.2.1 广西对外贸易发展现状

广西充分利用自身优势，使得对外贸易成为广西经济的支柱产业，自 2008 年金融危机之后，外贸进出口总额在 2010 年取得恢复性增长。从表 12-5 可以看出，广西 2009 ~ 2015 年的外贸进出口总额每年都以 20% 以上速度增长（除了 2013 年进出口增长速度为 11.4%）。近些年，随着东盟自由贸易区的建设和“一带一路”倡议的提出，2014 年和 2015 年广西的外贸进出口总额节节攀升，但 2016 年外贸进出口总额出现下降。同时，广西 2009 ~ 2015 年都是贸易顺差，且贸易顺差在 2013 年之后就迅猛增加，在 2014 年广西的贸易顺差达到了 81.1 亿

---

① 《广西统计年鉴 2017》。

美元，2016 年开始出现贸易逆差（表 12-5）。

表 12-5　2010 ~ 2016 年广西进出口贸易情况

年份	出口额/亿美元	进口额/亿美元	进出口总额/亿美元	进出口总额增速/%	贸易顺差/亿美元
2009	83.7	58.4	142.1	—	25.3
2010	96.1	81.0	177.1	24.6	15.1
2011	124.6	108.7	233.3	31.8	15.9
2012	154.7	140.1	294.8	26.3	14.6
2013	187.0	141.4	328.4	11.4	45.6
2014	243.3	162.2	405.5	23.5	81.1
2015	280.3	232.4	512.7	26.4	47.9
2016	230.3	248.7	479.0	-6.6	-18.4

资料来源：《广西统计年年鉴》（2010 ~ 2017）。

2016 年广西与全球主要经济体进出口贸易总体向好，进出口总额有较大增长。对东盟、欧盟、美国、中国香港和日本 5 大传统市场的进出口总额达到 2536.1 亿元，约占广西对外贸易总额的 74.3%。广西与东盟的双边境贸易额继续保持稳定增长态势，东盟连续 15 年成为广西第一大贸易伙伴国和第一大出口市场，双边境贸易额达到 1835.4 亿元，与 2015 年相比稍有下降，其中对东盟出口约 991.9 亿元，增长 13.3%，从东盟进口 843.5 亿美元，增长 30.3%（表 12-6）。在与东盟各国的贸易中，越南继续保持广西第一大贸易国伙伴的地位，2015 年，广西与越南的进出口贸易额达 244.5 亿美元，比 2014 年下降 0.7%（表 12-7）。

表 12-6　广西 2016 年主要进出口市场情况

主要出口市场情况			主要进口市场情况		
国家（地区）	出口金额/万元	占出口总额比例/%	国家（地区）	出口金额/万元	占出口总额比例/%
东盟	9 919 300	65.1	东盟	8 435 000	51.2
中国香港	1 945 929	12.8	中国台湾	817 490	5.0
美国	1 102 739	7.2	澳大利亚	785 161	4.8
欧盟	603 948	4.0	美国	750 600	4.6
日本	230 039	1.5	加拿大	502 919	3.1
澳大利亚	224 669	1.5	欧盟	351 999	2.1
韩国	124 680	0.8	南非	268 167	1.6

续表

主要出口市场情况			主要进口市场情况		
国家（地区）	出口金额/万元	占出口总额比例/%	国家（地区）	出口金额/万元	占出口总额比例/%
印度	109 391	0.7	日本	227 109	1.4
中国台湾	103 057	0.7	韩国	132 444	0.8
俄罗斯	30 304	0.2	西班牙	102 715	0.6

资料来源：《广西统计年鉴 2017》。

表 12-7　2012～2016 年广西与东盟各国的进出口情况　　单位：万元

年份	文莱	菲律宾	柬埔寨	老挝	缅甸	泰国	新加坡	印度尼西亚	马来西亚	越南
2012	267	19 437	2 100	952	6 267	24 204	37 221	111 239	30 464	972 714
2013	398	19 261	2 955	1 539	3 655	49 129	66 033	102 245	76 517	1 269 744
2014	286	41 155	4 372	6 446	3 656	57 863	86 098	102 999	51 954	1 633 772
2015	90	57 934	4 425	1 361	13 177	159 315	82 283	51 528	67 231	2 464 000
2016	92	32 400	8 000	4 046	3 415	186 600	49 554	46 538	48 123	2 444 985

资料来源：《广西统计年鉴》（2013～2017）。

2016 年广西出口的主要商品有服装及衣着附件、纺织纱线、织物及制品、陶瓷产品、成品油、鞋类、自动数据处理设备及其部件、汽车、灯具（照明）装置、集成电路、蔬菜、水海产品及其制品、鲜（干）水果及坚果、液化石油气、塑料制品、印刷电路、钢材、汽车零配件、原电池、手用或机用工具、静止式变流器、磷酸及多磷酸、电线和电缆、玻璃制品、木衣架、蓄电池、未锻造的铝及铝材、肥料、电动机及发电机、医药品、家具及零件、珍珠、钻石、宝石及半宝石、摩托车及自行车的零件、不锈钢厨具等家用电器、摩托车、松香产品、中药材及中式成药等 52 种。①

2016 年广西进口的主要商品有大豆、铜矿砂及其精矿、原油、自动数据处理设备及其部件、集成电路、铁矿砂及其精矿、煤及褐煤、鲜（干）水果及坚果、电视、收音机及电信设备的零附件、废金属、锌矿砂及其精矿、液化石油气、变压（整流）电感器及零件、木薯干、金属加工机床、自动数据处理设备的零件、铅矿砂及其精矿、锰矿砂及其精矿、纸浆、食糖、印刷电路、感光材料、液晶显示板、银矿砂及其精矿、计量检测分析自控仪器及器具、二极管及类似半导体器件等 35 种。②

①② 《广西统计年鉴 2017》。

12.2.2.2 广西对外贸易发展中存在的问题

近些年，广西对外贸易发展迅速，但相对于发达地区而言，广西对外贸易总额较小；从贸易结构来看，出口商品中高新技术产品的占比虽然上升较快，但所占的比例仍然较小；从贸易伙伴结构来看，广西对外贸易主要集中在亚洲，尤其是东盟国家，特别是越南，与欧美地区贸易较少，贸易伙伴地域的集中增加了对外贸易的风险。广西与东盟国家许多产品趋同，导致广西与东盟国家之间贸易竞争激烈，不利于广西对外贸易的长期良性发展。

（1）技术水平及人力资源因素

一方面广西工业化处于初级发展阶段，科技创新能力弱，技术基础也很薄弱，主要出口原材料以及初级生产机器，高技术产品出口不高。另一方面是人才流失和浪费：一是发展机会少，工资待遇低，自然条件艰苦，导致高素质的外贸专业人才流入广东、福建等发达省份。二是由于人才培养不符合外贸发展需要，导致广西现有各类人才不能被有效利用，人力资源浪费严重。三是现有人才知识结构老化，导致出口企业的技术创新、制度创新和管理创新达不到国际竞争的需要。

（2）产业发展层次较低，企业竞争力较弱

从总体上看，广西工业水平较低，工业化进程仍处于初期阶段。农业占三次产业比例过高且内部结构不合理，落后的生产方式导致虽有大量耕地，但产量低下，严重制约了林、牧、渔业的发展。同时，过低的产业发展层次无法形成龙头企业，导致竞争力难以提升。

（3）基础设施差，观念落后

广西经济发展相对落后，公路、铁路等基础设施建设也比较落后，对外沟通和交流的成本高。同时，思想相对保守，固步自封，缺乏一定的创新进取精神，小农意识比较强，市场经济观念落后。

12.2.2.3 广西对外贸易的发展对策

（1）积极投入“一带一路”建设

广西参与“一带一路”建设，是激活历史基因、发挥独特优势、推动全区域跨越发展的重大历史机遇。抓住“一带一路”建设这一重大发展机遇，领会其中要旨，努力打造“五通”重要平台，加强在道路、能源、产业、经贸、金融、人文、生态环境等领域的合作，是广西经济社会实现跳跃式发展的重要抓手。

（2）加强开放型人才队伍的建设

大力实施人才强区的战略，以人才小高地建设为重点，加快培养和引进一批高层次人才，以重点产业、优势产业为主，加强开放型人才的引进和培养工作。同时，要不断创新开放型人才队伍引进和使用机制，做到自主开放人才和引进海外人才并重，吸引东盟国家乃至世界各地的高中端人才。

（3）以创新推动对外贸易结构转型升级

借助国家已有的重点开放试验区、中越跨境经济区等地域优势，大胆创新，适当延长产业链，拓展广西加工贸易，将商品货物进行再加工增值后再出口，完善产品收购市场与加工园区建设，推进“贸易型”向“生产型”的结构转变，加快广西的转型进程。

（4）加强贸易口岸基础设施建设

目前广西边境口岸的基础设施还不够完善，难以满足当前对外贸易发展的需求，制约了外贸经济的又好又快发展。因此，改善边境口岸和基本设施条件势在必行。首先要加快水、路、电、货场、港口、码头的建设，尤其要加速县市的口岸基础设施建设，尽快将条件相对较好的东兴口岸、凭祥口岸、龙州口岸建成现代化边境口岸。要坚持“不唯上、不唯书、只唯实”和“谁投资、谁使用、谁受益”的方法，灵活变通，多方筹集资金，改善边境口岸和市场设施条件。

（5）加强技术创新

培育建设新兴产业，带动腹地产业转型新产业、新技术是一个地区经济发展的方向与要求。广西应利用本地及跨区域的科技资源、人力资源，有针对性地进行科研创新工作，最终培育和建立起一批有竞争优势的产业集群，实现向高附加值、低消耗的新型产业转变，并带动腹地产业转型。形成以政府为主导，以企业为主体，产、学、研相结合的技术创新格局。推行实施促进自主创新的政府采购，对外贸企业开发的具有自主知识产权的重要高新技术装备和产品，政府可实施首购政策。

12.3 “一带一路”建设与广西壮族自治区边境贸易发展问题研究

12.3.1 广西开展边境贸易的基础条件

随着经济全球化的发展，发展中国家及地区积极地融入经济全球化，利用外资发挥本国及地区资源的优势，使资源得到整合，同时利用对外投资主动整合自身资源，促进了本国及地区经济的发展。广西在我国与东盟的贸易交往中占有非常重要的地位，由于其特殊的地理位置，必须在“一带一路”倡议中积极寻求新的发展机遇，加强对东盟的直接投资，促进我国西南与中南地区对外贸易的发展，加快中西部地区对外开放步伐，承担起我国新一轮发展战略中给予广西的重要使命，发挥好广西的区位优势。在“一带一路”倡议实施过程中，广西凭借自身得天独厚的区位优势，拥有良好的发展契机，必将走上一条快速发展的道路。

12.3.1.1　区位和资源条件

广西是我国唯一一个集沿海、沿边、沿江区位优势于一身的少数民族自治区。就沿海而言，广西沿海港口距港澳地区和东南亚的港口都比较近，到香港港、越南海防港、新加坡港、泰国曼谷港的距离分别仅有425海里、151海里、1338海里、1439海里。目前广西有北海、防城、钦州、铁山、珍珠等5个大型港口。就沿边而言，广西有8个县（市）与越南接壤，涵盖凭祥、友谊关、水口、爱店、龙邦、东兴等多个边境口岸和贸易点，这些口岸是大西南各省（自治区、直辖市）通往东南亚地区的重要陆路通道。将沿江而言，广西境内的西江水系纵横梧州、柳州、南宁、百色和桂林等市，西通云南和贵州，东经广州出海，西江河道运输能力仅次于长江，梧州为西江下游国家级内河港口，下航至香港、澳门仅400千米左右，是大西南各省（自治区、直辖市）通往广东、港澳台及东南亚地区的黄金水道。

广西拥有丰富的资源。其亚热带气候适合发展现代农业，甘蔗、水果、蔬菜、中草药、桑蚕、松香、奶水牛等产量丰富，近年来不断打造的现代农业示范区，效果显著。锡、铝、锰等矿产资源储备极其丰富，具有多种经济开发价值高的有色金属，是全国十大重点有色金属产区之一。同时广西还拥有独特的喀斯特地貌，旅游资源十分丰富，拥有桂林山水等著名的自然风光。

12.3.1.2　社会经济条件

改革开放后，广西经济社会快速发展，广西GDP在2016年达到了18 245.1亿元，广西以第二产业为支柱产业，产值历年都是最高，但第三产业近几年发展最为迅猛，在2012第三产业增长首次超过了第二产业，2012年第二产业产值增长率为10.1%，第三产业产值增长率为15.43%。另外，广西第一产业为基础产业，第一产业总产值平稳上升（表12-8）。

表12-8　2009～2016年广西三次产业产值一览表

年份	第一产业/亿元	第二产业/亿元	第三产业/亿元	GDP/亿元	地区生产总值增长率/%
2009	1 458.5	3 381.5	2 919.1	7 759.1	8.5
2010	1 675.1	4 511.7	3 383.1	9 569.9	23.3
2011	2 047.2	5 675.3	3 998.3	11 720.8	22.5

续表

年份	第一产业/亿元	第二产业/亿元	第三产业/亿元	GDP/亿元	地区生产总值增长率/%
2012	2 172.7	6 247.4	4 615.3	13 035.4	11.2
2013	2 290.6	6 731.3	5 427.9	14 449.8	10.9
2014	2 413.4	7 325	5 934.5	15 672.9	8.5
2015	2 565.5	7 717.5	6 520.2	16 803.2	7.2
2016	2 798.6	8 219.9	7 226.6	18 245.1	7.3

资料来源：《广西统计年鉴》(2010～2017)。

广西是国内水、土、热资源配合较好的地区之一，物产十分丰富，主要盛产南亚热带水果。广西是世界10大产糖区之一，单产和糖分均达到巴西等著名产糖国先进水平，广西2015年甘蔗产量更是达到了7461.3万吨。广西适宜水产养殖的水域面积超过1300万亩，水产品是广西农业的主要产品，在2016年广西水产品达到了361.4万吨，盛产石斑鱼、红鱼、大虾、鱿鱼等水产。北海、合浦一带所产“南珠”是世界名珠。同时广西中草药资源丰富，拥有4623种中草药，在全国排名第二位（表12-9）。

表12-9　2009～2016年广西农业结构一览表

年份	农林牧渔总产值/亿元	粮食产量/万吨	油料产量/万吨	甘蔗产量/万吨	水果产量/万吨	肉类产量/万吨	水产品产量/万吨
2009	2 380.5	1 463.2	42.1	7 509.4	1 010.7	371.0	261.8
2010	2 721.0	1 412.3	45.8	7 119.6	1 094.4	387.8	275.1
2011	3 323.4	1 429.9	50.1	7 270.0	1 223.0	391.1	288.8
2012	3 490.7	1 484.9	53.9	7 829.7	1 325.0	411.0	303.5
2013	3 755.2	1 521.8	57.2	8 104.3	1 433.4	420.0	319.1
2014	3 947.7	1 534.4	61.3	7 952.6	1 560.6	420.0	332.1
2015	4 197.1	1 524.8	64.7	7 504.9	1 720.0	417.3	345.6
2016	4 591.4	1 521.3	69.0	7 461.3	1 882.5	411.2	361.4

资料来源：《广西统计年鉴2017》。

广西境内矿产种类繁多、蕴藏量大。锰和水晶矿储量在全国排第一，锡储量在全国也居重要地位。因此，广西的工业结构以重工业为主，主要工业产业有有色金属、原煤、水泥、成品糖、卷烟等（表12-10）。时至今日，广西已建立轻工、卷烟、纺织、化工、机械、电子、冶金、有色金属、建材、医药、煤炭、制茶、电力等完整的工业体系。

表 12-10　2009～2016 年广西工业结构一览表

年份	十种有色金属/万吨	原煤/万吨	水泥/万吨	糖/万吨	卷烟/万箱
2009	110.08	587.60	6 435.27	824.08	137.3
2010	140.55	757.57	7 516.51	705.46	143.3
2011	134.00	784.52	8 746.48	742.28	148.3
2012	111.23	753.61	9 983.91	86 147.00	150.7
2013	123.86	640.34	11 202.83	1 010.89	153.7
2014	137.54	615.43	10 744.58	1 077.16	156.8
2015	157.67	425.50	11 144.43	925.74	156.8
2016	180.26	399.59	11 970.65	914.29	738.7（亿支）

资料来源：《2016 年广西国民经济和社会发展统计公报》，《广西统计年鉴》（2010～2017）。

优越的区位条件、丰富的自然资源、良好的投资环境，这些为广西边境贸易的发展提供了不可替代的有利基础和条件。近年来，广西充分利用自身的区位条件优势、自然资源优势和投资环境优势，边境贸易发展迅速，尤其与东盟国家的边境贸易发展取得了很大的成就。广西与东盟各国在资源结构、产业结构等方面具有很大的互补性，这些条件都为广西开展边境贸易提供了良好的基础。因此，广西边境贸易发展迅速，规模不断扩大，产业结构不断优化。

12.3.2　“一带一路”建设与广西边境贸易的发展

12.3.2.1　广西边境贸易发展状况

(1) 中越边境贸易的发展历程

中越边境贸易历经了长久的发展时期。虽然因为战争、政策等原因出现过中断，但总体上两国保持着友好往来的合作关系。中越边境贸易的发展史可以分为古代、近代、现代、当代四个阶段。

第一阶段是古代阶段。在宋朝前，中越边境贸易开始进行互市交易，一直持续到近代晚清时期。这一阶段的贸易是自发性的，互换的产品主要是农产品、海产品、手工业品及传统工艺品等。

第二阶段是近代阶段。1884 年中法战争后签订了不平等条约导致中国被迫在中越边境开放两条通商口岸。这一期间，中越贸易活动较为密切。中华人民共和国成立后，中越边境贸易持续发展，先后开放了凭祥、东兴等边境城镇及 11 个小额贸易口岸。

第三阶段是现代阶段，中华人民共和国成立至 1991 年。1978 年后中越关系恶劣，两国交易近乎终止。中国的改革开放后，为满足边民的生活需求，中越边境贸易悄然的自发性兴起，双方交易的产品由简单的生活资料过渡到生产资料，中越贸易得到了恢复。

第四阶段是当代阶段，也是中越边境贸易飞速成长的阶段。1991 年中越关系缓和，因为双方当局极力推动及政策鼓励，中越边境贸易呈逐年增加趋向。随着中越边境贸易的扩大，我国开放的互市交易点逐渐扩大至十多个。贸易产品种类、贸易构造、贸易方法都有了明显的变化与成长。2001 年中国加入世界贸易组织后，国际商业活动更加活跃。2002 年中国–东盟自由贸易区协议的签订，2004 年越南提出的“一圈两廊”，2007 年越南正式加入世界贸易组织，以及 2010 年中国–东盟自由贸易区的成立，都为中越边境贸易发展创造了更多的机会，中越两国的边境发展进入高速阶段。

（2）广西边境贸易发展现状

近年来，在政府各项优惠政策的支持下，广西边境贸易一直在快速发展的轨道中。表 12-11 是对广西 2009 ~ 2016 年边境小额贸易进出口额的统计。可以看到，广西边境小额贸易规模增速明显，截至 2016 年，广西边境小额贸易总额达到了 125.9 亿元。2009 ~ 2016 年，广西的边境贸易一直保持贸易顺差，且贸易顺差有逐渐扩大的趋势，而且广西边境贸易进口额增长却没有明显的规律可循，边境贸易进口规模有增有减，近几年广西的边境贸易进口额一直呈现负增长的态势。

表 12-11　2009 ~ 2016 年广西边境小额贸易进出口情况

年份	边境小额贸易出口额/亿元	边境小额贸易出口增长率/%	边境小额贸易进口额/亿元	边境小额贸易进口增长率/%	边境小额贸易进出口总额/亿元	边境小额贸易进出口总额增长率/%	边境小额贸易顺差/亿元
2009	19.5	2.5	6.7	–42.3	26.5	–14.9	12.8
2010	25.8	32.4	8.3	19.1	34.1	28.9	17.5
2011	41	58.9	10.8	30.2	51.8	51.8	30.2
2012	72.5	76.7	11	2.0	83.5	61.1	61.5
2013	104.7	44.5	10.4	–5.7	115.1	37.9	94.3
2014	140.1	33.8	7.2	–30.7	147.3	28.0	132.9
2015	162.8	16.2	7.2	–0.1	170.0	15.4	155.6
2016	120.4	26.1	5.5	–23.7	125.9	26.0	114.9

资料来源：《广西统计年鉴》（2010 ~ 2017）。

2015 年，广西边境小额贸易出口排名前 10 位的商品为棉混印花平布纹、化纤长丝混纺染色布、上釉陶瓷砖、女士上衣、瓷质餐具、未上釉的陶瓷砖、化纤制针织钩编套头衫、女士连衣裙、未列名电灯及照明装置和化纤绞未漂平纹布。合计出口额约 51 亿美元，占边境小额贸易出口额的 31.3%。广西边境贸易进口商品以资源性产品为主，进口排名前10位的商品为鲜火龙果、鲜龙眼、木框架坐具、无烟煤、鲜西瓜、初级形状复合橡胶、木质胶合板用单板、红木家具、鲜荔枝和钛矿砂，合计进口额约6.7亿美元，占边境小额贸易进口总额的93.4%。[①]

广西边境贸易的主体分为多个层次。企业主要从事边境小额贸易，而边民个人主要从事边民互市。边境贸易的主体，尤其是各个企业所占的比重，随着广西边境贸易的发展而有所改变。在2000年之前，国有企业占据主导地位，其他企业如民营企业的地位还不是很突出，贸易额不高。自2000年以来，受国家政府的政策鼓励，极大地刺激了私营企业的扩张，广西边境贸易的私营企业快速发展起来。到2003年，国有企业和私营企业无论在数量上还是进出口额上达到了均衡的状态，2004年广西私营企业边境贸易额首次超过了国有企业。

（3）边境贸易方式

1）边境小额贸易。从广西统计年鉴数据中可以看出，2015年广西边境小额贸易进出口总额为170亿美元，比2014年增长15.4%。其中出口总额162.8亿美元，比2014年增长16.2%；进口7.2亿美元，减少0.1%，边境小额贸易约占广西与越南贸易总额的69%，约占广西与东盟贸易总额的58.6%。广西边境贸易总额与广西边境小额贸易总额具体数据如图12-1所示。

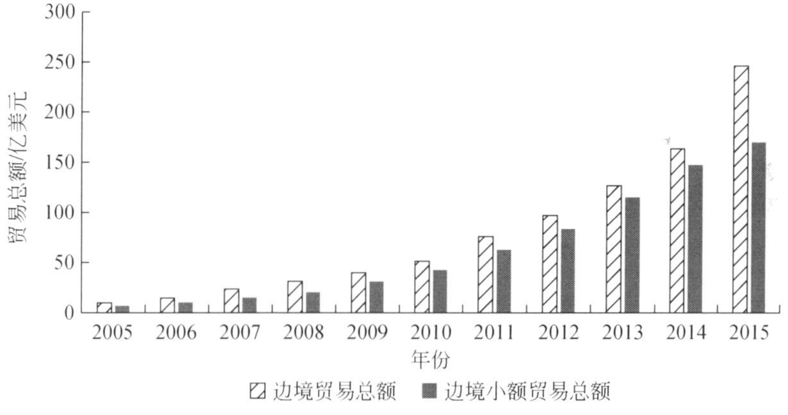

图12-1　广西边境贸易总额与广西边境小额贸易总额状况

资料来源：《广西统计年鉴》（2006～2016）

如图12-2所示，可以看出边境小额贸易总额在广西边境贸易总额中占据相当大的比例，在相当大的程度上促进了广西经济发展。广西边境小额贸易自从2008年北部湾经济区建立便得到迅速发展，在全球危机的形式下仍然保持着强

① 根据广西壮族自治区统计局以及南宁海关有关数据整理所得。

劲的增长势头，在广西边境贸易的总额中广西边境小额贸易的比例不断增加，但在2015年发生小幅度下降，这是因为在2015年边民互市贸易被海关总署纳入了海关贸易统计总额中。因此，地方贸易的发展离不开边民互市贸易的大力补充。地方政府应加大扶持力度，推动边民互市贸易的大力发展，改变原有的以边境小额贸易为主，边民互市贸易为辅的基本格局。

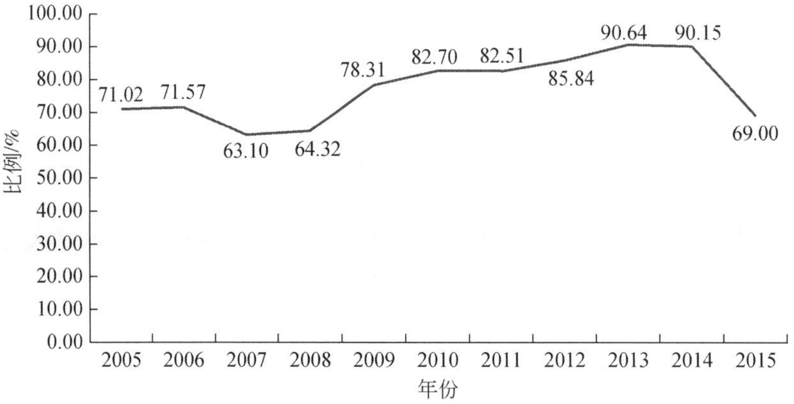

图12-2　广西边境小额贸易占广西边境贸易比例

资料来源：《广西统计年鉴》（2006～2016）

2）边民互市贸易。广西作为中越接壤的边境地区，在其边境线上边民互市贸易点多达26个。从古至今，中越的往来便密切频繁，随着两国的交往不断深入，边民互市贸易得到更快的发展。2015年广西与越南边民互市贸易总额达353.4亿元，约占该年广西对外贸易总额的11.1%，对越南贸易总额的23%，边境贸易总额的25%（图12-3）。边民互市贸易对于广西外贸稳定增长和边境地区

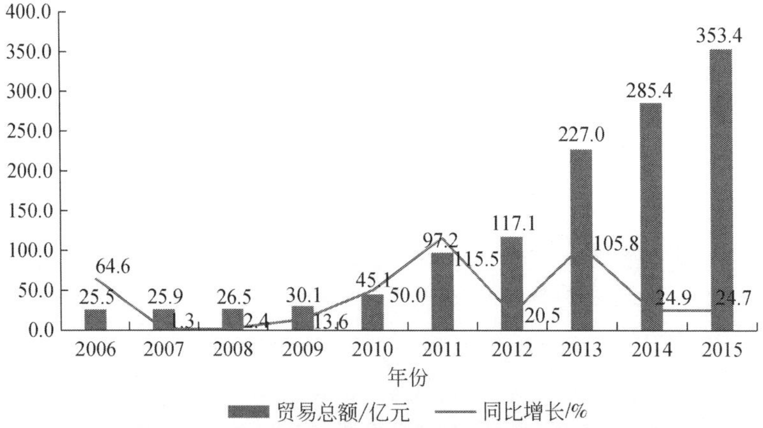

图12-3　2006～2015年边民互市贸易额、增长率情况

资料来源：陈东升和侯治平，2017

经济社会发展起着重要作用。2015 年东兴、水口和凭祥 3 个海关辖区边民互市贸易进出口额分别约占同期广西边民互市总额的 33.7%、29.9% 和 25.8%，已初步形成三足鼎立的局面（表 12-12）。

表 12-12　2015 年广西边民互市点（区）贸易额前十排名情况

互市点（区）名称	贸易额/万元	占比/%	同比/%
东兴互市区	561 561	15.9	44.8
龙州水口	525 533	14.9	-5.2
凭祥弄尧	471 468	13.3	-12.0
防城里火	435 221	12.3	8.7
龙州那花	284 893	8.1	10.2
龙州布局	245 136	6.9	325.5
宁明爱店	243 436	6.9	175.3
凭祥浦寨	197 568	5.6	54.8
防城峒中	193 378	5.5	10.7
靖西龙邦	93 634	2.6	-30.5

资料来源：陈东升和侯治平，2017。

3）边境地区对外经济技术合作。近年来，广西为落实中央工作精神，不断加快中越边境经济合作区的发展，推进以凭祥、东兴为代表的边境经济合作区的建设和规模扩大，并设立百色（靖西）经济合作区来保障凭祥综合保税区的正常运作，推动区域经济的进一步发展。与此同时，广西对边境的开发也在不断地探索，不断探索边境开发开放新模式，加快建设跨境经济合作区，以及打好其他经济合作区的前期准备工作，以此来推动边境经济的发展，实现“兴边富民”。但是在此过程中不能忽视的是广西作为欠发达地区，存在技术水平落后，资源发布不均的状况，边境技术合作在广西边境贸易总额中所占的比例仍然较小。广西与越南经贸合作领域随着中国-东盟自由贸易区的建成不断扩大，层次也在逐步加深。

（4）边境贸易市场主体结构

边境贸易的市场主体可以按照不同划分标准分为不同种类。如果以参与贸易活动目的为划分标准的话，市场主体分为边境小额贸易进出口企事业单位和边民个人，其中边境小额贸易主要是进出口企事业单位从事商品的进出口，边民个人则是进行边民的互市贸易，二者在规模上区别较大。

据广西壮族自治区统计局的数据显示，2000 年以前，广西对越南进行贸易，国有企业占主体地位；2000 年以后，广西边境贸易的主体发生了变化，民营主体发展迅速；2003 年广西从事边境贸易民营企业与国有企业数量相当；2004 年民营企业反超国有企业的贸易总额，成为了广西对越边境贸易的重要成分。到 2015 年，广西从事边境贸易企业约有 550 个，其中民营企业 540 个、国有企业 10 个。2016 年，广西民营企业对外出口总额达到 1000.1 亿美元，进口总额达到 346.4 亿美元，广西民营企业在边境贸易中的进出口总额也占到了广西边境贸易进出口总额的 98% 以上。[①] 同时，从表 12-13 中可以看出，2010 ~ 2015 年，对越边境贸易中，边境居民贸易规模占比逐年上升。

表 12-13　2010 ~ 2015 年广西与越南不同贸易主体进出口规模

主体 \ 年份		2010	2011	2012	2013	2014	2015
边境居民	总额/亿美元	48.2	50.8	53.3	55.8	58.3	60.8
	进口/亿美元	14.0	14.7	15.3	26	16.7	17.4
	出口/亿美元	34.2	36.1	37.9	40	41.6	43.5
企事业单位	总额/亿美元	6.4	6	5.6	5.1	4.8	4.7
	进口/亿美元	3.3	3.1	3.2	2.5	1.8	1.5
	出口/亿美元	3.1	2.9	2.4	2.7	3.1	3.1
其他	总额/亿美元	7.6	7	8.2	7.6	7.4	7
	进口/亿美元	1.6	2.7	3.7	2.5	2.7	1.9
	出口/亿美元	6	4.3	4.5	5.1	4.7	5.1

资料来源：根据越南海关有关数据整理所得，https://www.customs.gov.vn/default.aspx。

（5）边境贸易产品结构

1）总体产品结构。近年来广西对外贸易的发展不仅体现在贸易规模与总额上，在进出口的商品结构方面也有着很大的变化，当前广西对越南出口产品主要有五大种类：第一类是工业系统设备，如水泥生产线、制糖生产线等；第二类是机器设备，如医疗设备、农用机械等；第三类是原材料，如建筑类产品；第四类是粮食食物类，如水果、植物种子等；第五类是日用品，如微电子产品、服装、玩具等。近些年来，随着越南经济的不断发展，越南人民的生活水平也随之提高，广西出口的产品能较好地满足越南方面的需求，所以进出口贸易往来也在不断地向多元化市场方向发展。

从总体来看，广西边境出口贸易不断向具有优势的商品进行转变，而进口贸

① 根据广西壮族自治区统计局有关数据整理所得，http://www.gxtj.gov.cn/。

易多为资源类产品，从互相贸易的产品可以看出两地的产业特征。随着工业化进程的加快和产业结构的优化升级，广西沿边地区的有色金属工业需要的大量金属精矿需要通过边境贸易从越南进口，而越南通过边境贸易从广西进口的纺织产品和机电产品，主要用于满足由于收入水平提升引起的消费需求高涨。这也说明广西与越南消费需求的不同源于两地区间的经济发展水平差异。按照要素禀赋理论，根据双方不同的地理位置等引发的产业间贸易就属于互补性贸易。

2）边境小额贸易产品结构。据广西壮族自治区统计局有关数据显示，2015 年广西边境小额贸易出口主要以化工产品为主，排名前 10 位的商品分别为棉混印花平纹布、化纤长丝混纺染色布、上釉陶瓷砖、女士上衣、陶制餐具、未上釉的陶瓷砖、化纤制针织钩编套头衫、女式连衣裙、未列名电灯及照明装置和化纤纺未漂平纹布，合计出口额为 51 亿美元，约占边境小额贸易出口总额的 31.3%（表 12-14）。边境贸易进口商品以资源性产品为主，进口排名前 10 位的商品分别为鲜火龙果、鲜龙眼、木框架坐具、无烟煤、鲜西瓜、初级形状复合橡胶、木制胶合板用单板、红木家具、鲜荔枝和钛矿砂，合计进口额为 6.7 亿美元，占边境小额贸易进口总额的 93.4%（表 12-15）。

表 12-14　2015 年边境小额贸易出口商品前十排序

排序	商品名称
1	棉混印花平纹布
2	化纤长丝混纺染色布
3	上釉陶瓷砖
4	女士上衣
5	陶制餐具
6	未上釉的陶瓷砖
7	化纤制针织钩编套头衫
8	女式连衣裙
9	未列名电灯及照明装置
10	化纤纺未漂平纹布

资料来源：根据广西壮族自治区统计局有关数据整理所得，http://www.gxtj.gov.cn/。

表 12-15　2015 年边境小额贸易进口前十商品排序

排序	商品名称
1	鲜火龙果
2	鲜龙眼
3	木框架坐具

续表

排序	商品名称
4	无烟煤
5	鲜西瓜
6	初级形状复合橡胶
7	木制胶合板用单板
8	红木家具
9	鲜荔枝
10	钛矿砂

资料来源：根据广西壮族自治区统计局有关数据整理所得，http://www.gxtj.gov.cn/。

3）边民互市贸易产品结构。越南是一个热带国家，盛产热带水果及农副产品，相比之下，广西在制造业及加工业方面具有比较优势。因此，在中越互市贸易中，各自出口的多是当地具有较大比较优势的产品，如2015年广西边民互市贸易进口商品主要是农副产品等，出口商品主要是机械设备及日用产品等（表12-16、表12-17）。

表12-16　2015年广西边民互市商品交易进口排名前十商品情况

商品名称	金额/万元	同比增长率/%
鲜火龙果	374 547	73.6
鲜龙眼	295 457	10.4
木框架坐具	174 431	36.7
无烟煤	155 901	8.0
鲜西瓜	133 504	48.3
初级形状复合橡胶	117 890	149.7
木制胶合板用单板	103 003	190.5
红木家具	91 215	355.1
鲜荔枝	88 332	45.6
钛矿砂	88 056	53.7

资料来源：根据南宁海关有关数据整理所得，http://nanning.customs.gov.cn/。

表12-17　2015年广西边民互市商品交易出口排名前十商品情况

商品名称	金额/万元	同比增长率/%
棉混印花平纹布	8 353 001	69.8
化纤长丝混纺染色布	7 231 368	35.7

续表

商品名称	金额/万元	同比增长率/%
上釉陶瓷砖	6 613 827	42.9
女士上衣	534 821	10.1
陶制餐具	491 674	9.3
未上釉的陶瓷砖	393 462	12.8
化纤制针织钩编套头衫	287 649	122.5
女式连衣裙	279 143	37.6
未列名电灯及照明装置	187 652	54.2
化纤纺未漂平纹布	154 327	84.9

资料来源：根据南宁海关有关数据整理所得，http://nanning.customs.gov.cn/。

12.3.2.2 广西边境贸易发展中存在的问题

（1）边境贸易进出口商品结构层次低

从广西边境贸易进出口的商品结构来看，农产品、纺织服装、日用杂品及机电产品的比例较大，但这些商品除机电产品外，其余大多数农副产品和日常生活用品，产品附加值较低。当前广西开展边境贸易业务的产品结构主要基于资源上的互补性，而不是基于双方的产业优势，即边境贸易双方主要互相进出口自身所稀缺和富裕的一些资源型产品，这不利于广西边境贸易的长远发展和未来利益。

（2）边境贸易方式单一，渠道狭窄

目前广西边境贸易仍然以进出口货物贸易为主，贸易方式比较低级，边境经济技术合作和通信、金融、保险等服务业贸易的发展仍停留在基础阶段。广西边境贸易主要是通过边境小额贸易和边民互市贸易的方式进行，两者属于传统的边境贸易形式，边境贸易产品流通渠道狭窄，而高层次的加工贸易、技术贸易和服务贸易等其他贸易形式占比较小，束缚了边境贸易的发展。

（3）基础设施较落后

广西的边境口岸基础设施相对薄弱，对设施的建设投入有限。多年来，国家和广西持续投入大量资金加大对边疆地区的建设力度，广西边境地区的基础设施已经取得了重要进展，然而，由于大多边境地区集“老、少、边、山、穷”于一体，因此目前广西的边境贸易基础设施、仓储、货运还没有达到专业的市场化要求。

12.3.2.3 广西边境贸易的发展对策

（1）优化边境贸易进出口商品结构

广西要想促进自身边境贸易的发展，实现与东盟各国经贸合作的快速持久的发展，应该从长远出发，根据自身资源、资金、技术和人力资本条件，有针对性地建立起自己的高技术含量、高附加值、售后服务好的优势产业，积极培育出具有国际竞争力的名牌产品和优势产业，增强广西出口产品的竞争优势，以名牌效应刺激和扩大需求，不断增强东盟国家消费者对广西出口产品的需求，进一步巩固和开拓市场容量。

（2）改善生产基础设施

基础设施落后的根本原因在于广西边境各市县经济基础薄弱，财力不足。因此，通过加大国家和广西的转移支付力度，投资边境口岸和边民互市点基础设施建设非常重要。建议适时进行以陆路口岸和边民互市点为内容的口岸设施建设大会战，提高口岸的作业效率，为边境贸易提供良好的进出口条件。

（3）促进边境旅游贸易发展

边境旅游贸易发展前景十分可观，广西与东盟各国可以以服务贸易为载体，加强民俗和文化交流，制定符合边境地区旅游管理的实践机制，培育一批以经营边境旅游贸易这种新兴边境贸易经营方式为主的企业和机构，共同建设一些发展前景广阔的旅游合作项目，打造国际旅游精品业务，带动广西边境贸易的新发展。

13 “一带一路”建设中边境贸易发展的经济效应

13.1 边境贸易的经济效益

边境贸易的经济效益是实施沿边开放战略，发展边境贸易所要追求的目的。既要通过边境贸易活动，以最少的物化劳动和活劳动消耗获取最大的企业经济效益，更要通过边境贸易开展双向开放、连接两个市场、利用两种资源、进入两个循环，获取兴边富民安邦的宏观社会经济效益。因此，研究边境贸易经济效益及其指标，具有重要的理论价值和现实意义。

13.1.1 边境贸易经济效益的概念

边境贸易经济效益，是指在一定时期内投入边境贸易的劳动与由此取得的成果之比（杨清震，2005）。边境贸易经济效益包括两方面的内容：①通过利用国内价值与国际价值的比较差异，输出本国有相对优势的产品，输入本国有相对劣势的产品，从而实现价值增值，实现社会劳动的节约；②输出本国相对富余的产品，换回本国所短缺的产品和资源，实现跨国度的资源优化配置和国民经济综合平衡，扩大再生产规模，带动边境地区经济发展，创造出更多的价值。可见，边境贸易经济效益既从价值的增值表现出来，又通过使用价值的转换表现出来。但最终都使得社会劳动节约，社会财富增加，边境地区经济的发展繁荣和社会进步，边民生活水平提高。

边境贸易经济效益可以分为边境贸易社会经济效益和边境贸易企业经济效益。边境贸易社会经济效益是指通过边境贸易和边境经济技术合作，对边境地区国民经济和社会发展产生的经济效果（杨清震，2005）。它不仅包括边境贸易活动实现的直接的价值增值，还包括由边境贸易活动派生的、间接的社会劳动节约、边境地区经济发展和可持续发展、边民生活水平提高等社会经济效果（杨清震，2005）。边境贸易企业经济效益是指通过边境贸易和边境经济技术合作，边境贸易企业取得的盈利。边境贸易企业经济效益较之边境贸易社会经济效益，其考察的范围狭小、内容单一，只注重边境贸易企业财务账面上的以货币形式出现的盈利水平（杨清震，2005）。

13.1.2 边境贸易经济效益的表现形态

边境贸易作为国际贸易在两国毗邻边境地区进行的一种特殊形式，参加边境贸易的双方不仅包括边境地区的企业法人，而且还包括双方边民个人。同时，边境贸易的一切经济活动都是按照国际价值规律进行的，参加边境贸易的企业和个人完全要自负盈亏。所以，通过边境贸易以获取最大的价值和使用价值是一切参加者的根本目的。这就决定了边境贸易在微观层次上的经济效益是通过边境贸易争取以最少的物化劳动换取最大的价值和使用价值。因此，投资在边境贸易上的资本利润率，便成为衡量边境贸易经济效益的主要标准和表现形态。在宏观上，通过发展边境贸易，实现双向开放，连接两个市场，利用两种资源，加入两个循环，在对外交换中获得价值增值。由于国内必要劳动时间和社会必要劳动时间的差异，导致国内价值和国际价值的差异，即绝对差异和相对差异。绝对差异和相对差异的存在，就有可能使参加边境贸易的双方都获得价值的增值。在实现价值增值的同时，进行着使用价值的转换。在边境贸易的交换中，将边境地区一部分多余的产品和资源从经济循环中分离出来，在边境贸易市场上转换成边境地区紧缺的产品和资源，使资源得以跨国优化配置，结构得到调整，生产规模得以扩大，推动边境地区经济发展，加快边境地区脱贫致富步伐，提高边境地区人民的生活水平，繁荣边境地区，实现兴边富民。可以说，这是衡量边境贸易经济效益最根本的标准和表现形态。

具体来讲，边境贸易的出口经济效益表现为：以较低的成本换取尽可能多的物资或外汇，为边境地区的经济建设提供更多的资金；发展边境贸易出口，使企业努力降低成本，提高产品质量，提高企业的生产效率和经济效益；通过发展出口贸易，实现本地区资源的优化配置，不断促进边境地区社会生产力和技术水平的提高，繁荣边境地区的经济。边境贸易的进口经济效益表现为：以较少的物资或外汇换回尽可能多的国内紧缺的生产资料、先进技术和设备，以及人民生活必需的物资，支持边境地区的发展，改善人民生活；通过进口，节约本国或本地区社会劳动，取得比较利益，增加经济效益。

13.1.3 边境贸易经济效益的考核指标

由于边境贸易经济效益有宏观与微观之分，考核边境贸易经济效益指标体系也可区分为边境贸易宏观经济效益指标体系和微观经济效益指标体系。

（1）边境贸易宏观经济效益指标体系的考核指标

边境贸易宏观经济效益，是指边境贸易活动给边境地区经济发展和社会进步带来的效益，即边境贸易社会效益（杨清震，2005）。边境贸易社会效益包括的内容很多，如通过边境贸易促使边境地区经济在较高水平上达到综合平衡，从而获得较快的发展速度和较好的经济效益；通过边境贸易提高边境地区的科学技术和生产技术水平，从而提高劳动生产率；通过边境贸易，带动边境地区第一、第二、第三产业的发展，促进边境地区经济繁荣；通过边境贸易，直接或间接增加边境地区人民的收入，使边境地区人民摆脱贫困、走向富裕；通过边境贸易增加就业与产品出口，从而达到增加国民收入、积累建设资金；通过边境贸易实现兴边富民安邦。边境贸易社会效益的上述各项内容，有的难以量化成数据来表示。下面仅就可以计算的主要考核指标做下介绍。

1）进出口总额指标。它是指在一定时期内全国边境地区或某一边境地区边境贸易实际进出口货物的总金额。它反映全国边境地区或某一边境地区边境贸易活动的规模，参加国际分工的程度和边境贸易实绩，也直接反映出边境贸易的发展情况和社会经济效益。

2）平均换汇成本指标。它是指在一定时期内全国边境地区（或某一边境地区）边境贸易出口总成本与出口外汇总收入之比。

$$\text{出口换汇成本}=\frac{\text{出口总成本（人民币）}}{\text{外汇总收入净额（美元）}}$$

式中，出口总成本是指出口商品中边境贸易进货成本总额加上边境贸易出口流通费用总额；外汇总收入净额是指全国边境地区（或某一边境地区）外汇总收入减去边境贸易出口商品国外流通费用后的余额。这一指标反映了每收入一个单位外汇（1 美元）所耗费的人民币数量。如果人民币汇率不变，这个比率越小，出口商品的经济效益就越好。所以，它在一定程度上反映了整个边境贸易的社会经济效益。

3）行业资金利用率指标。它是指在一定时期内，整个边境交易行业的进出口盈利额与所占用的全部资金之比率，即

$$\text{行业资金利用率}=\frac{\text{边境贸易行业进出口盈利额}}{\text{边境贸易行业资金占用额}}\times 100\%$$

式中，边境贸易行业资金占用额包括流动资金和固定资金平均占用额。这个指标反映边境贸易行业利用资金的水平。

4）边境贸易进出口贸易税利指标。它是指在一定时期内通过边境贸易的进出口活动给国家和边境地方政府带来的税收和利润。它反映边境贸易对国民经济或边境地区经济带来的财政收入，也是反映边境贸易宏观经济效益的一项重要指标。

5）边境贸易进出口商品比价指标。它是指在一定时期内边境贸易进出口商品价格指标之比。它反映我国边境地区边境贸易的条件状况，也是考察边境贸易宏观经济效益的一项重要指标。其公式是

$$进出口商品比价=\frac{出口商品平均价格指数}{进口商品平均价格指数}\times 100\%$$

（2）边境贸易微观经济效益指标体系

边境贸易微观经济效益是指通过边境贸易活动，边境贸易企业、个人及各供货单位的具体效益。在边境贸易出口中，边境贸易公司通过从供货部门收购出口货源，将货物销售到边境贸易市场而获得外汇收入与出口成本的差额；在边境贸易进口中，边境贸易公司从边境贸易市场购入国内需要的商品，卖给国内用货部门及消费者，获得国内销售总收入与进口成本之差。边境贸易企业或个人在边境贸易活动中获得的这两个“差额”，即获得的盈利，就是边境贸易的微观经济效益。追求盈利的最大化是边境贸易企业的理性目标。考核边境贸易微观经济效益的指标有下面几个。

1）边境贸易企业进出口总额指标。它是指企业通过边境贸易实际进出口商品的总额。它反映一个企业经营规模的大小和对边境地区经济发展的贡献。该指标又分为进口额和出口额两个指标。从出口额指标来看，如果是现汇贸易，出口越多，数量越大，说明该企业的实绩越大，经济效益越好。但进口额并不能直接反映出该企业的盈亏状况。因为，进口数额大，商品也多，如果商品适销对路，企业就会盈利；如果商品积压、滞销，企业就会亏损。因此，对进口额尚需结合其他指标进行综合考察。如果是易货贸易，企业出口多、进口少，该企业就会亏损，出口越多、进口越少，则亏损越大。因为出口多、进口少，进口商品收入无法弥补出口商品的成本，多余的商品等于白送人家。反之，如果出口少、进口多，则企业的经济效益则比较好。所以，如果是易货贸易，一定要保持进出口货物基本平衡。

2）边境贸易出口换汇成本指标。它是指在一定时期内边境贸易企业的出口总成本（包括进货成本、流通费用、运费和税金）与出口外汇净收入之比。其公式为

$$出口换汇成本=\frac{出口总成本（人民币）}{出口外汇净收入（美元）}$$

式中，出口外汇净收入是指出口外汇收入减去出口的国外流通费用。该指标反映出口每收入一个单位外汇（1 美元）所耗费的人民币数量，是企业制定出口计划的依据之。

3）边境贸易费用水平指标。它是指边境贸易企业一定时间内经营业务所支付的全部流通费用占进出口额的比率。该指标反映出边境贸易经营中耗费活劳动和物化劳动的状况及企业的管理水平。它以每百元进出口额所开支的费用额来表示。其公式为

$$费用水平=\frac{费用额}{商品流通额}\times 100\%$$

式中，费用额是指商品流通过程中必要的劳动耗费的货币表现。它由以下几部分组成：①职工的工资及福利；②支付给其他部门的费用；③经营过程中物资设备的价值损耗；④经营过程中发生的商品损耗；⑤经营过程中的各项管理费和融资利息等。

从上式可知，费用水平与费用额成正比。在企业进出口总额范围内，如果费用额越少，费用水平越低，边境贸易经营过程中耗费的活劳动和物化劳动就越少，企业的经济效益也越好。否则，企业的经济效益就越差。所以，减少资金积压，节约运输、包装、保管、利息和经营过程中的各种费用支出，减少商品损耗，提高设备利用率，发挥职工的积极性，提高劳动生产率，是降低费用水平，提高企业经营效果的重要途径。

4）边境贸易资金周转指标。它是指边境贸易企业占用的流动资金在一年内周转的次数，它反映运用流动资金的效能。其公式为

$$流转资金周转次数=\frac{商品流转额}{流动资金平均占用额}$$

流动资金周转次数的多少，反映企业流动资金平均占用的状况，周转次数越多，企业的流动资金占用额就越少或企业的进出口商品的速度就越快。

5）边境贸易出口履约率指标。它是指履行出口合同占全部出口合同的比率，它可反映出口收汇状况。其公式为

$$出口履约率=\frac{履行出口合同书}{全部出口合同数}\times 100\%$$

6）收购合格率指标。它是指收购的合格商品额与全部收购商品额之比率。它反映出边境贸易企业的库存情况。其公式为

$$收购合格率=\frac{合格商品额}{全部收购商品额}\times 100\%$$

7）边境贸易储存、运输损耗率指标。它是指进出口商品在储运过程中的损耗额与边境贸易企业进出口商品额的比率。其公式为

$$储运中损耗率=\frac{储运中损耗额}{进出口商品额}\times 100\%$$

8）边境贸易劳动生产率指标。它是指边境贸易企业每个职工在一定时间内所完成的进出口总额。它反映出边境贸易企业职工的工作效率。

9）边境贸易进出口商品盈亏指标。它包含两个指标：一是边境贸易出口盈亏指标，二是边境贸易进口盈亏指标。

第一，边境贸易出口盈亏指标，即

$$出口盈亏额=出口总金额-出口总成本$$

盈亏额正数为盈利，负数为亏损。

$$出口总成本=进货价格+国内费用$$

国内费用包括各种杂费、国内运费、商品流通费和税金。

$$出口盈亏率=\frac{出口总金额-出口总成本}{出口总成本}\times 100\%$$

出口盈亏率大于零，表明出口贸易是有收益的；如果出口盈亏率小于零，则出口贸易是亏损的；如果出口盈亏率等于零，则出口贸易是无效活动。出口盈亏率的大小表明了出口贸易经济效益盈亏的程度。

第二，边境贸易进口盈亏指标

$$进口盈亏额=进口总收入-进口总成本$$

如果是以货易货的进口，则

$$易货进口总成本=出口总成本+国内费用（附加成本）$$

国内费用包括商品进口到岸后各种杂费、国内运费、税金、商品流通费等。

$$进口盈亏率=\frac{进口盈亏额}{进口总成本}\times 100\%$$

进口盈亏率大于零，表明进口贸易是有收益的；如果出口盈亏率小于零，表明进口贸易是亏损的；如果出口盈亏率等于零，则表明进口贸易是一项无效的经济活动。出口盈亏率的大小表明了进口贸易经济效益盈亏的程度。

以上考核指标还不够完善，只能在一些主要方面反映边境地区的边境贸易的社会和企业的经济效益状况。而要全面准确反映边境贸易的社会和企业经济效益，就需要在总结过去经验的基础上，不断完善现有的指标体系，使之逐步形成一套更为科学的指标体系和核算方法。

13.2 “一带一路”沿线国家对边境地区进出口贸易的经济增长效应

自2001年中国成功加入世界贸易组织以来，我国边境地区与世界各国（地区）贸易往来日益密切。2013年，习近平主席正式提出“一带一路”倡议，进一步加快与规范了我国边境地区与“一带一路”沿线国家的贸易往来。2002～2016年，我国边境地区与“一带一路”沿线国家进出口贸易额从2002年的136.7亿美元增长至2017年的965.9亿美元，增长了6倍多，15年间平均增长率超过15%，可见我国边境地区与“一带一路”沿线国家进出口贸易迅速增长。同时，边境地区的地区生产总值也呈现出较快上涨的趋势，2016年增长至

122 084亿元，相较于2002年增长了5倍多，年平均增速高达13%。由此可见，我国边境地区与“一带一路”沿线国家的进出口贸易对边境地区经济增长具有一定的拉动作用。在我国“一带一路”倡议稳步推进背景下，研究我国边境地区与“一带一路”沿线国家进出口贸易的经济增长效应具有一定的现实意义。

13.2.1 国内外相关研究进展

有关进出口贸易与经济增长的关系历来是学界争论的焦点，对进出口贸易与经济增长关系的研究最早可以追溯到亚当·斯密（1985）的“剩余产品出口”学说。在此理论的基础上，俄林（2008）、罗伯逊进一步提出了要素禀赋理论和贸易的增长引擎论。相反，普雷维什站在发展中国家的角度提出了贸易恶化论及中心-外围理论。综合大部分学者的观点，克拉维斯进行创新，提出贸易是“经济增长的侍女”。具体来看，国内外学者关于中国进出口贸易与经济增长关系的研究主要集中于以下几个方面。

13.2.1.1 关于中国整体进出口贸易与经济增长效应的研究

国内外学者对国家进出口贸易与经济增长的关系进行了大量研究，大部分学者认为进出口贸易对经济增长有促进作用。黄庆波和范厚明（2010）对中国有关数据进行的研究印证了这一观点。为进一步明确贸易与经济增长之间的关系，马章良（2012）、丁正良和纪成君（2014）对中国进出口贸易进行了研究，发现进口对中国经济的带动作用明显更大。还有的学者从进出口贸易结构的角度进行研究，如裴长洪（2013）发现资本品进口对经济增长的贡献度最大。有的学者着重研究不同国家间的贸易对经济的影响，如Hao（2014）对改革开放后中美两国贸易进行了实证分析，发现进口比出口对中国经济的贡献度要大。谢锐和赵果梅（2014）、Enrico和Marcello（2011）均对中印两国贸易进行研究，发现中印两国贸易促进了中印两国与世界经济的快速增长，但后者发现中印贸易对中国经济的促进作用更强。有的学者还从多国贸易的角度进行了分析，如庄新霞（2010）基于中国-东盟贸易进行了研究，发现进口对中国经济的拉动作用大于出口。而王美昌和徐康宁（2016）进一步扩大研究范围至“一带一路”沿线国家，发现中国与“一带一路”不同国家间贸易的经济效应存在异质性。

13.2.1.2 关于中国省域进出口贸易与经济增长效应的研究

一些学者认为，不同省域进出口贸易对经济增长的作用存在异质性，因此开始以不同省域为研究对象。王风云（2010）对北京市有关数据进行研究，发现北京的经济增长呈明显的出口驱动特征，而进口的作用则不明显。与其结果相反的是，Hsia Sung-Ming（2014）发现净出口对中国台湾地区经济增长的贡献率较低。有的学者倾向于从多省市的角度进行比较研究，如刘再起和徐艳飞（2013）使用bootstrap因果关系检验，发现东部沿海地区的贸易对经济的促进作用要大于内陆地区，加剧了中国不同省市间的“马太效应”。在考虑内生性的情况下，张远军（2014）对各省市进行了进一步的研究，其结果也印证了这一结论。还有的学者从贸易开放的角度进行研究，如盛斌和毛其淋（2011）使用系统GMM方法进行研究，发现贸易开放对经济增长的贡献度随时间的推移逐渐增强。一部分学者发现与不同来源国的贸易对同一区域经济的影响存在较大差异，因此转向研究不同区域与不同国家间的贸易。如韩家彬等（2010）发现虽然金砖国家与其他国家的贸易极大地促进了金砖国家经济的增长，但对金砖国家内部不同国家的促进作用大小存在明显差异。高香茶（2005）对浙江与东盟的贸易进行研究，发现进口贸易对浙江经济的增长具有长期稳定的促进作用，且两地贸易主要集中在新加坡、印度尼西亚等少数国家。

13.2.1.3 关于中国边境进出口贸易与经济增长效应的研究

随着国家“兴边富民计划”的深入开展与“一带一路”倡议的提出，国内学者对边境地区的有关研究也逐渐增多。如李子成和李新武（2011）使用因子分析法对云南省进行研究，发现进出口贸易与外商直接投资对云南省经济增长的贡献度不高，边境地区的经济仍存在较大的发展空间。为了更深入地了解进出口贸易与边境地区经济增长的关系，郭颖慧（2013）基于新疆的统计数据进行研究，发现虽然边境贸易进出口总额与生产总值之间具有长期稳定的关系，但是边境贸易对新疆整体经济的拉动作用并不明显。此外，一些学者开始关注不同国家与我国边境地区贸易对经济增长的作用。如陈光春等（2016）对广西与越南的贸易进行了研究，发现相对于边境小额贸易而言，一般贸易与互市贸易对广西经济增长的推动作用更强。魏高扬（2017）、陈光春等（2016）进一步扩大研究范围，对广西与东盟的贸易进行研究，发现两地贸易对广西经济的促进作用是长期且稳定的，且两地贸易对广西经济增长的贡献度超过50%，因此在国家“一带一路”倡议的背景下，广西应充分发挥与东盟贸易的桥头堡作用。

综上所述，通过国内外学者的研究可以发现，进出口贸易与经济增长的关系具有多样性，对不同的国家以及同一国家的不同地区所产生的经济效应均具有异质性，已有的研究中对于“一带一路”国家与我国及我国不同地区贸易的研究相对较多。本章将在以往学者研究的基础上，重点分析“一带一路”国家对我国边境9省（自治区）进出口贸易的经济增长效应及其区域异质性。

13.2.2 边境地区经济发展现状

边境地区经济发展水平直接影响边境地区人民的生活水平与幸福指数。因此，自20世纪初开始，国家就推出了“兴边富民计划”等，致力于改善边境地区经济发展状况。随着该项计划的深入推进，边境地区人民生活水平水平已经有了极大的改善，但仍有诸多问题有待进一步解决。

13.2.2.1 边境地区经济总体发展概况

从表13-1可以看出，自2002年以来，边境地区经济发展较为迅速。2016年我国边境地区生产总值高达122 084亿元，较2002年的21 232.7亿元增长了近5倍，平均增长率为13%左右，最高时增长速度高达22%，说明自2002年以来，我国边境地区生产总值一直保持较高的增长速度，经济发展势头较好。近年来国家提出放缓经济增长速度，调整经济发展结构，促进经济平稳健康发展的号召，边境地区在此背景下，响应国家号召，调整当地经济增长结构，使得边境地区经济发展增速放缓，但可以看出边境地区经济发展势头仍然较好。

表13-1 2002~2016年边境地区主要经济指标变动状况

年份	地区生产总值		人均地区生产总值	
	绝对值/亿元	增长率/%	绝对值/(元/人)	增长率/%
2002	21 232.7	9	7 082.9	9
2003	23 962.8	13	7 740.8	13
2004	28 219	18	8 774	18
2005	33 319.1	18	10 336.4	17
2006	39 082.7	17	12 129.7	17
2007	47 139.1	21	14 203.2	20
2008	57 363.3	22	17 013.7	21
2009	62 853.4	10	20 570.3	9
2010	76 025.2	21	22 446.2	20
2011	92 587.7	22	26 946.9	21
2012	103 558.9	12	32 707	12
2013	113 503.4	10	36 502	9
2014	120 757.9	6	39 937.5	6
2015	123 211.1	2	42 480	2
2016	122 084	1	43 244.3	0

资料来源：根据国研网统计数据库相关数据计算整理。

自2002年以来，边境地区人均地区生产总值也有了较快的增长，人民生活水平有了较大程度的提高。从2002年的7082.9元/人，提高到2016年的43 244.3元/人，增长了5倍多，略高于同时段边境地区地区生产总值增长幅度。同时，这15年间边境地区人均地区生产总值的平均增长率也为13%左右，与同时段地区生产总值平均增长率基本一致，表明随着边境地区经济发展水平的提高，边境地区人民生活水平水平也同时得到了提高，人民生活水平得到了很大程度的改善。

13.2.2.2 边境地区各省（自治区）经济发展概况

边境地区地区生产总值与人均生产总值变动的趋势与幅度基本上一致。其中，辽宁省地区生产总值最高，2016年达22 037.9亿元，但其平均增长率最低，15年间地区生产总值平均增长率仅为11%。仅次于辽宁省的是内蒙古自治区与广西壮族自治区，2016年地区生产总值分别为18 633亿元与18 317.6亿元，且内蒙古自治区平均增长率及人均地区生产总值最高，分别为18%、72064元/人。虽然经济发展增速较快，但是西藏自治区、甘肃省及新疆维吾尔自治区的地区生产总值仍然是最低的，分别为1151.4亿元、7152亿元和9649.7亿元。相对来说，甘肃省与西藏自治区的人均地区生产总值水平在边境9省（自治区）中也处于较低水平（表13-2）。

表13-2 2002年、2009年、2016年各省（自治区）经济发展状况

地区	2002年		2009年		2012年	
	地区生产总值/亿元	人均地区生产总值/元	地区生产总值/亿元	人均地区生产总值/元	地区生产总值/亿元	人均地区生产总值/元
内蒙古	1 940.9	7 241	1 940.9	7 241	18 633	72 064
辽宁	5 458.2	12 986	15 212.5	35 239	22 037.9	50 791
吉林	2 348.5	8 334	7 278.8	26 595	14 886.2	53 868
黑龙江	3 637.2	10 184	8 587	22 447	15 386.1	40 432
云南	2 312.8	5 179	6 169.8	13 539	14 870	31 093
甘肃	1 232	4 493	3 387.6	12 872	7 152	27 643
新疆	1 612.7	8 382	4 277.1	19 942	9 649.7	40 564
西藏	166.6	6 093	441.4	15 295	1 151.4	35 184
广西	2 523.7	5 099	7 759.2	16 045	18 317.6	38 027

资料来源：根据国研网统计数据库相关数据计算整理。

由此可见，虽然在我国政府政策的大力助推之下，西北、西南地区加快经济发展速度，地区经济发展水平得到了很大的提高。但是得益于老工业基地一直以来所积累的各类优势，东北地区的经济发展水平仍然远高于我国西北西南边陲地区，边境各省（自治区）经济发展水平的差异仍然较大，经济发展不平衡现象依然较为严重。

13.2.3 边境地区与“一带一路”国家进出口贸易发展现状

13.2.3.1 边境地区与“一带一路”国家进出口贸易总体发展概况

从表 13-3 可以看出，自 2002 年以来，边境地区与“一带一路”沿线国家进出口贸易增长迅速。边境地区与“一带一路”沿线国家的出口贸易额从 2002 年的 51.2 亿美元增长至 2016 年的 446.6 亿美元，15 年间增长了近 8 倍，平均增长率高达 20% 左右，高出边境地区总出口额平均增长率 7 个百分点。边境地区与“一带一路”沿线国家进口贸易额 2016 年增长至 519.4 亿美元，相比于 2002 年增长了 5 倍左右，平均增长率高达 17% 左右，略高于边境地区总进口额增长率。我国边境地区与“一带一路”沿线国家进出口贸易额的迅速增长，一方面得益于我国对外贸易环境的持续优化；另一方面得益于我国“兴边富民”政策以及国家“一带一路”倡议等提供的政策契机。

表 13-3　2002～2016 年边境地区与“一带一路”国家贸易发展概况

年份	出口		进口		全国总出口额		全国总进口额	
	出口额/亿美元	增长率/%	进口额/亿美元	增长率/%	总出口额/亿美元	边境地区出口额占比/%	总进口额/亿美元	边境地区进口额占比/%
2002	51.2	—	85.5	—	214.7	24	209.4	41
2003	91.8	79	94.3	10	292	31	291.7	32
2004	107.7	17	127.7	35	355.1	30	398.4	32
2005	169.3	57	156.1	22	469.6	36	452.1	35
2006	212.3	25	199.1	28	569.8	37	532.5	37
2007	329.6	55	263.8	32	754.5	44	693.6	38
2008	416	26	385.7	46	929.3	45	899.8	43
2009	297.2	-29	300.4	-22	667.7	45	795.5	38
2010	369.7	24	481.3	60	859.2	43	1152	42
2011	426.3	15	701.6	46	1011.8	42	1556	45

续表

年份	出口		进口		全国总出口额		全国总进口额	
	出口额/亿美元	增长率/%	进口额/亿美元	增长率/%	总出口额/亿美元	边境地区出口额占比/%	总进口额/亿美元	边境地区进口额占比/%
2012	464.8	9	809.3	15	1061.6	44	1742.7	46
2013	544.3	17	799.7	-1	1135.8	48	1745.2	46
2014	634.3	17	838.6	5	1254.4	51	1819.9	46
2015	510.4	-20	627.3	-25	1097.6	47	1408.6	45
2016	446.6	-13	519.4	-17	974.2	46	1250.2	42

资料来源：根据国研网统计数据库相关数据计算整理。

2008年世界金融危机的爆发，使我国边境地区对外贸易的发展受到了较大的冲击。2009年边境地区与“一带一路”国家的出口贸易额降幅基本与边境地区的总出口下降幅度保持一致；相对而言，进口贸易额降幅更为严重，高达25%，高于同期边境地区总进口额降幅10%，表明我国边境地区进口贸易发展较不稳定。2015年以来，边境地区与“一带一路”国家进出口贸易呈逐渐下降趋势。首先，这可能是因为中国正处于经济结构调整时期，传统竞争优势逐渐消失的过程中，新的竞争优势培育需要一个过程；其次，受全球经济低迷的影响，新兴市场国家经济增长乏力，需求减少。这一系列因素使得边境地区与“一带一路”国家贸易额逐渐减少。

从边境地区与“一带一路”沿线国家贸易额占边境地区总贸易的比值来看，从2001年开始，边境地区与“一带一路”国家进出口额占边境地区总进出口额的比例均呈上涨趋势，且逐渐稳定在45%左右；但边境地区与“一带一路”国家进口额占总进口额的比例波动较大，即我国边境地区与“一带一路”国家进口贸易波动较大，发展较不稳定。

从表13-4可以看出，自2002年以来，边境地区与“一带一路”不同区域贸易额呈快速增长趋势。东盟国家是与我国边境地区进出口贸易的主要地区，最高时达366.57亿美元；而独联体国家、中亚与我国边境地区的进出口贸易额均仅次于东盟国家，居第二、第三位。这得益于我国与这些地区相毗邻的地缘优势及长久以来睦邻友好关系，以及国家政策的支持。东亚、中东欧地区与我国边境地区进出口贸易额相对较小，依次为37.1亿美元、43.7亿美元，说明这些地区与我国边境地区的良好的区位优势尚未充分发挥，仍有较大增长潜力。

表 13-4　2002~2016 年边境地区与“一带一路”不同区域贸易状况

单位：亿美元

年份	东亚	东盟	南亚	中亚	西亚	独联体	中东欧
2002	2.5	38.1	6.8	0.00	16.1	50.6	2.2
2003	2.8	52.4	11.9	30.2	25.5	59.5	3.7
2004	4.4	63.8	17.5	42.9	29.3	73.3	4.4
2005	5.6	75.8	20.9	63	48.4	107.2	4.5
2006	10.1	84.9	25.7	83.6	57	141.7	8.5
2007	12.9	134.1	39.5	131	72.8	187.1	16
2008	16.5	155.7	46.8	221.9	136.7	203.1	20.9
2009	18.2	145.3	36.1	145.8	104.4	128.1	19.7
2010	30.8	181.9	58.1	201.5	167	181.4	30.4
2011	48.4	224.3	68.5	261.7	220.1	262.4	42.6
2012	50.4	238.2	65.2	311.9	276.1	286.7	45.9
2013	47.8	304.5	61.9	345	270.3	268.3	46.4
2014	59.8	366.6	69.6	308.4	267.4	350	51
2015	42.9	348.6	63.2	205.2	203.4	234.6	39.9
2016	37.1	292.5	57	193	139.8	202.9	43.7

资料来源：根据国研网统计数据库相关数据计算整理。

2002~2016 年，边境地区与“一带一路”不同区域进出口贸易额增长迅速，平均增长率达 21% 左右。其中，边境地区与中东欧、东亚和西亚国家的进出口贸易平均增长率均超出这一平均水平，依次约为 28%、25% 和 22%；相对而言，边境地区与东盟及独联体国家的进出口贸易平均增长率较低，分别约为 17% 与 14%。一直以来，我国与独联体及东盟国家之间的贸易往来较为密切，进出口贸易额基数大，因而我国与这些国家的进出口贸易平均增长率相对较低。而对于中东欧、西亚等国家，在我国加入世界贸易组织以后，与我国进出口贸易迅猛发展，因而进出口贸易平均增长率相对较高。

13.2.3.2　边境各省（自治区）与“一带一路”沿线国家进出口贸易发展概况

由表 13-5 可以看出，边境各省（自治区）与“一带一路”沿线国家进出口贸易发展程度较高，发展态势较好，但各省（自治区）之间较为不均衡。其中辽宁、新疆与“一带一路”沿线国家进出口贸易最为发达，且新疆与“一带一路”国家贸易增长速度最快，平均增长率高达 56%，高出边境地区平均增长率

29个百分点；其次为黑龙江与广西，2016年与“一带一路”沿线国家贸易额均超过了100亿美元，其平均增长率也均超过了边境地区平均增长率；甘肃、西藏与“一带一路”国家进出口贸易额相对较低，增长速度较慢，其优势尚未充分发挥。可见，近年来，边境地区与“一带一路”国家进出口贸易迅速发展，但不同省（自治区）之间发展状况仍存在较大差异。

表13-5　2002年、2009年、2016年边境各省（自治区）与“一带一路”沿线国家进出口贸易额变动情况

地区	2002年			2009年			2016年		
	A/亿美元	总额/亿美元	占比/%	A/亿美元	总额/亿美元	占比/%	A/亿美元	总额/亿美元	占比/%
内蒙古	13.9	26.6	0.52	288.8	548.4	0.53	76.7	131.8	0.58
辽宁	48.3	234.6	0.21	1 201.9	4 252.6	0.28	275	963.4	0.29
吉林	7.4	40.8	0.18	170.3	768.1	0.22	46.9	191.3	0.25
黑龙江	13.1	46.8	0.28	709.4	966.7	0.73	103.7	138.3	0.75
云南	8.5	23.2	0.36	225.3	474.6	0.47	91.3	154.4	0.59
甘肃	3	10.4	0.29	87.2	317.2	0.27	15.5	45.5	0.34
新疆	6	14.4	0.41	974.6	1 057.7	0.92	228.7	248	0.92
西藏	0.7	1.3	0.59	23	26.5	0.87	4.7	5.8	0.81
广西	6.4	26	0.24	291	907.6	0.32	123.5	345.9	0.36

注：A表示边境各省（自治区）与“一带一路”国家进出口贸易额。

资料来源：根据国研网统计数据库相关数据计算整理。

近年来，边境省（自治区）与“一带一路”沿线国家的贸易对边境省（自治区）对外贸易的整体发展所发挥的作用越来越大。以边境各省（自治区）与“一带一路”国家贸易额占各省（自治区）总贸易额比例大小的不同，可将边境省（自治区）分为三类，第一类包含新疆和西藏，与“一带一路”国家进出口贸易额占总贸易额的比例分别为92%和81%；第二类包含黑龙江、云南及内蒙古，与“一带一路”国家贸易额占总贸易额的比例均超过了50%，分别为75%、59%和58%；第三类包含辽宁、吉林、甘肃以及广西，与“一带一路”国家贸易额占总贸易额的比例相对较低。

由此可见，近年来边境省（自治区）与“一带一路”沿线国家进出口贸易对边境省份（自治区）经济拉动作用正逐渐增大。但边境省（自治区）与“一带一路”国家贸易发展不平衡现象依然较为严重，西藏、甘肃等地区仍未充分发挥当地优势，与“一带一路”沿线国家贸易发展相对较为落后。

从表13-6可以看出，边境各省（自治区）与“一带一路”沿线不同区域的贸易状况存在较大的差异，依托于优越的地理位置，边境各省（自治区）的贸易对象国均具有较强的针对性。东盟十国是我国边境各省（自治区）的主要贸易对象，辽宁、广西和云南的最大贸易对象国均为东盟国家，2016 年其贸易额占各省（自治区）与“一带一路”沿线国家总贸易额的比例依次为 39.7%、86.96% 和 58.71%；其次，辽宁与广西还是西亚国家与我国边境地区的主要贸易对象，分别占西亚与我国边境地区总贸易额的 56.66% 与 27.80%。此外，随着中蒙俄、新亚欧大陆桥、中国—中亚西亚等贸易通道的建立，逐渐形成了黑龙江-独联体国家、内蒙古-东亚、吉辽-中东欧、新疆-中亚、辽宁-南亚的贸易格局。

表 13-6　2016 年边境各省（自治区）与“一带一路”沿线不同区域贸易状况

单位：亿美元

地区	东盟	西亚	南亚	中亚	独联体	中东欧	东亚
内蒙古	10.72	5.19	5.17	0.31	23.79	0.58	30.88
辽宁	109.21	79.20	23.66	1.12	46.67	14.69	0.41
吉林	10.82	3.14	2.74	0.14	4.74	24.57	0.77
黑龙江	3.97	4.18	4.30	1.01	87.18	0.72	2.34
云南	79.14	5.09	5.30	0.19	1.04	0.55	0.0022
甘肃	3.03	0.95	1.09	6.23	2.04	0.15	1.99
新疆	3.06	3.13	5.17	183.73	32.38	0.56	0.70
西藏	0.06	0.02	4.60	0.0006	0.02	0.01	0.00
广西	72.49	38.86	4.93	0.24	5.08	1.87	0.01

资料来源：根据国研网统计数据库相关数据计算整理。

依托于与“一带一路”沿线国家相邻的优越地理位置优势，边境地区大部分省（自治区）都已逐渐与“一带一路”沿线国家建立起较为稳定的贸易关系，诸如辽宁、云南、广西、新疆等。但同时甘肃、西藏等地进出口贸易发展仍然较为迟缓，发展潜力尚未被充分挖掘。相对于东盟、西亚、中亚等地区来说，中东欧国家与我国边境地区的进出口贸易发展仍然较为迟缓，边境地区应该加强与这些国家的进出口贸易。

13.2.3.3　边境地区与“一带一路”沿线国家行业贸易发展概况

本节在分析边境地区与“一带一路”沿线国家行业发展概况时，采用海关商品分类数据，且根据国民经济核算体系所划分的产业部门，将海关商品分类的二十二大类与 13 类产业部门相对应（表 13-7）。

表 13-7　产业部门对照表

序号	产业部门	海关商品分类
1	农林牧渔业	第一类、第二类、第十四类
2	食品制造及烟草加工业	第三类、第四类
3	纺织业	第十一类
4	服装皮革羽绒及其制品业	第八类、第十二类
5	木材加工及家具制造业	第九类
6	造纸印刷及文教用品制造业	第十类
7	化学工业	第六类、第七类
8	矿产采选及其制造业	第五类、第十三类、第十四类
9	金属冶炼及其制品业	第十五类、第十四类
10	机械设备及电子器材制造业	第十六类、第十九类
11	交通运输设备制造业	第十七类
12	仪器仪表及文化办公用机械制造业	第十八类
13	其他制造业	第二十类、第二十一类、第二十二类

注：海关商品分类第十四类平均分布于农林牧渔业、矿产采选及制品业、金属冶炼及其制品业 3 部门。

在分析边境地区与“一带一路”沿线国家行业发展状况时，将其分为劳动资源密集型产业与资本技术密集型产业。其中劳动资源密集型产业包含农林牧渔业、食品制造及烟草加工业、纺织业、服装皮革羽绒及其制品业、木材加工及家具制造业、造纸印刷及文教用品制造业以及其他制造业；资本技术密集型产业包含化学工业、矿产采选及其制造业、金属冶炼及其制品业、机械设备及电子器材制造业、交通运输设备制造业以及仪器仪表及文化办公用机械制造业。

由表 13-8 可以看出，2002 ~ 2016 年，劳动资源密集型产业与资本技术密集型产业的进出口贸易额均有较快速度的增长，说明边境地区与“一带一路”沿线国家贸易条件得到了改善。从进出口的角度看，2016 年劳动资源密集型产业的出口额相比较 2002 年增长至 176. 3 亿美元，进口额增长至 69. 4 亿美元，分别增长了约 7 倍、2. 6 倍，平均增长率高达 17%；且出口额比进口额高近 1. 5 倍，说明我国边境地区在与“一带一路”沿线国家的贸易中，劳动资源密集型产业具有较大的优势。

相对来说，资本技术密集型产业增长速度更快，与 2002 年相比，2016 年其出口额增长至 270. 3 亿美元，进口额增长至 449. 9 亿美元，分别增长了约 8. 2 倍、8. 8 倍，平均增长率达到了 21%。但与劳动资源密集型产业相反的是，资本技术密集型产业进口额是出口额近 1. 7 倍，说明我国边境地区资源与技术优势仍然稍显不足。

表 13-8　2002～2016 年边境地区与“一带一路”沿线国家进出口贸易产业　　单位：亿美元

年份	劳动资源密集型产业		资本技术密集型产业	
	出口额	进口额	出口额	进口额
2002	22	19.3	29.3	45.8
2003	49	20.3	42.8	74
2004	51	24.5	57.1	102.6
2005	82.3	28.7	87	127.3
2006	105.6	35.5	106.7	163.7
2007	155.1	45.6	174.5	218.2
2008	218.2	46.5	197.7	339.2
2009	141.5	40.8	155.6	259.5
2010	160.2	77.2	204.8	428.7
2011	176.5	68.1	245.7	633.5
2012	206.4	64.3	258.4	745
2013	349.3	69.9	344.7	729.8
2014	284.2	76	350.1	762.5
2015	169.5	96.2	259.9	560.5
2016	176.3	69.4	270.3	449.9

资料来源：根据国研网统计数据库相关数据整理。

边境地区与“一带一路”沿线国家资本技术密集型产业贸易额要高于劳动资源密集型产业贸易，但优势并不明显。说明在边境地区与“一带一路”沿线国家贸易中，边境地区资源技术密集型产业贸易虽然迅速发展，但是仍然有较大的改进空间，资源技术优势不足。

13.2.4　边境地区与“一带一路”沿线国家贸易对经济增长的影响分析

13.2.4.1　贡献度的测量

为了更好地分析对外贸易对边境地区经济发展的影响，本节使用姚丽芳（2001）的进口分解分析法来度量与“一带一路”沿线国家进出口贸易对边境地区经济增长的影响。按联合国广义经济分类（BEC），进口品可分为投资品、中

间品、消费品①。即，进口分为三部分，带入国民经济恒等式为

$$\begin{aligned} GDP &= I+C+X-M \\ &= I+C+X-(M_i+M_c+M_m) \\ &= (I-M_i)+(C-M_c)+(X-M_m) \end{aligned}$$

式中，I、C、X、M 分别代表投资、消费、出口和进口；M_i、M_c、M_m分别表示投资品、消费品和中间产品的进口。则贸易对地区经济增长的贡献率（e）则可以表示为

$$e=\frac{\Delta(X-M_m)}{\Delta GDP}\times 100\%$$

13.2.4.2 边境地区与“一带一路”沿线国家贸易对经济增长的贡献度

根据表13-9的结果，可以对边境地区与“一带一路”沿线国家贸易状况进行详细的分析。

表13-9 2016年与“一带一路”沿线不同地区贸易对边境省（自治区）经济的贡献情况 单位:%

地区	内蒙古	辽宁	吉林	黑龙江	云南	甘肃	新疆	西藏	广西
东盟	(0.44)	1.16	(0.46)	(1.50)	6.04	0.42	(1.34)	(0.19)	7.45
西亚	(0.15)	2.18	(0.63)	2.62	(0.14)	1.63	(6.51)	(0.04)	7.96
南亚	(0.90)	0.07	(0.53)	1.87	1.55	0.28	1.80	(2.08)	0.11
中亚	(0.21)	0.05	0.15	(1.65)	(0.07)	(4.06)	63.98	0.002	(0.05)
独联体	(0.12)	(0.86)	(1.88)	9.45	(0.53)	0.50	19.12	0.22	1.11
中东欧	0.07	(0.37)	5.43	0.29	(0.06)	(0.24)	(0.08)	0.02	(0.10)
东亚	(2.36)	(0.002)	(0.29)	1.32	0.03	1.30	(0.03)	-	0.001

注：括号内的值表示贡献率为负。

(1) 东盟国家

得益于中国-东盟自贸区的建立，中国与东盟国家的贸易联系较为紧密。边境省（自治区）与东盟国家的贸易对边境地区经济的拉动作用较为明显。得益于东盟地区与我国边境地区的地缘优势与文化优势，与东盟国家的贸易对我国广

① 按照联合国广义经济分类（BEC），中间品共有八项，分别为111（食品和饮料，初级，主要用于工业）、121（食品和饮料，加工，主要用于工业）、21（未另分类的工业用品，初级）、22（未另分类的工业用品，加工）、31（燃料和润滑剂，初级）、322（燃油和润滑剂，加工，其他）、42（资本货物零配件<运输设备零配件除外>）、53（运输设备零配件）。

西与云南经济的贡献度均超过了5%，其次为辽宁，与东盟国家的贸易对辽宁经济的贡献度为1.16%。此外，在2016年，与东盟国家的贸易对甘肃经济增长的贡献率也达到了0.42%。由此可见，云南、广西等省（自治区）在与东盟国家的贸易中占有较大的优势。

（2）西亚国家

西亚地区是我国古代“丝绸之路”的要塞之地，控制着海陆交通的重要干线，是我国近年来的重要出口地区。我国边境地区与西亚国家的贸易主要集中在机电产品与石油等产品的贸易，具有较强的互补性。我国边境省（自治区）与西亚地区贸易对广西的贸易贡献度最大，达7.96%，这得益于广西与西亚国家优越的地理位置。其次为辽宁与黑龙江，与西亚国家的贸易对这两个省经济增长的贡献率也分别达到了2.18%与2.62%。此外，与西亚国家的贸易对甘肃省经济增长的贡献也相对较大，为1.63%。由于交通等因素的限制，边境地区与西亚国家的贸易主要集中在广西、东三省等交通相对较为便捷的地区。

（3）南亚国家

南亚国家与我国西藏、云南、新疆等诸多省（自治区）毗邻，加上交通、自然条件等的限制，南亚国家与我国边境地区的贸易主要集中在黑龙江、新疆及云南。其中，与南亚国家的贸易对黑龙江与新疆经济增长的贡献率最高，为1.87%与1.80%，其次为云南，贡献率达到1.55%。对于其他地区，如广西、甘肃等，与南亚国家的贸易对其经济增长的贡献率均不足1%。可见，交通、自然条件等因素仍然是限制我国边境地区与南亚国家贸易的重要因素。

（4）中亚国家

自21世纪以来，我国与中亚国家的进出口贸易迅速发展，实现了从少到多的跨越，但是，与中亚国家的贸易对边境各省（自治区）经济的贡献程度具有较大的差异。新疆与中亚国家贸易对其经济的贡献度最高，高达63.98%。其他省（自治区）与中亚国家的贸易对经济的贡献率均未达到1%。新疆与中亚多个国家领土相互接壤，且民族、宗教、文化等各个方面均具有一定的相似性，贸易阻碍相对较小，因而贸易往来较为频繁。对于其他省（自治区），由于交通不便，文化差距较大，因而与中亚国家的贸易相对较少。由此可见，新疆是我国与中亚国家贸易的主要关口。

（5）独联体国家

近年来，我国与独联体国家特别是俄罗斯等国的贸易往来日益密切，进出口贸易额增长迅速。与独联体国家贸易对我国边境省（自治区）经济贡献率较大的主要是黑龙江、新疆，对其GDP的贡献率分别达到了9.45%、19.12%。其次，贡献率相对较大的省（自治区）是广西，贡献率达1.11%。与独联体国家的贸易对我国边境其他省（自治区）经济的贡献率均不超过1%。可以看出，由于交通优势以及地缘优势，新疆和黑龙江是我国边境地区与独联体国家贸易的主要地区。

（6）中东欧国家

中东欧国家众多，且各个国家经济发展状况较为不均衡。同时，中东欧国家与我国空间距离较远，海运、陆运交通均较为不便。因此，相较于“一带一路”沿线其他地区来说，我国边境地区与中东欧国家的贸易往来相对较少。吉林与中东欧国家的贸易对经济的贡献作用最大，为5.43%，而我国边境其他地区与中东欧国家贸易对经济的贡献率均不足0.5%。因此，我国边境地区与中东欧国家的贸易仍然有较大的发展空间，随着我国与中东欧国家陆路、海运等条件的改善，我国边境地区与中东欧国家的经贸往来将会更为频繁，对我国边境地区经济发展的贡献率会更大。

（7）东亚

我国边境地区与东亚国家的贸易主要集中在东北地区。其中，与东亚国家的贸易对黑龙江省经济的贡献最大，达到1.32%。其次为云南与广西，但贡献率均不足0.5%。

13.2.5 本节结论与政策建议

综合以上分析可以得出以下结论。

第一，我国边境地区与“一带一路”沿线国家贸易往来日益密切。2016年我国边境地区与“一带一路”沿线国家进出口贸易额增长至965.94亿美元，15年间一直保持高速增长，相较2002年增长了6倍多，表明我国边境地区与“一带一路”沿线国家贸易发展迅速，贸易依赖程度逐渐增强。

第二，我国边境地区与“一带一路”沿线不同国家（地区）的贸易存在较大的空间异质性。新疆地区与“一带一路”沿线国家贸易对新疆地区经济增长的贡献较大，特别是与西亚、独联体国家，贡献率超过60%。得益于良好的工业基础，东三省等老工业基地与“一带一路”沿线各个国家的贸易整体较为发达，而广西、云南等地区则因其优越的区位优势成为我国与东盟贸易的重要关口。西藏、甘肃等地区由于交通、自然等条件的限制，与“一带一路”沿线国家的进出口贸易相对较为薄弱。

结合以上结论可得以下几点启示。

第一，适度加强对边境地区进出口贸易的政策支持，协调地区发展。边境各省（自治区）作为我国与“一带一路”沿线国家贸易的重要关口，国家应有针对性地给予政策、资金等方面的支持，尤其是要帮助西藏、甘肃等相对落后地区改善自身条件，缩小地区间进出口贸易发展差距，促进边境各省（自治区）经济的稳步发展。

第二，加强边境地区基础设施建设，创造更好的硬性条件。西藏自治区地域广阔，与“一带一路”沿线多个国家毗邻，在对外贸易中有优越的地理位置优势，具有较大的发展潜力。但是由于喜马拉雅山脉的阻挡，以及交通设施落后，西藏自治区与“一带一路”沿线国家贸易发展程度较低，贸易发展形式落后，因此政府、相关部门及企业应当助力基础设施建设，建立通畅的陆路交通干线，促使有关地区将劣势转化为优势，促进对外贸易更好发展。

第三，边境地区应充分利用各地的文化、地缘优势，增强与“一带一路”沿线国家的贸易往来。边境各省（自治区）与“一带一路”沿线多个国家毗邻，具有优越的区位优势与文化优势，面临的贸易阻碍相对较小。边境各个省（自治区）要抓住当地优势，稳步发展对口贸易，如广西、云南等地区重点对口东盟国家，新疆等地区重点对口中亚国家。

13.3 边境地区进出口贸易的经济增长效应分析

进口贸易与出口贸易是一国通过国际交换实现国民受益最大化的两个环节，同时也可以促进国内企业不断更新技术，提高劳动生产率。净出口作为拉动经济发展的“三驾马车”之一，表明进出口贸易对经济发展有很强的促进作用。我国边境地区凭借其得天独厚的毗邻多国的地缘禀赋，并且在党中央和国务院“兴边富民”战略的大力扶持下，其对外贸易有了快速的发展，但是各个行业的发展依旧存在诸多问题。据国家统计局数据显示，2000～2015 年，边境地区的地区生产总值从 17 938 亿元上升至 123 796.5 亿元，平均增长率为 13.6%，进出口贸易也呈现出上升的趋势，平均增长率为 13.7%。从行业角度来看，在“十二五”期间，资本密集型产业的销售产值为总销售产值的 72.9%，劳动密集型产业的份额为 22.2%，技术密集型产业的份额为 4.9%。表明边境地区的主要经济来源是资本密集型产业，同时边境地区的技术密集型产业的发展还有很大的发展空间。截至 2017 年上半年，边境地区的出口总额为 3007.7 亿元，进口总额为 3620.7 亿元，反映边境地区的进出口贸易在一定程度上拉动了经济。随着“一带一路”倡议的推进，边境地区各行业的均衡发展对边境地区的经济发展有着重要的作用。基于此，研究边境地区不同行业的增长效应，成为一个亟待解决的问题。

13.3.1 国内外相关研究进展概况

进出口贸易与经济增长之间的关系长期以来一直是国内外学者关注的焦

点，进出口贸易与经济增长关系的研究最早可以追溯到古典经济学时代。亚当·斯密最早提出了比较优势理论，他认为如果两个国家按照各自的绝对优势进行产品生产的分工，就能通过国际贸易使得两国受益，即对外贸易有利于经济增长。随后很多学者在此基础上展开了进一步的研究，并提出了一系列有关对外贸易的理论学说。经济学界中，对于进出口贸易与经济增长的关系，一直存在争议，持对外贸易促进论、对外贸易阻碍论、对外贸易折中论的学者均有。但是对于进出口贸易与经济增长之间的关系研究，主要有以下两种方法：一是对跨国或地区的截面和时间序列组成的混合面板数据进行研究，二是对不同类型行业的面板数据进行研究。

13.3.1.1 关于进出口贸易与不同区域经济效应的相关研究

关于不同区域和国家的进出口贸易与经济增长的研究中，一部分是利用计量经济来研究进出口贸易与经济增长的长期均衡、短期均衡以及格兰杰因果关系等。吴德进（2007）根据1981～2006年福建省统计数据，运用误差修正模型，从长期看，福建省对外贸易与经济增长之间存在长期均衡关系，出口和进口明显促进了经济增长。从短期看，对外贸易与经济增长的长期均衡水平产生了偏离，但偏离误差修正的速度较快。段永光等（2006）认为对外贸易与经济增长之间存在长期稳定的关系，但出口与经济增长，进口与经济增长之间仅存在单向因果关系，即进出口增长是经济增长的原因，而经济增长并不是进出口增长的原因。Dollar（1992）采用最小二乘法对1976～1985年92个国家的经济增长、对外贸易总额等数据进行回归分析后，证明了出口能促进一国的经济增长。Belloumi（2014）以突尼斯为研究对象，利用ARDL协整方法，研究发现进出口贸易与经济存在长期稳定的关系。还有一些学者进行了更加深入的研究，不单只是研究进出口贸易与经济的协整关系，而是更加深入地研究进出口贸易的经济增长效应。谭娜等（2015）从另一个角度出发，利用前沿的反事实分析方法，基于我国31个省（自治区、直辖市）的工业增加值增长率和进出口总额增长率的月度数据，对上海自贸区成立的经济增长效应进行了评估。结果发现，上海自贸区成立对上海经济增长具有显著的正效应。有些学者不仅考虑的是一个省份的经济增长效应，而是从区域出发进行研究，更能进一步了解经济的增长效应，如原小能（2013）在进出口贸易的基础上加入省际贸易，研究发现省际贸易和国际贸易都对经济增长产生了正面影响，只是影响程度略有差异。Johnson（2013）也在文章中深入探讨了进出口贸易与经济增长的关系。Ekanayake等（2003）对中国整体的进出口贸易与经济增长关系进行的实证分析，然后再进一步分析各个地区对外贸易与经济增长关系的研究，发现进出口贸易对经济有一定的促进作用。

13.3.1.2 关于进出口贸易与不同行业经济增长效应的相关研究

贸易与经济增长的关系可以追溯到古典经济时期，但是对于某个具体的行业或者是对某几个类型的行业的经济增长效应进行研究，是从近代才开始研究。一部分学者是基于一个具体行业的经济增长效应进行研究。刘晓将（2004）将研究重心放在我国机电产品，对机电产品出口促进经济增长的机理进行了研究，研究发现机电产品的出口对于经济有促进作用。晋淑惠（2014）将研究对象更加具体化，采用1997~2011年数据，对陕西省纺织品出口贸易的发展现状作了描述，得出陕西省纺织服装出口贸易对经济增长的效应不是太大的结论。由于近年来第三产业贸易快速发展，学者们也将研究对象转为高新技术产业，如喻春娇和胡小洁（2011）运用计量经济学模型检验了高技术产品进出口贸易的经济增长效应。结果显示：中国高技术产品进出口、非高技术产品进出口与经济增长之间存在长期稳定的均衡关系，高技术产品的出口、非高技术产品进出口对经济增长有显著的促进作用，而高技术产品进口对经济增长的贡献尚未发挥出来。张斌涛等（2017）以我国的服务业为研究对象，在测量省级服务业开放水平的基础上，进而检验不同地区服务业开放对当地经济发展的影响。实证结果表明，各省服务业的逐步开放会使各省经济增长显著放缓，特别是对工业、服务业的经济增长带来显著负面影响。国外学者也对行业的经济增长效应进行了研究，Ibrahim 和 Craig（2003）利用三十多个国家的数据进行了模型研究，发现有超过一半的国家的出口贸易能够促进本国经济的发展。部分学者认为仅研究一个具体的行业无法提出促进经济全面发展的合理建议，进而研究不同分类方法下行业的增长效应。如李慧中和祁飞（2012）利用 ISIC 分类法，以中国制造业为研究对象，研究表明中国制造业的出口对经济有促进作用。蔡洪杰（2014）利用 BEC 分类法，对不同商品结构进行分类，通过计量的分析方法，进一步说明了中间品、资本品和消费品对经济增长的作用。Taivan 和 Nene（2015）按照 SITC 分类法分类，研究发现不同商品的贸易对经济增长的影响程度不同。

综上所述，国内外学者关于贸易的增长效应主要从区域和行业两个角度出发，同时为了进一步分析具体的增长效应，多采用计量分析法进行研究。但是由于我国的国民经济行业大分类高达20种，同时在经济发展过程中，不同行业存在着很大的差异性。基于此，本节利用 HS6 位代码，分析边境9省（自治区）的行业增长效应。

13.3.2 现状分析

边境9省（自治区）作为我国促进地区民族经济发展的重要对象，其经济发展水平能够提高边境地区人民的生活水平。为了能够促进边境地区平稳快速的发展，党中央和国务院于2000年2月正式实施“兴边富民”战略。目前，该战略有力推动了边境地区各项事业的发展，但是基于特殊的地理、历史等原因，边境地区的经济发展依旧是我国扶贫攻坚的主要任务。

13.3.2.1 边境地区工业部门的贸易现状

表13-10显示的是2000～2015年边境地区总体的贸易发展情况。边境9省（自治区）作为一个整体，其整体状况能够准确反映整个边境地区的贸易发展情况。从进出口总额以及地区生产总值的角度来看，边境地区2000～2015年的经济发展状况稳步上升。2000年，边境地区的出口总额、进口总额以及地区生产总值分别为1570.4亿元、1196.8亿元、17 938亿元；到2015年，分别上升至8603亿元、7212.1亿元123 796.5亿元。就增长率而言，出口增长率、进口增长率及地区生产总值增长率的变动趋势具有基本一致性。2001年我国加入世界贸易组织后，出口增长率、进口增长率及地区生产总值增长率分别从2000年的0.3%、15.3%及9.1%大幅度提高至2007年的31.2%，22.6%及20.3%。2008年，金融危机在全球大面积爆发，由于危机传导的时效性以及滞后效应，2008年，进出口总额以及地区生产总值依旧保持着强劲的上升势头，直至2009年，地区生产总值增长率下降为9.6%，下降幅度高达55.9%。2010年后，随着全球经济的回暖，进出口总额增长率以及地区生产总值增长率均逐步上升，出口增长率在2013年达到了历年来的最高水平，为48.6%。2014～2015年，由于我国产业结构调整及全球经济一直处于不太景气的状态，边境地区进出口总额增长率均为负增长，且地区生产总值均低于10%。

表13-10　2000～2015年边境地区进出口贸易与经济增长情况

年份	出口		进口		经济状况	
	出口总额/亿元	出口增长率/%	进口总额/亿元	进口增长率/%	地区生产总值/亿元	增长率/%
2001	1 570.4	0.3	1 196.8	15.3	17 938.0	9.1
2002	1 575.3	0.3	1 355.4	13.3	19 431.5	8.3
2002	1 799.2	14.2	1 510.9	11.5	21 240.6	9.3
2003	2 219	23.3	1 960.5	29.8	23 873.9	12.4
2004	2 563.8	15.5	2 425.2	23.7	28 258.7	18.4
2005	3 078.1	20.1	2 490.9	2.7	33 460.1	18.4
2006	3 942.4	28.1	2 970.4	19.3	39 190.1	17.1

续表

年份	出口		进口		经济状况	
	出口总额/亿元	出口增长率/%	进口总额/亿元	进口增长率/%	地区生产总值/亿元	增长率/%
2007	5 173.5	31.2	3 642.9	22.6	47 139.1	20.3
2008	6 345.1	22.7	4 315.9	18.5	57 363.3	21.7
2009	4 658.4	-26.6	4 052.0	-6.1	62 853.4	9.6
2010	6 079.6	30.5	5 379	32.8	76 025.2	21
2011	7 427.4	22.2	7 405.5	37.7	92 587.7	22
2012	8 618.2	16.0	8 452.3	14.1	103 558.9	11.9
2013	12 804.6	48.6	11 009.8	30.3	112 809.3	8.9
2014	11 489.2	-10.3	9 932	-9.8	120 747.1	7.0
2015	8 603.0	-25.1	7 212.1	-27.4	123 796.5	2.5

资料来源：根据《中国工业统计年鉴》、海关信息数据库以及海关统计资讯网整理所得。

13.3.2.2 边境9省（自治区）工业部门的贸易现状

为了能够全方位的分析边境9省（自治区）的贸易状况，本书将整个研究时段分为三个周期，分别为“十五”期间（2000～2005年）、“十一五”期间（2006～2010年）及“十二五”期间（2011～2015年）。表13-11显示的是边境地区的贸易以及经济发展状况。“十五”至“十二五”期间，边境9省（自治区）的出口总额、进口总额及地区生产总值均呈现出逐步上升的趋势。从边境各省（自治区）的发展状况来看，可以将这9省（自治区）的经济水平划分为三个梯队：第一梯队为辽宁；第二梯队为甘肃、广西、云南、新疆、内蒙古、吉林及黑龙江；第三梯队为西藏。辽宁的进出口贸易以及经济发展状况明显要优于其他8个省（自治区）的贸易状况，在“十二五”期间，辽宁的出口总额、进口总额及地区生产总值分别为19 490.6亿元、16 560.9亿元及131 520.8亿元，其“十二五”期间的地区生产总值是边境地区中唯一突破10万亿的地区，进出口总额也是边境地区唯一突破1万亿的地区。第二梯队的7省（自治区）的地区生产总值分别从“十五”期间的15 047.7亿元、13 562.1亿元、9880.4亿元、12 989.2亿元、13 873.3亿元及21 349亿元升至71 610.1亿元、57 456亿元、41 064.5亿元、82 875.2亿元、63 567.5亿元及70 779.6亿元。但从增长速度上来看，内蒙古的增长速度最快，为159.3%，其次是广西，增长速度为118.6%，黑龙江的增长速度最慢，仅为82.3%。西藏的贸易状况在整个边境地区处于落后地位，在“十五”期间，西藏地区的出口总额仅为43.6亿元，远低于辽宁的

6028.4 亿元，到了“十二五”期间，西藏的经济状况有些改善，地区生产总值从十五期间的 962.4 亿元升至“十二五”期间的 4061.8 亿元，但是该地区的经济状况还是与其他边境地区存在较大的差距。

表 13-11　边境 9 省（自治区）工业部门进出口贸易及经济发展状况

单位：亿元

地区	“十五”期间（2000～2005 年）			“十一五”期间（2006～2010 年）			“十二五”期间（2011～2015 年）		
	出口	进口	GDP	出口	进口	GDP	出口	进口	GDP
西藏	43.6	17.7	962.4	152	21	1 976.1	743	52.2	4 061.8
甘肃	299	246.6	7 379.7	460.5	1 237.4	15 654.9	1 488.8	1 572.9	30 564.2
广西	747.6	510.6	15 047.7	2 161.8	1 723.1	35 002.4	6 769.2	5 332.4	71 610.1
云南	691.6	455.3	13 562.1	1 608.5	1 325.7	27 865.3	4 882.8	3 160.7	57 456
新疆	922.6	762.8	9 880.4	3 939.5	907.8	20 466.2	6 861.7	1 610.3	41 064.5
内蒙古	580.5	761.7	12 989.2	916.7	1 524.9	41 275.9	1 686.1	2 583.6	82 875.2
辽宁	6 028.4	4 740	31 221.1	11 666	9 035.9	67 807.2	19 490.6	16 560.9	131 520.8
吉林	724.7	1 255.3	13 873.3	1 231.7	2 600.5	31 932.2	1 942.4	6 160.3	63 567.5
黑龙江	1 197.4	993.1	21 349	4 062.3	1 983.9	40 590.8	5 078	6 978.5	70 779.6

资料来源：根据《中国工业统计年鉴》、海关信息数据库以及海关统计资讯网整理所得。

13.3.2.3　边境 9 省（自治区）进出口商品贸易结构现状分析

（1）进出口贸易的商品分类

本节的研究对象为边境 9 省（自治区）21 个国民经济行业（表 13-12）。为了获取各个行业的贸易数据，本节首先通过联合国贸易数据库中 HS6 位代码和 ISIC 四位代码的对应表，建立 ISIC4 位代码与 HS6 位代码的对应关系，然后，根据国家统计局对国民经济行业的标准定义，将 21 个国民经济行业与 ISIC4 位代码进行归纳整理，最终获得相应的数据。

表 13-12　国民经济产业归类表

代码	行业名称	代码	行业名称
A	采矿业	E	烟草制造业
B	农副食品加工业	F	纺织业
C	食品制造业	G	造纸及纸制品业
D	饮料制造业	H	石油加工及炼焦加工业

续表

代码	行业名称	代码	行业名称
I	化学原料及化学制品制造业	P	通用设备制造业
J	医药制造业	Q	专用设备制造业
K	化学纤维制造业	R	交通运输设备制造业
L	非金属矿物制品业	S	电器机械及器材制造业
M	黑色金属冶炼及压延加工业	T	通信设备计算机及其他电子设备制造业
N	有色金属冶炼及压延加工业	U	仪器仪表及办公机械制造业
O	金属制品业		

（2）进出口贸易的商品结构分析

边境9省（自治区）作为一个整体，它的经济状况对我国的经济发展起到非常重要的作用，为了能够分析边境地区整体的商品结构，本节将边境9省（自治区）在经济意义合并为一个整体进行研究，同时将整个研究阶段分为三个时间段，分别为“十五”期间（2000～2005年）、“十一五”期间（2006～2010年）及“十二五”期间（2011～2015年），按照要素密集度、产品对象、国内市场以及OECD四种分类法将21个工业行业进行归类，得到表13-13。

表13-13　边境9省（自治区）商品结构表　　单位：亿元

分类方法		“十五”期间（2000～2005年）			“十一五”期间（2006～2010年）			“十二五”期间（2011～2015年）		
		出口	进口	销售产值	出口	进口	销售产值	出口	进口	销售产值
按要素密集度分类	a	2 829.1	807.9	15 103.9	6 236.5	1 079.2	58 699.9	8 774.6	2 136.8	120 158
	b	5 905	7 690.7	68 622.2	13 832.2	19 217.9	236 154.8	21 015.9	42 750.4	394 578
	c	957.3	912.3	4 522.7	1 207.4	1 603	12 464	2 392.4	2 803.5	26 561.3
按产品对象分类	d	7 431.1	5 373.6	66 972.1	15 806.2	15 103.4	230 020.6	21 453.5	35 329.2	433 508.8
	e	2 260.4	4 037.4	21 276.8	5 469.9	6 796.6	77 298.1	10 729.5	12 361.5	107 788.5
按国内市场结构分类	f	5 969.5	4 283.8	49 357.2	12 040.1	13 525.4	159 878.9	16 909	33 622.7	301 164.1
	g	3 721.9	5 127.2	38 891.7	9 236	8 374.6	147 439.8	15 273.9	14 068	240 133.2
OECD分类法	h	957.3	912.3	4 522.7	1 207.4	1 603	12 464	2 392.4	2 803.5	26 561.3
	i	1 879.5	3 874.4	25 196.2	5 367.3	6 410.6	84 395.7	10 167.9	12 093.1	125 916.2
	j	4 025.5	3 816.3	43 426.1	8 464.9	12 807.3	151 759.1	10 848.1	30 657.3	268 661.8
	k	2 829.1	807.9	15 103.9	6 236.5	1 079.2	58 699.9	8 774.6	2 136.8	120 158

注：a为劳动密集型产业；b为资本密集型产业；c为技术密集型产业；d为最终消费品制造业；e为装备制造业；f为完全竞争市场产业；g为垄断市场竞争；h为高技术产业；i为中高技术产业；j为中低技术产业；k为低技术产业。

资料来源：根据中国人民银行、中国工业统计年鉴、海关信息数据库、海关统计资讯网整理。

按要素密集度分类法将 21 个行业分为劳动密集型、资本密集型和技术密集型产业。从整体上看，从“十五”期间至“十二五”期间，劳动密集型、资本密集型、技术密集型产业的进出口总额、销售产值逐渐上升，表明贸易及经济发展状况得到逐步改善。从销售产值来看，资本密集型产业的销售产值从“十五”期间的42 750.4亿元升至“十二五”期间的 394 578 亿元，其“十二五”期间的销售产值分别约为劳动密集型产业、技术密集型产业的 3.3 倍、15 倍。从进出口贸易角度看，劳动密集型的出口总额远高于进口总额，在“十五”期间，出口总额为进口总额的 4 倍左右；资本密集型与劳动密集型的进出口贸易正好相反，“十五”期间进口总额约为出口总额的 1.3 倍，到了“十二五”期间，进口总额为出口总额的 2 倍左右，两者的差距逐步增大。技术密集型产业在“十二五”期间有了快速的发展，进出口总额从“十五”期间的 1869.7 亿元升至 5195.9 亿元，表明我国边境地区的技术水平取得了较大的进步。

按照产品对象将 21 个行业分为最终消费品制造业以及装备制造业。从销售产值来看，最终消费品制造业始终高于装备制造业，且在“十二五”期间，前者的销售产值约为后者的 4 倍。从进出口总额角度来看，最终消费品制造业的出口总额和进口总额的差距逐渐缩小，到“十二五”期间，进口总额比出口总额高 13 875.71 亿元。在“十五”至“十二五”期间，装备制造业的出口总额小于进口总额，“十二五”期间，进口总额约为出口总额的 1.2 倍，表明边境地区的装备制造业的发展在一定程度上还依赖于国外技术。

按照国内市场结构将 21 个行业分为完全竞争市场和垄断竞争市场。在“十五”、“十一五”及“十二五”时期，完全竞争市场行业所占的市场份额较大，在“十二五”期间，该行业的市场份额为 55.6%，略高于垄断市场行业的份额，进一步说明边境地区完全竞争市场发展情况要好于垄断市场。从进口总额、出口总额的角度来分析，完全竞争市场行业的出口总额与进口总额之间的差距越来越大，差额从“十五”期间的 1685.8 亿元上升至“十二五”期间的 16 713.7 亿元。而垄断竞争市场产业，进口总额和出口总额两者的差距不大，但始终低于完全竞争市场产业的进出口总额，表明垄断竞争产业在边境地区的发展一直处于落后状态，主要是由于边境地区资源、地理位置的局限性，大量的垄断企业无法在边境地区开展业务。

按照 OECD 分类法将 21 个行业划分高技术产业、中高技术产业、中低技术产业以及低技术产业。在“十五”至“十二五”期间，从销售产值来看，高技术产业的销售产值始终落后于其他三个产业，但随时间的发展来看，高技术产业的销售产值逐渐上升，“十二五”期间的增长率为 53.1%。从进口总额、出口总额来分析，高技术产业的进出口总额均呈现出上升趋势，其中，出口总额从957.3亿元升至2392.4亿元，增长率为98.1%，表明我国近年来大力发展高技术产业的政策在边境地区取得了不错的成效。中高技术产业与高技术产业的发展趋势一致，中高技术产业的出口总额从“十五”期间的1879.5亿元升至“十二五”期间的10 167.9亿元，表明中高技术产业的发展得到了有力的推动。中低技术产业和低技术产业的发展趋势一致，出口总额始终要大于进口总额，进一步说明我国在近年来中低技术产业依然是推动经济增长的有力武器。

综合以上四种分类方法的分析，边境地区主要是以资本密集型产业为主要经济来源，而高技术产业以及技术密集型产业依然处于弱势地位，存在进一步发展和提高的空间。同时，边境地区的最终消费品制造业较为发达，表明边境地区的生产主要的用途是供给居民消费。综上所述，边境地区的技术密集型产业亟待发展。

13.3.3 实证分析

13.3.3.1 模型的构建

为了能够量化边境地区进口、出口以及资本对经济增长的贡献作用，本节建立如下回归模型：

$$\ln GDP = \partial_0 + \partial_1 \ln FX + \partial_2 \ln EX + \mu \quad (13\text{-}1)$$

$$\ln GDP = \partial_0 + \partial_1 \ln FX + \partial_2 \ln IN + \mu \quad (13\text{-}2)$$

式中，GDP表示地区生产总值；FX为固定资产；EX为各省的出口额；IN为各省的进口额；∂_0、∂_1、∂_2、μ为变量。样本期为2000~2015年。

同时为了进一步量化分析边境地区各个行业进出口贸易对经济增长的贡献程度，本节建立了如下模型：

$$\ln GDP_{it} = \partial_0 + \partial_1 \ln FX_{it} + \partial_2 \ln EX_{it} + \mu_{it} \quad (13\text{-}3)$$

$$\ln GDP_{it} = \partial_0 + \partial_1 \ln FX_{it} + \partial_2 \ln IN_{it} + \mu_{it} \quad (13\text{-}4)$$

式中，FX_{it}表示t时刻投入到i行业的资本；EX_{it}和IN_{it}分别表示t时刻i行业的出口及进口额。

13.3.3.2 样本的选取及资料来源

本节依据国民经济行业分类，选取了边境9省（自治区）21个主要行业，分析2000~2015年边境9省（自治区）各个行业的增长效应。为了能够得到各行业的进出口值，首先根据《中国国民经济行业分类（GB/T 4754—2002）与国际标准产业分类（ISIS Rev3）》及《国际标准产业分类（ISIS Rev3）与海关合作理事会分类目录（HS6 位码）对照表》，建立 21 个行业与国际标准产业分类对应表。然后基于海关信息中心数据库以及海关统计资讯网，对 HS6 位代码的商品的进出口额进行归类、汇总，最后得到 2000～2015 年边境 9 省（自治区）21 个行业的进出口额。销售产值、流动资本等数据均来源于《中国统计年鉴》及《中国工业统计年鉴》。

13.3.3.3　计量结果及分析

本节以模型（13-1）和模型（13-2）为基础，以边境 9 省（自治区）的地区生产总值为因变量，出口额、进口额为自变量，固定资产为控制变量，采用面板数据中最常见的变系数模型，使用固定效应变系数模型中最小二乘法（LS-Least Squares (and AR)），对边境 9 省（自治区）进出口贸易的经济增长效应进行实证检验。同时为了能够细致地分析各个时期的行业增长效应，将 2000～2015 年整个时期分为“十五”期间（2000～2005 年）、“十一五”期间（2006～2010 年）及“十二五”期间（2011～2015 年）。边境 9 省（自治区）出口贸易的经济增长效应结果如表 13-14～表 13-17 所示；进口贸易的经济增长效应如表 13-18～表 13-21 所示。

（1）边境 9 省（自治区）出口贸易的区域增长效应

表 13-14～表 13-17 是关于边境 9 省（自治区）出口贸易的经济增长效应分析结果。从表 13-14 中可以看出，2000～2015 年整个时期内，商品出口对大部分省（自治区）的经济发展存在显著正向影响，说明商品出口对促进边境地区的经济增长发挥了重要作用。在边境 9 省（自治区）中，广西出口贸易的经济增长效应的系数最大，为 0.674，说明广西的出口贸易显著地推动了经济增长。西藏、云南、新疆、内蒙古、吉林及黑龙江的系数分别为 0.014、0.123、0.14、0.297、0.145 及 0.037。商品出口对于经济增长是正向作用，表明边境地区的经济发展依旧依靠传统的途径。从固定资产投资来看，2000～2015 年整个时期内，固定资产的投入对边境地区所有省（自治区）的经济增长均存在显著的正向作用，且增长系数基本都大于 0.5，说明边境地区固定资产的投资对于经济增长的投资具有很强的促进作用。表 13-15～表 13-17 显示的是“十五”期间、“十一五”期间、“十二五”期间三个时期边境 9 省（自治区）出口贸易的经济增长效应。从“十五”期间来看，云南和黑龙江的商品出口对经济增长有显著的正向影响，西藏、甘肃、广西、辽宁及吉林的出口贸易的经济增长系数虽说均为负数，但是不显著。在“十五”期间，新疆的出口贸易的经济增长系数为负数，为-0.199，这与出口推动经济增长的传统理论不符，主要原因是当时全球化程度不断提高，科学技术日新月异，特别是新疆地广人稀，在经济发展过程中商品结构不够优

化，无法适应经济长期发展的要求，虽然在短期内，商品出口具有正向的增长效应，但是在长期内，新疆受到技术限制，全要素生产率无法提高，影响了经济发展。从固定资产投资来看，“十五”期间边境9省（自治区）的固定资产的经济增长效应显著为正，表明在边境地区的经济发展过程中，资产的投入起着很重要的作用。从“十一五”期间来看，甘肃、内蒙古、辽宁，吉林及黑龙江的商品出口的增长效应为正，增长系数分别为0.134、0.218、0.091、0.100及0.165，表明在“十一五”期间，边境大部分省（自治区）商品出口对经济增长均有促进作用。而西藏、云南及新疆3省（自治区）商品出口对于经济增长的正向效应均不显著。从固定资产投资角度来看，边境9省（自治区）固定资产投资的经济增长效应均显著为正，且系数均在0.5附近，与“十五”期间固定资产的经济增长效应保持一致，表明固定资产在边境地区的投资取得了很好的收益。从“十二五”期间来看，仅有广西和内蒙古的商品出口的经济增长效应显著为正，其他省（自治区）的商品出口的经济增长效应均不显著。从固定资产投资角度来看，“十二五”期间，仅有西藏、云南、新疆、吉林及黑龙江资本投入的经济增长效应为正，其他省（自治区）的经济增长效应不显著。相对于“十五”期间、“十一五”期间，“十二五”期间资本的经济增长效应有很大的变化，在“十五”期间、“十一五”期间，资本的增长效应在9省（自治区）均很显著，到了“十二五”期间，部分省（自治区）的增长效应不显著，主要是边境地区部分省（自治区）的资本投入已经达到饱和，边际效应开始递减，使得经济无法得到预期的增长。

表13-14 边境9省（自治区）出口贸易的经济增长效应

	XZ	GS	GX	YN	XJ	NMG	LN	JL	HLJ
LNEX	0.014***	0.036	0.674***	0.123***	0.14***	0.297***	0.028	0.145**	0.037*
	(3.857)	(1.432)	(26.309)	(4.142)	(9.993)	(5.092)	(0.252)	(2.103)	(1.806)
LNFA	0.753***	0.633***	0.080***	0.542***	0.549***	0.614***	0.592***	0.579***	0.556***
	(64.123)	(23.589)	(5.148)	(20.229)	(30.000)	(23.215)	(10.042)	(17.375)	(27.151)
R^2	0.999								
模型检验	$F=12\ 785.74$　$P=0.000$								

***、**和*分别表示在1%、5%和10%水平上的显著性；括号内显示的是t值。

表13-15 边境9省（自治区）“十五”期间出口贸易的经济增长效应

	XZ	GS	GX	YN	XJ	NMG	LN	JL	HLJ
LNEX	−0.162	−0.044	−0.089	0.365***	−0.199***	0.185	−0.501	−0.119	0.112***
	(−0.989)	(−0.388)	(−0.559)	(2.978)	(−3.977)	(0.228)	(−0.76)	(−0.637)	(2.978)

续表

	XZ	GS	GX	YN	XJ	NMG	LN	JL	HLJ
LNFA	0.8 ***	1.079 ***	0.786 ***	0.329 ***	1.414 ***	0.451 **	0.651 *	0.590 ***	0.644 ***
	(6.952)	(6.785)	(6.146)	(4.136)	(10.434)	(2.632)	(1.980)	(7.754)	(8.936)
R^2	0.999								
模型检验	$F=3009.569$ $P=0.000$								

***、**和*分别表示在1%、5%和10%水平上的显著性；括号内显示的是t值。

表 13-16 边境 9 省（自治区）“十一五”期间出口贸易的经济增长效应

	XZ	GS	GX	YN	XJ	NMG	LN	JL	HLJ
LNEX	0.0658	0.134 ***	0.201	0.114	0.119	0.218 **	0.091 ***	0.100 **	0.165 ***
	(1.529)	(6.459)	(1.033)	(0.814)	(1.639)	(2.692)	(5.604)	(2.288)	(6.140)
LNFA	0.703 ***	0.590 ***	0.419 **	0.557 ***	0.612 ***	0.832 ***	0.634 ***	0.646 ***	0.385 ***
	(9.134)	(32.645)	(2.789)	(5.750)	(8.408)	(20.225)	(116.570)	(33.660)	(24.049)
R^2	0.999								
模型检验	$F=6601.154$ $P=0.000$								

***和**分别表示在1%和5%水平上的显著性；括号内显示的是t值。

表 13-17 边境 9 省（自治区）“十二五”期间出口贸易的经济增长效应

	XZ	GS	GX	YN	XJ	NMG	LN	JL	HLJ
LNEX	-0.006	0.080	0.376 ***	0.019	0.040	0.248 *	-0.091	0.064	-0.0534
	(-0.156)	(0.487)	(4.843)	(0.147)	(0.326)	(1.807)	(-0.274)	(0.573)	(-0.724)
LNFA	0.571 ***	0.300	0.030	0.540 ***	0.414 ***	0.306	0.385	0.582 ***	0.377 *
	(7.018)	(1.274)	(1.118)	(3.322)	(4.500)	(1.573)	(0.900)	(4.137)	(2.054)
R^2	0.999								
模型检验	$F=483.139$ $P=0.000$								

***和*分别表示在1%和10%水平上的显著性；括号内显示的是t值。

（2）边境9省（自治区）进口贸易的区域增长效应

表13-18～表13-21是关于边境9省（自治区）进口贸易的经济增长效应分析结果。

表 13-18 边境 9 省（自治区）进口贸易的经济增长效应

	XZ	GS	GX	YN	XJ	NMG	LN	JL	HLJ
LNIN	0.007	0.125 ***	0.583 ***	0.083 ***	0.081 ***	0.279 ***	0.376 ***	0.211 ***	0.046 *
	(1.371)	(23.595)	(32.531)	(3.507)	(3.812)	(3.235)	(3.122)	(8.134)	(1.793)

续表

	XZ	GS	GX	YN	XJ	NMG	LN	JL	HLJ
LNFA	0. 759 ***	0. 528 ***	0. 058 ***	0. 578 ***	0. 670 ***	0. 583 ***	0. 396 ***	0. 485 ***	0. 544 ***
	(58. 083)	(68. 464)	(5. 095)	(25. 251)	(33. 223)	(12. 763)	(5. 687)	(21. 216)	(20. 692)
R^2	0. 999								
模型检验	F=12 823. 81 P=0. 000								

*** 和 * 分别表示在 1% 和 10% 水平上的显著性；括号内显示的是 t 值。

表 13-19 边境 9 省（自治区）“十五”期间进口贸易的经济增长效应

	XZ	GS	GX	YN	XJ	NMG	LN	JL	HLJ
LNIN	−0. 007	0. 098	0. 004	0. 184	−0. 247	0. 450 **	−0. 261	0. 099 **	0. 074
	(−0. 215)	(1. 477)	(0. 050)	(0. 704)	(−2. 167)	(2. 368)	(−1. 331)	(2. 509)	(1. 124)
LNFA	0. 704 ***	0. 765 ***	0. 712 ***	0. 378	1. 200 ***	0. 339 ***	0. 528 ***	0. 485 ***	0. 800 ***
	(10. 273)	(4. 214)	(5. 536)	(1. 436)	(7. 955)	(5. 064)	(5. 398)	(10. 470)	(14. 999)
R^2	0. 999								
模型检验	F=1992. 190 P=0. 000								

*** 和 ** 分别表示在 1% 、5% 水平上的显著性；括号内显示的是 t 值。

表 13-20 边境 9 省（自治区）“十一五”期间进口贸易的经济增长效应

	XZ	GS	GX	YN	XJ	NMG	LN	JL	HLJ
LNIN	−0. 031	0. 173 ***	0. 359 ***	0. 154	0. 781 **	0. 414 **	0. 222 ***	0. 254 ***	0. 347
	(−0. 653)	(5. 675)	(9. 520)	(1. 716)	(2. 567)	(2. 380)	(31. 310)	(2. 998)	(1. 555)
LNFA	0. 752 ***	0. 455 ***	0. 323 ***	0. 556 ***	0. 075	0. 807 ***	0. 551 ***	0. 481 ***	0. 258 **
	(8. 342)	(19. 899)	(12. 067)	(9. 745)	(0. 323)	(16. 415)	(164. 493)	(7. 845)	(2. 167)
R^2	0. 999								
模型检验	F=33 174. 14 P=0. 000								

*** 和 ** 分别表示在 1% 和 5% 水平上的显著性；括号内显示的是 t 值。

表 13-21 边境 9 省（自治区）“十二五”期间进出口贸易的经济增长效应

	XZ	GS	GX	YN	XJ	NMG	LN	JL	HLJ
LNIN	0. 008	0. 043	0. 470 ***	0. 031	0. 024	−0. 032	0. 488	0. 071	−0. 090
	(0. 182)	(0. 478)	(4. 651)	(0. 290)	(0. 291)	(−0. 150)	(1. 190)	(0. 555)	(−0. 930)
LNFA	0. 568 ***	0. 456 ***	0. 024	0. 550 ***	0. 447 ***	0. 425 *	−0. 226	0. 586 ***	0. 421 **
	(6. 485)	(3. 256)	(0. 863)	(5. 364)	(3. 928)	(1. 741)	(−0. 493)	(4. 012)	(2. 155)
R^2	0. 998								
模型检验	F=447. 760 P=0. 000								

*** 、** 和 * 分别表示在 1% 、5% 和 10% 水平上的显著性；括号内显示的是 t 值。

从表 13-18 中可以看出，在 2000 ~ 2015 年整个时期内，甘肃、广西、云南、新疆、内蒙古、辽宁、吉林及黑龙江等 8 省（自治区）的商品出口具有显著的正向效应，其影响系数分别为 0.125、0.583、0.083、0.081、0.279、0.376、0.211 及 0.046。其中广西的商品进口的经济增长效应最大，高达 0.583，即当广西商品进口每增加 1 个百分点，会使其经济增长 0.583 个百分点。而西藏的商品进口的经济增长效应不显著。从固定资产角度来看，2000 ~ 2015 年整个期间内，边境地区所有省（自治区）固定资产的经济增长效应均很显著，且西藏的影响系数最高，为 0.759，进一步说明固定资产投资规模仍然是拉动西藏经济增长的重要影响因素之一。表 13-18 ~ 表 13-21 显示的是“十五”期间、“十一五”期间、“十二五”期间三个时期边境 9 省（自治区）进口贸易的经济增长效应。从“十五”期间来看，边境地区进口商品的经济增长效应不太理想，仅有内蒙古和吉林两个地区的经济增长效应显著为正，其他地区的经济增长效应均不显著。虽然“十五”期间我国加入了世界贸易组织，但是边境地区的贸易还没有完全融入国际，无法发挥自身的经济发展潜力。基于固定资产投资来看，西藏、甘肃、广西、新疆、内蒙古、辽宁、吉林及黑龙江的固定资产的经济增长效应均很显著，且新疆的系数高达 1.2，表明固定资产投资每变动 1 个百分点，经济增长变动 1.2 个百分点。主要原因是我国在“十五”期间加入世界贸易组织后，国家对于边境地区的发展尤为重视，而边境地区的基础设施以及各项发展条件都不够完善，固定资产的投资大力促进了经济的发展。从“十一五”期间来看，边境地区商品进口的经济增长效应逐步增加，在“十五”期间，仅有两个地区商品进口的经济增长效应显著为正，而在“十一五”期间，甘肃、广西、新疆、内蒙古、辽宁及吉林 6 个省（自治区）的商品出口的经济增长效应为正，影响系数分别为 0.173、0.359、0.781、0.414、0.222 及 0.254。其中，新疆的系数最大，为 0.781，表明新疆的商品进口每增加一个百分点，经济增长 0.781 个百分点；甘肃的系数最小，为 0.173，表明甘肃商品进口每增加 1 个百分点，经济增长 0.173 个百分点。基于固定资产投资来看，除了新疆外，其他边境地区固定资产投资的经济增长效应显著为正。这主要是由于在“十五”时期，新疆的固定投资的增长效应很大，固定资产投资对经济增长的效应在“十一五”期间逐渐缩小，在此期间，新疆地区的经济增长主要由进口贸易来拉动，固定资产投资对经济增长的拉动效果有限。从“十二五”期间来看，仅有广西一个地区的商品进口的经济增长效应显著为正，其他边境地区的增长效应均不显著。主要是由于在“十二五”期间，我国边境地区的产能过剩，进口商品的结构不合理，导致边境地区商品进口的经济增长效应不显著。基于固定资产投资来看，仅有广西和辽宁的固定资产投资的经济增长效应不显著，其他地区的经济增长效应均显著为正。

从2000～2015年整个时期来看，边境地区固定资产投资的经济增长效应均很显著，表明在边境地区资产的投入在总体上对经济增长产生了很好的正向作用。

（3）边境地区进出口贸易的行业增长效应

为了能够细致的研究不同行业的增长效应，本节利用要素集约度产业分类法，根据不同产业在生产过程中对资源的依赖程度的差异对21个行业进行划分，共分为三类：劳动密集型产业、资本密集型产业、技术密集型产业。建立固定效应变系数模型，为减少由于截面数据造成的异方差影响，使用同时对截面异方差性和同期相关性进行修正的广义最小二乘法（cross-section SUR），从各个行业的角度分析行业的增长效应，结果如表13-22和表13-23所示。

表13-22　边境地区各行业出口贸易的经济增长效应

产业类型		LNEX	LNFX
劳动密集型产业	B	0.704***（3.590）	0.996***（14.330）
	C	0.550***（2.876）	0.796***（5.932）
	D	0.039（0.798）	1.467***（24.065）
	E	1.060***（4.490）	0.237（1.380）
	F	0.862***（6.663）	0.773***（3.557）
	G	0.672***（5.443）	0.836***（4.815）
资本密集型产业	A	0.398（0.560）	0.618***（4.448）
	H	0.028（0.679）	0.974***（13.800）
	I	0.343**（2.239）	0.952***（6.366）
	K	0.385**（2.507）	0.667***（2.952）
	L	0.492***（3.801）	1.032***（8.991）
	M	0.387***（3.494）	0.930***（6.516）
	N	0.425（1.165）	0.985***（9.985）
	O	0.545***（5.283）	0.807***（7.764）
	P	0.615**（2.285）	0.792**（2.221）
	Q	0.435***（3.976）	0.926***（7.260）
	R	−0.409***（−9.836）	1.678***（23.717）
	S	0.166（0.635）	1.243***（5.320）
技术密集型产业	J	0.228（1.833）	1.170***（9.923）
	T	−0.063（−0.392）	1.696***（11.667）
	U	0.824***（3.898）	0.745***（3.201）
R^2	0.989		
模型检验	F=415.397　P=0.000		

***和**分别表示在1%、5%水平上的显著性；括号内显示的是t值；A为采矿业，B为农副食品加工业，C为食品制造业，D为饮料制造业，E为烟草制造业，F为纺织业，G为造纸及纸制品业，H为石油加工及炼焦加工业，I为化学原料及化学制品制造业，J为医药制造业，K为化学纤维制造业，L为非金属矿物制品业，M为黑色金属冶炼及压延加工业，N为有色金属冶炼及压延加工业，O为金属制品业，P为通用设备制造业，Q为专用设备制造业，R为交通运输设备制造业，S为电器机械及器材制造业，T为通信设备计算机及其他电子设备制造业，U为仪器仪表及办公机械制造业。

表 13-23　边境地区各行业进口贸易的经济增长效应

产业类型		LNIN	LNFX
劳动密集型产业	B	0.485 *** (3.391)	0.934 *** (10.378)
	C	−0.195 (−1.056)	1.345 *** (7.140)
	D	−0.041 (−0.966)	1.588 *** (16.443)
	E	0.471 *** (3.791)	0.346 ** (1.975)
	F	−0.362 (−0.858)	2.268 *** (7.151)
	G	−0.372 (−0.685)	1.737 *** (5.336)
资本密集型产业	A	0.505 *** (6.967)	0.169 ** (2.005)
	H	0.053 (1.263)	0.924 *** (11.230)
	I	0.030 (0.150)	1.244 *** (8.274)
	K	−0.138 (−0.638)	0.992 *** (3.796)
	L	−0.054 (−0.144)	1.454 *** (7.052)
	M	1.308 *** (3.890)	1.001 *** (8.600)
	N	0.358 *** (2.686)	1.013 *** (17.487)
	O	0.022 (0.132)	1.301 *** (12.667)
	P	0.906 *** (4.494)	0.762 *** (3.956)
	Q	0.446 * (1.666)	1.269 *** (12.857)
	R	−0.404 *** (−6.413)	1.464 *** (17.936)
	S	0.899 *** (4.213)	0.637 *** (3.496)
技术密集型产业	J	−0.027 (−0.181)	1.407 *** (8.891)
	T	0.114 (0.328)	1.553 *** (4.857)
	U	0.857 *** (6.892)	0.566 *** (3.555)
R^2	0.990		
模型检验	$F=439.408$　$P=0.000$		

***、**和*分别表示在1%、5%和10%水平上的显著性；括号内显示的是 t 值；A 为采矿业，B 为农副食品加工业，C 为食品制造业，D 为饮料制造业，E 为烟草制造业，F 为纺织业，G 为造纸及纸制品业，H 为石油加工及炼焦加工业，I 为化学原料及化学制品制造业，J 为医药制造业，K 为化学纤维制造业，L 为非金属矿物制品业，M 为黑色金属冶炼及压延加工业，N 为有色金属冶炼及压延加工业，O 为金属制品业，P 为通用设备制造业，Q 为专用设备制造业，R 为交通运输设备制造业，S 为电器机械及器材制造业，T 为通信设备计算机及其他电子设备制造业，U 为仪器仪表及办公机械制造业。

通过对表 13-22 的分析，得到关于边境地区各行业出口贸易的经济增长效应。从出口角度来看，边境地区大部分商品出口的行业增长效应显著为正。其中，劳动密集型产业中，农副食品加工业、食品制造业、烟草制造业、纺织业和造纸及纸制品业商品出口的行业经济增长效应显著为正，系数分别为 0.704、

0.550、1.060、0.862和0.672，影响系数均高于0.5，表明这几个行业的商品出口每增加1个百分点，行业经济的增加均高于0.5个百分点。其中，饮料制造业出口贸易的经济增长效应不显著，但是边境地区出口贸易对经济增长的促进情况在一定程度上验证了斯密的比较优势理论。资本密集型产业中，采矿业、石油加工及炼焦加工业以及有色金属冶炼及压延加工业商品出口的行业增长效应均不显著，主要原因是这3个行业的成本均很高，且前期投入均很大，这在一定程度上限制了经济的发展。资本密集型产业中，共有化学原料及化学制品制造业、化学纤维制造业非金属矿物制品业等9个行业出口的经济增长效应显著为正，表明边境地区的资本密集型产业发展得很好。技术密集型中，仅有一个行业出口的经济增长效应为正，该行业为仪器仪表及办公机械制造业，医药制造业、通信设备计算机及其他电子设备制造业的经济增长效应均不显著，表明边境地区的技术水平不够，技术密集型行业的商品不存在竞争优势。从资产角度来看，劳动密集型产业、资本密集型产业、技术密集型产业的行业增长效应均显著为正，其中劳动密集型产业中的纺织业的经济增长效应最大，为2.268，表明纺织业出口额每增长1个百分点，行业经济增长2.268个百分点，反映了边境地区的劳动密集型产业的发展得最好，其他的行业如采矿业、农副食品加工业、食品制造业 、饮料制造业、烟草制造业的行业增长效应也保持正的经济增长效应。综合以上的分析，边境地区的劳动密集型、资本密集型产业的发展结构合理，且能给边境地区带来较高的经济增长，但技术密集型产业仍需要进一步发展，同时在一定程度上，需要尽量引进外来先进技术。从资产角度来看，在边境地区的资产投资，均能够得到很好的收益，所以在边境地区要加强投资。

通过对表13-23的分析，得到关于边境地区各行业进口贸易的经济增长效应。从进口角度来看，在21个行业中，仅有9个行业的增长效应显著为正，1个行业的增长效应显著为负，其他行业的增长效应均不显著。从具体产业的角度来看，劳动密集型产业中仅有农副食品加工业和烟草制造业的行业增长效应显著为正，食品制造业、饮料制造业、纺织业以及造纸及纸制品业4个行业的增长效应均不显著，表明边境地区的劳动密集型产业较为发达，需要进行进出口贸易来满足自身需求的产业不多，可以在一定程度上自给自足，较少地从国外进口劳动密集型商品来满足自身的需求。资本密集型产业和技术密集型产业中，大部分行业的商品进口具有显著的正向效应。在资本密集型产业中，采矿业、黑色金属冶炼及压延加工业以及有色金属冶炼及压延加工业等7个行业的增长效应显著为正，且影响系数基本高于0.5，表明资本密集型产业的商品进口对于边境地区的经济增长有很强的促进作用。其中，交通运输设备制造业的增长效应显著为负，主要原因是交通运输设备的进口均需要前期资本的大量投入，在短期内很难对经济起到促进作用。在技术密集型产业中，仪器仪表及办公机械制造业的增长效应显著为正，表明边境地区技术含量较高的产业发展得不好，且行业结构不够合理。从资本角度来看，劳动密集型产业、资本密集型产业及技术密集型产业的增长效应均显著为正，表明资本的投入对边境地区的经济增长有很强的促进作用。综合以上分析，边境地区进口的商品主要集中在资本密集型和技术密集型上，表明边境地区的技术发展水平以及经济发展水平还存在着很大的发展空间；从资产角度来看，资产的投入对于边境地区的经济依旧存在很大的促进作用。

13.3.4 本节结论与建议

综合以上分析可以得出以下主要结论：第一，从出口额、进口额角度来看，2001～2015 年的行业增长效应基本上显著为正，而“十五”期间、“十一五”期间以及“十二五”期间，大部分边境省（自治区）的行业增长效应不显著，表明我国边境地区的进出口贸易发展程度较低。第二，从资本角度来看，2001～2015 年，边境地区的 9 省（自治区）的经济增长效应均显著为正，同时劳动密集型、资本密集型以及技术密集型产业的经济增长效应显著为正。第三，在劳动密集型产业和资本密集型产业中，出口的行业增长效应大于进口的行业增长效应，而在技术密集型产业中，进口的行业增长效应大于出口的行业增长效应。

根据本节的结论得到以下几点启示：一是适当增加边境地区部分商品的进口规模，如技术密集型产业，这有助于边境 9 省（自治区）各个行业的增长，同时能够及时吸收外来的高新技术，促进边境地区经济发展。进口、出口是拉动经济增长的“两驾马车”，是促进一国经济发展的重要手段。同时，不能盲目地扩大规模，应该在稳定进出口规模的前提下更加重视优化进出口商品结构，增加从美国、日本、韩国等发达国家进口的高技术商品比例，更大程度地节省创新的成本，同时先进技术、先进设备以及先进管理思想等将直接促进国内生产的发展和生产率的提高，并且为发展高科技产业、培育后发优势提供可能。二是更应发挥边境地区资源丰富的优势，同时努力提升科学技术水平。在劳动密集型和资本密集型产业中，进口贸易的效应要远低于出口贸易的效应，因此，要发挥劳动力和资本这两个优势，更大程度地发挥其对边境经济增长的促进作用。对于技术密集型产业，边境地区在技术上处于劣势地位。为了能够更好地学习先进技术，首先要从观念上进行改变，进出口贸易的过程中，也是人们思想进步、思维方式改变和观念更新的过程，更是制度创新的过程。在某种意义上说，诸如效率观念、信用意识、冒险精神等，对发展中国家的经济发展来说要比物质交换带来的利益更大。因此能够进一步促进边境地区经济的发展。三是合理控制资本的流向及投入规模。资本和劳动力在一定程度上均能促进经济的增长，在技术水平不变的前提下，通过增加资本的投入可以提高产出水平，然而经济长期、持续的增长却依赖于全要素生产率的提高。因此，为了能够促进边境9省（自治区）经济长期增长，有必要将资本进行合理的分配。因此，不仅仅要通过传统的工具促进经济增长，还应该提高软件实力，促进边境地区行业经济又好又快的发展。

14 中国边境贸易未来的发展思路

14.1 积极融入“一带一路”建设，增强新时代边境贸易发展意识

“一带一路”倡议不同于历史上的任何一个跨国经济合作机制，它发端于中国，贯通中亚、东南亚、南亚、西亚乃至欧洲、非洲、美洲等大部分地区，是世界上跨度最长的经济文化大走廊。同时，它还将亚太经济圈与欧洲经济圈连接起来。我国边境地区要抓住“一带一路”的发展机会，增强新时代边境贸易发展意识，促进经济社会全面发展。边境贸易是对外贸易的一种特殊形式。它对促进本国、本地区的经济发展、改善与周边国家或地区之间的关系、安邦治国和振兴民族地区的经济都有着极其重要的意义。边境贸易的发展趋势是建立边境自由贸易区，这是边境贸易向现代化发展的必然结果。但这一观点未被人们所共识，这是在发展边境贸易中首先要解决的问题。一是要抛弃传统边境贸易观念。改革开放后，全国少数民族地区的边境贸易有了很大的发展，但许多人特别是一些地方的领导干部仍然认为边境贸易是边民的互市活动，而对发展边境贸易在振兴民族经济中的地位和作用认识不足，使得一些地方边境贸易对民族地区经济的“发动机”的作用无法发挥，从而影响了民族地区经济的发展。总而言之，由于传统的边境贸易观念的束缚，使人们没有更大的胆量，没有更广阔的视野去捕捉和利用新的机遇。因此，边境贸易的发展速度慢，落后于形势。应该知道，当今的边境贸易已赋予了全新的内涵，即边境贸易是通过边境口岸进行的地方性或区域性的对外经济贸易活动。它虽然包括边境居民的互市贸易和小额贸易，但却不以此为限。因此，它是我国边境少数民族地区通过口岸进行的对外经济贸易。只有充分地认识了这一点，才能开拓边境贸易更广阔的市场空间，使边境贸易与外贸、边境贸易与内贸结合起来，使边境贸易与国内、国际两个大市场连为一体。只有这样，边境贸易才能充分发挥出自身的优越性，才能迈开更大的步伐。二是要克服怕乱的思想。有人认为，边境贸易的大发展，必然导致边境地区社会的混乱，为走私、贩毒开了方便之门，腐朽的生活方式将乘机而入，社会主义精神文明建设将受到干扰等。为此，边境贸易只能是在严格控制下进行，不能全面放开。这种

思想的实质是闭关自守，是与改革开放大潮背道而驰的保守思想。深圳特区的领导同志说得好：打开窗户，进来几只苍蝇、蚊子没有什么了不起，把它扑灭就是了。这才是一种求实精神，才是一种创业的精神。在发展边境贸易中应该具有这种精神。对边境贸易既要管好，又要搞活，以管促活，这是加快边境贸易发展步伐务必具备的共识。三是要克服吃亏的思想。目前，边境地区还存在着“害怕肥水外流”，对“外引内联”缺乏积极性，各种框框条条甚多，优惠政策也迟迟不予落实的现象。致使一些口岸的开发区开而不发，从而耽误了时机。所以，发展边境贸易必须要真抓实做，切切实实落实和贯彻党中央、国务院为沿边地区开放制定的各种优惠政策，积极创造条件，吸引国内外资金、技术和人才向边境地区流动，同心协力，共建边境贸易大市场。

14.2　加快制定发展边境贸易的国家战略规划

十九大报告中明确指出：“加大力度支持革命老区、民族地区、边疆地区、贫困地区加快发展，强化举措推进西部大开发形成新格局，深化改革加快东北等老工业基地振兴，发挥优势推动中部地区崛起，创新引领率先实现东部地区优化发展，建立更加有效的区域协调发展新机制。”因此，加快制定发展边境贸易的国家战略规划，既符合国际经济的发展趋势，也符合贯彻习近平新时代中国特色社会主义思想的区域经济协调发展的具体要求。这是因为，第一，目前国际整体政治、经济环境趋稳，虽然各种原因引起的局部战争仍在此起彼伏，世界范围的战争很难打响。第二，全球经济一体化、区域经济集团化已成为不可阻挡的历史潮流，各国之间的经济和贸易往来将会日益密切，尤其是邻国之间。第三，我国与周边各国的睦邻友好关系现已进入了中华人民共和国成立以来的最好时期。还有更为重要的一点，我国周边国家当前都致力于发展本国经济，注重与邻国之间的友好往来。第四，科学发展观强调区域经济协调发展。目前我国正在加大西部地区的开发力度和加快沿边地区的开放，其目的都是为了加快西部地区或者说少数民族地区的经济发展，尽快缩小地区之间的发展差距。而发展边境贸易已经成为西部地区经济发展的重要途径，因此建议国家应该把发展边境贸易的问题纳入民族地区区域经济发展的重要组成部分，并早日制定出我国边境贸易发展的战略规划。

14.3　推动形成全面开放新格局，加快中国边境自由贸易区的建设步伐

十九大报告中明确指出：“开放带来进步，封闭必然落后。中国开放的大门

不会关闭，只会越开越大。”要以“一带一路”建设为重点，坚持引进来和走出去并重，遵循共商共建共享原则，加强创新能力开放合作，形成陆海内外联动、东西双向互济的开放格局。拓展对外贸易，培育贸易新业态新模式，推进贸易强国建设。实行高水平的贸易和投资自由化便利化政策，全面实行准入前国民待遇加负面清单管理制度，大幅度放宽市场准入，扩大服务业对外开放，保护外商投资合法权益。我国一些周边国家早在20世纪90年代初就已提出了与我国边境接壤地区建立自由经济区建议。从2006年开始俄罗斯施行新的《经济特区法》，以法律的形式拟定在其主要边境口岸设立10个经济特区。2002年，蒙古国大呼拉尔通过了《扎门乌德自由经济区法》，以立法的方式规定建设扎门乌德自由经济区，并于2004年开始面向全世界进行国际招标，2005年4月19日，扎门乌德自由经济区举行奠基仪式，正式开工建设。为了加快我国与周边国家边境地区的经济发展，同时为了顺应与周边国家经贸关系的发展趋势，我国也应尽快地研究如何更好地利用地缘优势、政治优势、经济实力和资源禀赋等优势，考虑对原有的互市贸易区、经济合作区的重新定位，参照国际惯例提升其对外开放程度和功能，尽早出台我国边境自由经济区或边境自由贸易区的规划方案。

在当今世界经济一体化的背景下，仅仅依靠优惠政策推动边境贸易已无法实现其又快又好地发展，而边境自由贸易区的建设是充分利用市场更加有效地促进边境贸易发展，是推动民族地区经济更好地发展的一项重要举措。

充分发挥边境口岸政策及其地域优势，创新跨境旅游服务机制，多层次提升口岸旅游发展，营造边境特色文化旅游，提高边境旅游的附加值及附加产品，推动跨境旅游贸易呈现多样化。完善边境口岸服务及各项基础设施，根据蒙古国国民的兴趣打造精品旅游线路。例如，二连浩特开发的“茶叶之路”国际旅游品牌取得了良好的效果，受到了来自蒙俄两国人民的欢迎，其旅游附加产品销售额也非常可观。2016年二连浩特入境旅游人数超千人次，边境口岸旅游国际化特色显著。

14.4 加大边境地区基础设施建设投入力度，提高互联互通水平

我国边境地区经济发展水平相对较低，基础设施相对落后，交通不便，信息闭塞，口岸过货能力差，市场简陋，城市综合服务跟不上。这些都严重地制约了边境贸易的发展，所以，必须大力加强基础设施建设，改善边境地区的硬环境，以进步加快边境贸易的发展。目前大多数边境贸易市场交通不便，有的边境贸易点还全靠肩挑手推，贸易规模根本无法扩大。交通在一些地区已成为发展边境贸

易的瓶颈，所以，要增加对交通建设的投资，尽快解决边境地区行车难的问题，提高口岸的过货能力，为大规模发展边境贸易创造条件。由于现在的边境贸易市场大多是在原有边民互市的市场上发展起来的，市场非常简陋，有的甚至是路边市场，不利于边境贸易的交易，所以，市场建设已刻不容缓。要根据边境贸易发展的趋势，作好市场建设规划。其指导思想是：既要面对现实，更要放眼未来，将市场建设纳入城镇基础设施建设的总体规划，做到合理布局。同时，电信、金融、商检、检疫、仓储、卫生以及旅馆、饮食等基础设施要配套，使市场建设和城市基础设施建设能适应现代边境贸易发展的需要。

对于边境贸易的发展，基础建设是深化边境贸易所必需的，毕竟只有实现了通路、通航，才有基础实现通商。所以，政府应先以完善基础建设为主要任务，在交通体系、水电供应体系上投入更多的人力、物力、财力，从而建立一个功能全面、可持续发展的基础建设体系。在口岸建设上，双方政府不仅应提高口岸的货物承载力，还应对在口岸工作的人员定期进行培训，促使其在口岸作业时更专业，从而提高相关人员在口岸边境贸易时的工作效率。在陆路建设方面，“一带一路”倡议的提出更加确定了云南省对外贸易建设的路线和方向。2016 年 5 月 10 日，中缅政府签订了章凤八莫公路建设合作协议，这一公路的建成后将成为两国运输的主干线。此干线的建成不仅可缩短双方贸易的运输时间，还可拉动口岸边境贸易的增长，这恰恰体现了完善基础建设、提高互联互通水平的重大意义。对于连接两国口岸的公路铁路网络，双方政府应尽力全面覆盖，已经建成投入使用的干线，也应定期维护。

14.5 转变边境经贸增长方式，大力发展边境服务贸易和边境旅游贸易

旅游业是第二次世界大战后世界上发展最快的产业之一。近年来旅游业已上升为全世界第一大产业，在许多国家已成为支柱产业。出现这种局面的原因，一方面是由于随着世界经济的迅猛发展，制约旅游业发展的诸多因素得到很大的改善。如自由支配收入的增加闲暇时间，尤其是带薪假日的增多，现代通信联系和交通工具的进步，国际环境的相对和平等，都为旅游业的发展创造了良好的社会经济条件。另一方面是旅游业与其他行业相比具有许多优越性，旅游业投资少，回收期短，投资利润率、创汇率、换汇率高。旅游业属“引爆性”产业，关联度大、带动性强，发展旅游业可以带动区域内许多行业的迅速发展。旅游业的主导作用，在其自身发展的同时还会促进区域产业结构的变化，尤其会促进第三产业的发展，提高第三产业在产业结构中的比例。

我国边境地区旅游资源独具特色、十分丰富，发展旅游业具有得天独厚的条件。经过改革开放40多年发展，我国边境旅游已逐步成为与出国旅游、港澳台旅游并驾齐驱的三大出入境旅游市场之一，对扩大入境旅游发挥着越来越重要的支撑作用。近年来，特别是党的十八大以来，从中央各部门到边境省（自治区）各级政府部门，都在不断加大对边境旅游的支持力度，边境旅游呈现繁荣发展态势。

2018年3月30日，国务院同意设立内蒙古满洲里、广西防城港边境旅游试验区，文化和旅游部等10部门联合印发了《关于印发内蒙古满洲里、广西防城港边境旅游试验区建设实施方案的通知》。这是新时代全面深化改革在旅游领域的重大顶层设计，是充分发挥旅游业作用，推进“一带一路”建设、推动形成旅游产业全面开放新格局的重要举措。大力发展边境旅游，进而推动国家层面更广泛的改革与开放，是为了推动国内和国际、边境和内地的统筹发展。边境旅游的改革和开放，与沿边区域人员往来、加工物流等方面的政策改革，使我国与周边国家基础设施的互联互通相辅相成，形成一套沿边地区改革开放的组合拳，具有全局性、战略性。

边境贸易发展的多年实践已证明，仅仅依靠商品贸易来实现边境经贸的增长其空间十分有限，不足以推动边境经贸合作的发展。而必须通过能源、科技、矿产资源、电力等领域的大项目的合作，才能使边境经贸合作跃上一个新台阶。我国边境地区尤应重点考虑同俄罗斯、蒙古国、哈萨克斯坦等国的合作。与此同时，还要大力发展边境服务贸易和边境旅游贸易。这是加快边境地区经济进一步发展的重要条件。从多年边境贸易发展的实践来看，边境服务贸易发展的快慢，与边境货物贸易的发展息息相关。因此，建议国家在边境服务贸易发展上给予优惠的政策。

第一，边境地区的各级领导要提高对发展旅游业的认识。要把边境贸易作为振兴边境地区经济的“牵引车”，把旅游业作为落实边境贸易发展战略的重要战略举措。资源条件较好、已经形成稳定的旅游产品和客源市场、旅游设施、服务基本配套的地方，甚至可以把旅游业作为本地的支柱产业和新的经济增长点，形成“旅游”“边境贸易”双驾马车齐头并进的产业格局。

第二，要扩大视野，解放思想，边境省（自治区），要在现有的基础上，与周边国家进一步加大合资、合作开发旅游贸易的力度，进一步探讨贸易与旅游相结合的路子，通过发展旅游贸易，促进边境贸易更快发展。

第三，要加强对边境地区旅游资源开发的研究，尽快制定出开发的总体规划，因地制宜地确定各地的开发目标，设计制造具有地方特色和民族特色，适应市场需求的旅游产品。

第四，加强对现有旅游市场的管理，使跨国旅游由粗放型向集约型转变，提高旅游企业的经济效益和资金的自我积累能力，以加快新资源的开发。

第五，加强旅游宣传，扩大旅游产品的销售渠道，提高边境风景区的知名度和吸引力。

第六，国家要给予边境地区的旅游业以特殊的照顾和扶持，使边境地区的旅游业尽快形成规模，增强辐射能力，以适应日益发展的边境贸易的需要。

第七，积极创造条件简化边境贸易人员进出口手续和办理相关业务的手续，扩大并完善边境地区现有的金融网点和运输网点，加强与周边国家在银行、保险和仲裁等方面的合作，通过实施“一带一路”倡议，为边境服务贸易创造便利条件，带动边境货物贸易的进一步发展。

总之，要采取各种灵活措施，千方百计筹集资金，加快资源开发，建设独具一格的边境旅游业，为边境贸易发展和地方经济振兴服务。

14.6 不断优化边境贸易结构，提高商品质量和竞争力

当前，边境贸易市场出口商品多是中低档商品，价格低廉，商品质量也不高，这只能适应现阶段较低水平的边境贸易市场。而且出口产品绝大多数来自内地，货源和质量都难以保证，因此，边境地区当前仅仅起到沟通内地与毗邻国家市场的桥梁作用。这对于现阶段来说，是现实的，但从长远目标来考虑，边境贸易商品必须向优质和中高档商品为主的方向发展。

必须加快边境地区以出口为主的地方工业和外向型农业的发展，建立起稳定的出口商品生产基地，使边境贸易的出口商品基本上实现基地化生产，并向出口商品以自产为主方向过渡，以提高出口商品的质量，优化出口商品结构。以中国和缅甸为例，中缅双方在商品贸易结构以及资源结构上是有一定的优势互补性的。双方可以此为契机，加强贸易合作交流。缅甸可以通过给予贸易补贴、优惠政策等方式，从中国引进机电设备、船舶及浮动结构体等技术密集型产业上的投资，借此获得先进的技术与设备，从而弥补自身在技术制造上的不足，进而优化商品贸易结构，实现产业升级。对于在进行企业生产时，要大量利用农产品、木材等原材料的企业，缅方可以利用原材料价格上的优惠以及劳动力成本的低廉，引导其在缅甸进行投资生产，中方企业也能以并购、合资等形式进入缅甸制造业，借此机会打开国际市场，以提高其产品的市场份额，这对于中缅双方来说是不仅可优化彼此的贸易结构，还可增强其国际影响力。在解决贸易不平衡这一问题上，首先应该对双方的贸易结构进行优化，其次双方应为彼此提供良好的贸易条件。这就要求两者在贸易政策上不应存在歧视性政策以及各种贸易和投资壁

垒，在产品出口的质量上严格把控。最后，在贸易方式、生产技术、企业管理等方面进行创新，提高自身的经济竞争实。

14.7 加快边境贸易企业经营管理体制改革步伐

目前，我国从事边境贸易的企业数量众多，但绝大多数边境贸易企业规模都很小，真正有规模，具有较强竞争力的边境贸易企业很少。从总体上看，第一，我国边境贸易企业的抗风险能力差，短期行为仍然较严重，难以保证持续稳定发展；第二，面对边境贸易企业的现状，银行对边境贸易企业的资金支持力度不大，边境贸易企业的周转资金有限，从而影响着边境贸易规模的扩大；第三，由于缺乏宏观调控与管理及组织协调，在部门利益和个人利益的驱动下，企业间争客户、抢货源、低价竞销、以次充好、高价进口等现象也时常发生，致使经营秩序混乱，国家利益受损；第四，边境贸易企业的内部经营机制不完善，制度不健全，很多边境贸易企业都没有建立起现代企业制度，从而使企业的经济效益不高；第五，边境贸易企业的经营环境不佳，收费部门多，负担重。因此，建议一方面要加大力度整治规范与边境贸易发展有关的各个部门的行为规则；另一方面，从制度和政策上敦促边境贸易企业加快经营管理体制的改革，调整企业内部结构，提升企业的竞争能力，建立现代企业制度。只有这样边境贸易企业才能适应边境贸易迅速发展的需要，提高其经济效益。

14.8 加大政策支持，加快培养边境经贸高层次管理人才

当今世界经贸领域的竞争日趋激烈，所有竞争的关键在于人才的竞争。目前，在我国边境贸易的发展过程中，存在的主要问题之一是边境地区相关专业人才的缺乏。尤其是缺乏懂国际贸易、国际金融、商品性能和国际经济法的边境贸易人才，特别是高级人才。因此，一旦涉及大规模的边境贸易和经济技术合作项目时，缺乏管理能力强、经验丰富、熟练掌握谈判技巧的人才队伍的局面就更加突显。若边境地区不尽快培养和引进这方面的专门人才，我国边境贸易的发展将会受到很大的影响。

建议国家在边境地区培养边境经贸人才方面，给予优惠政策，财力上给予扶持，设立边境地区边境经贸人才培养基金。边境地区地方政府也要制定出一整套培养边境经贸人才的计划或方案，并逐步落实，以此来解决边境地区边境经贸人才缺乏的问题。以中国和老挝为例，中老两国开展边境贸易具有得天独厚的地理优势，双方在资源，交通，金融等各方的交流逐渐深入且具有很强的互补性，两

国相继以战略形式加以重视发掘发展潜力，加快双边边境贸易发展步伐。这个过程需要各种人才的参与，对人才的要求更加国际化、综合化，他们不仅要了解边境贸易的过程，具备贸易知识，语言无障碍，还需要综合把握中老两国的边境贸易政策甚至是国际经济政策形势的复合型知识能力。但是现实人才缺乏特别是复合型具有创新性人才缺乏成为制约中老边境贸易发展的重要影响因素。中老边境贸易健康持续发展需要不断的人才供给，需要持续不断地坚持与创新。建议我国加派人员到老挝学习交流，加深对老挝的经济、文化、外交等方面认识了解，可以是以学生留学或商务交流的形式进行。

边境口岸一般在偏远交通不便的山区，生活条件都较为艰苦，年轻人或是优秀的人才一般难以主动参与边境口岸工作。所以提供合理的待遇和良好的环境（生活和医疗保障）是引进人才、留住人才、利用人才的前提。“一带一路”倡议不仅是经济交流的大道还是人才交流交换的通道，在口岸建设中需要有思想、有热情的年轻人加入。

参考文献

阿木尔吉力根 . 2010. 我国边境贸易的发展研究 . 北京：民族出版社 .
伯特尔·俄林 . 2008. 区际贸易与国际贸易 . 逯宇铎，译 . 北京：华夏出版社 .
蔡洪杰 . 2014. 后顺差时代我国进口贸易对经济增长贡献的实证分析——基于 BEC 分类 . 对外经贸，(1)：24-26.
陈东升，侯治平 . 2017. 广西中越边民互市贸易转型升级路径研究 . 钦州学院学报，(4)：71-76.
陈共 . 2017. 财政学 . 北京：中国人民大学出版社 .
陈光春，蒋玉莲，周柯 . 2013. 广西—东盟贸易与广西经济增长的关联性研究 . 广西社会科学，(8)：35-38.
陈光春，马国群，于世海 . 2016. 民族地区贸易规模、商品结构对经济增长的影响——基于桂越贸易的面板数据分析 . 湖北民族学院学报（哲学社会科学版），(6)：36-41.
迟庆林 . 2001. 边境贸易与经济发展 . 北京：中国社会科学院研究生院博士学位论文 .
储东涛 . 2003. 区域经济学通论 . 北京：人民出版社 .
辞海编辑委员会 . 2009. 辞海 . 上海：上海辞书出版社 .
丁正良，纪成君 . 2014. 基于 VAR 模型的中国进口、出口、实际汇率与经济增长的实证研究 . 国际贸易问题，(12)：91-101.
段永光，黄健柏，钟美瑞 . 2006. 湖南省对外贸易与经济增长关系的实证研究 . 经济地理，(6)：1009-1013.
高香茶 . 2005. 浙江—东盟双边境贸易对浙江经济增长贡献的实证分析 . 经济论坛，(21)：28-29.
龚奇柱 . 2003. 中国历史 . 成都：四川教育出版社 .
郭今吾 . 1986. 经济大辞典·商业经济卷 . 上海：上海辞书出版社 .
郭颖慧 . 2013. 新疆边境贸易与经济增长关系的实证研究 . 石河子大学学报（哲学社会科学版），(5)：36-41.
韩家彬，张振，李豫新 . 2010. 进出口贸易、FDI 对金砖 5 国经济增长影响的比较研究 . 国际贸易问题，(11)：66-73.
华西里·列昂惕夫 . 1980. 投入产出经济学 . 崔书香，译 . 北京：商务印书馆 .
黄凤琳 . 2014. 两极世界理论 . 北京：中央编译出版社 .
黄庆波，范厚明 . 2010. 对外贸易、经济增长与产业结构升级——基于中国、印度和亚洲“四小龙”的实证检验 . 国际贸易问题，(2)：38-44.
黄现璠 . 2004. 古书解读初探 . 桂林：广西师范大学出版社 .
晋淑惠 . 2014. 陕西省纺织品贸易出口对经济增长效应的实证分析 . 中国商贸，(6)：170-171.
李慧中，祁飞 . 2012. 中国制造业产品出口的“母市场效应”——基于 ISIC 面板数据的研究 . 世界经济研究，(3)：41-45.
李嘉图 . 1962. 政治经济学及赋税原理：第一卷 . 郭大力，等译 . 北京：商务印书馆 .
李子成，李新武 . 2011. 民族地区对外开放度与经济增长相关性分析——以云南省为例 . 云南民族大学学报（哲学社会科学版），(1)：92-96.
里昂惕夫 . 1980. 投入产出经济学 . 崔书香，译 . 北京：商务印书馆 .
刘晓将，赖明勇 . 2004. 我国机电产品出口对经济增长的实证研究 . 国际贸易问题，(11)：22-25.
刘再起，徐艳飞 . 2013. 对外贸易、市场整合与地区经济增长——基于 bootstrap 面板因果检验. 世界经济研究，(3)：22-28.
路义旭 . 2003. 论西南丝绸之路的研究状况 . 西南民族大学学报（人文社科版），(11)：221-224.
马莉莉 . 2018. 2017 丝绸之路经济带发展报告 . 北京：中国经济出版社 .
马章良 . 2012. 中国进出口贸易对经济增长方式转变的影响分析 . 国际贸易问题，(4)：30-38.
宁靖 . 1984. 鸦片战争史论文专集 . 北京：人民出版社 .
裴长洪 . 2013. 进口贸易结构与经济增长：规律与启示 . 经济研究，(7)：4-20.
上海对外贸易协会 . 1989. 对外经济贸易实用大全 . 上海：复旦大学出版社 .
盛斌，毛其淋 . 2011. 贸易开放、国内市场一体化与中国省际经济增长：1985～2008 年 . 世界经济，(11)：44-65.
斯密 . 1985. 国民财富的性质和原因的研究：上卷 . 郭大力，王亚南，译 . 北京：商务印书馆 .
谭娜，周先波，林建浩 . 2015. 上海自贸区的经济增长效应研究——基于面板数据下的反事实分析方法 . 国际贸易问题，(10)：14-24.
唐重振 . 2017. “一带一路”建设中的广西边境贸易转型升级路径分析 . 当代广西，(6)：160-161.
王垂芳，吴绍中 . 1989. 中国对外经济贸易实用大辞典 . 上海：上海社会科学院出版社 .
王风云 . 2010. 进出口贸易与地区经济增长关系的实证研究——基于北京市的数据分析 . 北京师范大学学报（社会科学版），(3)：106-113.
王美昌，徐康宁 . 2016. “一带一路”国家双边境贸易与中国经济增长的动态关系——基于空间交互作用视角 . 世界经济研究，(2)：101-110.
魏高扬 . 2017. “一带一路”背景下广西—东盟贸易对广西经济增长影响的实证分析 . 对外经贸，(1)：14-18.
吴德进 . 2007. 福建省 FDI、对外贸易与经济增长关系的实证研究 . 国际贸易问题，(10)：69-76.
谢锐，赵果梅 . 2014. 出口贸易对中印经济增长的影响效应研究 . 国际经贸探索，(8)：52-63.
杨立平 . 1989. 对外经济贸易实用大全 . 上海：复旦大学出版社 .
杨清震 . 2005. 中国边境贸易概论 . 北京：中国商务出版社 .
姚丽芳 . 2001. 对外贸易对我国经济增长的贡献分析 . 统计研究，(9)：20-22.
于国政 . 2005. 中国边境贸易地理（第二版）. 北京：中国商务出版社 .
喻春娇，胡小洁 . 2011. 中国高技术产品对外贸易的经济增长效应分析 . 内蒙古财经学院学报，(5)：44-48.
原小能 . 2013. 省际贸易、国际贸易与经济增长——基于长三角制造业数据的经验分析 . 财贸经济，(3)：95-102.

张斌涛，肖辉，陈寰琦．2017．基于中国省级面板数据的服务业开放“经济增长效应”的经验研究．对外经济贸易大学学报，(3)：38-48.
张丽君，王玉芬．2008．民族地区和谐社会建设与边境贸易发展研究．北京：中国经济出版社．
张远军．2014．城市化与中国省际经济增长：1987～2012——基于贸易开放的视角．金融研究，(7)：49-62.
中国口岸协会．2016．中国口岸年鉴 2016．北京：中国海关出版社．
中国口岸协会．2017．中国口岸年鉴 2017．北京：中国海关出版社．
中央编译局．1958．马克思恩格斯全集（第 13 卷）．北京：人民出版社．
庄新霞．2010．中国—东盟进出口贸易与中国经济增长的实证分析．福建金融管理干部学院学报，(1)：38-41.
Ariuna Taivan, Gibson Nene, Inoussa Boubacar. 2015. Commodity exports to China and economic growth. Nankai Business Review International, 6 (4): 401-416.
David Dollar. 1992. Outward- oriented developing economies really do grow more rapidly: Evidence from 95 LDCs 1976-1985. Economic Development and Cultural Change, 40 (3): 523-544.
Enrico Marelli, Marcello Signorelli. 2011. China and India: openness, trade and effects on economic growth. The European Journal of Comparative Economics, 8 (1): 129-154.
Grubel Herbert, Lloyd Peter John. 1975. Intra- Industry Trade: The Theory and Measurement of International Trade in Differentiated Products. London: Macmillan Press.
Hao Xie. 2014. The impacts of Sino- US Trade on China's economic growth. American Journal of Industrial and Business Management, (4): 295-306.
Harry G Johnson. 2013. International Trade and Economic Growth (Collected Works of Harry Johnson). London: Routledge.
Hsia Sung- Ming. 2014. Foreign direct investment, trade and economic growth in Taiwan. Modern Economy, 5 (1): 21-23.
Ibrahim I, Craig MacPhee. 2003. Export externalities and economic growth. Journal of International Trade and Economic Development, 12 (3): 257-283.
Kenen PB. 1965. Nature, capital and trade. Journal of Political Economy: 437-460.
Linder Staffan Burenstam. 1961. An essay on trade under and transformation. American Economic Review, 119: 171-172.
Mounir Belloumi. 2014. The relationship between trade, FDI and economic growth in Tunisia: An application of the autoregressive distributed lag model. Economic Systems, 38 (2): 269-287.
Peter B Kenen. 1965. Errors in "Nature, Capital, and Trade". Journal of Political Economy, 73 (6): 658-658.
Posner M V. 1961. International trade and technical change. Oxford Economic Papers, 13 (3): 323-341.